信息系统监理师考试 32 小时通关

（第二版）

主 编 薛大龙

副主编 刘伟 陈健 黄俊玲 王红

·北京·

内 容 提 要

信息系统监理师考试是全国计算机技术与软件专业技术资格（水平）考试（简称"软考"）中的中级资格考试，通过信息系统监理师考试可获得中级工程师职称。

软考目前已经变为机考，本书在全面分析知识点的基础之上，结合第 2 版考试大纲对机考的要求，对整个内容架构进行了科学重构，可以极大地提高考生的学习效率。尤其是针对单选题、案例分析题的核心考点，分别从理论与实践方面进行了重点梳理。通过学习本书，考生可掌握考试的重点，熟悉试题形式及解答问题的方法和技巧等。

本书可供备考信息系统监理师考试的考生学习参考，也可供各类培训班使用。

图书在版编目（CIP）数据

信息系统监理师考试32小时通关 / 薛大龙主编. --2版. -- 北京：中国水利水电出版社，2024.5
ISBN 978-7-5226-2442-6

Ⅰ．①信… Ⅱ．①薛… Ⅲ．①信息系统－监管制度－资格考试－自学参考资料 Ⅳ．①G202

中国国家版本馆CIP数据核字(2024)第086751号

策划编辑：周春元　　责任编辑：王开云　　封面设计：李 佳

书　　名	信息系统监理师考试 32 小时通关（第二版） XINXI XITONG JIANLISHI KAOSHI 32 XIAOSHI TONGGUAN
作　　者	主　编　薛大龙 副主编　刘伟　陈健　黄俊玲　王红
出版发行	中国水利水电出版社 （北京市海淀区玉渊潭南路 1 号 D 座　100038） 网址：www.waterpub.com.cn E-mail：mchannel@263.net（答疑） 　　　　sales@mwr.gov.cn 电话：（010）68545888（营销中心）、82562819（组稿）
经　　售	北京科水图书销售有限公司 电话：（010）68545874、63202643 全国各地新华书店和相关出版物销售网点
排　　版	北京万水电子信息有限公司
印　　刷	三河市鑫金马印装有限公司
规　　格	184mm×240mm　16 开本　20 印张　484 千字
版　　次	2018 年 6 月第 1 版　2018 年 6 月第 1 次印刷 2024 年 5 月第 2 版　2024 年 5 月第 1 次印刷
印　　数	0001—3000 册
定　　价	58.00 元

凡购买我社图书，如有缺页、倒页、脱页的，本社营销中心负责调换

版权所有·侵权必究

全国计算机技术与软件专业技术资格（水平）考试辅导用书

编委会

主　任：薛大龙

副主任：兰帅辉　唐　徽

委　员：刘开向　胡　强　朱　宇　杨亚菲
　　　　施　游　孙烈阳　张　珂　何鹏涛
　　　　王建平　艾教春　王跃利　李志生
　　　　吴芳茜　胡晓萍　刘　伟　邹月平
　　　　马利永　王开景　韩　玉　周钰淮
　　　　罗春华　刘松森　陈　健　黄俊玲
　　　　顾　玲　姜美荣　王　红　赵德端
　　　　涂承烨　余成鸿　贾瑜辉　金　麟
　　　　程　刚　上官绪阳

前　　言

为什么选择本书

软考机考改革后，信息系统监理师考试涉及的知识范围较广，而考生一般又多忙于工作，在有限时间内很难领略及把握考试的重点和难点。

本书是针对机考环境下信息系统监理师第2版考试大纲编写的，本书的第1版累计重印多次，历经超过数万名考生的培训检验。与其他教材相比，本书在保证知识的系统性与完整性的基础上，在易学性、注重考生学习有效性等方面有了大幅度改进和提高。

本书在全面分析知识点的基础之上，对整个学习架构进行了科学重构，可以极大地提高考生学习的有效性。尤其是针对单选题、案例分析题机考环境下的核心考点，分别从理论与实践方面进行了重点梳理。

通过学习本书，考生可掌握考试的重点，熟悉试题形式及解答问题的方法和技巧等。

本书作者不一般

本书由薛大龙担任主编，由刘伟、陈健、黄俊玲、王红担任副主编，各人负责内容如下：第1~5小时由黄俊玲负责，第6~7小时由王红负责，第8~19小时由刘伟负责，第20~25小时由陈健负责，第26~32小时由薛大龙负责。全书由薛大龙确定架构，由刘伟统稿，由薛大龙定稿。

薛大龙，全国计算机技术与软件专业技术资格（水平）考试辅导用书编委会主任，财政部政府采购评审专家，北京市评标专家，教学与监理经验丰富，熟悉命题要求、命题形式、命题难度、命题深度、命题重点及判卷标准等。

刘伟，高级工程师，全国计算机技术与软件专业技术资格（水平）考试辅导用书编委会委员，财政部政府采购评审专家，山东省政府采购评审专家。软考资深讲师，信息系统项目管理师、系统规划与管理师、信息系统监理师、系统集成项目管理工程师。主持或参与大型信息化建设项目工作十余年，具有丰富的实践和管理经验。

陈健，高级工程师，具有信息系统项目管理师、信息系统监理师、网络工程师、系统集成项目管理工程师等资格，科技部省级众创空间特约讲师，全国计算机技术与软件专业技术资格（水平）考试辅导用书编委会委员，财政部政府采购评审专家，山东省政府采购评审专家，淄博市机电职业教育集团产业特聘教授，具备丰富的信息网络系统（电子政务网）建设与运行维护经验，信息应用系统项目（智慧城市方向）建设经验。

黄俊玲，高级工程师、副教授、信息系统项目管理师、网络工程师、信息系统监理师。面授名师，具有 20 多年的大型项目管理经验，项目管理理论与实践合一的践行者。授课思路清晰易懂，通过案例导学，易于理解，出版了软考辅导教材近十本。

王红，软考资深讲师、PMP、系统集成项目管理工程师、信息系统监理师。具有丰富的软考和项目管理实战与培训经验，对软考有深刻研究，专业知识扎实，授课方法精妙，风格干净利落，温和中不失激情，极富感染力，深受学员好评。非常熟悉题目要求、题目形式、题目难度、题目深度等，曾在北京、上海、广东、湖北等地进行公开课和企业内训。

给读者的学习提示

路虽远，行则将至；事虽难，做则必成。备考不易，但只要我们有愚公移山的志气、滴水穿石的毅力，脚踏实地去看书，认认真真学习，积跬步以至千里，积小流以成江海，就一定能够把我们的目标变为美好现实，使自己真正成为践行中华民族伟大复兴的信息化人才。

致谢

感谢中国水利水电出版社有限公司的周春元编辑在本书的策划、选题的申报、写作大纲的确定以及编辑出版等方面付出的辛勤劳动和智慧，以及他给予我们的很多帮助。

编　者
2024 年于北京

目 录

前言

第 1 小时　信息与信息化 ················ 1
  1.0　章节考点分析 ···················· 1
  1.1　信息与信息化概述 ················ 2
  1.2　国家信息化 ······················ 3
  1.3　信息基础设施概述 ················ 4
  1.4　信息基础设施——云计算 ·········· 4
  1.5　信息基础设施——大数据 ·········· 5
  1.6　信息基础设施——物联网 ·········· 6
  1.7　信息基础设施——工业互联网 ······ 7
  1.8　信息基础设施——区块链 ·········· 8
  1.9　信息基础设施——人工智能 ······· 10
  1.10　信息基础设施——虚拟现实（VR）和增强现实（AR） ······················ 11
  1.11　信息化应用——数字政府 ········ 12
  1.12　信息化应用——数字经济 ········ 13
  1.13　信息化应用——智慧城市 ········ 14
  1.14　信息化应用——数字乡村 ········ 16
  1.15　练习题 ························ 17

第 2 小时　信息系统工程 ··············· 19
  2.0　章节考点分析 ··················· 19
  2.1　信息系统 ······················· 20
  2.2　系统工程 ······················· 21
  2.3　软件工程 ······················· 23
  2.4　数据工程 ······················· 26
  2.5　系统集成工程 ··················· 28
  2.6　安全工程 ······················· 30
  2.7　练习题 ························· 32

第 3 小时　信息网络系统 ··············· 34
  3.0　章节考点分析 ··················· 34

  3.1　信息网络系统体系框架和 OSI 七层模型 ···························· 35
  3.2　TCP/IP 协议族 ·················· 36
  3.3　网络传输平台 ··················· 40
  3.4　网络和应用服务平台 ············· 42
  3.5　安全服务平台 ··················· 42
  3.6　网络管理和维护平台 ············· 45
  3.7　环境系统建设 ··················· 45
  3.8　练习题 ························· 46

第 4 小时　信息资源系统 ··············· 48
  4.0　章节考点分析 ··················· 48
  4.1　数据资源平台 ··················· 49
  4.2　云资源系统 ····················· 51
  4.3　练习题 ························· 56

第 5 小时　信息应用系统 ··············· 58
  5.0　章节考点分析 ··················· 58
  5.1　信息应用系统的分类 ············· 59
  5.2　业务信息系统 ··················· 60
  5.3　管理信息系统与决策支持系统 ····· 61
  5.4　专用信息系统 ··················· 62
  5.5　练习题 ························· 62

第 6 小时　信息安全 ··················· 64
  6.0　章节考点分析 ··················· 64
  6.1　信息安全的定义及属性 ··········· 65
  6.2　信息安全的发展历程 ············· 65
  6.3　信息安全的主要技术和措施 ······· 65
  6.4　网络安全等级保护 ··············· 68
  6.5　信息安全风险评估概述 ··········· 68
  6.6　关键信息基础设施保护 ··········· 69

6.7　数据安全的主要策略及方法 ………… 69
　　6.8　练习题 ……………………………………… 69
第 7 小时　运行维护 ……………………………… 71
　　7.0　章节考点分析 …………………………… 71
　　7.1　运行维护的相关概念与发展 …………… 72
　　7.2　运行维护服务能力 ……………………… 72
　　7.3　运行维护服务交付过程 ………………… 74
　　7.4　运行维护应急管理 ……………………… 75
　　7.5　练习题 ……………………………………… 76
第 8 小时　信息系统工程监理基础知识 ………… 77
　　8.0　章节考点分析 …………………………… 77
　　8.1　信息系统工程监理的意义和作用 ……… 78
　　8.2　信息系统工程监理的相关概念 ………… 79
　　8.3　信息系统工程监理的发展 ……………… 81
　　8.4　信息系统工程监理的依据 ……………… 81
　　8.5　信息系统工程监理的风险 ……………… 82
　　8.6　信息系统工程监理服务的成本 ………… 82
　　8.7　监理及相关服务的质量与评价 ………… 82
　　8.8　练习题 ……………………………………… 83
第 9 小时　监理工作的组织和规划 ……………… 85
　　9.0　章节考点分析 …………………………… 85
　　9.1　监理机构 …………………………………… 86
　　9.2　监理大纲 …………………………………… 88
　　9.3　监理规划 …………………………………… 89
　　9.4　监理实施细则 ……………………………… 90
　　9.5　监理大纲、监理规划、监理实施
　　　　　细则的异同 ……………………………… 91
　　9.6　练习题 ……………………………………… 91
第 10 小时　质量控制 ……………………………… 93
　　10.0　章节考点分析 …………………………… 93
　　10.1　质量控制基础 …………………………… 94
　　10.2　对质量影响因素的控制 ………………… 95
　　10.3　质量控制体系建设 ……………………… 96
　　10.4　质量控制手段 …………………………… 97
　　10.5　质量控制点 ……………………………… 98

　　10.6　监理质量控制工作 ……………………… 98
　　10.7　练习题 …………………………………… 100
第 11 小时　进度控制 …………………………… 102
　　11.0　章节考点分析 …………………………… 102
　　11.1　进度与进度控制 ………………………… 103
　　11.2　进度控制的目标与范围 ………………… 104
　　11.3　进度控制技术 …………………………… 104
　　11.4　监理进度控制工作 ……………………… 106
　　11.5　练习题 …………………………………… 108
第 12 小时　投资控制 …………………………… 110
　　12.0　章节考点分析 …………………………… 110
　　12.1　投资与投资控制 ………………………… 111
　　12.2　投资控制过程 …………………………… 111
　　12.3　投资构成和投资控制方法 ……………… 113
　　12.4　监理投资控制工作 ……………………… 115
　　12.5　练习题 …………………………………… 116
第 13 小时　合同管理 …………………………… 119
　　13.0　章节考点分析 …………………………… 119
　　13.1　信息系统工程合同的内容及分类 …… 120
　　13.2　信息系统工程合同管理的内容与
　　　　　基本原则 ………………………………… 121
　　13.3　合同索赔的处理 ………………………… 122
　　13.4　合同争议的处理 ………………………… 123
　　13.5　合同违约的管理 ………………………… 124
　　13.6　知识产权保护 …………………………… 126
　　13.7　练习题 …………………………………… 126
第 14 小时　信息管理 …………………………… 128
　　14.0　章节考点分析 …………………………… 128
　　14.1　信息系统工程的信息与信息管理 …… 129
　　14.2　信息资料管理方法 ……………………… 130
　　14.3　监理相关信息分类 ……………………… 131
　　14.4　监理信息管理工作 ……………………… 131
　　14.5　练习题 …………………………………… 133
第 15 小时　组织协调 …………………………… 135
　　15.0　章节考点分析 …………………………… 135

15.1　组织协调的概念与内容 ·················· 136
　　15.2　组织协调的基本原则 ·················· 137
　　15.3　监理组织协调工作 ·················· 137
　　15.4　练习题 ·················· 139
第16小时　项目管理 ·················· 141
　　16.0　章节考点分析 ·················· 141
　　16.1　项目及项目管理的重要性 ·················· 142
　　16.2　项目环境 ·················· 143
　　16.3　PMBOK 项目管理知识体系 ·················· 145
　　16.4　项目管理与监理工作的关系 ·················· 148
　　16.5　练习题 ·················· 149
第17小时　变更控制 ·················· 151
　　17.0　章节考点分析 ·················· 151
　　17.1　工程变更概述 ·················· 152
　　17.2　变更控制原则 ·················· 152
　　17.3　变更控制方法 ·················· 153
　　17.4　变更控制内容 ·················· 154
　　17.5　监理变更控制要点 ·················· 155
　　17.6　练习题 ·················· 156
第18小时　风险管理 ·················· 158
　　18.0　章节考点分析 ·················· 158
　　18.1　风险管理概述 ·················· 159
　　18.2　风险管理过程 ·················· 160
　　18.3　风险评估技术与方法 ·················· 162
　　18.4　练习题 ·················· 163
第19小时　监理支撑要素 ·················· 165
　　19.0　章节考点分析 ·················· 165
　　19.1　法律法规 ·················· 166
　　19.2　标准规范 ·················· 176
　　19.3　监理合同 ·················· 178
　　19.4　监理服务能力 ·················· 179
　　19.5　练习题 ·················· 180
第20小时　信息系统工程监理基础工作 ·················· 182
　　20.0　章节考点分析 ·················· 182
　　20.1　规划阶段监理基础工作 ·················· 183
　　20.2　招标阶段监理基础工作 ·················· 183
　　20.3　设计阶段监理基础工作 ·················· 184
　　20.4　实施阶段监理基础工作 ·················· 185
　　20.5　验收阶段监理基础工作 ·················· 187
　　20.6　练习题 ·················· 189
第21小时　基础设施工程监理 ·················· 191
　　21.0　章节考点分析 ·················· 191
　　21.1　概述 ·················· 192
　　21.2　招标阶段的监理工作 ·················· 192
　　21.3　设计阶段的监理工作 ·················· 193
　　21.4　实施阶段的监理工作 ·················· 194
　　21.5　验收阶段的监理工作 ·················· 194
　　21.6　各子系统工程的监理 ·················· 195
　　21.7　练习题——案例分析题 ·················· 198
第22小时　软件工程监理 ·················· 200
　　22.0　章节考点分析 ·················· 200
　　22.1　软件工程概述 ·················· 201
　　22.2　招标阶段的监理工作 ·················· 202
　　22.3　设计阶段的监理工作 ·················· 203
　　22.4　实施阶段的监理工作 ·················· 204
　　22.5　验收阶段的监理工作 ·················· 204
　　22.6　软件支持过程的监理工作 ·················· 205
　　22.7　软件工程项目文档 ·················· 205
　　22.8　练习题 ·················· 206
第23小时　数据中心监理 ·················· 207
　　23.0　章节考点分析 ·················· 207
　　23.1　概述 ·················· 208
　　23.2　招标阶段监理工作 ·················· 209
　　23.3　设计阶段监理工作 ·················· 210
　　23.4　实施阶段监理工作 ·················· 211
　　23.5　验收阶段监理工作 ·················· 212
　　23.6　练习题 ·················· 213
第24小时　信息安全监理 ·················· 214
　　24.0　章节考点分析 ·················· 214
　　24.1　信息安全概述 ·················· 215

21.2 规划设计阶段监理工作·················217
24.3 招标阶段监理工作·····················218
24.4 设计阶段监理工作·····················218
24.5 实施阶段监理工作·····················219
24.6 测试评估阶段监理工作··············219
24.7 验收阶段监理工作·····················220
24.8 信息安全合规性要求·················221
24.9 信息安全关键技术要求··············222
24.10 练习题···································224

第 25 小时　运行维护监理·················225
25.0 章节考点分析··························225
25.1 概述·······································226
25.2 招标阶段监理工作·····················227
25.3 实施阶段监理工作·····················228
25.4 评估阶段监理工作·····················230
25.5 运行维护服务的监理要点···········231
25.6 练习题····································234

第 26 小时　成本类计算·····················235
26.0 章节考点分析··························235
26.1 成本类计算相关概念·················236
26.2 成本计算基本公式·····················236
26.3 考试真题解析··························238
26.4 练习题····································243

第 27 小时　进度类计算·····················246
27.0 章节考点分析··························246
27.1 进度类计算的基本概念··············247
27.2 基本公式·································251
27.3 真题解析·································251
27.4 练习题····································261

第 28 小时　专业英语························265
28.0 章节考点分析··························265
28.1 新一代信息技术························266
28.2 信息和信息系统基础知识···········267
28.3 项目管理和监理基础·················269
28.4 练习题····································270

第 29 小时　单项选择题（技术类）······272
29.1 单项选择题（技术类）···············272
29.2 单项选择题（技术类）解析与答案·····275

第 30 小时　单项选择题（监理类）······281
30.1 单项选择题（监理类）···············281
30.2 单项选择题（监理类）解析与答案·····285

第 31 小时　案例分析题（技术类）······290
31.1 典型案例分析题（技术类）·········290
31.2 典型案例分析题（技术类）答案···294

第 32 小时　案例分析题（监理类）······298
32.1 案例分析题（监理类）···············298
32.2 案例分析题（监理类）答案·········303

第1小时 信息与信息化

1.0 章节考点分析

第 1 小时主要学习信息与信息化概念、国家信息化规划、信息基础设施技术名词、信息化应用等内容。根据考试大纲，本小时知识点会涉及单项选择题。按以往的出题规律，单选题占 3~5 分。本小时内容属于 IT 基础知识范畴，考查的知识点来源于教材，扩展内容会随实际新技术发展略有更新。本小时的架构如图 1-1 所示。

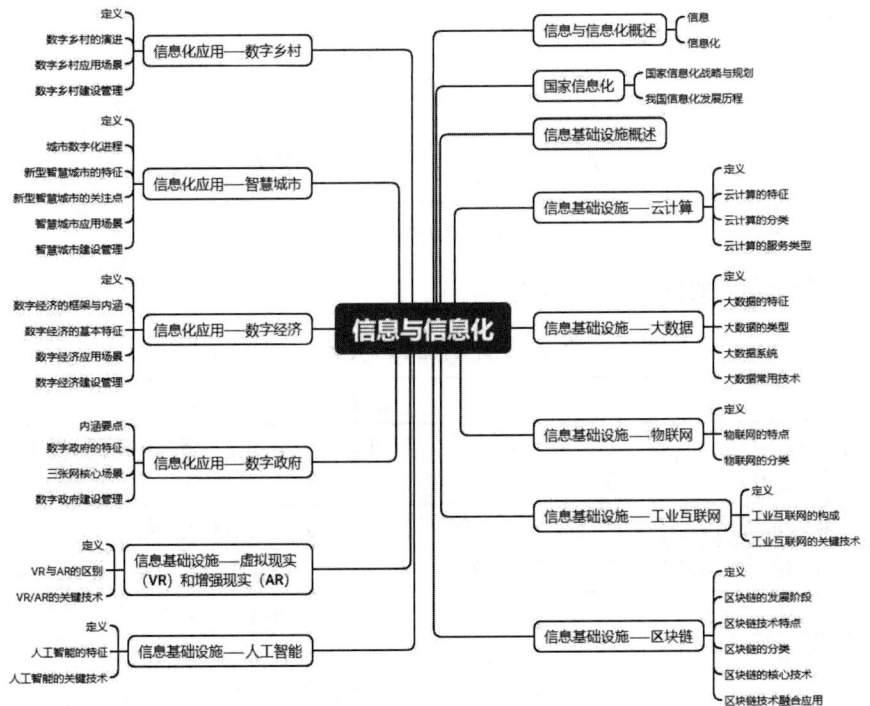

图 1-1 本小时的架构

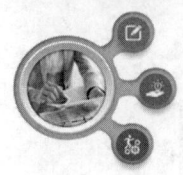
【导读小贴士】

因为我们要监理的是信息系统项目,所以既要掌握监理知识,也要掌握 IT 知识。信息技术飞速发展,门类众多,我们需要围绕信息系统监理这个主要任务,有选择地学习 IT 知识。首先从基本概念学起,再延展到当下众多新技术名词概念,这样我们才能当 IT 监理行家,听得懂 IT 术语,找得准 IT 监理关键点。

1.1 信息与信息化概述

【基础知识点】

1. 信息

(1) 数据、信息、知识和智慧之间的关系,以及它们的转化过程与方法,通过 DIKW(Data-Information-Knowledge-Wisdom) 模型得到诠释,DIKW 模型如图 1-2 所示。

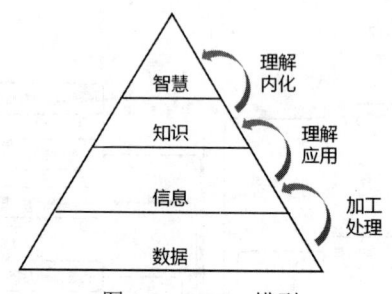

图 1-2 DIKW 模型

(2) 有价值的信息的特征,见表 1-1。

表 1-1 有价值的信息的特征

特征	定义
便捷性	授权用户能方便地获取信息,以便他们能够以适当的格式且在适当的时间获取信息,以满足他们的需要
准确性	信息准确无误。在某些情况下,不准确的数据输入会产生不准确的结果
完整性	完整的信息包含所有重要的事实。例如,未能包含所有重要成本的投资报告是不完整的
经济性	信息的产生也应该是相对经济的。决策者必须始终平衡信息的价值和生产信息的成本
灵活性	灵活的信息可以用于多种目的。例如,关于某一特定零件库存量的信息,销售代表可用来确定销售是否能达成,生产经理可以用来确定是否需要更多库存,财务主管可以用来确定公司的库存投资总价值

续表

特征	定义
相关性	相关的信息对决策者很重要。显示木材价格下降的信息可能与计算机芯片制造商无关
可靠性	用户信任可靠的信息。在许多情况下，信息的可靠性取决于数据收集方法的可靠性。在其他情况下，可靠性取决于信息的来源。来自未知来源的油价上涨的信息可能是谣言，不可靠
安全性	信息应该是安全的，不被未授权的用户访问
简单性	信息应该是简单的。过度复杂而详细的信息没有必要。事实上，过多的信息会导致信息过载，从而使决策者拥有过多的信息而无法确定什么是真正重要的
及时性	信息需要及时提供。知道上周的天气状况对决定今天穿什么外套是没有帮助的
可检验性	信息应该是可核实的。这意味着可以检查信息以确保其是正确的，可以通过多个来源，采用获得该信息的相同方法，检查信息的正确性

2. 信息化

（1）信息化的定义：信息化是指培育、发展以智能化工具为代表的新的生产力并使之造福于社会的历史过程。

（2）信息化的内涵：信息化的主体是全体社会成员，包括政府、企业、事业、团体和个人；信息化的时域是一个长期的过程；信息化的空域是政治、经济、文化、军事和社会的一切领域；信息化的手段是基于现代信息技术的先进社会生产工具；信息化的途径是创建信息时代的社会生产力，推动社会生产关系及社会上层建筑的改革；信息化的目标是推动国家的综合实力、社会的文明素质和人民的生活质量的提升。

1.2　国家信息化

【基础知识点】

1. 国家信息化战略与规划

（1）2016 年 7 月，《国家信息化发展战略纲要》强调国家信息化发展战略总目标是建设网络强国，分"三步走"：

第一步，到 2020 年，核心关键技术部分领域达到国际先进水平，信息产业国际竞争力大幅提升，信息化成为驱动现代化建设的先导力量。

第二步，到 2025 年，建成国际领先的移动通信网络，根本改变核心关键技术受制于人的局面，实现技术先进、产业发达、应用领先、网络安全坚不可摧的战略目标，涌现一批具有强大国际竞争力的大型跨国网信企业。

第三步，到 21 世纪中叶，信息化全面支撑富强民主文明和谐的社会主义现代化国家建设，网络强国地位日益巩固，在引领全球信息化发展方面有更大作为。

（2）我国信息化发展战略概括为：以信息化促进工业化，以工业化带动信息化，走出中国特色的信息化道路。

（3）《"十四五"国家信息化规划》信息化发展目标为：到 2025 年，数字中国建设取得决定性进展，信息化发展水平大幅跃升，数字基础设施全面夯实，数字技术创新能力显著增强，数据要素价值充分发挥，数字经济高质量发展，数字治理效能整体提升。

信息化主攻方向着力在深化创新驱动、优化要素资源配置、支撑共建共治共享、促进健康和谐共生、防范化解风险等方面取得突破，推动实现更高质量、更有效率、更加公平、更可持续、更为安全发展。

2. 我国信息化发展的五个阶段
（1）信息化研究探索阶段（1982—1992 年）。
（2）信息化形成实践阶段（1993—1997 年）。
（3）信息化加速推进阶段（1998—2001 年）。
（4）信息化全面发展阶段（2002—2011 年）。
（5）信息化创新跨越阶段（2012 年至今）。

1.3 信息基础设施概述

【基础知识点】
（1）"新型基础设施建设"（简称"新基建"），主要包括 5G 基建、特高压、城际高速铁路和城际轨道交通、新能源汽车充电桩、大数据中心、人工智能、工业互联网等七大领域。

（2）新型基础设施是以新发展理念为引领，以技术创新为驱动，以信息网络为基础，面向高质量发展需要，提供数字转型、智能升级、融合创新等服务的基础设施体系。

（3）新型基础设施主要包括信息基础设施、融合基础设施和创新基础设施。

信息基础设施主要指基于新一代信息技术演化生成的基础设施，信息基础设施凸显"技术新"。其内容包括：

1）以 5G、物联网、工业互联网、卫星互联网为代表的通信网络基础设施。
2）以人工智能、云计算、区块链等为代表的新技术基础设施。
3）以数据中心、智能计算中心为代表的算力基础设施等。

（4）国家"十四五"规划明确了未来数字经济七大重点产业，包括云计算、大数据、物联网、工业互联网、区块链、人工智能、虚拟现实和增强现实。

1.4 信息基础设施——云计算

【基础知识点】
（1）云计算的定义。
狭义云计算是指基础设施的交付和使用模式，即通过网络以按需、易扩展的方式获得所需的资源（包括软件、硬件和平台）。提供资源的网络被称为"云"。

广义云计算是指服务的交付和使用模式，即通过网络以按需、易扩展的方式获得所需的服务。这种服务可以是与软件、互联网相关的，也可以是任意其他的服务。

（2）云计算的特征。云计算具有超大规模、高可扩展性、虚拟化、高可靠性、通用性、廉价性、灵活定制等特征。

（3）云计算按服务类型分类。可分为基础设施云（Infrastructure Cloud）、平台云（Platform Cloud）和应用云（Application Cloud）三种。

1）基础设施云。为用户提供的是底层的、接近于直接操作硬件资源的服务接口，用户通过调用这些接口，可以直接获得计算和存储能力，而且自由、灵活，几乎不受逻辑上的限制。但是，用户需要进行大量的工作设计和实现自己的应用。

2）平台云。为用户提供托管平台，用户可以将他们开发和运营的应用托管到云平台中。但是，这个应用的开发部署必须遵守该平台特定的规则和限制，如语言、编程框架、数据存储模型等。

3）应用云。为用户提供可以为其直接所用的应用，针对某一项特定的业务或功能。但是，其灵活性也是最低的，因为一种应用云只针对一种特定的业务或功能。

（4）云计算按部署范围分类。可分为公有云（Public Cloud）、私有云（Private Cloud）和混合云（Hybrid Cloud）三种。

1）公有云。指通过互联网提供服务的云，所有的基础设施均由云服务提供商负责，用户只需拥有能够接入网络的终端即可。

2）私有云。指使用自有基础设施构建的云，其提供的服务仅供内部人员或分支机构使用。

3）混合云。指部分使用公有云、部分使用私有云所构建的云，其提供的服务可以供他人使用。

（5）云计算的服务类型。

1）基础设施即服务（Infrastructure as a Service，IaaS），指的是以服务形式提供服务器、存储和网络硬件。一般利用网格计算架构建立虚拟化的环境，网络光纤、服务器、存储设备、虚拟化、集群和动态配置软件被涵盖在 IaaS 之中。

2）平台即服务（Platform as a Service，PaaS），在 IaaS 之上，把软件开发环境作为一种服务来提供，指的是以服务形式将应用程序开发及部署平台提供给第三方开发人员。PaaS 一般包含数据库、中间件及开发工具，均以服务形式通过互联网提供。

3）软件即服务（Software as a Service，SaaS），指的是将应用程序以服务形式提供给用户，应用程序可以是公有云提供商提供的商用 SaaS 应用，或私有云提供商提供的商用或定制的 SaaS 应用。SaaS 一般通过浏览器将程序提供给成千上万的用户使用。

1.5　信息基础设施——大数据

【基础知识点】

（1）大数据定义：海量数据或巨量数据，其规模巨大到无法通过目前主流的计算机系统在合理时间内获取、存储、管理、处理并提炼以帮助使用者决策。

（2）大数据的特征：4V——规模性（Volume）、多样性（Variety）、价值密度（Value）、速度（Velocity）。

（3）大数据的类型：从数据结构化的程度来看，大数据的类型可以分为结构化数据、半结构化数据和非结构化数据。

（4）大数据系统：Hadoop 生态系统。

Hadoop 是一个能够对大量数据进行分布式处理的软件框架，具有可靠、高效、可伸缩的特点。

Hadoop2.0 主要由 Hadoop 分布式文件系统（Hadoop Distributed File System，HDFS）、MapReduce 编程模型和 Yarn 资源管理三部分组成。

1）HDFS 是 Hadoop 平台的分布式文件存储系统。HDFS 具有高容错性、适合大数据批处理、可构建在廉价机器上等优点，缺点是不支持低延迟数据访问、小文件存取、并发写入、文件随机修改。

2）MapReduce 是一个计算模型，用于大规模数据集的并行运算，极大地方便了编程人员在不懂分布式并行编程的情况下，将自己的程序运行在分布式系统上。

3）Yarn 是在 Hadoop2.x 中才引入的一个新的机制，在 Hadoop1.x 中，MapReduce 需要同时做任务管理和资源分配，引入 Yarn 之后，Hadoop 的资源管理任务全交由 Yarn 处理，从而实现存储、任务、资源的分离。

（5）大数据常用技术：数据采集、数据存储、数据计算、数据展现与交互。

1）数据采集。数据采集包含基于网络信息的数据采集（例如，交通摄像头的视频图像采集），也包含基于互联网的数据采集（例如，对各类网络媒介的各种页面信息和用户访问信息进行采集）。在互联网数据采集中，目前比较常见的开源日志采集系统有 Flume、Scribe 和 Kafka 等。

2）数据存储。常见的存储形式有分布式文件系统和分布式数据库。分布式文件系统采用大规模的分布式存储节点来满足存储大量文件的需求，分布式的非关系型数据库则为大规模非结构化数据的处理和分析提供支持。常见的分布式文件系统有 GFS、HDFS、Lustre、Ceph、FastDFS 和 MogileFS 等，非关系型数据库主要有 Redis、Tokyo Cabinet、MongoDB、CouchDB、Cassandra、Voldemort 和 HBase。

3）数据计算。目前常见的分布式计算框架有 MapReduce、Spark 和 Storm。

4）数据展现与交互。常见的数据可视化工具有 Excel、Google Charts、D3.js、Echarts 和 Tableau 等。

1.6 信息基础设施——物联网

【基础知识点】

1. 物联网的定义

我国对物联网的定义：物联网是指通过信息传感设备，按照约定的协议，把任何物品与互联网连接起来，进行信息交换和通信，实现智能化识别、定位、跟踪、监控和管理的一种网络。

国际对物联网的定义：物联网是一个将物体、人、系统和信息资源与智能服务相互连接的基础设施，可以利用它来处理物理世界和虚拟世界的信息，并做出反应。

2. 物联网的特点

（1）从物联网的<u>本质</u>角度来看，物联网有三个特点，分别为<u>互连</u>、<u>识别与通信</u>、<u>智能化</u>。

（2）从<u>产业</u>的角度来看，物联网有六个特点，分别为<u>感知识别普适化</u>、<u>异构设备互连化</u>、<u>联网终端规模化</u>、<u>管理调控智能化</u>、<u>应用服务链条化</u>、<u>经济发展跨越化</u>。

（3）从应用角度来看，物联网具备领域性、多样化的特征。

3. 物联网的分类

（1）按照部署方式分类，物联网可分为私有物联网、公有物联网、社区物联网和混合物联网。

（2）按照应用领域分类，可将物联网根据不同的业务进行分类。

（3）基于物联网业务对传输速率的需求不同，物联网业务可分为高速率、中速率及低速率业务。物联网业务基于传输速率需求的分类见表1-2。

表1-2 物联网业务基于传输速率需求的分类

业务分类	速度要求	业务占比	应用场景	网络接入技术要求	可采用技术
高速率	>10Mb/s	10%	监控摄像、数字医疗、车载导航和娱乐系统等对实时性要求较高的业务	低时延、高速率	3G、4G、5G新技术等
中速率	<1Mb/s	30%	POS、智慧家居、储物柜等高频使用但对实时性要求低的场景	时延100ms级	2G、GPRS/CDMA
低速率	<200kb/s	60%	传感器、计量表、智慧停车、物流运输、智慧建筑等使用频次低但总数可观的应用场景	深度覆盖、超低成本、超低功耗、海量连接、时延不敏感（秒级）	NB-IoT、LoRa、Sigfox

1.7 信息基础设施——工业互联网

【基础知识点】

（1）工业互联网的定义。工业互联网是互联网和新一代信息技术与工业系统全方位深度融合所形成的产业和应用生态，是工业智能化发展的关键综合信息基础设施。其本质是以机器、原材料、控制系统、信息系统、产品以及人之间的网络互连为基础，通过对工业数据的全面深度感知、实时传输交换、快速计算处理和高级建模分析，实现智能控制、运营优化和生产组织方式变革。

（2）工业互联网的构成。工业互联网包含<u>网络</u>、<u>平台</u>、<u>数据</u>、<u>安全</u>四大体系。

<u>网络体系</u>是工业互联网的<u>基础</u>，包括网络互连、数据互通、标识解析三部分。

<u>平台体系</u>是工业互联网的<u>中枢</u>，包括边缘层（与设备连接）、IaaS层、PaaS层、SaaS层四部分，是工业互联网的"操作系统"。

<u>数据体系</u>是工业互联网的<u>要素</u>，是工业互联网价值创造的源泉。

安全体系是工业互联网的保障，针对工业互联网涉及范围广、影响大、企业防护基础弱的特点，提供设备、控制、网络、平台、工业应用的整体保护，保障工业互联网平稳运行。

（3）工业互联网的关键技术。

1）5G 技术：具有大带宽、低延时、高可靠的特性。

2）TSN 技术：时间敏感网络（Time Sensitive Networking，TSN）技术用以太网物理接口实现工业有线连接，并基于 IEEE 802.1 实现工业以太网数据链路层传输。

3）IPv6 技术：IPv6 协议地址使用十六进制表示，长度在 IPv4 地址的基础上扩展为 128 位，地址前 64 位在整个互联网中进行路由查询，用来标识互联网中其所属的子网络，地址后 64 位为其在子网中的具体节点地址。

4）标识解析体系：工业互联网中每个物品、元件，甚至有的生产关键信息都有唯一的"身份证"，这个"身份证"就是标识。

5）边缘计算技术：边缘计算技术是指通过靠近物或数据源头，实现计算、网络、存储等多维度资源的统一协同调度及全局优化。作为工业互联网数据的第一入口，边缘计算基础设施是各类工业应用的重要载体。

6）工业智能技术：工业智能（亦称工业人工智能）技术是人工智能技术与工业融合发展形成的，贯穿于设计、生产、管理、服务等工业领域的各个环节，已经实现了模仿甚至超越人类感知、分析、决策等能力的技术、方法、产品及应用系统。工业智能技术包括专家系统、机器学习、知识图谱、深度学习等。

7）数字孪生技术：数字孪生技术是指通过数字空间实时构建物理对象（包括资产、行为、过程等）的精准数字化映射，通过针对数字空间的分析预测支持形成最佳综合决策，进而实现工业全业务流程的闭环优化。

8）区块链技术：区块链技术在工业互联网中能够解决高价值制造数据的追溯问题，充分发挥促进数据共享、优化业务流程、降低运营成本、提升协同效率、建设可信体系等方面的作用，有助于打通数据孤岛，加速工业企业内部的生产流程管理和设备安全互连。

9）虚拟现实（VR）/增强现实（AR）技术：VR/AR 技术在产品开发、设计、制造、销售、服务、物流、培训、产品体验等多个环节均可进行部署应用，其可视化和增强功能将会对工业生产带来较大的影响。

1.8　信息基础设施——区块链

【基础知识点】

（1）区块链的定义。中华人民共和国工业和信息化部 2016 年 10 月发布的《中国区块链技术和应用发展白皮书》对区块链的定义：区块链是一种按照时间顺序将数据区块以顺序相连的方式组合成的一种链式数据结构，并以密码学方式保证的不可篡改和不可伪造的分布式账本。区块链可以理解为一个多方协作数据库，区块链技术是一种分布式账本的记账技术。

（2）区块链技术的特点。多方协作、不可篡改、可追溯。

（3）区块链的分类。按开放程度分为：

1）公有链，假设世界不可信，用户可以作为一个新节点，在任意时间、任意地点接入区块链，根据共识机制、工作量证明和股份证明匿名进行交易的发送、数据的读写和验证。

2）联盟链，假设组织不可信，在联盟链中，多个创建节点共同进行准则的建立、权限的设定、过程的监管。其他接入节点只能按规则进行交易，但不参与其他过程。

3）私有链，假设组织内部或者"队友"不可信，私有链建立在某个组织内部，系统的运作规则根据组织要求进行设定，修改权限甚至是读取权限仅限于少数节点，同时仍保留着区块链的真实性和部分去中心化的特性。

（4）区块链的核心技术。

1）分布式存储。区块链本质上是一个分布式的公共账本，将各个区块连成一个链条，实际上是一种点对点的记账系统（一个总账本），每一个节点都可以记录信息。

2019年以来，星际文件系统（Inter Planetary File System, IPFS）等技术有效解决了区块链系统存储能力不足的问题，使超媒体数据上链成为可能。IPFS是一个面向全球的、点对点的分布式文件系统。

2）共识机制。共识机制是在互不信任的网络中对事件前后顺序达成共识的一种算法。

3）智能合约。智能合约是一种基于预定义事件触发、不可篡改、自动执行的计算机协议，旨在以数字方式促进、验证或强制执行合同的谈判或履行。2015年，以太坊打开了智能合约规模化应用的窗口，智能合约在区块链中实现了防篡改、一致性、可审计、自动化执行等能力，从而也成为区块链技术的重要组成部分。

4）加密算法。加密算法将明文信息转换成密文信息，信息的接收方能够通过密钥对密文信息进行解密，获得明文信息。加密算法分为对称加密和非对称加密两种，区块链系统主要应用非对称加密算法来确认交易主体身份、交易数据消息摘要和信息安全编码解码。

5）跨链技术。跨链技术本质上是一种将区块链上的数据或信息安全可信地转移到另外一条区块链上，并在其链上产生预期效果的一种技术。

6）分片技术。分片是一种通过将数据库分割为不同片区以达到系统扩容的技术。

（5）区块链技术融合应用。

1）区块链融合隐私计算。区块链技术可以为隐私计算带来两个方面的优势：解决参与者数据泄露及全程数据安全问题；培育共享共生的数据要素生态。

2）区块链融合人工智能。区块链技术可以为人工智能带来三个方面的优势：区块链有助于人工智能获取更全面的数据；区块链帮助人工智能共享算力；区块链助力人工智能算法追溯监管。

3）区块链融合物联网。区块链技术可以为物联网带来三个方面的优势：提升物联网身份认证能力；提升物联网设备安全防护能力；提升物联网数据管理能力。

4）区块链融合分布式数字身份。区块链技术的出现让自我主权身份（Self-Sovereign Identity, SSI）的实现找到了突破口。

1.9　信息基础设施——人工智能

【基础知识点】

1. 人工智能的定义

人工智能是利用数字计算机或者数字计算机控制的机器模拟、延伸和扩展人的智能、感知环境，获取知识并使用知识获得最佳结果的理论、方法、技术及应用系统。

根据人工智能是否能真正实现推理、思考和解决问题，可以将人工智能分为弱人工智能和强人工智能。

弱人工智能指不能真正实现推理和解决问题的智能机器，这些机器表面看像是智能的，但是并不真正拥有智能，也不会有自主意识。

强人工智能是指真正能思考的智能机器，并且该智能机器是有知觉的和有自我意识的，这类机器可分为类人（机器的思考和推理类似人的思维）与非类人（机器产生了和人完全不一样的知觉和意识，使用和人完全不一样的推理方式）两大类。

2. 人工智能的特征

（1）<u>由人类设计，为人类服务，本质为计算，基础为数据</u>。

（2）<u>能感知环境，能产生反应，能与人交互，能与人互补</u>。

（3）<u>有适应特性，有学习能力，有演化迭代，有连接扩展</u>。

3. 人工智能的关键技术领域

（1）<u>机器思维</u>。机器思维主要模拟人类的思维功能。在人工智能中，有关的研究主要包括推理、搜索、规划等。

（2）<u>机器感知</u>。机器感知作为机器获取外界信息的主要途径，是机器智能的重要组成部分，有关的研究主要包括机器视觉、模式识别和自然语言处理。

（3）<u>机器行为</u>。机器行为既是智能机器作用于外界环境的主要途径，也是机器智能的重要组成部分。机器行为的研究内容较多，主要包括智能控制、智能制造等。

（4）<u>机器学习</u>。机器学习是机器获取知识的根本途径，同时也是机器具有智能的重要标志。按照对人类学习的模拟方式划分，机器学习可分为符号学习和网络学习（或联结学习）。直接采用数学方法的机器学习方式主要有统计机器学习等。

（5）<u>计算智能</u>。计算智能（Computational Intelligence，CI）是借鉴仿生学的思想，基于人们对生物体智能机理的认识，采用数值计算的方法模拟和实现人类的智能。计算智能的主要研究领域包括神经计算、进化计算和模糊计算等。

（6）<u>分布智能</u>。分布式人工智能（Distributed Artificial Intelligence，DAI）主要研究在逻辑上或物理上分布的智能系统之间如何相互协调各自的智能行为，实现问题的并行求解。分布式人工智能的研究目前有两个主要方向，一个是分布式问题求解，另一个是多代理系统。

（7）<u>智能系统</u>。智能系统可以泛指各种具有智能特征和功能的软硬件系统。前面所讨论的研究内容几乎都能以智能系统的形式出现，如智能控制系统、智能检索系统、专家系统和智能决策支持系统等。

（8）人工心理和人工情感。在人类神经系统中，智能并不是一个孤立现象，它往往和心理与情感联系在一起。因此在研究人工智能的同时也应该开展对人工心理和人工情感的研究。

1.10 信息基础设施——虚拟现实（VR）和增强现实（AR）

【基础知识点】

1. VR/AR 的定义

虚拟现实是指用户完全沉浸在计算机生成的虚拟环境中，并在很大程度上隔离其物理环境的封闭式体验。其关键要素是沉浸感、交互性、假想性，需要设计并营造出虚拟场景，使用户与虚拟场景中的内容发生实时交互。

增强现实则强调虚拟信息与现实环境的融合，用户可以直接或间接观察真实场景，数字元素叠加到现实世界的对象和背景上。

2. VR 与 AR 的区别

VR 与 AR 在定义、体验、设备、图像、应用五个方面的区别见表 1-3。

表 1-3　VR 与 AR 在定义、体验、设备、图像、应用五个方面的区别

项目	VR	AR
定义	利用计算机生成一种虚拟环境，使用户沉浸到该环境中	原本在现实世界的空间范围中比较难以进行体验的实体信息在计算机等科学技术的基础上实施模拟仿真处理，将虚拟信息内容叠加在现实世界中加以有效应用
体验	封闭式、沉浸式体验，用户与 VR 世界实时交互	通过将虚拟信息叠加在现实世界，用户处于现实与虚拟世界的交互中
设备	配备定位追踪设备、软件编码设备、交互设备，用于与虚拟场景互动	借助 3D 摄像头实现与现实的交互，带摄像头的产品安装 AR 软件后均可进行 AR 体验
图像	计算机生成虚拟图像，显示方面强调画面逼真、清晰度高	计算机基于现实世界绘制虚拟图像，呈现方面强调与现实交互
应用	侧重于机器观摩、直播、社交等大众市场	侧重于工业、军事等垂直应用

3. VR 与 AR 在设备、技术与应用场景的区别

VR 与 AR 在设备、技术和应用场景三个方面的主要区别如下。

（1）设备区别。鉴于 VR 是纯虚拟场景，VR 装备多配有位置追踪器、数据手套、动作捕捉系统、数据头盔等，用于用户与虚拟场景的互动。而 AR 是虚拟与实景的结合，所以设备一般都配有 3D 摄像头，一般而言，只要安装 AR 软件，带摄像头的产品都可以进行 AR 体验。

（2）技术区别。VR 的核心是绘图相关的各项技术，目前在游戏领域应用最广，最为关注的

是沉浸感，对图形处理器（Graphics Processing Unit，GPU）性能要求较高。AR 则强调复原人类视觉，应用计算机视觉技术对真实场景进行 3D 建模再处理，重视 CPU 的处理能力。另外，两者在硬件设备和开发内容方面也具有较大的差异。

（3）应用场景区别。VR 的虚拟现实特性使其具有沉浸感和私密性，决定了其在游戏、娱乐、教育、社交等领域具有天然优势，而 AR 的增强现实特性决定了其更偏向于与现实交互，适用于生活、工作、生产等场景。

4. VR/AR 的关键技术

（1）虚拟现实建模。虚拟现实建模，即 3D 对象建模，这些对象将在真实世界和虚拟世界里交互。建模是 VR 的基础之一，包括场景展现建模方法、行为建模方法、虚实结合建模方法、基于物理的建模方法。

（2）计算机图形学和计算机动画。计算机图形学和计算机动画相关的技术涉及数学、3D 建模和影像渲染等方面。

1.11 信息化应用——数字政府

【基础知识点】

1. 新时代数字政府的内涵

新时代数字政府的内涵包含两个要点：

（1）新时代数字政府是一种全新的政府运行形态或模式，是一种创新的行政管理和服务方式，涉及制度创新、组织创新、管理创新、业务创新、技术创新等系统性、全方位的深刻变革。

（2）新时代数字政府的核心目标是促进政府治理体系和治理能力现代化，实现政府决策科学化、社会治理精准化、公共服务高效化。

2. 数字政府的特征

（1）信息传播的平等化。

（2）社会生活的全面数据化。

（3）政府服务的精准化。

（4）政府治理的智慧化。

3. 数字政府的发展历程

第一阶段，电子政府。从 1993 年到 2001 年，以典型的"三金工程"为代表，实现了政府内部办公自动化。

第二阶段，网络政府。从 2002 年到 2016 年，"十二金工程"。经过国民经济和社会发展"十一五"规划、"十二五"规划，从国家到省、市、县各级政府大力建设网络政府，基础网络基本覆盖。

第三阶段，数字政府。从 2017 年开始，国家"十三五"规划提出建设"两网、一平台、四库、六系统"等国家重大政务信息化工程，政务服务标准化、网络水平显著提升，大幅度提升智慧化政务服务水平。

4. 数字政府体系的"三张网"核心场景

(1) 政务服务"一网通办"。"一网通办",即将云计算、大数据、人工智能等新一代信息技术引入到政务服务中,通过构建一体化政务服务平台,建设一体化数据资源体系,全面实现政府公共信息资源的互连共享,建设便捷的在线政务服务,全面提升政府行政服务办事效率。

(2) 城市治理"一网统管"。"一网统管"是面向城市治理、城市运行的综合管理体系,是以大数据、云计算、人工智能等新一代信息技术为支撑,将城市运行管理服务相关信息进行整合,加强对城市运行服务状况的实时监测、动态分析、统筹协调、指挥监督。

(3) 政府运行"一网协同"。"一网协同"面向政府运行和内部管理,是基于大数据、人工智能、生态开放等技术体系,以赋能、共建和贴身服务的方式,为政府机关各组织部门、上下级之间、省市县之间,构建不断完善、逐步进化的协同工作平台,从而实现政府内部业务流程优化,提升政府履职效能,改善内部管理,促进政府职能转变,从而推进政府完成一体化、全方位的数字化变革,构建政府整体智治的新格局。

5. 数字政府建设管理

数字政府建设管理方面应在数据、制度、组织、技术四个要素的基础之上,对数字政府的规划、建设、运营进行有效管理,重点做好以下工作:

(1) 加强政府公共数据资源保护。

(2) 推进数字政府数据互通融合。

(3) 加快数字政府智慧应用场景开发。

1.12 信息化应用——数字经济

【基础知识点】

1. 数字经济的概念

数字经济是继农业经济、工业经济之后产生的新的经济形态,是以数据资源为关键要素,以现代信息网络为主要载体,以信息通信技术融合应用和全要素数字化转型为重要推动力,促进公平与效率更加统一的新经济形态。

2. 数字经济"四化"框架

数字经济"四化"框架为数字产业化、产业数字化、数字化治理和数据价值化。

3. 数字经济"四化"的内涵

(1) 数字产业化,即数字相关的产业,是数字经济发展的先导产业,为数字经济发展提供技术、产品、服务和解决方案等。

(2) 产业数字化是数字经济发展的主阵地,是融合经济。

(3) 数字化治理是运用数字化技术,实现行政体制更加优化的新型政府治理模式。

(4) 价值化的数据是数字经济发展的关键生产要素,推进数据价值化进程是发展数字经济的本质要求。

4. 数字经济的基本特征

数字经济受到三大定律的支配。

第一个定律是梅特卡夫定律（Metcalfe's Law），网络的价值等于其节点数的平方。所以网络上联网的计算机越多，每台计算机的价值就越大，"增值"以指数关系不断变大。

第二个定律是摩尔定律（Moore's Law），计算机芯片的处理能力每 18 个月就翻一番。

第三个定律是达维多定律（Davidow's Law），进入市场的第一代产品能够自动获得 50%市场份额，因此任何企业在本产业中必须第一个淘汰自己的产品。

三大定律决定了数字经济具有<u>数字化、网络化、智能化、商业化、共享化</u>五个基本特征。

5. 数字经济应用场景

（1）数字产业化。数字产业化应用包括但不限于电子信息制造业、电信业、软件和信息技术服务业、互联网和相关服务业中的 5G、集成电路、软件、人工智能、大数据、云计算、区块链等技术、产品及服务。

（2）产业数字化。产业数字化是指传统产业应用数字技术所带来的生产数量和效率提升，其新增产出是数字经济的重要组成部分。产业数字化包括但不限于工业互联网、两化融合、智能制造、车联网、平台经济等融合型新产业、新模式、新业态。

（3）数字化治理。数字化治理是运用数字技术，建立健全行政管理体系，创新服务监管方式，实现行政决策、行政执行、行政组织、行政监督等体制更加优化的新型政府治理模式。数字化治理包括数字社区、数字乡村等。

（4）数据价值化。数据上升为新的生产要素，对数字经济发展起到基础性和支撑性的关键作用。建立数据资源持有权、数据加工使用权和数据产品经营权"三权分置"的数据产权制度框架，构建中国特色数据产权制度体系。数据价值化包括但不限于数据采集、数据标准、数据确权、数据标注、数据定价、数据交易、数据流转、数据保护等。

6. 数字经济建设管理

数字经济建设管理包括：

（1）强化组织协调。

（2）优化政策环境。

（3）拓展资金渠道。

（4）强化责任落实。

（5）加大要素保障。

1.13　信息化应用——智慧城市

【基础知识点】

1. 智慧城市的定义

智慧城市是运用信息通信技术，有效整合各类城市管理系统，实现城市各系统间信息资源共享和业务协同，推动城市管理和服务智慧化，提升城市运行管理和公共服务水平，提高城市居民幸福感和满意度，实现可持续发展的一种创新型城市。

2. 城市数字化进程

我国城市数字化经历了从数字城市、智慧城市到新型智慧城市、数字孪生城市的发展历程。

3. 新型智慧城市的特征

新型智慧城市具有开放、共建、共享、服务均等化、城市特色化的特征。

4. 新型智慧城市的关注点

新型智慧城市的关注点有：信息技术的应用、民生服务均等化、部门间信息共享和业务协同、公众参与、产业创新、生态宜居和可持续发展、人力、教育和社会资本的作用。

5. 智慧城市应用场景

新型智慧城市应用系统涵盖了智慧政府、智慧民生、智慧交通、智慧产业、智慧经济等的智慧化。

（1）智慧城市的信息基础设施。智慧城市的信息基础设施包括城市骨干网、无线城市、<u>三网融合（电信网、广播电视网和互联网）</u>。

（2）智慧政府。智慧政府不仅利用物联网、云计算、移动互联网、人工智能、数据挖掘、知识管理等技术，还强调以用户创新、大众创新、开放创新、共同创新为特征的创新方法论，提高政府办公、监管、服务、决策的智能化水平，形成高效、敏捷、便民的新型政府。

（3）智慧民生。智慧民生是以民生内容为核心，以民政建设为基础，通过信息资源整合，优化业务流程，改进管理方式，转变工作方法，提高工作效率，构建完备的民政信息化建设体系，使各级政府部门更好地为人民群众提供福利、救助、救灾等社会事务，包括智慧健康服务、智慧养老服务、智慧家居、智慧社区等。

（4）智慧交通。智慧交通是在智能交通系统（Intelligent Traffic System，ITS）的基础上，在交通领域充分运用物联网、云计算、互联网、人工智能、自动控制、移动互联网等技术，通过高新技术汇集交通信息，对交通管理、交通运输、公众出行等交通领域全方位以及交通建设管理全过程进行管控支撑，使交通系统在区域、城市甚至更大的时空范围具备感知、互连、分析、预测、控制等能力，以充分保障交通安全，发挥交通基础设施效能，提升交通系统运行效率和管理水平，为通畅的公众出行和可持续的经济发展服务。

（5）智慧产业。智慧产业是指直接运用人的智慧进行研发、创造、生产、管理等活动，形成有形或无形智慧产品以满足社会需要的产业，是教育、培训、咨询、策划、广告、设计、软件、动漫、影视、艺术、科学、法律、会计、新闻、出版等智慧行业的集合。智慧产业的主要建设内容包括智慧应用技术研发、智慧装备制造、光通信、移动通信、集成电路、新型显示、应用电子及云计算产业等。

（6）智慧经济。智慧经济是创新性知识在知识中占主导、创意产业成为龙头产业的知识经济形态，是完整的、真正意义上的知识经济形态。智慧经济形态由国民创新体系与国民创业体系组成，国民创新体系与国民创业体系使创新驱动由增长方式上升为经济形态。

6. 智慧城市建设管理的主要方向

（1）加强组织领导。

（2）加强协同配合。

（3）加强建设管理及资金保障。

（4）依法建设强化安全保障。

1.14 信息化应用——数字乡村

【基础知识点】

1. 数字乡村的定义

数字乡村就是在农村普及数字化、信息化的各种发展模式。按照乡村振兴产业兴旺、生态宜居、乡风文明、治理有效、生活富裕的总体要求，广泛应用网络化、信息化和数字化技术，着力促进乡村产业、人才、文化、生态、组织等领域数字化转型，建成数据互联互通、服务共建共享、治理高效有力的智能化乡村生产、生活、生态空间。

2. 数字乡村的演进

2017年10月18日，在党的十九大报告中，首次提出了实施乡村振兴战略。

2019年3月，习近平总书记在参加河南代表团审议时强调"要把实施乡村振兴战略、做好'三农'工作放在经济社会发展全局中统筹谋划和推进"。

2020年7月，中央网信办等四部门联合印发的《2020年数字乡村发展工作要点》提出了数字乡村建设的8个方面及22项重点任务。

2021年发布的国家"十四五"规划强调要"建设智慧城市，加快推进数字乡村建设"，为数字乡村的建设和发展指明了方向。

2022年，中央网信办等十部门印发《数字乡村发展行动计划（2022—2025年）》（简称"数字乡村行动计划"），对"十四五"时期数字乡村发展作出部署安排。

3. 数字乡村行动计划部署的8个方面的重点行动

（1）数字基础设施升级行动。

（2）智慧农业创新发展行动。

（3）新业态新模式发展行动。

（4）数字治理能力提升行动。

（5）乡村网络文化振兴行动。

（6）智慧绿色乡村打造行动。

（7）公共服务效能提升行动。

（8）网络帮扶拓展深化行动。

4. 数字乡村应用场景

（1）乡村信息基础设施。乡村信息基础设施是数字乡村的基石，包括网络基础设施、信息服务设施及传统基础设施数字化改造等建设内容。

（2）乡村要素数据信息互通。建立完善的信息共通、数据共享资源体系，提升乡村数据整合能力，实现全域乡村数据开放共享，为乡村跨部门、多业务场景集成应用提供支撑。

（3）乡村产业数字化。在产业数字化方面，数字技术将渗透到农业生产、农业经营、农业管理、农业服务、农村产业新业态各个环节，促进农业提质增效。

（4）乡村治理数字化。在乡村治理方面，通过数字技术有效融入乡村治理过程，包括乡村党建、乡村政务、村务管理、乡村综治、乡村应急。

（5）乡村民生数字化。在乡村民生方面，着力消除城乡差距，加快推动数字化公共服务在乡村的普及，包括乡村教育、乡村医疗、乡村数字素养、乡村文化。

（6）生态宜居数字化。乡村振兴，生态宜居是关键。统筹山、水、林、田、湖、草系统治理。利用数字化技术手段，加强农村突出环境问题综合治理。

5. 数字乡村建设管理

数字乡村建设管理包括以下内容：

（1）基建先行，加强乡村信息基础设施建设。

（2）智慧赋能，打造乡村现代化经济体系。

（3）服务惠农，建成数字化农村公共信息服务体系。

（4）精准高效，建设数字乡村现代化治理体系。

（5）生态宜居，构建绿色乡村美好生活。

（6）打破信息"孤岛"，实现顶层设计下的数据互通。

1.15 练习题

1. 关于信息化的内涵的描述，不正确的是（　　）。
   A. 信息化的主体是全体社会成员
   B. 信息化的时域是一个长期的过程
   C. 信息化的目标是推动国家的计算机技术的发展
   D. 信息化的空域是政治、经济、文化、军事和社会的一切领域

解析：信息化的内涵：信息化的主体是全体社会成员，包括政府、企业、事业、团体和个人；信息化的时域是一个长期的过程；信息化的空域是政治、经济、文化、军事和社会的一切领域；信息化的手段是基于现代信息技术的先进社会生产工具；信息化的途径是创建信息时代的社会生产力，推动社会生产关系及社会上层建筑的改革；信息化的目标是推动国家的综合实力、社会的文明素质和人民的生活质量的提升。

答案：C

2. 新型基础设施是以新发展理念为引领，以（　　）为驱动，以（　　）为基础，面向高质量发展需要，提供数字转型、智能升级、融合创新等服务的基础设施体系。

A．科技创新，数字化　　　　　　B．技术发展，人工智能
C．技术创新，信息网络　　　　　D．科技创新，云计算

解析：新型基础设施是以新发展理念为引领，以技术创新为驱动，以信息网络为基础，面向高质量发展需要，提供数字转型、智能升级、融合创新等服务的基础设施体系。

答案：C

3．云计算的特征不包括（　　）。

A．不可扩展性　　B．超大规模　　C．虚拟化　　D．廉价性

解析：云计算的特征有超大规模、高可扩展性、虚拟化、高可靠性、通用性、廉价性、灵活定制。

答案：A

4．关于大数据的描述，不正确的是（　　）。

A．大数据的特征包括规模性、多样性、价值密度、速度
B．大数据的类型可以分为结构化数据、半结构化数据和非结构化数据
C．HDFS 是 Hadoop 平台的分布式文件存储系统
D．Hadoop 是一个计算模型，具有可靠、高效、可伸缩的特点

解析：大数据的特征有 4V——规模性（Volume）、多样性（Variety）、价值密度（Value）、速度（Velocity）。

从数据结构化的程度来看，大数据的类型可以分为结构化数据、半结构化数据和非结构化数据。HDFS 是 Hadoop 平台的分布式文件存储系统。Hadoop 是一个能够对大量数据进行分布式处理的软件框架，具有可靠、高效、可伸缩的特点。MapReduce 是一个计算模型，用于大规模数据集的并行运算，极大地方便了编程人员在不懂分布式并行编程的情况下，将自己的程序运行在分布式系统上。

答案：D

5．（　　）不是区块链技术的特点。

A．多方协作　　B．不可篡改　　C．可追溯　　D．可感知

解析：区块链的技术特点：①多方协作。区块链网络中分布着众多节点，节点之间具有平等的权利与义务，整个系统由所有节点共同维护，节点之间无须通过单一中心机构即可直接进行数据交换。②不可篡改。区块链中很多环节均使用了密码学技术，可保证信息一旦添加到链上就无法被篡改，数据更加安全可靠，避免了一切人为操作的可能性，由于其分布式存储的特性，若想篡改信息至少要掌握网络中 51% 数据节点，在实践过程中是无法实现的。③可追溯。由于区块链使用哈希算法，它的链接形式是后一个区块拥有前一个区块的哈希值，每一个区块都和前一个区块有联系，串联起来形成了区块链，区块链上保存了从第一个区块开始的所有历史数据，区块链上任意一条记录都可以进行追溯。

答案：D

第2小时 信息系统工程

2.0 章节考点分析

第 2 小时主要学习信息系统的概念、系统工程的概念、软件工程、数据工程、系统集成工程、安全工程等内容。

根据考试大纲，本小时知识点会涉及单项选择题，按以往的出题规律，单选题占 3~5 分。本小时内容属于 IT 基础知识范畴，考查的知识点来源于教材，扩展内容会随实际新技术发展略有更新。本小时的架构如图 2-1 所示。

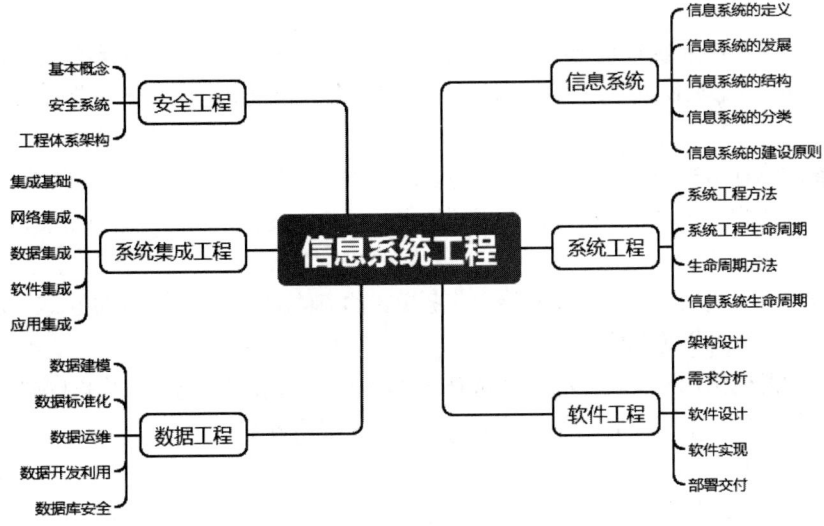

图 2-1 本小时的架构

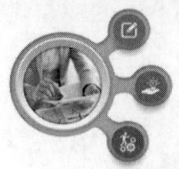【导读小贴士】

现在的信息系统集成项目往往是综合型的项目，需要我们用工程学的方法结合 IT 属性进行管理。作为信息系统监理师，我们需要学习 IT 领域的工程管理知识，建立起 IT 工程的基本框架，为有效开展信息系统工程监理夯实基础。

2.1 信息系统

【基础知识点】

1. 信息系统的定义

信息系统（Information System，IS）是一组相互关联的元素或组件，它们收集（输入）、操作（处理）、存储和传播（输出）数据与信息，并提供满足目标的反馈机制。

2. 信息系统的五个基本功能

信息系统的五个基本功能为<u>输入、存储、处理、输出、控制</u>。

3. 信息系统的发展

1979 年，美国管理信息系统专家诺兰提出了著名的信息系统进化的阶段模型，即<u>诺兰模型</u>。诺兰将计算机信息系统的发展道路划分为六个阶段：<u>初始阶段、传播阶段、控制阶段、集成阶段、数据管理阶段和成熟阶段</u>。诺兰的六阶段模型反映了计算机应用发展的规律性，前三个阶段具有计算机时代的特征，后三个阶段具有信息时代的特征。

4. 信息系统的结构

信息系统的结构在整体上可分为物理结构与逻辑结构两种。物理结构是指不考虑系统各部分的实际工作与功能结构，只抽象地考察其硬件系统的空间分布情况。逻辑结构是指信息系统各功能子系统的综合体。

信息系统的物理结构，一般可分为集中式与分布式两大类。集中式结构指物理资源在空间上集中配置。分布式结构指通过计算机网络把不同地点的计算机硬件、软件、数据等资源联系在一起，实现不同地点的资源共享。

一个标准的分布式系统在没有任何特定业务逻辑约束的情况下，具有<u>分布性、对等性、并发性、缺乏全局时钟、故障多样</u>等特性。

信息系统的逻辑结构是其功能综合体和概念性框架。信息系统的通用结构自底向上可分为<u>基础设施层、资源管理层、中间件层、业务逻辑层、应用表现层</u>五个层次。

5. 信息系统的分类

按照信息系统的通用架构，信息系统工程建设项目交付的内容主要包括机房基础设施、物理资源、虚拟资源、平台资源、应用、数据等。

从工程建设的角度，可以将信息系统分为：信息网络系统、信息资源系统和信息应用系统。

6. 信息系统的建设原则

信息系统有以下建设原则：

（1）高层管理人员介入原则。

（2）用户参与建设原则。

（3）自顶向下规划原则。

（4）工程化原则。

（5）其他原则：创新性原则，用于体现信息系统的先进性；整体性原则，用于体现信息系统的完整性；发展性原则，用于体现信息系统的前瞻性；经济性原则，用于体现信息系统的实用性等。

2.2 系统工程

【基础知识点】

1. 系统工程的主要分类

系统工程的主要分类有霍尔三维结构方法、切克兰德方法、并行工程方法、综合集成方法、WSR 系统方法。

（1）霍尔三维结构方法。霍尔三维结构方法，又称霍尔的系统工程，是美国系统工程专家霍尔（A.D.Hall）等人于 1969 年提出的一种系统工程方法论。霍尔三维结构集中体现了系统工程方法的系统化、综合化、最优化、程序化和标准化等特点，是系统工程方法论的重要基础。霍尔三维结构由时间维、逻辑维和知识维组成的三维空间结构。

（2）切克兰德方法。在霍尔方法论的基础上，20 世纪 80 年代，由英国的 P·切克兰德（P.Checkland）提出。切克兰德方法论的核心不是"最优化"，而是"比较"与"探寻"。切克兰德方法将工作过程分为以下七个步骤：认识问题、初步定义、建立概念模型、比较及探寻、选择、设计与实施、评估与反馈。

（3）并行工程方法。并行工程（Concurrent Engineering）是对产品及其相关过程（包括制造过程和支持过程）进行并行、集成化处理的系统方法和综合技术。并行工程的目标是提高质量、降低成本、缩短产品开发周期和产品上市时间。

（4）综合集成方法。1990 年初，我国科学家钱学森等提出从系统的本质出发对系统进行分类的新方法，首次公布了"开放的复杂巨系统"这一新的科学领域及其基本观点，并首次把处理开放的复杂巨系统的方法命名为从定性到定量的综合集成法。综合集成是从整体上考虑并解决问题的方法论。

（5）WSR 系统方法。WSR 是将物理、事理、人理三者合理配置、有效利用以解决问题的一种系统方法论，由中国著名系统科学专家顾基发教授和朱志昌博士于 1994 年在英国 HULL 大学提出。它既是一种方法论，又是一种解决复杂问题的工具。

2. 系统工程生命周期七阶段

（1）<u>探索性研究阶段</u>。探索性研究阶段的目的是识别利益相关者的需求，探索创意和技术。

（2）<u>概念阶段</u>。概念阶段的目的是细化利益相关者的需求，探索可行概念，提出有望实现的解决方案。

（3）<u>开发阶段</u>。开发阶段的目的是细化系统需求，创建解决方案的描述，构建系统，验证并确认系统。开发阶段包括详细计划、开发，以及验证与确认活动。

（4）<u>生产阶段</u>。生产阶段的目的是生产系统并进行检验和验证。

（5）<u>使用阶段</u>。使用阶段的目的是运行系统以满足用户需求。

（6）<u>保障阶段</u>。保障阶段的目的是提供持续的系统能力。

（7）<u>退役阶段</u>。退役阶段的目的是存储、归档或退出系统。

3. 生命周期方法

（1）计划驱动方法。计划驱动方法的特征在于整个过程始终遵守规定流程的系统化方法，特别关注文档的完整性、需求的可追溯性，以及每种表示的事后验证。

（2）渐进迭代式开发。渐进迭代式开发（Iterative and Incremental Development，IID）方法允许为项目提供一个初始能力，随之提供连续交付以达到期望的系统。适用于较小的、不太复杂的系统。这种方法的重点在于灵活性，通过剪裁突出了产品开发的核心活动。

（3）精益开发。精益思想中的精益开发和更广泛的方法均起源于丰田的"准时化"哲学思想，其目标是"通过彻底消除生产线上的浪费、不一致性及不合理需求，高效率地生产出优质产品"。精益开发是一个动态的、知识驱动的、以客户为中心的过程，通过这一过程使特定企业的所有人员以创造价值为目标不断地消除浪费。

（4）敏捷开发。适用于系统工程的敏捷原则如下：

- <u>最高的优先级</u>是通过尽早地和持续地<u>交付有价值</u>的软件来满足客户。
- 欢迎<u>需求变更</u>，即使是在项目开发后期。
- <u>不断交付</u>可用的成果，周期从几周到几个月不等，且越短越好。
- 项目中<u>业务人员与研发人员每天在一起</u>工作，业务人员始终参与到研发工作中。
- 在研发团队内部和团队之间，传递信息最有效的方法是<u>面对面交谈</u>。
- 可以工作的<u>成果</u>是进展的主要度量。
- 对<u>技术的精益求精及对设计的不断完善</u>将提升敏捷性。
- <u>简单性</u>（尽最大可能减少不必要工作的艺术）是精髓。
- 最佳的架构、需求和设计出自于<u>自组织的团队</u>。
- 团队要<u>定期反省</u>如何能够做到更加高效，并相应地调整团队的行为。

4. 信息系统生命周期

信息系统从产生到消亡的整个过程称为信息系统的生命周期。一般来说，信息系统的生命周期可分为五个阶段，分别是<u>系统规划、系统分析、系统设计、系统实现、系统运行与评价</u>。

（1）系统规划。信息系统规划是系统建设的起始阶段，作用是指明信息系统在组织经营战略中的作用和地位，指导信息系统后续的实现与开发。一个完整的系统规划，应当包括信息系统的目标、总体框架、组织结构和管理流程、实施计划和技术规范等。

（2）系统分析。系统分析阶段的目标是为系统设计阶段提供系统的逻辑模型，主要任务是在可行性分析和总体规划的基础上，对现有系统进行进一步的详细调查，并整理成规范的文档资料；对使用信息系统的组织的结构、业务流程和经营管理，以及信息需求与处理的现状和问题进行分析，为系统设计提供依据。

（3）系统设计。系统设计是信息系统建设过程中的另一个重要阶段。在这一阶段，要根据系统分析的结果，设计出信息系统的实施方案，从而为程序员提供清晰而完整的物理设计说明。

（4）系统实现。系统实现阶段的任务是将设计文档变成能在计算机上运行的信息系统。

（5）系统运行与评价。系统投入运行后，需要经常进行维护和评价，记录系统运行的情况，根据一定的规则对系统进行必要的修改，评价系统的工作质量和经济效益。

2.3 软件工程

【基础知识点】

1. 研究软件架构的目的

解决好软件的复用、质量和维护问题，是研究软件架构的根本目的。

2. 软件架构的主要风格

（1）数据流风格：包括批处理序列和管道/过滤器两种。

（2）调用/返回风格：包括主程序/子程序、数据抽象和面向对象，以及层次结构。

（3）独立构件风格：包括进程通信和事件驱动的系统。

（4）虚拟机风格：包括解释器和基于规则的系统。

（5）仓库风格：包括数据库系统、黑板系统和超文本系统。

3. 软件架构评估

评估方式主要可以归纳为基于调查问卷（或检查表）的方式、基于场景的方式和基于度量的方式三类。这三类评估方式中，基于场景的评估方式最为常用。

在架构评估中，一般从刺激、环境和响应三个方面来对场景进行描述。刺激是场景中解释或描述项目干系人怎样引发与系统的交互部分，环境描述的是刺激发生时的情况，响应是指系统是如何通过架构对刺激做出反应的。

4. 需求分析

（1）软件需求是指用户解决问题或达到目标所需的条件或能力，是系统或系统部件要满足合同、标准、规范或其他正式规定文档所需具有的条件或能力，以及反映这些条件或能力的文档说明。

（2）需求的层次。需求是多层次的，包括业务需求、用户需求和系统需求，这三个不同层次从目标到具体，从整体到局部，从概念到细节。

（3）质量功能部署（Quality Function Deployment，QFD）是一种将用户要求转化为软件需求的技术，其目的是最大限度地提升软件工程过程中用户的满意度。

（4）QFD将软件需求分为三类：常规需求、期望需求和意外需求。常规需求是指用户认为的系统应该做到的功能或性能，实现越多用户会越满意。期望需求是用户想当然认为系统应具备的功能或性能，但并不能正确描述自己想要得到的这些功能或性能需求，如果期望需求没有得到实现，会让用户感到不满意。意外需求也称为兴奋需求，是用户要求范围外的功能或性能（但通常是软件开发人员很乐意赋予系统的技术特性），实现这些需求用户会更高兴，但不实现也不影响其购买的决策。

5. 需求过程

需求过程主要包括需求获取、需求分析、需求规格说明书编制、需求验证与确认等内容。

软件需求规格说明书（Software Requirement Specification，SRS）是需求开发活动的产物，编制该文档的目的是使项目干系人与开发团队对系统的初始规定有一个共同的理解，使之成为整个开发工作的基础。国家标准《计算机软件文档编制规范》（GB/T 8567）规定 SRS 应该包括范围、引用文件、需求、合格性规定、需求可追踪性、尚未解决的问题、注解和附录。

在实际工作中，一般通过需求评审和需求测试工作来对需求进行验证。

6. 结构化分析

使用结构化分析（Structured Analysis，SA）方法进行需求分析，其建立的模型的核心是数据字典。围绕这个核心，有三个层次的模型：数据模型、功能模型和行为模型（也称为状态模型）。

在实际工作中，一般使用实体联系图（E-R 图）表示数据模型，用数据流图（Data Flow Diagram，DFD）表示功能模型，用状态转换图（State Transform Diagram，STD）表示行为模型。

7. 面向对象分析

面向对象分析的基本任务是运用面向对象（Object-Oriented，OO）方法，对问题域进行分析和理解，最终产生一个符合用户需求，并能直接反映问题域和系统功能的面向对象分析（Object-Oriented Analysis，OOA）模型及其详细说明。

OOA 模型包括用例模型和分析模型。面向对象分析阶段的核心工作是建立系统的用例模型与分析模型。

8. 软件设计

需求分析阶段解决"做什么"的问题，而软件设计阶段解决"怎么做"的问题。从方法上来说，软件设计分为结构化设计与面向对象设计。

（1）结构化设计（Structured Design，SD）是一种面向数据流的方法，它以 SRS 和 SA 阶段所产生的 DFD 和数据字典等文档为基础，是一个自顶向下、逐步求精和模块化的过程。分为概要设计和详细设计两个阶段。在 SD 中，需要遵循一个基本的原则：高内聚，低耦合。

（2）面向对象设计（OOD）是 OOA 方法的延续，其基本思想包括抽象、封装和可扩展性，其中可扩展性主要通过继承和多态来实现。

9. 设计模式

设计模式是前人经验的总结，它使人们可以方便地复用成功的软件设计。根据处理范围不同，设计模式可分为类模式和对象模式。根据目的和用途不同，设计模式可分为创建型模式、结构型模式和行为型模式三种。

10. 软件编码

程序设计风格包括源程序文档化、数据说明、语句结构、输入/输出方法四个方面。

编码效率：主要包括程序效率、算法效率、存储效率和 I/O 效率。程序的效率是指程序的执行速度及程序所需占用的内存空间，源程序的效率与详细设计阶段确定的算法的效率直接相关。存储容量对软件设计和编码的制约很大，提高存储效率的关键是程序的简单化。I/O（输入/输出）可以分为两种类型，一种是面向人（操作人员）的输入/输出，另一种是面向设备的输入/输出。

11. 软件测试方法

（1）静态测试。静态测试是指被测试程序不在机器上运行，而采用人工检测和计算机辅助静态分析的手段对程序进行检测，用于在不运行代码的情况下检查和评估程序、文档或源代码。相较于动态测试，静态测试可以更早地发现问题，并且具有成本更低、效率更高的特点。经验表明，静态测试能够有效地发现 30%～70%的逻辑设计和编码错误。

静态测试包括对文档的静态测试和对代码的静态测试。对文档的静态测试主要以检查单的形式进行文档审查，对代码的静态测试一般采用桌前检查、代码走查、代码审查和静态分析工具等方法。①桌前检查，又称为纸上审查，是一种通过人工模拟程序执行来检查算法正确性和逻辑流程的方法；②代码走查，是一种结构化的代码审查过程，通常在开发人员之间进行，目的是找出代码中的逻辑错误、语法错误、编码风格问题等；③代码审查，开发人员或专家对源代码进行审查，以发现编程错误、命名规范不一致、代码风格等问题；④静态分析工具，使用自动化工具对源代码进行扫描和检查，可以发现潜在的缺陷、安全漏洞、性能问题等；⑤文档审查，对需求文档、设计文档等相关软件文档进行审查，确保其准确、完整和符合标准。

（2）动态测试。动态测试是指在计算机上实际运行程序进行软件测试，一般采用白盒测试和黑盒测试。

白盒测试也称为结构测试、透明盒测试或代码覆盖测试。在这种测试中，测试人员对软件内部结构和实现细节有详细的了解，可以根据代码逻辑和程序设计来创建测试用例，以确保程序能够按预期处理各种输入和边界条件。

黑盒测试又称为功能测试、数据驱动测试或规格测试。在这种测试中，测试人员不关心软件内部的实现细节，而是只关注程序的输入和输出结果。他们将软件看作一个黑盒子，通过提供各种输入并观察输出结果，来确定程序是否按照预期工作。

12. 部署交付

（1）软件部署与交付。软件部署与交付是软件生命周期中的一个重要环节，属于软件开发的后期活动，即通过配置、安装和激活等活动来保障软件制品的后续运行。

（2）持续交付。为解决以上部署与交付经常存在的问题，持续交付应运而生，持续交付是一系列开发实践方法，用来确保让代码能够快速、安全地部署到生产环境中。

（3）持续部署。容器技术目前是部署中最流行的技术，常用的持续部署方案有 Kubernetes+

Docker 和 Matrix 系统两种。首先要明确部署的目的并不是部署一个可工作的软件，而是部署一套可正常运行的环境。

完整的镜像部署包括三个环节：Build-Ship-Run。

（4）不可变服务器。不可变服务器是一种部署模式，是指除了更新和安装补丁程序以外不对服务器进行任何更改。

（5）蓝绿部署和金丝雀部署。常见的两大持续部署方式是<u>蓝绿部署</u>和<u>金丝雀部署</u>。

- 蓝绿部署是指在部署的时候准备新旧两个部署版本，通过域名解析切换的方式将用户使用环境切换到新版本中，当出现问题的时候，可以快速地将用户环境切回旧版本，并对新版本进行修复和调整。
- 金丝雀部署是指当有新版本发布的时候，先让少量的用户使用新版本，并且观察新版本是否存在问题，如果出现问题，就及时处理并重新发布，如果一切正常，就稳步地将新版本适配给所有的用户。

2.4 数据工程

【基础知识点】

1. 数据建模

数据建模是对现实世界中具体的人、物、活动、概念进行抽象、表示和处理，变成计算机可处理的数据，也就是把现实世界中的数据从现实世界抽象到信息世界和计算机世界。

2. 数据模型的分类

根据应用目的的不同，数据模型可分为三类：概念模型、逻辑模型和物理模型。

3. 数据建模过程

数据建模包括数据需求分析、概念模型设计、逻辑模型设计和物理模型设计等过程。

4. 数据标准化

数据标准化的主要内容包括：元数据标准化、数据模式标准化和数据分类与编码标准化等。

5. 元数据

无数据的简单定义：<u>元数据是关于数据的数据</u>（Data About Data）。在信息界，元数据被定义为提供关于信息资源或数据的一种结构化的数据，是对信息资源的结构化描述。其实质是用于描述信息资源或数据的内容、覆盖范围、质量、管理方式、数据的所有者、数据的提供方式等有关信息。

6. 数据模式标准化

数据模式是数据的概念、组成、结构、相互关系的总称。数据模式的描述方式主要有图描述方法和数据字典方法。

7. 数据分类与编码标准化

所谓数据分类与编码标准化就是把数据分类与编码工作纳入标准化工作的领域，按标准化的要求和工作程序，将各种数据按照科学的原则进行分类与编码，经有关方面协商一致，由主管机构批准、注册，以标准的形式发布，作为共同遵守的准则和依据，并在其相应的级别范围内宣贯和推行。

8. 数据标准化的过程

数据标准化的具体过程包括确定数据需求、制定数据标准、批准数据标准和实施数据标准四个阶段。

9. 数据存储

存储介质的类型主要有磁带、光盘和磁盘三种。存储管理的具体内容包括资源调度管理、存储资源管理、负载均衡管理和安全管理。

10. 数据备份

当前最常见的数据备份结构可以分为四种：DAS 备份结构、基于 LAN 的备份结构、LAN-FREE 备份结构和 SERVER-FREE 备份结构。常见的备份策略：<u>完全备份、差分备份和增量备份</u>。

11. 数据容灾

根据其保护对象不同，容灾系统分为应用容灾和数据容灾两类。

应用容灾用于克服灾难对系统的影响，保证应用服务的完整、可靠和安全等一系列要求，使得用户在任何情况下都能得到正常的服务；数据容灾则重点关注保证用户数据的高可用性，在灾难发生时能够保证应用系统中的数据尽量少丢失或不丢失，使得应用系统能不间断地运行或尽快地恢复正常运行。

12. 数据质量评价与控制

（1）数据质量描述。数据质量可以通过数据质量元素来描述，数据质量元素分为数据质量定量元素和数据质量非定量元素。

（2）数据质量评价过程。数据质量评价过程是产生和报告数据质量结果的一系列步骤。

（3）数据质量评价方法。数据质量评价过程是通过应用一个或多个数据质量评价方法来完成的。数据质量评价方法分为直接评价法和间接评价法。

（4）数据质量控制。数据产品的质量控制分为前期控制和后期控制两部分。前期控制包括数据录入前的质量控制、数据录入过程中的实时质量控制；后期控制是数据录入完成后的后处理质量控制与评价。

（5）数据清理。数据清理也称数据清洗。从广义上讲，数据清理是将数据库精简以除去重复记录，并使剩余部分转换成符合标准的过程。而狭义上的数据清理特指在构建数据仓库和实现数据挖掘前对数据源进行处理，使数据实现准确性、完整性、一致性、唯一性、适时性、有效性，以适应后续操作的过程。一般来说，数据清理主要包括数据分析、数据检测和数据修正三个步骤。

13. 数据开发利用

（1）数据集成。数据集成就是将驻留在不同数据源中的数据进行整合，向用户提供统一的数据视图（一般称为全局模式），使得用户能以透明的方式访问数据。

（2）数据挖掘。数据挖掘是指从大量数据中提取或挖掘知识，即从大量的、不完全的、有噪声的、模糊的、随机的实际数据中，提取隐含在其中的，人们不知道的却潜在有用的知识。

数据挖掘的主要任务包括：数据总结、关联分析、分类和预测、聚类分析和孤立点分析。

数据挖掘流程一般包括：确定分析对象、数据准备、数据挖掘、结果评估与结果应用五个阶段，这些阶段在具体实施中可能需要重复多次。

（3）数据服务。数据服务主要包括数据目录服务、数据查询与浏览及下载服务、数据分发服务。

（4）数据可视化。可视化技术是指将抽象的事物或过程变成图形图像的表示方法。可视化的表现方式主要可分为七类：一维数据可视化、二维数据可视化、三维数据可视化、多维数据可视化、时态数据可视化、层次数据可视化和网络数据可视化。

14. 数据库安全

（1）数据库安全威胁的主要类型见表 2-1。

表 2-1　数据库安全威胁的主要类型

维度	表现方式		说明
威胁后果	非授权的信息泄露		未获授权的用户有意或无意得到信息。通过对授权访问的数据进行推导分析获取非授权的信息也属于这一类
	非授权的数据修改		包括所有通过数据处理和修改而违反信息完整性的行为。非授权修改不一定会涉及非授权信息泄露，因为即使不读取数据也可以进行破坏
	拒绝服务		包括会影响用户访问数据或使用资源的行为
威胁方式	无意	自然或意外灾害	如地震、水灾、火灾等。这些事故可能会破坏系统的软硬件，导致完整性破坏和拒绝服务
		系统软硬件中的错误	这会导致应用实施错误的策略，从而导致非授权的信息泄露、数据修改或拒绝服务
		人为错误	导致无意地违反安全策略，导致的后果与软硬件错误类似
	有意	授权用户	他们滥用自己的特权造成威胁
		恶意代理	病毒、特洛伊木马和后门是这类威胁中的典型代表

（2）数据库安全机制。数据库安全机制是用于实现数据库的各种安全策略的功能集合，正是由这些安全机制来实现安全模型，进而实现保护数据库系统安全的目标。数据库安全机制包括用户的身份认证、存取控制、数据库加密、数据审计、推理控制等内容。

2.5　系统集成工程

【基础知识点】

1. 系统集成在技术上需要遵循的原则

系统集成在技术上需要遵循的基本原则包括：开放性、结构化、先进性和主流化。

2. 网络集成的体系框架

网络集成的体系框架如图 2-2 所示。

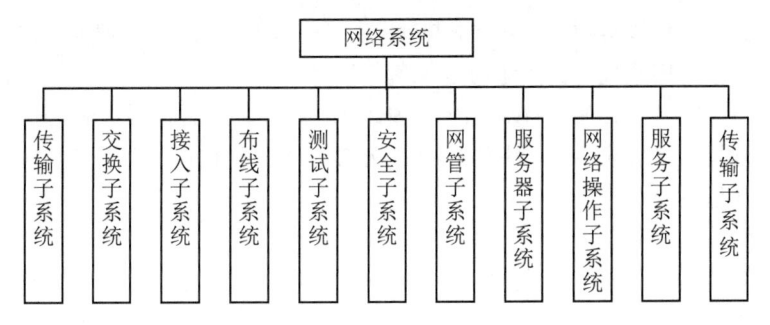

图 2-2　网络集成的体系框架

3. 数据集成

数据集成处理的主要对象是系统中各种异构数据库中的数据。数据仓库技术是数据集成的关键。

4. 异构数据集成

（1）异构数据集成的方法主要有两种：过程式方法和声明式方法。

（2）开放数据库互连标准（Open Database Connectivity，ODBC）。从异构数据库中提取数据大多采用开放式数据库互连。

（3）基于 XML 的数据交换标准。使用中间件作为组织异构数据源集成的解决方案时，需要为中间件选择一种全局数据模式，统一异构数据源的数据模式。

（4）基于 JSON 的数据交换格式。近年来，随着 AJAX 技术的兴起，JSON 作为一种轻量级的数据交换格式，以其易于阅读和编写的优点，被越来越多地应用于各个项目中。

5. 软件集成

随着对象技术和网络技术的发展，信息系统开发环境也逐步体现出从结构化到面向对象、从集中到分布、从同构到异构、从独立到集成、从辅助到智能、从异步到协同的发展趋势。面对这样的趋势，出现了有代表性的软件构件标准。

（1）CORBA。对象管理组织（Object Management Group，OMG）是 CORBA 规范的制定者，是由信息系统供应商、软件开发者和用户共同构成的国际组织，建立于 1989 年。OMG 在理论上和实践上促进了面向对象软件的发展。CORBA 是 OMG 进行标准化分布式对象计算的基础。

（2）COM。COM 中的对象是一种二进制代码对象，其代码形式是 DLL 或 EXE 执行代码。COM 中的对象都被直接注册在 Windows 的系统库中，所以，COM 中的对象都不再是由特定的编程语言及其程序设计环境所支持的对象，而是由系统平台直接支持的对象。COM 对象可能由各种编程语言实现，并为各种编程语言所引用。

（3）DCOM 与 COM+。DCOM 作为 COM 的扩展，不仅继承了 COM 的优点，而且针对分布式环境还提供了一些新的特性，如位置透明性、网络安全性、跨平台调用等。

COM+标志着组件技术达到了一个新的高度，它不再局限于一台机器上的桌面系统，而是把目标指向了更为广阔的组织内部网，甚至互联网。

（4）.NET。.NET 是基于一组开放的互联网协议推出的一系列的产品、技术和服务。.NET 开发框架在通用语言运行环境基础上，向开发人员提供了完善的基础类库、数据库访问技术及网络开发技术，开发者可以使用多种语言快速构建网络应用。

（5）J2EE。J2EE 架构是使用 Java 技术开发组织级应用的一种事实上的工业标准，它是 Java 技术不断适应和促进组织级应用过程中的产物。J2EE 的体系结构可以分为客户端层、服务器端组件层、EJB 层和信息系统层。

6. 应用集成

从信息系统集成技术的角度看，在集成的堆栈上，应用集成在最上层，主要解决应用的互操作性问题。应用集成不同于数据集成，数据集成是共享数据，并不存储数据，而应用集成是在功能层面将多个应用直接连接起来，帮助打造动态且具有高度适应性的应用和服务。

2.6 安全工程

【基础知识点】

1. 安全工程中的几个术语及关系

安全工程中的几个术语及它们之间的关系如图 2-3 所示。

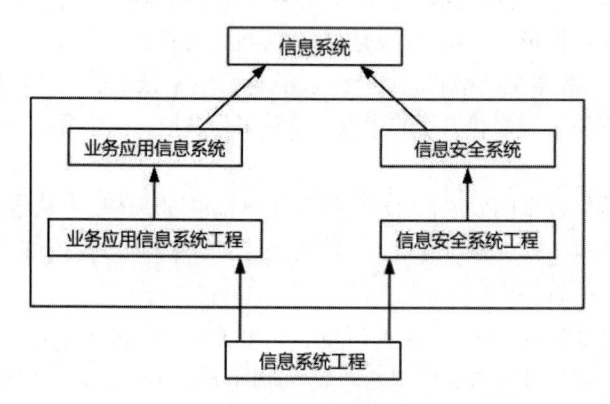

图 2-3 术语之间的关系

信息安全保障系统（简称"信息安全系统"）是信息系统的一个部分，用于保证业务应用信息系统正常运营。要建立一个信息系统，就必须建立一个或多个业务应用信息系统和一个信息安全系统。

业务应用信息系统是支撑业务运营的计算机应用信息系统。业务应用信息系统工程一般称为信息系统集成工程，是信息系统工程的一部分。

信息安全系统工程是指为了建设好信息安全系统所组织实施的工程，也是信息系统工程的一部分。

2. 安全系统

如图 2-4 所示的"宏观"三维空间图（信息安全空间），可以反映信息安全系统的体系架构及其组成。

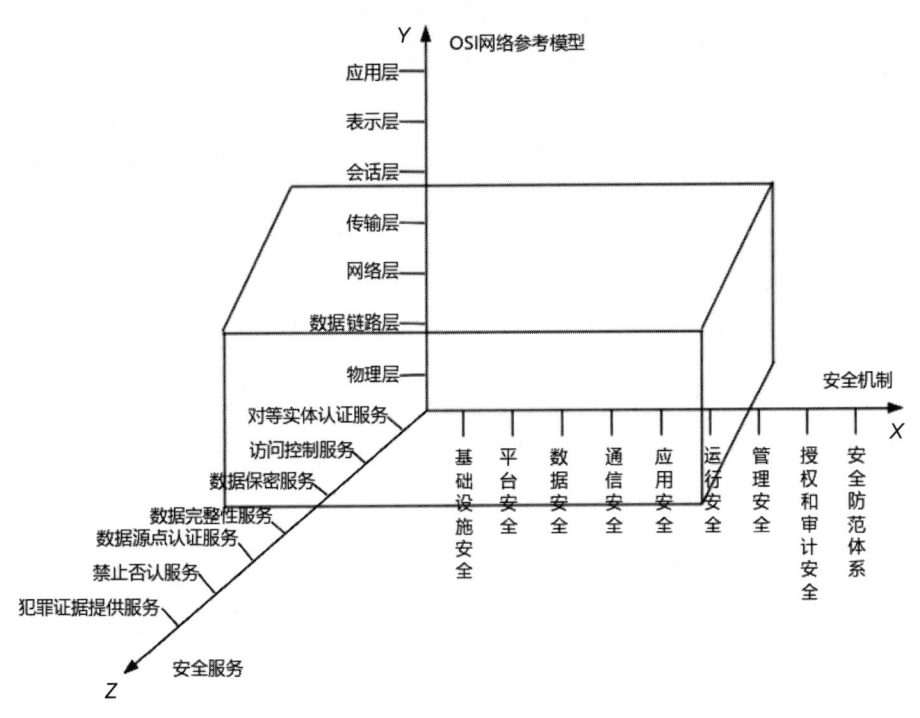

图 2-4　信息安全空间

由 X、Y、Z 三个轴形成的信息安全系统三维空间就是信息系统的安全空间。随着网络逐层扩展，这个空间不仅范围逐步加大，安全的内涵也更加丰富，具有认证、权限、完整、加密和不可否认五大要素，也称作安全空间的五大属性。

3. ISSE-CMM 基础

信息安全系统工程能力成熟度模型（ISSE Capability Maturity Model，ISSE-CMM）是一种衡量信息安全系统工程实施能力的方法，是使用面向工程过程的一种方法。ISSE-CMM 是建立在统计过程控制理论基础上的。

4. ISSE-CMM 过程

（1）信息安全系统工程能力成熟度模型（ISSE-CMM）是一种衡量信息安全系统工程实施能力的方法，是使用面向工程过程的一种方法。

（2）ISSE 将信息安全系统工程实施过程分解为：工程过程、风险过程和保证过程三个基本的部分。

（3）一个有害事件由威胁、脆弱性和影响三个部分组成。脆弱性包括可被威胁利用的资产性质。如果不存在脆弱性和威胁，则不存在有害事件，也就不存在风险。

（4）ISSE-CMM 的体系结构完全适应整个信息安全系统工程范围内决定信息安全工程组织的成熟性。这个体系结构的目标是为了落实安全策略，而从管理和制度化突出信息安全工程的基本特征。该模型采用两维设计，其中一维是"域"（Domain），另一维是"能力"（Capability）。

2.7 练习题

1．在信息系统的生命周期的五个阶段中，（　　）的目标是为系统设计阶段提供系统的逻辑模型。

  A．系统实现阶段　　　　　　　　B．系统规划阶段
  C．系统分析阶段　　　　　　　　D．系统运行与评价阶段

解析：信息系统的生命周期可分为五个阶段，分别是系统规划、系统分析、系统设计、系统实现、系统运行与评价。

信息系统规划是系统建设的起始阶段，作用是指明信息系统在组织经营战略中的作用和地位，指导信息系统后续的实现与开发。一个完整的系统规划，应当包括信息系统的目标、总体框架、组织结构和管理流程、实施计划和技术规范等。

系统分析阶段的目标是为系统设计阶段提供系统的逻辑模型，主要任务是在可行性分析和总体规划的基础上，对现有系统进行进一步的详细调查，并整理成规范的文档资料；对使用信息系统的组织的结构、业务流程和经营管理，以及信息需求与处理的现状和问题进行分析，为系统设计提供依据。

系统设计是信息系统建设过程中的另一个重要阶段。在这一阶段，要根据系统分析的结果，设计出信息系统的实施方案，从而为程序员提供清晰而完整的物理设计说明。

系统实现阶段的任务是将设计文档变成能在计算机上运行的信息系统。

系统投入运行后，需要经常进行维护和评价，记录系统运行的情况，根据一定的规则对系统进行必要的修改，评价系统的工作质量和经济效益。

答案：C

2．质量功能部署（Quality Function Deployment，QFD）将软件需求分为三类：常规需求、期望需求和（　　）。

  A．用户需求　　B．功能需求　　C．意外需求　　D．特殊需求

解析：QFD 将软件需求分为三类：常规需求、期望需求和意外需求。常规需求是指用户认为的系统应该做到的功能或性能，实现越多用户会越满意。期望需求是指用户想当然认为系统应具备的功能或性能，但并不能正确描述自己想要得到的这些功能或性能需求。如果期望需求没有得到实现，会让用户感到不满意。意外需求也称为兴奋需求，是用户要求范围外的功能或性能（但通常是软件开发人员很乐意赋予系统的技术特性），实现这些需求用户会更高兴，但不实现也不影响其购买的决策。

答案：C

3．结构化分析使用（　　）表示功能模型。

  A．E-R 图　　　B．数据流图　　　C．状态转换图　　D．数据字典

解析：使用结构化分析（Structured Analysis，SA）方法进行需求分析，其建立的模型的核心是

数据字典。围绕这个核心，有三个层次的模型：数据模型、功能模型和行为模型（也称为状态模型）。在实际工作中，一般使用实体联系图（E-R 图）表示数据模型，用数据流图（Data Flow Diagram，DFD）表示功能模型，用状态转换图（State Transform Diagram，STD）表示行为模型。

答案：B

4．（　　）是指当有新版本发布的时候，先让少量的用户使用新版本，并且观察新版本是否存在问题，如果出现问题，就及时处理并重新发布。

  A．软件部署 B．蓝绿部署 C．持续部署 D．金丝雀部署

解析：常见的两大持续部署方式是<u>蓝绿部署</u>和<u>金丝雀部署</u>。蓝绿部署是指在部署的时候准备新旧两个部署版本，通过域名解析切换的方式将用户使用环境切换到新版本中，当出现问题的时候，可以快速地将用户环境切回旧版本，并对新版本进行修复和调整。金丝雀部署是指当有新版本发布的时候，先让少量的用户使用新版本，并且观察新版本是否存在问题，如果出现问题，就及时处理并重新发布，如果一切正常，就稳步地将新版本适配给所有的用户。

答案：D

5．以下（　　）不属于常见的备份策略。

  A．完全备份 B．差分备份 C．增量备份 D．冗余备份

解析：常见的备份策略主要有三种：完全备份、差分备份和增量备份。

答案：D

第 3 小时 信息网络系统

3.0 章节考点分析

第 3 小时主要学习信息网络系统体系框架和 OSI 七层模型、TCP/IP 协议族、网络传输平台、网络和应用服务平台、安全服务平台、网络管理和维护平台、环境系统建设等内容。

根据考试大纲，本小时知识点会涉及单项选择题和案例分析题，按以往的出题规律，单选题约占 4~6 分，案例分析题占 3~5 分。本小时内容属于 IT 知识范畴，考查的知识点来源于教材，扩展内容会随实际新技术发展略有更新。本小时的架构如图 3-1 所示。

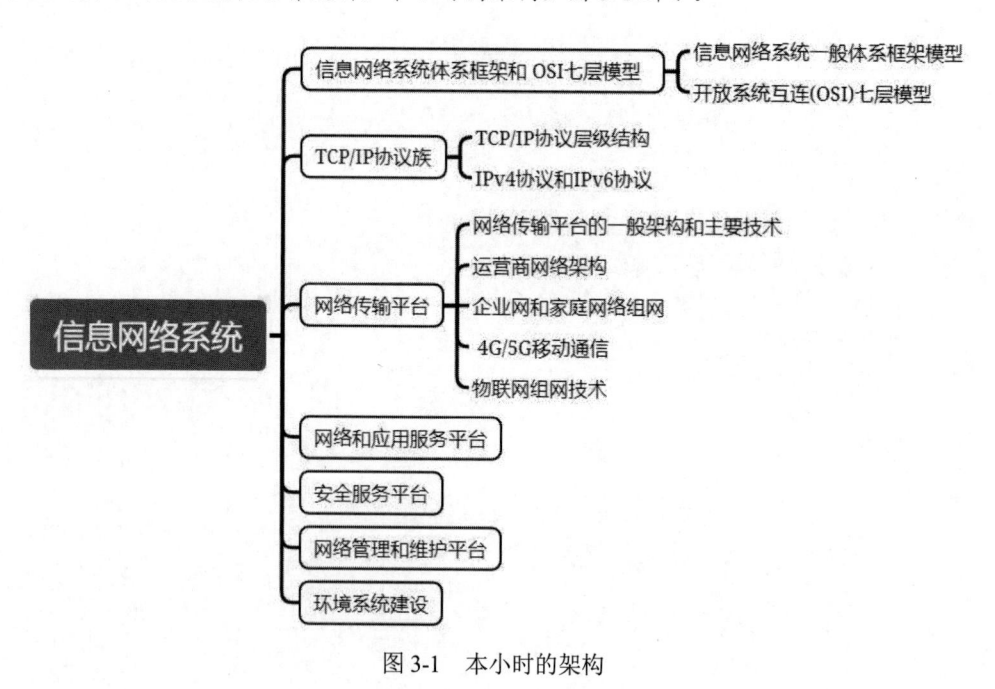

信息网络系统
- 信息网络系统体系框架和 OSI 七层模型
  - 信息网络系统一般体系框架模型
  - 开放系统互连(OSI)七层模型
- TCP/IP 协议族
  - TCP/IP 协议层级结构
  - IPv4 协议和 IPv6 协议
- 网络传输平台
  - 网络传输平台的一般架构和主要技术
  - 运营商网络架构
  - 企业网和家庭网络组网
  - 4G/5G 移动通信
  - 物联网组网技术
- 网络和应用服务平台
- 安全服务平台
- 网络管理和维护平台
- 环境系统建设

图 3-1 本小时的架构

信息网络系统　第 3 小时

【导读小贴士】

对于信息系统监理师，我们需要学习 IT 相关知识，需要我们重点关注的一般是软件和网络两个方向，尤其是当下环境，IT 应用完全离不开网络技术的加持，我们需要掌握计算机网络知识，才能更好地监理信息系统项目中的网络部分。

3.1　信息网络系统体系框架和 OSI 七层模型

【基础知识点】

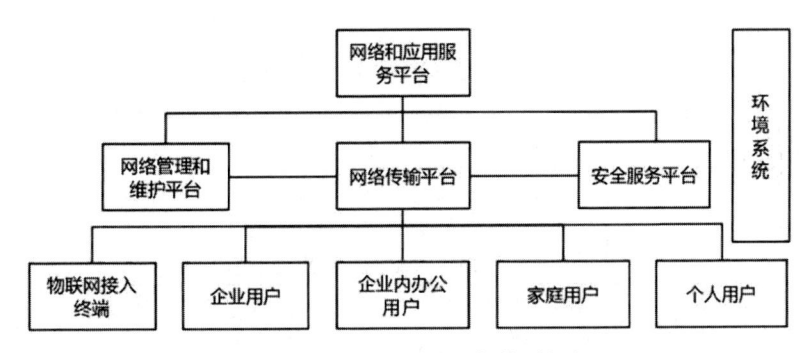

1. 信息网络系统体系框架

信息网络系统一般体系框架如图 3-2 所示。

图 3-2　信息网络系统一般体系框架

（1）网络传输平台。负责信息网络系统中的数据传输，关注点是根据最终用户和上层应用的需要，高效、高质量、准确、安全地传输各类信息数据。网络传输平台一般包括传输、路由、交换、有线和无线接入等设备和系统。

（2）网络和应用服务平台。负责网络管理服务和业务应用层面的管理逻辑、业务逻辑和信息数据处理，包括域名解析系统（Domain Name System，DNS）、地址分配系统、业务应用系统（例如，OA、WWW、电子邮件、语音会议、视频会议、VOD、人脸识别等系统）。

（3）安全服务平台。负责网络、应用和用户的安全防护，包括信息加解密、防火墙、入侵检测、漏洞扫描、病毒查杀、安全审计、数字证书等。

（4）网络管理和维护平台。负责整个信息网络系统的管理和维护，如果对外提供业务服务，还需要专门的运营系统。

（5）环境系统。现代信息网络系统对能源、安防等提出了更高的要求，包括机房建设、环境监控、智能安防、节能降耗、综合布线等。

2. 开放系统互连（OSI）七层模型

业界最通用的分层模型是开放系统互连（Open System Interconnection，OSI）通信参考模型，该模型是由国际标准化组织（ISO）于1984年提出的一种标准参考模型，OSI模型被公认为信息网络通信系统的一种基本结构模型。OSI模型将信息网络系统中的通信和信息处理过程定义为上下衔接的七个层级，见表3-1。各层相对独立，上下层之间和同层之间根据特定的标准规范进行相互调用和互通。

表3-1 OSI七层的主要功能和详细说明

层的名称	主要功能	详细说明	代表协议
应用层	处理网络应用	直接为终端用户服务，提供各类应用过程的接口和用户接口	FTP、SMTP、HTTP、Telnet
表示层	管理数据表示方式	使应用层可以根据其服务解释数据的含义。通常包括数据编码的约定、本地句法的转换，使不同类型的终端可以互相通信，例如数据加解密、压缩和格式转换等	GIF、JPEG、DES、ASCII、MPEG
会话层	建立和维护会话连接	负责管理远程用户或进程间的通信，通过安全验证和退出机制确保上下文环境的安全，重建中断的会话场景，维持双方的同步	SQL、NFS、RPC
传输层	端到端传输	实现发送端和接收端的端到端的数据透明传送，TCP协议保证数据包无差错、按顺序、无丢失和无冗余地传输。其服务访问点为端口	TCP、UDP
网络层	在源节点和目的节点之间传输	将网络地址（例如，IP地址）翻译成对应的物理地址（例如，MAC地址），并决定如何将数据从发送方路由到接收方，以及对网络的诊断等	IP、ICMP、IGMP、ARP、RARP
数据链路层	提供点到点的帧传输	将网络层报文数据分割封装成帧，建立、维持和释放网络实体之间的数据链路，在链路上传输帧并进行差错控制、流量控制等	HDLC、PPP、ATM、IEEE 802.3/.2
物理层	在物理链路上传输比特流	通过一系列协议定义了物理链路所具备的机械特性、电气特性、功能特性以及规程特性	FDDI、RS-232、RJ-45

3.2 TCP/IP 协议族

【基础知识点】

1. 传输控制/网络协议（Transmission Control Protocol/Internet Protocol，TCP/IP）

TCP/IP是现代信息网络系统中最基础和通用的协议。它由一系列协议组成，由于TCP和IP是其中最重要的两个协议，所以一般将相关的系列协议统称为TCP/IP协议族。

2. TCP/IP 协议定义的网络模型

TCP/IP 协议自上而下把网络分为四层，分别是应用层、传输层、互联网络层、物理和数据链路层。TCP/IP 模型和 OSI 网络模型的对应关系如图 3-3 所示。

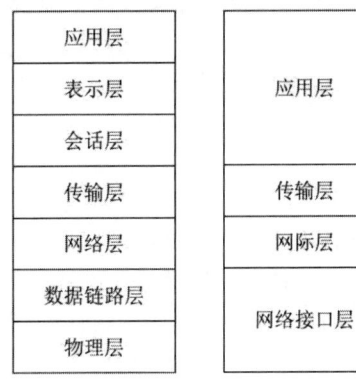

OSI 体系结构	TCP/IP 体系结构
应用层	应用层
表示层	
会话层	
传输层	传输层
网络层	网际层
数据链路层	网络接口层
物理层	

（a）OSI 体系结构　（b）TCP/IP 体系结构

图 3-3　OSI 体系结构和 TCP/IP 体系结构

（1）应用层。负责处理特定的应用程序细节，对应 OSI 七层模型中的应用层、表示层和会话层的部分功能。应用层的协议有 SMTP、FTP、Telnet、DNS、HTTP、NAT 等。

（2）传输层。负责应用层协议发送和接收具体数据的机制和过程，包括逻辑连接的建立、维护和拆除等，还包括可靠性传输和拥塞控制机制等。TCP/IP 协议栈中的传输层对应 OSI 模型中的传输层和会话层的部分功能。传输层主要包含 TCP 和 UDP 协议。TCP 是面向连接的协议，在收发数据前，必须和对方建立可靠的连接；UDP 是非连接协议，传输数据之前源端和终端不建立连接，并不保证数据一定能传送到，也不保证按顺序传输。

（3）互联网络层。负责基本的数据封装和全网传输，是整个网络内部、不同网络之间数据互联互通最重要的一层，对应 OSI 模型中的网络层。互联网络层最基本的协议是 IPv4 和 IPv6。

（4）物理和数据链路层。TCP/IP 协议栈的最底层，对应 OSI 的下两层，基于各种物理介质实现对上层数据的成帧传输。局域网、城域网、广域网都在这一层定义。

3. IPv4 协议

IPv4 是互联网协议（Internet Protocol，IP）的第四版，也是第一个被广泛使用、构筑当今互联网基石的协议。主要技术概念包括 IPv4 数据包、IPv4 地址、IPv4 路由。

（1）IPv4 数据包。IPv4 数据包格式，如图 3-4 所示。IPv4 数据包由 IPv4 包头（Header）和实际的数据部分组成。包头由固定格式和顺序的长度为 20 个字节的固定字段加上长度可变的选项字段组成，固定字段部分一般表示为图的 5 行，每行 4 个字节。

- 版本号。4 比特，定义协议版本，IPv4 协议中版本号为 4。
- 包头长度。4 比特，定义整个 IP 数据包包头的长度。
- 服务类型。8 比特，定义供相关路由设备数据处理方式的基本服务类型。

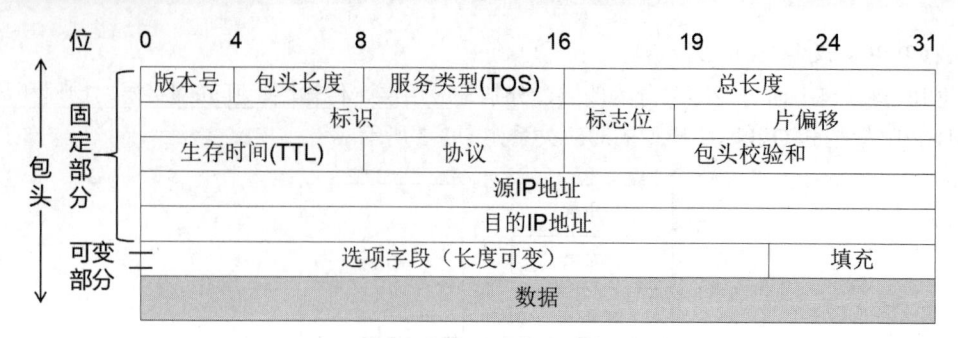

位	0	4	8	16	19	24	31
版本号	包头长度	服务类型(TOS)	总长度
标识	标志位	片偏移
生存时间(TTL)	协议	包头校验和
源IP地址
目的IP地址
选项字段（长度可变）	填充
数据

图 3-4　IPv4 数据包格式

- 总长度。16 比特，表示整个 IP 数据包长度，表示的最大字节为 65535 字节。
- 标识（16 比特）、标志位（3 比特）、片偏移（13 比特）。用于 IP 数据包的分片与重组。
- 生存时间（Time To Live，TTL）。8 比特，表示数据包在网络中的生命周期，用通过路由器的数量来计量，即跳数（每经过一个路由器会减 1），TTL 指示数据包在网络中可通过的路由器数的最大值。
- 协议。8 比特，定义该数据包所携带的协议类型，协议类型包括 TCP、UDP、ICMP、IGMP、开放最短路径优先（Open Shortest Path First，OSPF）协议等。
- 包头校验和。16 比特，对数据包包头本身的数据信息进行校验，不包括数据部分。
- 源地址。32 比特（4 字节），标识 IP 数据包的发送源 IP 地址。
- 目的地址。32 比特，标识 IP 数据包的目的 IP 地址。
- 选项字段。可扩充部分，具有可变长度，定义了安全性、严格源路由、松散源路由、记录路由、时间戳等选项。
- 填充。用全 0 的填充字段补齐为 4 字节的整数倍。

（2）IPv4 地址。IPv4 地址由 32 位二进制数组成，即由 4 个字节组成，通常称其为点分十进制表示法（例如 192.121.123.56）。IPv4 地址由网络位和主机位两大部分组成，前者用于标识网络，后者用于标识网络内部不同主机。

为了便于规划管理，又将 IPv4 地址分为 A、B、C、D、E 五类，A、B、C 类地址用于不同类型的网络规模，D 类地址专门用于组播地址。

A 类地址适用于大型网络建设，支持 126 个网络，每个网络最多支持 16777214 个主机地址。
B 类地址适用于中型网络建设，支持 16384 个网络，每个网络最多支持 65534 个主机地址。
C 类地址适用于小型网络建设，支持 209 万余个网络，每个网络最多支持 254 个主机地址。

公网地址是全球唯一分配的地址，私网地址则是可以在多个内部局域网里重复使用的地址。在 IPv4 的 A 类、B 类和 C 类地址池中，都有一部分预留给了私网地址：A 类地址中私网地址可用范围是 10.0.0.0～10.255.255.255，B 类地址中私网地址可用范围是 172.16.0.0～172.31.255.255，C 类地址中私网地址可用范围是 192.168.0.0～192.168.255.255。

家庭网络以及小规模的组织，通常设备数量比较少，使用 C 类私网地址即可，大中型组织在

IP 地址规划时，可以考虑使用 A 类或 B 类私网地址，能够支持更多的主机地址。

使用私网地址的主机需要通过地址转换技术（Network Address Translation，NAT）与公网 IPv4 地址的主机进行通信。NAT 一般在家庭网关、企业网关或者接口路由器等设备上实现。

（3）IPv4 路由。路由（Routing）是指路由器从一个接口上收到数据包，根据数据包的目的地址进行定向并转发到另一个接口的过程。

路由器获得路由条目的方式（即路由的类型）包括：

- 直连路由。由设备物理端口直接相连而获取的路由，设备自动获取。
- 静态路由。由管理员亲自配置的路由，用于固定路径的流量转发。
- 动态路由。与静态路由相对的概念，指路由器能够根据路由器之间交换的特定路由信息自动地建立自己的路由表，并且能够根据链路和节点的变化适时地进行自动调整。

动态路由需要路由器之间可以互认的路由协议支持，主要有两大类路由协议：

一是距离矢量路由协议，主要依据从源网络到目标网络所经过的路由器的个数来选择路由，包括路由信息协议（Routing Information Protocol，RIP）、边界网关协议（Border Gateway Protocol，BGP）。

二是链路状态路由协议，综合考虑从源网络到目标网络的各条路径的情况选择路由，包括 OSPF 协议、中间系统到中间系统（Intermediate System to Intermediate System，ISIS）协议。

4. IPv6 协议

（1）IPv6 地址。IPv6 地址由 128 位二进制数组成，是 IPv4 地址长度的 4 倍，前 64 比特为网络前缀，主要用于寻址和路由，后 64 比特为接口标识，主要用于标识主机。理论上，IPv6 地址总数几乎可以为地球上每一粒沙子分配一个地址。IPv6 地址由国际组织互联网数字分配机构（IANA）/互联网名称与数字地址分配机构（The Internet Corporation for Assigned Names and Numbers，ICANN）统一管理，采用分级管理架构，首先由 IANA/ICANN 分配给大区一级的管理机构，再由各大区管理机构分配给各会员国。与 IPv4 地址表示方法不同，IPv6 地址采用点分十六进制形式，分为 8 段，每段 16 位，例如 ABCD:EF01:2345:6789:ABCD:EF01:2345:6789。

（2）IPv6 数据包。IPv6 数据包格式，如图 3-5 所示。

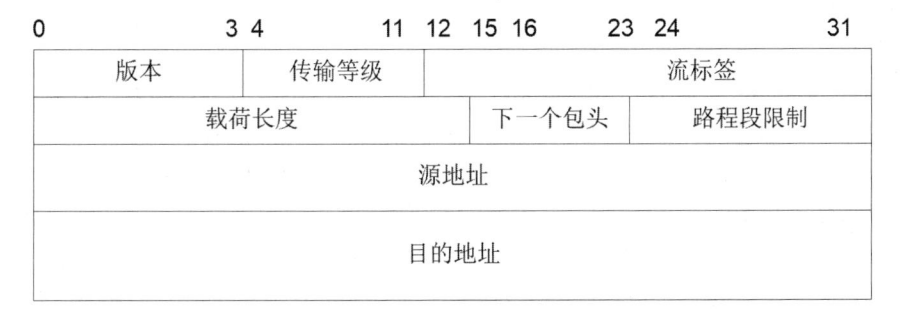

0	3 4	11 12 15 16	23 24	31
版本	传输等级	流标签			
载荷长度			下一个包头	路程段限制
源地址				
目的地址				

图 3-5 IPv6 数据包格式

- 版本。该字段的长度与 IPv4 相同，版本号 4（二进制 0100）、版本号 6（二进制 0110）分别代表 IPv4 和 IPv6 数据包。
- 传输等级。8 位传输等级字段用于源节点或路由器识别和区分不同级别的 IPv6 信息包。
- 流标签。源节点用 20 位流标签字段来标识一系列属于同一流的信息包。一个流可以由源 IPv6 地址和非空的流标签唯一地标识，属于同一个流的信息包必须由 IPv6 路由器做专门的处理，至于做何种处理则由信息包本身或资源预留协议（Resource Reservation Protocol，RSVP）所给的信息来决定。
- 载荷长度。16 位载荷长度字段，指出 IPv6 信息包除去报头之后的数据字段的长度，以字节为单位，IPv6 数据包的最大载荷长度为 65535 个字节。
- 下一个包头。8 位下一个包头字段指出 IPv6 包头之后的包头类型。
- 路程段限制。8 位路程段限制字段，数据包每向前经过一个转发节点（通常为路由器），路程段限制减 1，当路程段限制减至 0，则丢弃该数据包。
- 源地址。128 位 IPv6 源地址。
- 目的地址。128 位 IPv6 目的地址。

3.3 网络传输平台

【基础知识点】

1. 网络传输平台的一般架构

网络传输平台的一般架构如图 3-6 所示。

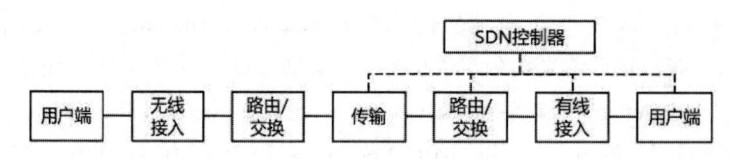

图 3-6 网络传输平台架构示意图

2. 网络传输媒介和主要技术

（1）网络传输媒介。网络传输媒介是指在传输系统中，借助电磁波能量承载的信号将数据由发送端传输到接收端的媒介，处于 OSI 的物理层。传输媒介一般分为有线和无线两大类。

（2）网络传输技术。目前常用的网络传输技术包括基于光纤的同步数字序列（Synchronous Digital Hierarchy，SDH）、准同步数字序列（Plesiochronous Digital Hierarchy，PDH）、密集波分复用（Dense Wavelength Division Multiplexer，DWDM）等，基于同轴电缆的混合光纤同轴电缆（Hybrid Fiber-Coaxial，HFC），基于无线媒介的 Wi-Fi、数字微波通信（Digital Microwave Communication，DMC）、卫星小数据站（Very Small Aperture Terminal，VSAT）、数字卫星通信系统、2G/3G/4G/5G/6G 移动通信系统等。

（3）网络路由、交换和组网技术。网络路由组网有一个重要概念，即路由域，也叫自治系统，是一个有权自主决定在本系统中应采用何种路由协议的小型网络单位。

按照物理覆盖和管理范畴划分组网，可以分为局域网（Local Area Network，LAN）、城域网（Metropolitan Area Network，MAN）和广域网（Wide Area Network，WAN）。

VPN，即虚拟专用网，指通过 VPN 技术在运营商等公有网络中构建专用的虚拟网络，主要用于将企业的分支机构网络通过城域网和广域网实现互连，或个人用户终端通过 VPN 接入远程的企业网络。

（4）有线、无线接入技术。现阶段有线接入技术主要是无源光网络（Passive Optical Network，PON），PON 有几种类型，包括以太网无源光网络（EPON）、千兆无源光网络（GPON）和 10G 无源光网络（10G-PON）。无线接入技术包括 Wi-Fi 和蓝牙等。

3. 运营商网络

典型的运营商网络由全国骨干网、省级骨干网、城域网和接入网组成。典型的城域网一般由<u>核心层、汇聚层和接入层三层架构组成</u>。

4. 企业组网

对于中小型企业网，一般设置企业网关/企业接口路由器设备，核心层设置若干台二层或者三层交换机设备，相关应用服务器、接入点（Access Point，AP）、PC、手机等设备通过光纤、双绞线、Wi-Fi 等手段接入交换机设备即可；对于大中型企业网，尤其有多个分支的企业网络，组网就比较复杂，一般也会分为核心层、汇聚层、接入层三层部署架构，分支之间会租用运营商等的 VPN 通道进行互联互通，核心层主要是路由器设备，汇聚层主要是三层交换机设备，接入层主要是二层交换机设备。

5. 4G

2013 年 12 月 4 日，我国正式向三大运营商发布 4G 牌照，标志着第 4 代移动通信系统建设的开启。4G 移动通信的优势包括：高速率、高容量；网络频谱更宽；智能性能更高；兼容性能更平滑；实现更高质量、更低费用的通信；更好的安全性。

6. 5G

2019 年 6 月，工信部正式向中国电信、中国移动、中国联通、中国广电发放 5G 商用牌照，中国进入第 5 代移动通信系统商用元年。

5G 系统主要性能指标包括：峰值速率达到 10～20Gbits，以满足高清视频、虚拟现实等大数据量传输；空中接口时延低至 1ms，满足自动驾驶、远程医疗等实时应用；具备百万连接/平方公里的设备连接能力，满足物联网通信；频谱效率比 4GLTE 提升 3 倍以上；连续广域覆盖和高移动性下，用户体验速率达到 100Mbit/s；流量密度达到 $10Mbps/m^2$ 以上；移动性支持 500km/h 的高速移动。

5G 系统采用总线式的微服务架构，将大型服务分解为若干个小型独立的服务，每个服务可以独立运行、扩展、开发和演化。

7. 物联网（Internet of Things，IoT）

IoT 泛指物与物、物与人之间通过通信网络实现的互联网。物联网一般由三层组成：

（1）感知层。承担着物联网应用对现实世界的"物"进行感知和交互的任务，收集信息数据或获取指令对现实世界进行交互。感知层的关键技术包括各种传感器技术、射频识别技术、条码、二维码技术、GPS 技术、NFC 技术、微机电系统技术等。

（2）网络层。负责连通感知层和应用层，安全、顺畅地传输数据和指令。

（3）应用层。承载着物联网应用的信息数据和业务处置逻辑，对感知层收集到的信息数据进行处理，对感知层下达相关处置指令。

3.4 网络和应用服务平台

【基础知识点】

网络和应用服务平台由众多相互独立又有关联关系的网络服务协议组成和实现，常见的互联网服务有 E-mail 电子邮件服务、WWW 万维网服务、DNS 域名解析服务、FTP 文件传输服务、Telnet 远程登录服务等。

（1）E-mail 电子邮件服务。是互联网中最常见的服务，常见的电子邮件协议包括 SMTP、邮局协议（Post Office Protocol Version 3，POP3）、互联网邮件访问协议（Internet Message Access Protocol，IMAP），这几种协议都是由前述的 TCP/IP 协议族定义的。

（2）WWW 万维网服务。万维网（World Wide Web，WWW）服务是一种建立在超文本基础上的浏览、查询互联网信息的方式，以交互方式查询并访问存放于远程计算机的信息，为多种互联网信息浏览与检索访问提供一个单独一致的访问机制。WWW 服务技术包括 HTTP 和 HTML。

（3）DNS 域名解析服务。域名服务（Domain Name Service，DNS）就是将容易记忆的域名（例如，www.baidu.com）转换为网络可以识别的 IP 地址。

（4）FTP 文件传输服务。FTP 允许用户以文件操作的方式（例如，文件的增、删、改、查、传输等）与另一主机相互通信。

（5）Telnet 远程登录服务。Telnet 远程登录服务用于将用户计算机与远程主机连接起来，并可作为该远程主机的一个访问终端使用，共享远程主机的 CPU、硬件、存储、应用等资源，如进行远程计算和远程事务处理等操作。

3.5 安全服务平台

【基础知识点】

1. 信息网络系统安全体系框架

信息网络系统安全体系框架如图 3-7 所示。

```
┌─────────────────────────────────────────────────┐  ▲
│ 数据安全  ┌──────────────┐ ┌──────────────┐     │  │
│          │ 机密数据保护 │ │ 数据备份和恢复│     │  │
│          └──────────────┘ └──────────────┘     │  │
├─────────────────────────────────────────────────┤  │
│ 应用安全  ┌────────────┐┌──────────────────┐┌──────┐│
│          │应用身份识别和授权││应用安全漏洞和入侵防护││会话管理│ 安
│          └────────────┘└──────────────────┘└──────┘ 全
├─────────────────────────────────────────────────┤ 管
│ 主机安全  ┌──────┐┌──────────┐┌──────────┐┌──────────┐│理
│          │身份鉴别││主机访问控制││主机安全漏洞││主机安全审计││
│          └──────┘└──────────┘└──────────┘└──────────┘│
├─────────────────────────────────────────────────┤  │
│ 网络安全  ┌──────┐┌──────────┐┌──────────┐┌──────────┐│
│          │网络结构││网络访问控制││网络入侵防护││网络安全审计││
│          └──────┘└──────────┘└──────────┘└──────────┘│
├─────────────────────────────────────────────────┤  │
│ 物理安全  ┌──────┐┌──────────┐┌──────────────┐ │  │
│          │机房位置││物理访问控制││防火、防雷、防静电等││ │
│          └──────┘└──────────┘└──────────────┘ │  ▼
└─────────────────────────────────────────────────┘
```

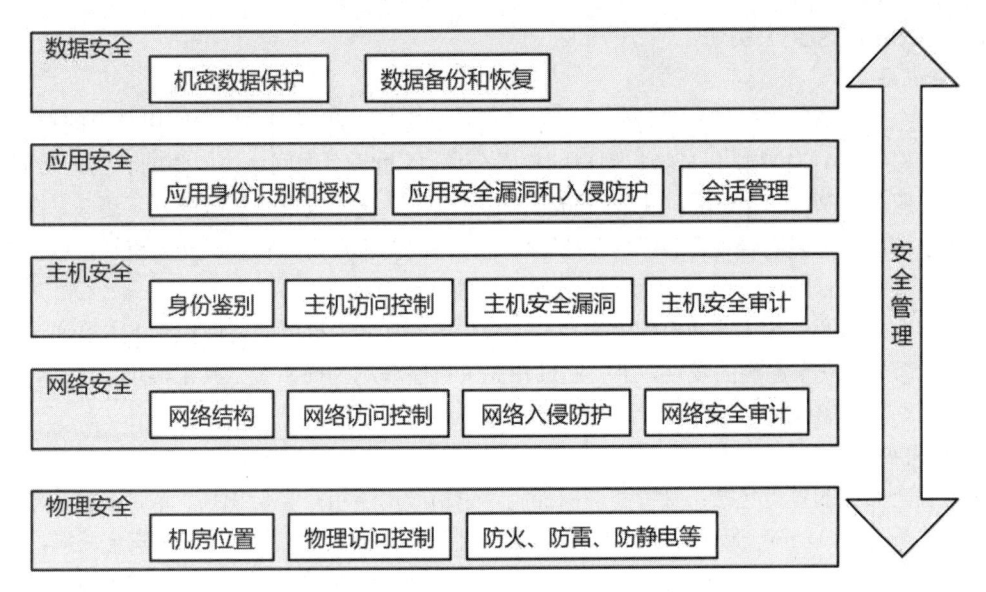

图 3-7　信息网络系统安全体系框架

2．物理安全

物理安全是网络和上层系统应用及数据安全的基础，包括机房和相关设施的安全。物理安全主要包括环境安全、供配电系统、安防系统和消防系统四个部分。

（1）环境安全主要包括防水、防尘、防静电、防电磁干扰、防雷击、防震动、防生物和有害气体等。相关设备包括相关专业传感器、专业防控设备、温湿度调节设备等。

（2）供配电系统主要为机房提供可用的电源，并确保供电动力安全。相关设备包括配电柜、不间断电源系统（UPS）、交直流电源等，还包括应急响应设备，如发电机组等。

（3）安防系统为机房提供基本的物理访问控制安全保护，如各类门禁系统、红外传感器等。

（4）消防系统为机房提供防火的安全保护，消防设备主要包括烟感器、火焰传感器、触发设备、排烟设备、灭火设备等。

3．网络安全

网络安全关注的重点包括：网络结构，包括网络结构合理性、安全域划分合理性等；访问控制，包括网络边界部署访问控制设备，是否制订了用户和系统之间的允许访问规则，访问控制策略和粒度是否合理等；网络入侵防护，包括拒绝服务攻击的监控和防御能力，对于端口扫描、IP 碎片攻击、网络蠕虫等网络攻击的监控能力等；网络安全审计，包括对网络设备运行状况、网络流量、用户行为等进行日志审计的能力等。

网络安全设备和手段主要包括但不限于：①防火墙是基本的网络层安全防护设备；②利用 Vlan 等技术进行安全域划分是实现网络安全域结构优化的主要技术手段；③网络入侵检测和防护主要通过入侵检测系统（Intrusion Detection Systems）/入侵防御系统（Intrusion Prevention Systems）（IDS/IPS）安全设备进行；④网络安全审计主要通过统一日志管理系统或安全运营中心（Security

Operations Center，SOC）实现。

4. 主机安全

主机安全关注的重点包括：身份鉴别，包括用户身份标识和鉴别，用户或用户组的权限管理，用户口令策略等；访问控制，包括特权用户的权限分离，主机设备的网络访问限制和物理访问限制，主机端口和服务控制等；安全漏洞和攻击防御，包括操作系统和数据库系统的补丁更新，操作系统和数据库系统的安全漏洞管理，病毒、木马等恶意代码的防范能力等；主机安全审计，包括操作系统和数据库系统运行状况、用户行为等的日志审计能力等。

主机安全设备和手段主要包括但不限于：①身份鉴别；②主机层的访问控制，主要通过主机防火墙实现；③主机安全漏洞的发现，主要通过相关主机层漏洞扫描系统工具来实现；④病毒、木马防护，主要通过部署防病毒网关或单机版防病毒系统进行防护。

5. 应用安全

应用安全关注的重点包括：身份和访问控制，包括应用层用户身份识别、认证、权限管理，口令策略和传输，端口控制，敏感信息访问等；应用安全漏洞，防范应用层存在的安全漏洞，如 SQL 注入、跨站脚本编制、上传漏洞、命令注入、应用中间件漏洞等；会话管理，包括会话标识、Cookie 管理等。

应用层安全设备和技术包括但不限于：①应用层安全漏洞检测，主要通过相关应用漏洞扫描系统工具来实现，还包括渗透测试、代码审计等技术手段；②应用层的安全防护设备，主要通过 Web 防火墙对 SQL 注入、XSS 等已知应用漏洞攻击以及应用层 DoS 攻击起到防护作用。

6. 数据安全

数据安全关注的重点包括：机密数据保护，包括数据加密传输、数据加密存储、敏感资源控制等；数据备份恢复，包括重要信息的冗余备份机制和恢复机制等。

数据安全设备和技术包括但不限于：①数据安全传输设备和技术；②数据加密技术；③数据备份和恢复。

7. 安全管理

安全管理的重点内容包括：安全组织和责任，包括建立安全工作组织架构，设置安全分管领导和安全管理专员，明确人员的安全责任等；风险管理工作机制，包括实施定期的安全评估、漏洞管理、安全加固、残余风险评价等工作；应急处理工作机制，包括安全风险监控、定期安全通告、安全紧急事件处理措施等；容灾备份工作机制，包括制订完善的灾难恢复方案并制订定期的灾难恢复演练计划等；制订系统上线、切换办法、安全运维方案等。

8. 云计算安全

当业务平台迁移到云计算环境后，由于虚拟化技术的引入，原本运行在物理服务器上的业务系统转而运行在虚拟机上，因此出现了新的安全问题和需求。

云化业务平台和传统业务平台相比，新增的主要安全问题包括：①主机安全方面；②网络安全方面；③数据安全方面；④DDoS 攻击。

3.6 网络管理和维护平台

【基础知识点】

1. 网络管理的五大功能

网络管理五大功能分别是故障管理、配置管理、性能管理、计费管理和安全管理。

（1）故障管理。通过收集网络中各类设备告警信息，通过各种技术手段，进行网络故障的判定和定位，为快速完成故障排除和网络恢复打下基础。

（2）配置管理。配置网络以使其提供网络服务，同时采集网络中相关设备的配置数据，对其进行管理和分析，以便使网络整体运行状态达到最优。

（3）性能管理。通过对网络各类性能数据的采集、分析和处理，更好地了解整个网络和其中设备的运行状况。

（4）计费管理。记录各类网络业务资源的使用情况，目的是控制和监测网络操作的费用和代价。

（5）安全管理。提供网络中各类设备和网络管理层面的安全性管理功能，目的是保障网络安全运行。

2. 网络管理系统的功能体系结构

从下至上可以分为网元/网络层、管理应用层和表示层。

（1）网元/网络层。网管系统的最底层，包括被管理的所有网元设备和网络系统。

（2）管理应用层。主要实现网络管理五大功能，并可以根据实际管理需求和扩展接口实现附加的功能模块或相关子系统。

（3）表示层。提供用户直观、友好的人机交互界面，可以支持多种接入和展现手段。

3.7 环境系统建设

【基础知识点】

1. 现代机房建设工程的特点

现代机房建设工程充分体现了新技术、新材料、新工艺、新设备的特点。

机房建设包括机房装修、空调系统、电气系统、接地和防雷系统、消防系统、环境监控系统、节能降耗系统等。

2. 综合布线系统

综合布线系统是指按标准的、统一的和简单的结构化方式编制和布置各种建筑物（或建筑群）内各种系统的通信线路，包括网络系统、电话系统、监控系统、电源系统和照明系统等。因此，综合布线系统是一种标准通用的信息传输系统。

综合布线系统的构成：建筑群配线设备（CD）；建筑物配线设备（BD）；楼层配线设备（FD）；集合点（CP），即综合布线系统中所规定的在水平电缆中的一个连接点；信息插座模块（TO）；终端设备（TE）。

3. 典型的机房监控功能系统（子系统）

监控功能系统包括但不限于：机房动力环境系统监控；机房系统/网络设备监控；机房门禁监控；机房环境消防监控。

4. 机房的节能降耗

节能降耗应从多方面考虑，包括：机房选址和规划建设；机房内部的规划布局；各种设备本身；基于人工智能等技术手段。

3.8 练习题

1. 在开放系统互连（OSI）七层模型中，在应用层和会话层之间的是（　　）。
   A．表示层　　　　B．传输层　　　　C．网络层　　　　D．物理层

解析：OSI 七层模型从低到高依次为物理层、数据链路层、网络层、传输层、会话层、表示层和应用层。

答案：A

2. TCP/IP 体系结构中，包含 TCP 和 UDP 协议的是（　　）。
   A．应用层　　　　B．互联网络层　　　C．传输层　　　　D．物理和数据链路层

解析：TCP/IP 模型中，应用层负责处理特定的应用程序细节，对应 OSI 七层模型中的应用层、表示层和会话层的部分功能，应用层的协议主要包括 SMTP、FTP、Telnet、DNS、HTTP、NAT 等。传输层负责应用层协议发送和接收具体数据的机制和过程，包括逻辑连接的建立、维护和拆除等，还包括可靠性传输和拥塞控制机制等，TCP/IP 协议栈中的传输层对应 OSI 模型中的传输层和会话层的部分功能，传输层主要包含 TCP 和 UDP 协议，TCP 是面向连接的协议，在收发数据前，必须和对方建立可靠的连接，UDP 是非连接协议，传输数据之前源端和终端不建立连接，并不保证数据一定能传送到，也不保证按顺序传输。互联网络层负责基本的数据封装和全网传输，是整个网络内部、不同网络之间数据互联互通最重要的一层，对应 OSI 模型中的网络层，互联网络层最基本的协议是 IPv4 和 IPv6。物理和数据链路层是 TCP/IP 协议栈的最底层，对应 OSI 的下两层，基于各种物理介质实现对上层数据的成帧传输。局域网、城域网、广域网都在这一层定义。

答案：C

3. 关于 IPv4 协议和 IPv6 协议的描述，不正确的是（　　）。
   A．IPv4 数据包由 IPv4 包头和实际的数据部分组成
   B．IPv6 地址由 64 位二进制数组成
   C．IPv4 地址由 32 位二进制数组成
   D．IPv6 地址采用点分十六进制形式

解析：IPv6 地址由 128 位二进制数组成，是 IPv4 地址长度的 4 倍，前 64 比特为网络前缀，主要用于寻址和路由，后 64 比特为接口标识，主要用于标识主机。

答案：B

4．射频识别技术是物联网（　　）的关键技术之一。

　　A．传输层　　　　B．应用层　　　　C．网络层　　　　D．感知层

解析：物联网一般由三层组成：感知层承担着物联网应用对现实世界的"物"进行感知和交互的任务，收集信息数据或获取指令对现实世界进行交互，感知层的关键技术包括各种传感器技术、射频识别技术、条码、二维码技术、GPS 技术、NFC 技术、微机电系统技术等。网络层负责连通感知层和应用层，安全、顺畅地传输数据和指令。应用层承载着物联网应用的信息数据和业务处置逻辑，对感知层收集到的信息数据进行处理，对感知层下达相关处置指令。

答案：D

5．在综合布线系统的构成中，（　　）代表建筑群配线设备。

　　A．CD　　　　　　B．BD　　　　　　C．CP　　　　　　D．TE

解析：在综合布线系统中，CD 代表建筑群配线设备，BD 代表建筑物配线设备，FD 代表楼层配线设备，CP 代表集合点（综合布线系统中所规定的在水平电缆中的一个连接点），TO 代表信息插座模块，TE 代表终端设备。

答案：A

第 4 小时
信息资源系统

4.0　章节考点分析

第 4 小时主要学习数据资源平台相关的计算服务器、人工智能服务器、数据存储和备份设备、数据中心组网技术，以及云资源系统相关的云计算架构、云计算关键技术、云计算运营模式、云服务产品等内容。

根据考试大纲，本小时知识点会涉及单项选择题和案例分析题，按以往的出题规律，单选题约占 4~6 分，案例分析题占 3~5 分。本小时内容属于 IT 知识范畴，考查的知识点来源于教材，扩展内容会随实际新技术发展略有更新。本小时的架构如图 4-1 所示。

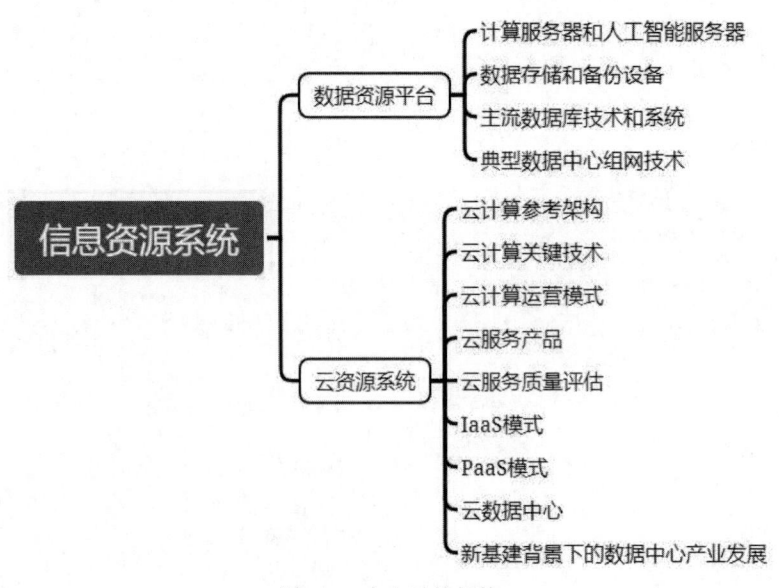

信息资源系统
- 数据资源平台
  - 计算服务器和人工智能服务器
  - 数据存储和备份设备
  - 主流数据库技术和系统
  - 典型数据中心组网技术
- 云资源系统
  - 云计算参考架构
  - 云计算关键技术
  - 云计算运营模式
  - 云服务产品
  - 云服务质量评估
  - IaaS 模式
  - PaaS 模式
  - 云数据中心
  - 新基建背景下的数据中心产业发展

图 4-1　本小时的架构

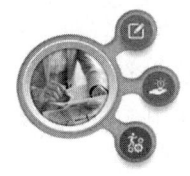

【导读小贴士】

什么叫信息系统？我们最容易想到的就是日常工作中经常用的各种软件，如公司的考勤打卡系统、办公 OA 系统等。一个典型的信息系统项目，离不开核心应用软件的开发，以及围绕软件正常运行需要的硬件设备、网络环境、管理制度等各种因素的加持。我们要想做好信息系统项目的监理，就需要了解掌握几种 IT 项目常见的信息系统系统知识，如本章的信息资源系统，关键词就是"资源"，资源是应用的强大保障，我们需要抓住它们的共性和要点，才能更好地开展监理工作。

4.1 数据资源平台

【基础知识点】

1. 数据资源平台的功能及构成

数据资源平台负责信息系统中的数据存储、计算和相关处理，硬件层面包括各类服务器、存储设备和备份设备等，软件层面包括操作系统、数据库系统、中间件系统、云计算系统、虚拟化系统、集群系统等。

2. 算力

广义的算力是计算机设备或计算/数据中心服务器等设备处理数据的能力，是计算机硬件和软件配合共同执行某种计算需求的能力。狭义的算力是指一台计算机具备的理论上最大的每秒浮点运算次数，这里的计算机泛指个人 PC、数据中心或组织的服务器、各类 PAD 设备，甚至是人们日常使用的已经具备某种计算机功能的智能手机等设备。

3. 计算服务器

计算服务器主要承载和提供各类业务应用、管理服务及数据资源共享服务。选择计算服务器时应考虑的因素包括：CPU 的类型、数量、核数、速度等；内存数量、容量、性能等；总线结构和类型；磁盘总量和性能；容错性能；网络接口类型、数量、性能等；服务器软件；服务器本身的管理等。

服务器操作系统是服务器重要的组成部分，当前主流的服务器操作系统包括 UNIX、Linux、Windows、Netware 等，主流国产操作系统包括麒麟、统信、欧拉等。

4. 人工智能（AI）服务器

人工智能的实现包括训练和推理两个环节。一般大型的人工智能应用需要独立部署训练服务器和推理服务器（或者是专用的实现推理功能的计算机、工控机和专用设备）。训练服务器和推理服务器一般是由通用计算服务器上加插特定 AI 模块组成的，也有根据具体业务场景需求定制的工控机、其他专用或通用设备的。

5. 数据存储和备份设备

目前市场上的存储产品主要有磁盘阵列、磁带机与磁带库、光盘库、存储区域网络（Storage Area Network，SAN）和网络附加存储（Network Attached Storage，NAS）、对象存储、集中式存储和分布式存储等。

（1）磁盘阵列。磁盘阵列（RAID）是将很多块独立的专用磁盘或普通磁盘连成阵列，组合成一个容量巨大的磁盘组，使其能以某种快速、准确和安全的方式来读写更大的磁盘数据。

（2）磁带机、磁带库和光盘库。磁带机由磁带驱动器和磁带构成，是一种经济、可靠、容量大、速度快的备份存储设备。磁带库是像自动加载磁带机一样的基于磁带的备份系统，磁带库由多个驱动器、多个槽和机械手臂组成，并可以由机械手臂自动实现磁带的拆卸和装填。光盘以其容量大、成本低、制作简单、体积小、易于保存、使用便利等特点，仍是当前海量信息和重要文献资料的备份媒体。光盘存储产品包括光盘塔、光盘库、光盘镜像服务器等。

（3）SAN 和 NAS。SAN 采用光纤通道技术，通过光纤通道交换机连接存储阵列和服务器主机，建立专用于数据存储的区域网络。SAN 具有高带宽、低延迟的优势，但是由于 SAN 系统的价格较高，且可扩展性较差，已不能满足成千上万个 CPU 规模的系统。NAS 将存储设备通过标准网络拓扑结构（例如以太网）连接到一群计算机上。NAS 是通过 TCP/TP 实现网络化存储，可扩展性好、价格便宜、用户易管理。但 NAS 协议开销高、带宽低、延迟大，不利于在高性能集群中应用。

（4）对象存储。对象存储（Object-based Storage）是一种新的网络存储架构，基于对象存储技术的设备就是对象存储设备（Object-based Storage Device，OSD）。总体而言，对象存储同时兼具 SAN 的高速直接访问磁盘的特点及 NAS 的分布式共享的特点。

（5）集中式存储和分布式存储。

集中式存储是将一台或多台存储设备组成中心节点，数据集中存储于这个中心节点中，并且整个系统的所有业务单元都集中部署在这个中心节点上。其优势在目前技术条件下是无可替代的，但缺点就是核心部件集中，冗余性和扩展能力较差。

分布式存储是将数据分散存储在多台独立的存储设备上，采用可扩展的系统结构，利用多台存储服务器分担存储负载，利用位置服务器定位存储信息，节点间采用高速网络，对硬件无特殊要求，成本较低，扩展能力强。同时可以灵活配置故障与副本策略，拥有自动重平衡能力，但延迟高、数据一致性问题也是其缺点和难点所在。

6. 数据库系统的分类

（1）关系型数据库：存储的格式可以直观地反映实体间的关系。关系型数据库和常见的表格比较相似，关系型数据库中表与表之间是有很多复杂的关联关系的。传统的关系型数据库有 Oracle、DB2、MySQL、Microsoft SQL Server、Microsoft Access 等多个品种，每种数据库的语法、功能和特性也各具特色。国产的关系型数据库包括 GaussDB(for MySQL)、达梦数据库、OpenBASE、OSCAR 等。

（2）非关系型数据库（NoSQL）：指分布式的、非关系型的、不保证遵循 ACID（数据库事务处理的四个基本要素）原则的数据存储系统。NoSQL 数据库适合文档形式、图片形式、文件形式等，使用灵活，应用场景广泛。传统的非关系型数据库有 <u>MongoDB、HBase、Redis、Neo4j</u> 等。国产的非关系型数据库包括 <u>GaussDB（for Mongo）</u>等。

7. 数据中心

数据中心通常指的是<u>互联网数据中心（Internet Data Center，IDC）</u>，为互联网业务提供商（Internet Service Provider，ISP）、互联网内容服务提供商（Internet Content Provider，ICP）、政府、企业、媒体、各类网站甚至是个人提供大规模、高质量、安全可靠的专业化服务器托管、空间租用、云计算资源租用、业务应用部署等服务。

8. 数据中心网络

一个典型的数据中心网络主要由<u>网络连接模块、业务接入模块和后台管理模块</u>三部分构成。

9. 数据中心组网架构

传统的大型数据中心采用层次化模型设计的<u>三层网络架构</u>。

（1）<u>核心层</u>。核心层是整个数据中心网络的数据传输主干道，一般由两台或若干台三层路由交换机实现，为进出数据中心的数据提供高速转发，为内部多个汇聚层节点提供连接性。

（2）<u>汇聚层</u>。汇聚层连接网络的核心层和各个接入层设备，在两层之间承担"媒介传输"的作用，在接入层设备接入核心层之前先经过汇聚层进行数据处理，以减轻核心层设备的负荷。

（3）<u>接入层</u>。接入层负责接入各类资源和业务节点，一般称为入网点或网络服务提供点（Point-of-Presence，PoP）。

10. 流行的数据中心组网架构

传统的数据中心树形组网架构存在内部数据转发跳数多、扩展能力差、虚拟机迁移不方便等缺点，现在流行的数据中心组网架构是<u>二层的脊背-叶子（Spine-Leaf）架构</u>，内部数据转发跳数少，更易于水平扩展。

4.2 云资源系统

【基础知识点】

1. 云计算功能架构

云计算功能架构分为服务和管理两大部分。在服务方面，主要向用户提供基于云的各种服务，共包含三种模式：SaaS、PaaS 和 IaaS。在管理方面，主要提供云相关的管理功能，以确保整个云计算中心能够安全、稳定地运行，并且能够被有效地管理。

2. 云计算架构的分层

云计算架构包括<u>显示层、中间层、基础设施层和管理层</u>。中间层是承上启下的，它提供了多种服务：多租户、分布式缓存、并行处理、应用服务器、REST。基础设施层的作用是：虚拟化、分布式存储、关系型数据库、NoSQL（Not only SQL）非关系型的数据库。管理层的作用有账号管理、SLA 监控、计费管理、安全管理、负载均衡、运维管理。

3. 云计算的实现

云计算的实现采用分层架构，其中的关键技术包括：<u>虚拟化技术、分布式数据存储技术、资源管理技术、云计算平台管理技术和多租户隔离技术</u>等。

4. 云计算服务角色

云服务提供商：即提供云服务（云计算产品）的厂商，如提供 AWS 云服务的亚马逊、提供阿里云服务的阿里巴巴、提供华为云服务的华为等。

云服务消费者：即租赁和使用云服务产品的组织和个人消费者。

云服务代理商：即云服务产品的代理商。因为一个产品厂商很难靠自己去销售，所以通常会寻找代理商，由代理商将产品销往全球。

云计算审计：即能够对云计算安全性、性能、操作进行独立评估的第三方组织或个人。

云服务承运商：即提供云服务消费者到云服务产品之间连接的媒介，通常云服务消费者是通过 Internet 访问使用云服务的，所以 Internet 服务提供商就是这里的云服务承运商，如中国电信。

5. 云计算责任模型

2019 年发布的《云计算安全责任共担模型》行业标准，规范了公有云 IaaS、PaaS、SaaS 模式下云服务提供者和云服务客户间的安全责任共担模型。

云计算的基础设施、物理硬件、资源抽象和控制层都处于云服务提供者的完全控制下，所有安全责任由云服务提供者承担。应用软件层、软件平台层、虚拟化计算资源层的安全责任则由双方共同承担，越靠近底层的云计算服务（即 IaaS），客户的管理和安全责任越大；反之，云服务提供者的管理和安全责任越大。

云计算环境的安全性由云服务提供者和客户共同保障。

6. 云计算服务交付

云计算的服务交付主要包括六种模式：

模式一：<u>组织所有，自行运营</u>。这是一种典型的私有云模式，组织自建自用，基础资源在组织数据中心内部，运行维护也由组织自己承担。

模式二：<u>组织所有，运维外包</u>。该模式也是私有云，但是组织只进行投资建设，而云计算架构的运行维护外包给服务商（也可以是服务提供者），基础资源依然在组织数据中心。

模式三：<u>组织所有，运维外包，外部运行</u>。由组织投资建设私有云，但是云计算架构位于服务商的数据中心内，组织通过网络访问云资源。这是一种物理形体的托管型服务。

模式四：<u>组织租赁，外部运行，资源独占</u>。由服务提供者（Service Provider，SP）构建云计算基础资源，组织只租用基础资源形成自身业务的虚拟云计算，相关物理资源完全由组织独占使用。这是一种虚拟的托管型服务（数据托管）。

模式五：<u>组织租赁，外部运行，资源共享调度</u>。由 SP 构建云计算基础资源，多个组织同时租赁 SP 的云计算资源，资源的隔离与调度由 SP 管理，组织只关注自身业务，不同组织在云架构内虚拟化隔离，形成一种共享的私有云模式。

模式六：<u>公共云服务</u>。由 SP 为组织或个人提供面向互联网的公共服务（如邮箱、即时通信、共享容灾等），云架构与公共网络连接，由 SP 保证不同组织与用户的数据安全。

7. 云服务产品

（1）云服务器。云服务器具有高可用性、稳定性与安全性、弹性的特点。

（2）块存储。块存储具有如下功能特点：弹性可扩展、多存储类型、稳定可靠、简单易用、快照备份、分类。

（3）对象存储。对象存储具有如下功能特点：访问灵活；支持数据生命周期管理及流式写入和读取；提供多维度、多层次的安全防护与访问控制；提供安全令牌服务（Security Token Service，STS）和 URL 鉴权和授权机制；提供跨区域复制功能实现数据异地容灾；图片处理；音视频转码基于 OSS 存储，提供高质量、高速并行音视频转码能力；内容加速分发等。

8. 网络类产品

（1）专有网络。专有网络（Virtual Private Cloud，VPC）是基于云构建的一个隔离的网络环境，专有网络之间逻辑上彻底隔离。

（2）负载均衡。负载均衡（Server Load Balancer，SLB）是对多台云服务器进行流量分发的均衡服务，可以通过流量分发扩展应用系统对外的服务能力，通过消除单点故障提升应用系统的可用性。负载均衡的功能特点有：高可用、低成本。

（3）弹性公网 IP。弹性公网 IP 地址（Elastic IP Address，EIP）是可以独立购买和持有的公网 IP 地址资源。弹性公网 IP 的功能特点有：灵活独立的公网 IP 资源、动态绑定和解绑、按需购买和灵活管理。

9. 数据库类产品

云关系型数据库是一种稳定可靠、可弹性伸缩的在线数据库服务。云关系型数据库的功能特点有：便宜易用、高性能、高安全性、高可靠性。

10. 安全类产品

（1）DDoS 高防 IP。DDoS 高防 IP 是针对互联网服务器在遭受大流量的 DDoS 攻击后导致服务不可用的情况下，推出的付费增值服务，用户可以通过配置高防 IP，将攻击流量引流到高防 IP，确保源站的稳定可靠。DDoS 高防 IP 的功能特点有：防护多种 DDoS 类型攻击、随时更换防护 IP、弹性防护、精准防护报表、防护海量 DDoS 攻击、精准攻击防护、隐藏用户服务资源、高可靠性和高可用性。DDoS 高防 IP 的应用场景有：DDoS 高防 IP 可服务于云内及云外的所有客户，主要使用场景包括金融、娱乐（游戏）、媒资、电商、政府等对用户业务体验的实时性要求较高的业务。

（2）Web 应用防火墙。Web 应用防火墙（Web Application Firewall，WAF）基于云安全大数据能力，用于防御 SQL 注入、XSS 跨站脚本、常见 Web 服务器插件漏洞、木马上传、非授权核心资源访问等 OWASP 常见攻击，并过滤海量恶意 CC 攻击，避免客户的网站资产数据泄露，保障网站的安全与可用性。WAF 的功能特点有：WAF 可以帮助客户应对各类 Web 应用攻击，确保网站的 Web 安全与可用性，其可以提供常见 Web 应用攻击防护、恶意 CC 攻击防护、精准访问控制、强大报表分析、强大 Web 防御能力、网站专属防护、大数据安全能力、检测快、防护稳、高可靠、高可用的服务。WAF 的应用场景有：Web 应用防火墙服务于云上及云外的所有客户，该服务主要应用于金融、电商、O2O、互联网+、游戏、政府、保险等对安全要求较高的各类网站。

11. 管理工具类产品

云监控是一项针对云资源和互联网应用进行监控的服务。云监控服务可用于收集获取云资源的监控指标，探测互联网服务可用性，以及针对指标设置警报。云监控为用户提供仪表盘驾驶舱、站点监控、云产品监控、自定义监控和报警服务。

管理类工具的应用场景有：云服务监控、系统监控、及时处理异常场景、及时扩容场景、站点监控、自定义监控等。

12. 云主机服务质量评估的主要考察指标

云主机服务质量评估主要考察以下指标要求：

（1）通用处理能力。包括 CPU 运算处理能力、内存处理能力、硬盘处理能力、网络传输能力、在线可用性、对弹性主机服务。

（2）系统处理能力。即对不同典型应用组件的支持能力评估，包括 Web 网站、J2EE 应用、关系数据库、Hadoop、邮件系统和中间件等。

（3）行业应用承载能力。即对行业不同典型产品的承载能力评估，包括 ERP 产品、CRM 产品和其他典型产品。

（4）交付服务内容评估。包括界面交互服务、计费服务、技术支持服务、资料信息服务、其他服务。

13. 对象存储服务质量评估的主要考察指标

对象存储服务质量评估，主要考察以下性能指标要求：数据存储的持久性、数据可销毁性、数据可迁移性、数据私密性、数据知情权、服务可审查性、服务功能、服务可用性。

14. IaaS 模式

（1）资源抽象。资源抽象主要是将下层的物理硬件资源统一进行抽象，抽象成和单个物理硬件无关的资源集合，上层无须关心物理机器的型号，只需专注于具体的资源即可。

（2）计算负载管理。云计算主机是通过云计算技术将 IT 设备的硬件、存储及网络等资源统一虚拟化为相应的资源池，再从资源池分割成独立的虚拟主机（服务器）的产品。

（3）数据存储管理。数据存储管理就是根据不同的应用环境，通过采取合理、安全、有效的方式将数据保存到某些介质上，并能保证有效地访问。

（4）网络管理。网络管理（Network Management）的定义是监测、控制和记录网络资源的性能和使用情况，以使网络有效运行。为了保证满足弹性扩展的需求，云化网络系统在设计时需遵循下述原则：安全性、可靠性和容错性；开放式、标准化；可扩展性；实用性、先进性、成熟性；大容量；可管理性。

（5）安全服务。安全服务的主要内容包括安全机制、安全连接、安全协议和安全策略等，它们能在一定程度上弥补和完善现有操作系统和网络信息系统的安全漏洞。

（6）计费。云服务计费平台，指通过精确可靠地采集 IaaS、PaaS 和 SaaS 服务资源的各种指标数据，依据一定的计费算法来计算出所提供服务资源的费用，或者预测服务可能产生的费用，并将这些信息展示给用户和云服务的提供商的平台。

15. PaaS 模式

（1）中间件。中间件是一种独立的系统软件或服务程序，分布式应用软件借助这种软件在不同的技术之间共享资源，中间件位于客户机服务器的操作系统之上，管理计算资源和网络通信。中间件一般提供如下功能：通信支持、应用支持、公共服务。中间件可分为以下几类：事务式中间件、过程式中间件、面向消息的中间件、面向对象中间件、Web 应用服务器。

（2）云数据库。云数据库服务包括关系型云数据库服务和非关系型云数据库服务两种。

（3）数据中台。

数据中台产生背景：数据中台是商业模式的产物，是从流程驱动转向数据驱动的结果。现在比较流行的数据中台可以理解为 PaaS。

数据中台的作用：数据中台能够帮助用户应用数据，发挥数据价值，以数据为驱动，形成数据闭环，不断优化模型算法，动态调整模型，提高模型效率和准确度，更好地挖掘数据价值。

数据中台体系架构：广义的数据中台体系包括基础中台、技术中台、数据中台和业务中台，它们合称为"大中台"。

（4）容器。容器技术是云原生技术的底层基石，一般说的"容器"都是"Linux 容器"。容器的本质，就是一组受到资源限制，彼此间相互隔离的进程。隔离所用到的技术都是由 Linux 内核本身提供的。容器就是一种基于操作系统能力的隔离技术。

虚拟化技术和容器技术对比可以看出，容器是没有自己的操作系统的，直接共享宿主机的内核，也没有虚拟机监控器这一层进行资源隔离和限制，所有对于容器进程的限制都是基于操作系统本身的能力来进行的，由此容器获得了一个很大的优势，即轻量化，由于没有虚拟机监控器这一层，也没有自己的操作系统，自然占用资源很小，因此镜像文件占用空间也相应要比虚拟机小。

16. SaaS 模式

SaaS 的三种服务模式：①租用别人的 IaaS 云服务，自己再搭建和管理平台软件层和应用软件层；②租用别人的 PaaS 云服务，自己再部署和管理应用软件层；③自己搭建和管理基础设施层、平台软件层和应用软件层。

适合 SaaS 模式的应用软件的特点：复杂；高效的多用户支持特性；模块化结构；多租户；多币种、多语言、多时区支持；非强交互性软件。适合云化并以 SaaS 模式交付给用户的软件包括：企事业单位的业务处理类软件、协同工作类软件、办公类软件、软件工具类。

17. 云数据中心

（1）概念。云数据中心是云计算数据中心（Cloud Computing Data Center，CDC）的简称，作为支撑云服务的物理载体，处于云计算技术体系的核心地位。

（2）要素。云数据中心一般具有以下五大要素：面向服务、资源池化、高效智能、按需供给、低碳环保。

（3）总体架构。云数据中心总体架构是数据中心构建的顶层设计，为数据中心的建设提供重要支撑作用。云数据中心架构自下而上由数据中心机房层、物理资源层、基础设施层、平台服务层、软件服务层、终端用户层六大部分构成。数据中心各层向上提供支撑。

18. 云数据中心核心技术

（1）网络架构设计。构建云数据中心网络需要具备以下要素：良好的可扩展性、多路径容错能力、时延、高带宽网络传输能力、模块化设计、网络扁平化、绿色节能。

（2）网络融合技术。以太网、存储网络及高性能计算网络融合是数据中心网络发展的趋势，通过融合可以实现降低成本、降低管理复杂度、提高安全性等目的。

（3）网络性能测试。网络性能测试是通过测试工具对可用于系统设计、配置和维护的性能参数进行测试，然后得到的一组结果。

（4）虚拟化技术。计算机系统包括五个抽象层：硬件抽象层、指令集架构层、操作系统层、库函数层和应用程序层。目前存在各种各样的虚拟机，但基本上所有虚拟机都基于"计算机硬件+虚拟机监控器（VMM）+客户机操作系统（Guest OS）"的模型。

常用虚拟化技术包括硬件仿真技术、全虚拟化技术、半虚拟化技术、硬件辅助虚拟化技术。

（5）安全技术。云计算数据中心安全体系包括安全管理和安全技术，并贯穿于定级、备案、自评估、整改、测评等安全域中，在安全过程的每一个环节中予以实施。安全管理包括管理制度、管理机构、人员管理、系统建设、系统运维。安全技术需要有效应用在安全计算环境、安全区域边界、安全通信网络、安全管理中心的各个方面。

（6）节能技术。电能利用效率（Power Usage Effectiveness，PUE）是评价数据中心能源效率的指标，是数据中心消耗的所有能源与 IT 负载使用的能源之比。PUE 的值越接近于 1，表示一个数据中心的绿色化程度越高。PUE=数据中心的总用电量/IT 设备的总用电量。

19. 规划与建设

（1）功能定位。数据中心的规划由数据中心的性质、商业需求、规模、业务定位、扩展计划、可用性等级、能源效率综合决定。《数据中心设计规范》（GB 50174）分级的原则是从机房的使用性质、管理要求及重要数据丢失或网络中断在经济或社会上造成的损失或影响程度确定的，从高到低分为 A、B、C 三级。国际分级标准《数据中心电信基础设施标准》（TIA-942）的分级原则是可用性，从高到低分为 T4、T3、T2、T1 四级。

（2）建设项目分类。建设项目分类主要包括建筑工程、机房空调与配电工程、供电系统工程、机房工艺工程等方面。

（3）建设布局。数据中心各功能单元在布局设计上应遵循如下主要原则：整体性原则、安全性原则、模块化原则、灵活性及可扩展性原则、可维护性原则、经济性原则。

4.3 练习题

1. 以下（   ）不属于当前主流国产服务器操作系统。

　　A．麒麟　　　　　B．统信　　　　　C．信创　　　　　D．欧拉

解析：服务器操作系统是服务器重要的组成部分，当前主流的服务器操作系统包括 UNIX、

Linux、Windows、Netware 等，主流国产操作系统包括麒麟、统信、欧拉等。

答案：C

2. 在数据存储技术中，（　　）采用光纤通道技术，通过光纤通道交换机连接存储阵列和服务器主机，建立专用于数据存储的区域网络。

  A．RAID   B．NAS   C．SAN   D．EIP

解析：数据存储的主要技术包括存储区域网络（Storage Area Network，SAN）、网络附加存储（Network Attached Storage，NAS）、磁盘阵列（RAID）、弹性公网 IP 地址（Elastic IP Address，EIP）。

SAN 采用光纤通道技术，通过光纤通道交换机连接存储阵列和服务器主机，建立专用于数据存储的区域网络。

答案：C

3. 在三层网络架构中，（　　）负责连接网络的核心层和各个接入层设备，在两层之间承担"媒介传输"的作用。

  A．汇聚层 B．核心层 C．接入层 D．网络层

解析：传统的大型数据中心采用层次化模型设计的三层网络架构。核心层是整个数据中心网络的数据传输主干道，一般由两台或若干台三层路由交换机实现，为进出数据中心的数据提供高速转发，为内部多个汇聚层节点提供连接性。汇聚层连接网络的核心层和各个接入层设备，在两层之间承担"媒介传输"的作用，在接入层设备接入核心层之前先经过汇聚层进行数据处理，以减轻核心层设备的负荷。接入层负责接入各类资源和业务节点，一般称为接入网点或网络服务提供点（Point-of-Presence，PoP）。

答案：A

4. 在云计算的服务交付模式中，（　　）由组织投资建设私有云，但是云计算架构位于服务商的数据中心内，组织通过网络访问云资源。

  A．组织所有，自行运营   B．组织租赁，外部运行，资源独占

  C．组织租赁，外部运行，资源共享调度 D．组织所有，运维外包，外部运行

解析：具体参见本章 4.2 节云计算服务交付的六种模式。

答案：D

5. 以下（　　）不属于云数据中心的要素。

  A．面向服务 B．资源池化 C．低碳环保 D．面向对象

解析：云数据中心一般具有以下五大要素：面向服务、资源池化、高效智能、按需供给、低碳环保。

答案：D

第5小时　信息应用系统

5.0　章节考点分析

第 5 小时主要学习信息应用系统的分类、典型的信息应用系统等内容。

根据考试大纲，本小时知识点会涉及单项选择题和案例分析题，按以往的出题规律，单选题约占 3~5 分，案例分析题占 2~4 分。本小时内容属于 IT 知识范畴，考查的知识点来源于教材，扩展内容会随实际新技术发展略有更新。本小时的架构如图 5-1 所示。

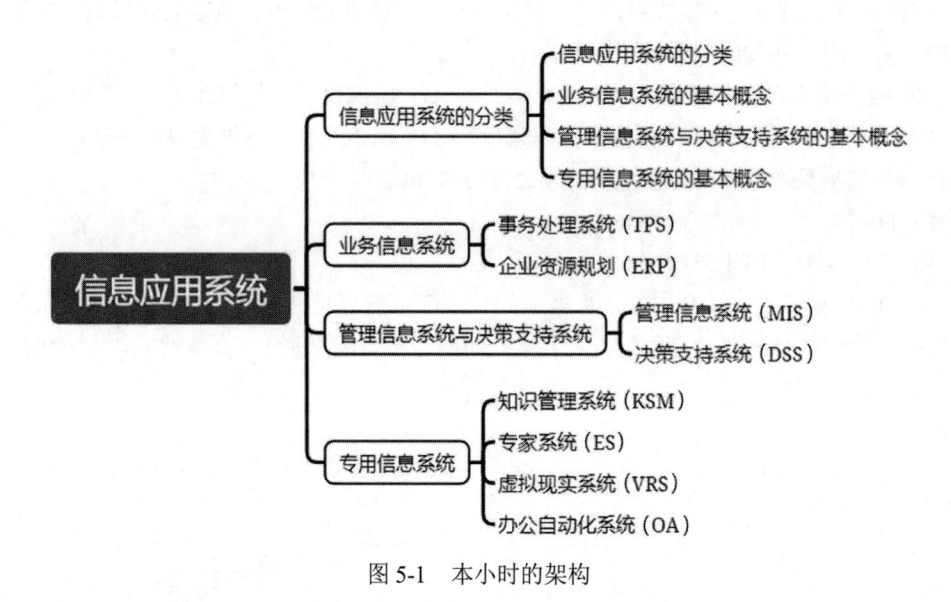

图 5-1　本小时的架构

【导读小贴士】

什么叫信息系统？我们最容易想到的就是日常工作中经常用的各种软件，如公司的考勤打卡系统、办公 OA 系统等。一个典型的信息系统项目，离不开核心应用软件的开发，以及围绕软件正常运行需要的硬件设备、网络环境、管理制度等各种因素的加持。我们要想做好信息系统项目的监理，就需要了解掌握几种 IT 项目常见的信息系统知识，如本章的信息应用系统，关键词就是"应用"，是用户最能直观感受到的系统，我们需要抓住它们的共性和要点，才能更好地开展监理工作。

5.1 信息应用系统的分类

【基础知识点】

1. 信息应用系统的分类

信息应用系统分为业务信息系统、管理信息系统与决策支持系统、专用信息系统。

2. 业务信息系统的基本概念

计算机应用发展到对企业的局部事务的管理，形成了所谓的事务处理系统（Transaction Processing System，TPS）。企业资源规划（ERP）是企业在生产制造过程普遍使用的一种信息应用系统。企业的所有资源包括三大流：物流、资金流和信息流。ERP 是对这三种资源进行全面集成管理的管理信息系统。概括地说，ERP 是建立在信息技术基础上，利用现代企业的先进管理思想，全面地集成了企业的所有资源信息，并为企业提供决策、计划、控制与经营业绩评估的全方位和系统化的管理平台。电子商务是公司与公司（Business-to-Business，B2B）、公司与消费者（Business-to-Consumer，B2C）、消费者与消费者（Consumer-to-Consumer，C2C）、企业与公共部门及消费者与公共部门之间利用信息系统和互联网进行的任何商业交易。

3. 管理信息系统与决策支持系统的基本概念

管理信息系统（Management Information System，MIS）最早出现在 20 世纪 80 年代初，是用系统思想建立起来的，以电子计算机为基本信息处理手段，以现代通信设备为基本传输工具，且能为管理决策提供信息服务的人机系统。

决策支持系统（Decision Support System，DSS）是管理信息系统应用概念的深化，是在管理信息的基础上发展起来的系统。DSS 是能帮助决策者利用数据和模型去解决半结构化决策问题和非结构化决策问题的交互式系统，是服务于高层决策的管理信息系统，按功能可分为专用 DSS、DSS 工具和 DSS 生成器。

4. 专用信息系统的基本概念

典型的专用信息系统主要有以下几种：知识管理系统（Knowledge Management System，KMS）；

专家系统（Expert System，ES）；虚拟现实系统（Virtual Reality System，VRS）；办公自动化（Office Automation，OA）系统。

5.2 业务信息系统

【基础知识点】

1. 事务处理系统（TPS）的概念

TPS 是计算机在管理方面早期应用的最初级形式的信息应用系统。

2. TPS 的功能

TPS 主要是对企业管理中日常事务所发生的数据进行输入、处理和输出。

3. TPS 的数据处理周期

TPS 的数据处理由以下五个阶段构成：<u>数据输入、数据处理、数据库的维护、文件报表的生成和查询处理</u>。

（1）数据输入。常见的数据输入方式有三种，即人工、自动及二者结合。

（2）数据处理。TPS 常见的数据处理方式有两种：一种是<u>批处理（Batch Processing）方式</u>；另一种是<u>联机事务处理（OnLine Transaction Processing，OLTP）方式</u>。

- 批处理。批处理方式的优点：当有大量的事务数据需要处理时，使用批处理是一种较经济的方式，因为它可以缩减因频繁修改数据库所需的费用。批处理方式的缺点：在定期事务处理的间隔期，主文件易过时，而且也无法满足实时的查询需求。
- 联机事务处理。OLTP 方式的优点：当事务数据产生时能即时更新有关的文件和数据库，并能立刻响应终端用户的查询请求。OLTP 方式的缺点：成本高，由于是对数据库进行联机直接存取，为防止数据被非法存取或被偶然破坏，需要有一定的授权机制，同时，为保证实时处理不被中断，要采用有关的容错技术，这也需要额外的开支。

（3）数据库的维护。对数据库的访问形式分为四种：<u>检索、修改、存入和删除</u>。

（4）文件报表的生成。TPS 的输出就是为终端用户提供所需的有关文件和报表。

（5）查询处理。TPS 支持终端用户的批次查询或联机实时查询，典型的查询方式是用户通过屏幕显示获得查询结果。

4. TPS 的特点

TPS 是其他类型信息应用系统的信息产生器，企业在推进全面信息化的过程中往往是从开发 TPS 入手的。由于 TPS 面对的是结构化程度很高的管理问题，因此可以采用结构化生命周期法来进行开发。

5. 企业资源规划（ERP）

ERP 是企业制造资源规划（Manufacturing Resource Planning Ⅱ，MRPⅡ）的下一代制造业系统和资源计划系统软件。ERP 的结构原理如图 5-2 所示。

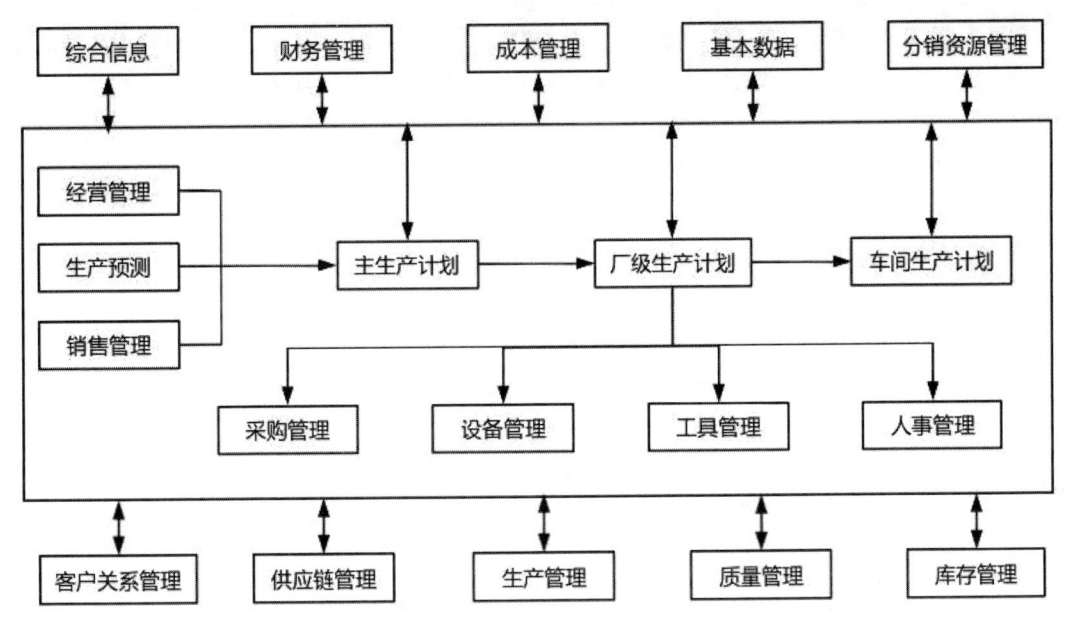

图 5-2　ERP 的结构原理

6. ERP 的功能

ERP 为企业提供的功能是多层面和全方位的，主要包括：支持决策的功能；为处于不同行业的企业提供有针对性的 IT 解决方案；从企业内部的供应链发展为全行业和跨行业的供应链。

5.3　管理信息系统与决策支持系统

【基础知识点】

1. 管理信息系统（MIS）

MIS 是由事务处理系统发展而成的，是在 TPS 的基础上引进大量管理方法对企业整体信息进行处理，并利用信息进行预测、控制、计划、辅助企业全面管理的信息系统。

2. MIS 的组成

MIS 一般由四大部件组成，即信息源、信息处理器、信息用户和信息管理者。

3. 决策支持系统（DSS）

DSS 是 20 世纪 70 年代中期首次提出的，标志着利用计算机与信息支持决策的研究与应用进入了一个新的阶段，并形成了决策支持系统新学科。

（1）DSS 的定义。定义一：DSS 是一个由语言系统、知识系统和问题处理系统三个互相关联的部分组成的基于计算机的系统。定义二：DSS 应当是一个交互式的、灵活的、适应性强的基于计算机的信息系统，能够为解决非结构化管理问题提供支持，以改善决策的质量。

（2）DSS 的特点。决策支持系统具有不同于其他计算机信息系统的特点，具体如下：决策支

61

持系统面向决策者,系统在开发中遵循的需求和操作是设计系统的依据和原则;决策支持系统支持对半结构化问题的决策;决策支持系统的作用是辅助决策者、支持决策者;决策支持系统体现决策过程的动态性;决策支持系统提倡交互式处理。

(3) DSS 的组成:数据的重组和确认;数据字典的建立;数据挖掘和智能体;模型建立。

5.4 专用信息系统

【基础知识点】

1. 知识管理系统(Knowledge Management System,KMS)

KMS 是将人员、流程、软件、数据库和设备组织在一起的集合,用于创建、存储、共享和使用组织的知识和经验。

2. 专家系统(Expert System,ES)

ES 就是基于知识的专家系统,它是人工智能的一个重要分支。这种基于知识的系统设计是以知识库和推理机为中心展开的,即结构为:<u>知识+推理=系统</u>。而传统的软件的结构是:数据结构+算法=程序。

3. 专家系统与一般的计算机系统的比较

ES 与一般的计算机系统的不同之处见表 5-1。

表 5-1 专家系统与一般的计算机系统的比较

系统	功能	处理能力	处理问题种类
专家系统	解决问题、解释结果、进行判断和决策	处理数字与符号	多数属于准结构性或非结构性,可处理不确定性的知识,用于特定领域
一般计算机系统	解决问题	处理数字	多数属于结构性,处理确定的知识

4. 虚拟现实系统(Virtual Reality System,VRS)

VRS 使一个或多个用户能够在计算机模拟环境中移动和反应。

5. 办公自动化系统(Office Automation,OA)

OA 就是办公信息处理手段的自动化。从业务性质来看,OA 的主要功能如下:<u>事务处理、信息管理、辅助决策</u>。办公自动化系统是现代企业办公的一类信息系统,OA 的组成包括以下四部分:<u>计算机设备、办公设备、数据通信及网络设备、软件系统</u>。

5.5 练习题

1.( )是一个智能计算机程序系统,其内部含有某个领域具有专家水平的大量知识与经验,能够利用人类专家的知识和解决问题的方法来处理该领域的问题。

A．知识管理系统（KMS）　　　　B．专家系统（ES）
C．虚拟现实系统（VRS）　　　　D．办公自动化（OA）

解析：KMS 是用于存储和检索知识、改进协作、定位知识源、获取和使用知识的系统。ES 是一个智能计算机程序系统，其内部含有某个领域具有专家水平的大量知识与经验，能够利用人类专家的知识和解决问题的方法来处理该领域的问题。VRS 使一个或多个用户能够在计算机模拟环境中移动和反应。OA 系统是一个人机结合的综合性的办公事务管理系统，或称办公事务处理系统。

答案：B

2．关于事务处理系统（TPS）的描述，以下（　　）是不正确的。
A．TPS 是计算机在管理方面早期应用的最初级形式的信息应用系统
B．TPS 的功能包括输入、处理和输出
C．TPS 的数据处理周期包括数据输入、数据处理、数据库的维护
D．TPS 常见的数据处理方式包括批处理方式、联机事务处理方式

解析：事务处理系统（TPS）是计算机在管理方面早期应用的最初级形式的信息应用系统。TPS 的功能是对企业管理中日常事务所发生的数据进行输入、处理和输出。TPS 的数据处理周期由以下五个阶段构成：数据输入、数据处理、数据库的维护、文件报表的生成和查询处理。TPS 常见的数据处理方式有两种：一种是批处理方式；另一种是联机事务处理方式。

答案：C

3．管理信息系统（MIS）由四大部件组成，包括信息源、信息处理器、信息用户和（　　）。
A．信息管理者　　B．项目经理　　C．信息系统监理师　　D．企业决策者

解析：管理信息系统（MIS）由四大部件组成，即信息源、信息处理器、信息用户和信息管理者。

答案：A

4．关于专家系统和一般计算机系统的描述，不正确的是（　　）。
A．专家系统的功能是解决问题、解释结果、进行判断和决策
B．专家系统处理问题的种类多数属于准结构性或非结构性，可处理不确定性的知识，用于特定领域
C．一般计算机系统处理问题种类多数属于结构性，处理确定的知识
D．专家系统的处理能力是处理数字

解析：专家系统与一般的计算机系统的不同之处参见本章表 5-1。

答案：D

5．办公自动化系统（OA）的组成包括计算机设备、办公设备、数据通信及网络设备、（　　）。
A．打印设备　　B．移动设备　　C．硬件系统　　D．软件系统

解析：办公自动化系统（OA）的组成包括以下四部分：计算机设备、办公设备、数据通信及网络设备、软件系统。

答案：D

第6小时 信息安全

6.0 章节考点分析

第 6 小时主要学习信息安全的主要技术和措施、网络安全等级保护、信息安全风险评估等内容。本小时知识点大多出现在选择题中，考查知识点多来源于教材，预计分值 2~3 分。本小时的架构如图 6-1 所示。

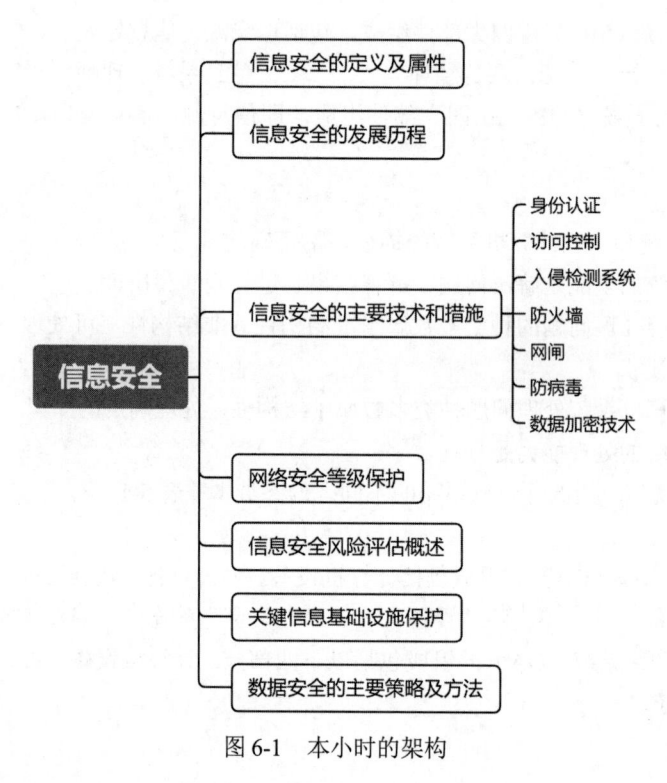

图 6-1　本小时的架构

第 6 小时　信息安全

【导读小贴士】

信息安全是保障个人和企业信息安全的关键。随着互联网和数字技术的普及，信息安全问题越来越突出，学习信息安全有助于防范和应对各种安全威胁，保护个人和企业的利益。本小时内容虽然多为信息安全的基础知识，但信息量不小，需要好好掌握。

6.1 信息安全的定义及属性

【基础知识点】

信息安全的基本属性见表 6-1。

表 6-1　信息安全的基本属性

属性	内容
保密性	即保证信息为授权者享用而不泄露给未经授权者
完整性	即保证信息从真实的发信者传送到真实的收信者手中，传送过程中没有被非法用户添加、删除、替换等
可用性	即保证信息和信息系统随时为授权者提供服务，保证合法用户对信息和资源的使用不会被不合理地拒绝
可控性	即出于国家和机构的利益和社会管理的需要，保证管理者能够对信息实施必要的控制管理，以对抗社会犯罪和外敌侵犯
不可否认性	即人们要为自己的信息行为负责，提供保证社会依法管理需要的公证、仲裁信息证据

6.2 信息安全的发展历程

【基础知识点】

人们对信息安全的认识经历了三个比较显著的发展阶段：一是数据安全初级阶段（通信保密阶段），强调保密通信，实现数据传输加解密；二是网络信息安全时代，强调网络环境；三是信息保障时代，强调不能被动地保护，需要实现"保护—检测—反应—恢复"四个环节的多重安全保障。

6.3 信息安全的主要技术和措施

1. 身份认证

身份认证是在计算机网络中确认操作者身份的过程。常见的认证措施有：

（1）虚拟身份电子标识（VIEID）：俗称网络身份证，是网民在网络上的身份标识，具有唯一性。VIEID 是一段含有标识持有者身份信息并经过信息安全系统内的身份认证中心审核签发的电子数据，只要在网络环境中有需要识别用户身份、进行信息交换和传输的地方，都可以用电子标识保障安全。

（2）静态密码：用户自行设置密码，在网络登录时输入正确的密码计算机就认为操作者是合法用户。

（3）智能卡：智能卡由专门的厂商通过专门的设备生产，是不可复制的硬件。智能卡由合法用户随身携带，登录时必须将智能卡插入专用的读卡器读取其中的信息，以验证用户的身份。

（4）短信密码：客户在登录或者交易认证时输入手机短信中的动态密码，从而确保系统身份认证的安全性。

（5）动态口令：动态口令牌是客户手持用来生成动态密码的终端，大多是基于时间同步方式的，在固定时间（如每 60 秒）变换一次动态口令，口令一次有效，它产生 6 位动态数字进行一次一密的方式认证。

（6）USB Key：它采用软硬件相结合、一次一密的强双因子认证模式，很好地解决了安全性与易用性之间的矛盾。USB Key 是一种 USB 接口的硬件设备，内置单片机或智能卡芯片，可以存储用户的密钥或数字证书，利用 USB Key 内置的密码算法实现对用户身份的认证。

（7）生物识别：通过可测量的身体或行为等生物特征进行身份认证的一种技术。分为身体特征（人脸识别）和行为特征（左右转转头、眼、张张嘴等）两类。

（8）双因素认证：动态口令牌+静态密码、USB Key+静态密码、二层静态密码。

（9）Infogo 认证：网络安全准入设备的制造商，与国内专业网络安全准入实验室联合研制并获得准入认证后，向信息安全市场推出的一种安全身份认证技术。

（10）虹膜认证：虹膜识别技术是通过一种近似红外线的光线对虹膜图案进行扫描成像，并通过图案像素的异或操作来判定相似程度。

2. 访问控制

访问控制是指通过用户身份及其所归属的某项定义组来限制用户对某些信息项的访问，或限制对某些控制功能的使用的一种技术。常见的访问控制机制有：

（1）自主访问控制（DAC）：让客体的所有者来定义访问控制规则。

（2）基于角色的访问控制（Role-BAC）：将主体划分为不同的角色，然后对每个角色的权限进行定义。

（3）基于规则的访问控制（Rule-BAC）：制订某种规则，将主体、请求和客体的信息结合起来进行判定。

（4）强制访问控制（MAC）：一种基于安全级别标签的访问控制策略。

3. 入侵检测系统

入侵检测系统是依照一定的安全策略，通过软硬件对网络、系统的运行状况进行监视，尽可能发现各种攻击企图、攻击行为或攻击结果，以保证网络系统资源的机密性、完整性和可用性。入侵检测可以分为实时入侵检测和事后入侵检测两种。

实时入侵检测在网络连接过程中进行，系统根据用户的历史行为模型、存储在计算机中的专家知识及神经网络模型对用户当前的操作进行判断，一旦发现入侵迹象立即断开入侵者与主机的连接，并搜集证据和实施数据恢复。这个检测过程是不断循环进行的。

事后入侵检测则是由具有网络安全专业知识的网络管理人员定期或不定期进行的，不具有实时性，因此防御入侵的能力不如实时入侵检测系统。

4. 防火墙

防火墙是指设置在不同网络或网络安全域之间的一系列部件的组合。防火墙在 Internet 与 Intranet 之间建立起一个安全网关，从而保护内部网免受非法用户的侵入。

防火墙主要由服务访问规则、验证工具、包过滤和应用网关四个部分组成。通常情况下，防火墙分为四类：基于路由器的防火墙、用户化的防火墙工具组件、建立在通用操作系统上的防火墙、具有安全操作系统的防火墙。

防火墙的基本特性：①内部网络和外部网络之间的所有网络数据流都必须经过防火墙；②只有符合安全策略的数据流才能通过防火墙，这是防火墙最基本的功能；③防火墙自身应具有非常强的抗攻击免疫力；④应用层防火墙具备更细致的防护能力；⑤数据库防火墙具有针对数据库恶意攻击的阻断能力，采用虚拟补丁技术、SQL 注入禁止技术、SQL 黑名单技术等关键技术应用，为数据库提供安全、可靠的防护。

5. 网闸

网闸技术也称网络隔离技术，由两套各自独立的系统分别连接安全和非安全的网络，两套系统之间通过网闸进行信息摆渡，保证两套系统之间没有直接的物理通路。

（1）网闸技术的产品和方案主要有：独立网络方案和终端级解决方案。其中终端级解决方案主要分为双主板、双硬盘型；单主板、双硬盘型；单主板、单硬盘型。网闸实现了内外网的逻辑隔离，在技术特征上主要表现为网络模型各层的断开，实现了物理层断开、链路层断开、TCP/IP 协议隔离和应用协议隔离。

（2）网闸应用的具体部署：涉密网与非涉密网之间、局域网与互联网之间（内网与外网之间）、办公网与业务网之间、电子政务的内网与专网之间、业务网与互联网之间。

6. 防病毒

防病毒指用户主动防范计算机等电子设备不受病毒入侵，从而避免出现用户资料泄密、设备程序被破坏等情况。

病毒防护策略准则：拒绝访问能力、病毒检测能力、控制病毒传播的能力、清除能力、恢复能力、替代操作。

7. 数据加密技术

数据加密技术是指将一个信息经过加密钥匙及加密函数转换，变成无意义的密文，而接收方则将此密文经过解密函数、解密钥匙还原成明文。数据加密技术按加密算法分为专用密钥和公开密钥两种。

专用密钥又称为对称密钥或单密钥，加密和解密时使用同一个密钥，即同一个算法。

公开密钥又称为非对称密钥，加密和解密时使用不同的密钥，即不同的算法。一个密钥用来加密消息而另一个密钥用来解密消息。

发送方 A 用自己的私钥进行数字签名，接收方 B 用发送方 A 的公钥进行验证。这是因为 A 的私钥只有 A 才会拥有，发送者无法抵赖自己的签名。

6.4 网络安全等级保护

安全保护等级划分见表 6-2。

表 6-2 安全保护等级划分

等级	监管强度	对相应客体的侵害程度	
第一级	自主保护级	对相关公民、法人和其他组织的合法权益造成损害	但不危害国家安全、社会秩序和公共利益
第二级	指导保护级	会对相关公民、法人和其他组织的合法权益造成严重损害或特别严重损害	对社会秩序和公共利益造成危害，但不危害国家安全
第三级	监督保护级	会对社会秩序和公共利益造成严重危害	对国家安全造成危害
第四级	强制保护级	会对社会秩序和公共利益造成特别严重危害	对国家安全造成严重危害
第五级	专控保护级		对国家安全造成特别严重危害

6.5 信息安全风险评估概述

信息安全风险评估的技术标准主要有：《信息安全技术 网络安全等级保护测评过程指南》（GB/T 28449）和《信息安全技术 信息安全风险评估方法》（GB/T 20984）。

信息安全风险评估的重要性主要体现在两个方面：在信息系统应用过程中，信息安全风险评估必须满足业务不断增长而带来的安全实际要求；信息安全风险评估必须响应国家法律法规的政策性要求。

从技术措施角度，信息安全常见的风险点可以分为安全物理环境、安全通信网络、安全区域划分、安全计算环境（包括网络硬件设备、应用系统）和数据安全六个分项。

从管理措施角度，信息安全常见的风险点可以分为安全管理中心、安全管理制度及机构设置、安全管理人员、安全建设管理和安全运维管理五个分项。再针对各个分项的风险点检测项，以及每一个检测项对应的等保三级要求或等保二级要求进行分析，研究对策。

6.6 关键信息基础设施保护

关键信息基础设施保护的法律依据是《中华人民共和国网络安全法》。《中华人民共和国网络安全法》第三十一条规定：国家对提供公共通信、广播电视传输等服务的基础信息网络，能源、交通、水利、金融等重要行业和供电、供水、供气、医疗卫生、社会保障等公共服务领域的重要信息系统，军事网络，设区的市级以上国家机关等政务网络，用户数量众多的网络服务提供者所有或者管理的网络和系统（以下称"关键信息基础设施"），实行重点保护。关键信息基础设施安全保护办法由国务院制定。

《关键信息基础设施安全保护条例》第五条规定：国家对关键信息基础设施实行重点保护采取措施，监测、防御、处置来源于中华人民共和国境内外的网络安全风险和威胁，保护关键信息基础设施免受攻击、侵入、干扰和破坏，依法惩治危害关键信息基础设施安全的违法犯罪活动。

6.7 数据安全的主要策略及方法

1. 数据安全的含义

数据安全有两方面含义：①数据本身的安全，主要是指采用现代密码算法对数据进行主动保护，如数据保密、数据完整性、双向强身份认证等；②数据防护的安全，主要是采用现代信息存储手段对数据进行主动防护，如通过磁盘阵列、数据备份、异地容灾等手段保证数据的安全，数据安全是一种主动的保护措施，数据本身的安全必须基于可靠的加密算法与安全体系（主要有对称算法与公开密钥密码体系两种）。

2. 数据安全的基本属性

机密性：又称保密性，是指个人或团体的信息不为其他不应获得者获得。

完整性：是指在传输、存储信息或数据的过程中，确保信息或数据不被未授权地篡改或在篡改后能够被迅速发现。

可用性：是一种以使用者为中心的设计概念，其设计的重点在于让产品的设计能够符合使用者的习惯与需求。

3. 数据安全主要防护技术

数据安全主要防护技术包括磁盘阵列、数据备份、双机容错、网络附加存储（NAS）、数据迁移、异地容灾、存储区域网络（SAN）。

6.8 练习题

1. 信息在传输过程不被修改、不被破坏、不被插入、不延迟、不乱序和不丢失的特性属于信息安全的（　　）属性。

A．完整性　　　　　　　　　　B．可用性
C．可控性　　　　　　　　　　D．保密性

解析：信息安全的基本属性参见本章表 6-1。

答案：A

2．身份认证是信息安全的主要技术之一，下列（　　）不属于身份认证常见的认证措施。

A．智能卡　　　　　　　　　　B．数字签名
C．虹膜认证　　　　　　　　　D．短信验证码

解析：身份认证是在计算机网络中确认操作者身份的过程。常见的认证措施有：虚拟身份电子标识（VIEID）、静态密码、智能卡、短信密码、动态口令、USB Key、生物识别、双因素认证、Infogo 认证、虹膜认证、访问控制。数字签名属于数据加密技术。

答案：B

3．信息系统受到破损后，会对社会秩序和公共利益造成严重危害，或者对国家安全造成损害，该信息系统应实施（　　）的信息安全保护。

A．第一级　　　　　　　　　　B．第二级
C．第三级　　　　　　　　　　D．第四级

解析：安全保护等级划分参见本章表 6-2。

答案：C

第 7 小时 运行维护

7.0 章节考点分析

第 7 小时主要学习信息系统运行维护,是新教材改版后新增内容,预计考点分值 2 分左右。本小时内容属于基础知识范畴,考查的知识点主要来源于教材,基本没有扩展内容。本小时的架构如图 7-1 所示。

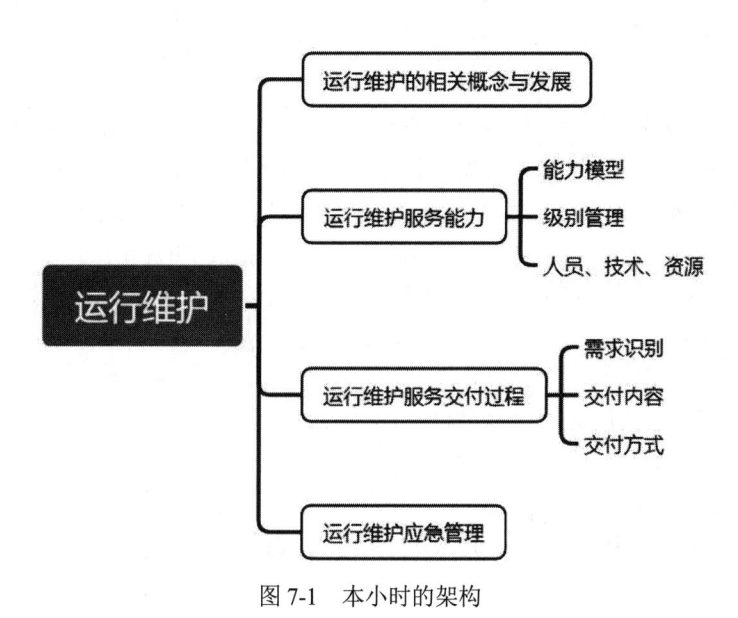

图 7-1 本小时的架构

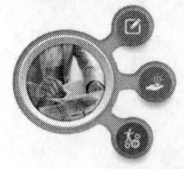

【导读小贴士】

信息系统的稳定运行对企业的正常运转至关重要。通过学习信息系统运行维护，可以在服务能力、运维项目过程交付、应急响应等各方面提升整体规范化管理能力，提升运维服务团队的工作效率和服务质量。本小时所要讲述的内容都是运行维护入门的基础知识，侧重于理解。

7.1 运行维护的相关概念与发展

【基础知识点】

信息系统运维：是指新建或升级改造类信息系统工程实施完成后的系统在完成其试运行周期后，正式进入生产环境交付使用阶段的维护和保养工作。

运行维护服务：是指采用信息技术手段及方法，依据信息系统业主单位提出的服务需求，为其在使用信息系统过程中提出的各类需求提供的综合服务。

信息系统的运维经历了三个阶段：单一化的网络管理（NSM）、一体化的运行维护服务管理（ITSM）、以业务支撑为核心的业务服务运维管理（BSM）。

基于 NSM 的基础运维阶段：主要表现为针对信息系统基础架构的管理，以及以信息系统设备为核心的基础设施管理两大任务。

基于 ITSM 的集中运维阶段：ITSM 主要强调以最终用户为核心，以流程为导向，提供高质量、低成本、高效的信息技术服务。ITSM 的目标是将组织的信息系统运维工作从成本中心转化为服务中心和效益中心，使业主单位的业务所产生的价值与信息化成本投入比逐步提高，同时降低信息系统运营的成本。

基于 BSM 的业务导向集中运维阶段：BSM 实现了业主单位信息系统运维到运维服务团队业务的映射过程，业务目标和成果的达成依赖于实现关键业务流程的自动化工具。

运行维护服务发展趋势：①新技术不断涌现——创新技术的不断涌现使运维服务走向多元化模式；②运维服务模式转型升级——由基于人员、流程、资源和技术的传统运维模式向基于知识、数据、算法、算力的智能运维模式转变；③自主创新能力进一步加强——在国家政策的支持下，构建自主可控的运维服务产业生态。

7.2 运行维护服务能力

1. 服务模型

运行维护服务能力的四个关键要素是人员、技术、过程、资源。其关系具体如图 7-2 所示。

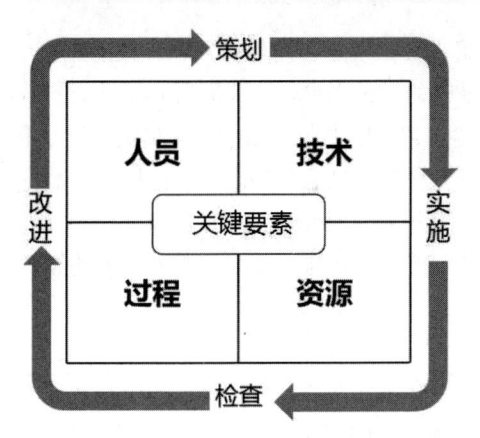

图 7-2　运行维护服务能力模型（关键要素）

策划：在招标阶段，按照业主单位的服务需求、关键技术标准、行业相关标准和服务标准等要求，确定运维服务提供方；在运维服务合同签订后，运维工作启动前，运维服务提供方对运维团队的服务能力和关键指标进行策划，并制定相应的运行维护服务方案。

实施：运维服务提供方按照审核通过的运行维护服务方案开展相关运行维护工作。

检查：业主对运行维护服务的过程和实施结果进行监控和评审，保证运行维护服务质量满足要求。

改进：针对运行维护服务过程中发现的不足之处，运维服务提供方应建立运维服务持续改进机制。

2. 运维服务级别管理

运维服务提供方应首先识别和分析业主单位的运行维护服务需求，形成项目级的运维服务目录。运行维护的服务对象是信息系统工程建设项目交付的内容，主要包括机房基础设施、物理资源、虚拟资源、平台资源、应用和数据等。

运维服务内容：运行维护服务根据其工作目标、工作内容、交付结果分为四大类，包括调研评估、例行操作、响应支持和优化改善。

调研评估：对运行维护对象的运行状况进行分析和评估，并提出方案建议。

例行操作：具体包括监控、预防性检查、常规作业。

响应支持：事件驱动响应、服务请求响应、应急响应。

优化改善：适应性改进、增强性改进、预防性改进。

3. 人员

组织架构：为了保障信息系统运维工作的正常运转，应对突发事件、应急事件的解决和处理，以及重大事项的决策，确保一体化运维工作的顺利实施，确保相关资源的协调和调度，运维服务提供方应该制定合理的组织架构。

岗位职责：为保证运行维护服务工作的顺利开展，运维工作一般由专职的运维服务团队负责，每个角色有明确的分工和职责定义，规定各岗位在知识、技能、经验等方面需达到的要求。

人员储备：为了保证有足够的运维人员，以满足当前和未来的运行维护服务需求，运维团队在运维服务项目启动前，需要建立起与运维服务相关的人员储备计划和机制。

人员培训：运维服务提供方根据运维服务需求，建立与运行维护服务相关的培训计划，在制订培训计划时应识别培训要求，并提供及时和有效的培训。

绩效考核：运维服务提供方需要建立与运行维护服务相关的绩效考核体系或机制，并有效组织实施。

4. 技术

运维团队根据运行维护服务能力策划要求，开展技术研发和技术成果应用等活动，保证技术能力可以满足业主单位不同服务场景下的服务要求。

具体工作包括：确定技术研发范围；选择适合的技术研发方式；分配技术研发资金，管理预算使用情况；配备必要的技术研发环境和研发队伍；对技术研发风险进行识别和评估，并采取有效的控制措施；监控技术研发活动的执行情况；对运维服务团队的技术研发成果进行综合评价。

5. 资源

运维工具：为了满足与业主单位约定的运行维护服务需求，运维服务提供方需要根据不同的服务场景使用具体的运维工具开展日常运行维护工作。运行维护工具可分为过程管理工具、监控工具和专用工具，其功能覆盖运维服务流程管理、系统及硬件环境运行状态的监控、信息安全防护、计算资源调度、自动化维护操作、服务数据分析、服务知识提炼、服务可视化等。

备品备件：为了实现有效管理运行维护服务活动所需的备件资源，按照 SLA 要求为所运行维护的设备或系统及时提供备件，运维服务团队需要建立备件库，保证设备或系统的正常运行。

服务台：服务台负责在各时间段，提供给用户或服务人员利用电话、邮箱、即时通信、网络或其他自动化手段，针对发生的事件、用户请求、变更等进行交流的途径。

知识库：运维服务团队应对运行维护工作相关的经验进行积累，形成可在运维团队内共享、可重复使用的知识和信息。

7.3 运行维护服务交付过程

【基础知识点】

运行维护服务交付过程包括运维服务需求识别、运维服务交付内容、运维服务交付方式等内容。

1. 运维服务需求识别

例行操作服务：是指运维服务提供方提供的预定的例行服务，为了及时获得运行维护服务对象状态，发现并处理潜在的故障隐患。

响应支持服务：是指运维服务提供方接到业主单位服务请求或故障申告后，在 SLA 的承诺内尽快降低和消除对业主单位业务的影响而执行的服务。

优化改善服务：是指运维服务提供方为适应业主单位业务要求，通过提供调优改进服务，达到提高运行维护服务对象性能或管理能力的目的。

调研评估服务：是指运维服务提供方结合业主单位业务需求，通过对运行维护服务对象的调研和分析，提出咨询建议或评估方案。

2. 运维服务交付内容

调研评估：运维服务提供方通过对信息系统的运行现状和未来预期进行调研、分析，根据业务需求，提出运维服务方案。

例行操作：按照约定的触发条件或预先规定的常态服务，运维服务提供方对信息系统的例行操作一般分为监控、预防性检查和常规作业。

响应支持：根据运维的需要或服务相关方的请求，运维服务提供方对信息系统的响应支持工作一般包括：应用级启停、系统级启停、用户注册、权限配置、更新驱动、用户口令重置、参数调整、系统配置、故障处理。

优化改善：对操作系统、服务器、数据库、配置文件、性能、业务逻辑、应用服务能力等进行优化调整；对客户端错误或已知漏洞进行修复。

3. 运维服务交付方式

运维服务提供方可根据运维服务内容选择现场交付或远程交付的方式。

7.4 运行维护应急管理

【基础知识点】

运行维护应急管理包括建立应急管理制度、规范应急响应组织、制定应急响应预案、组织培训并开展应急演练、应急响应工作总结等内容。

建立应急管理制度：应急管理制度要遵循统一领导、分级负责、预防为主、快速响应的原则；与相关利益方就应急响应制度达成一致；定期对应急响应制度进行评审；在组织战略、业务流程、客户要求等发生重大变化时调整应急管理制度。

规范应急响应组织：实行统一领导，分级负责；规定运行维护服务及应急响应相关的所有人员角色及职责；与相关单位就应急响应服务的范围、要求等达成一致，确定沟通流程和方式，并形成记录；如果应急组织内的人员发生变更，应及时与相关单位进行通报，并记录。

制定应急响应预案：结合信息系统现状和要求开展风险评估，从技术和管理等方面确定风险要素，制定应急响应预案。

组织培训并开展应急演练：为检验应急响应预案的有效性，同时使相关人员了解运行维护预案的目标和内容，熟悉应急响应的操作规程，运维服务团队应进行应急演练。

应急响应工作总结：运维服务团队定期对发生的应急事件和应急响应工作进行分析与回顾，并总结经验教训。

7.5 练习题

1. 运维服务的交付内容不包括（ ）。
   A．调研评估　　　B．例行操作　　　C．优化改善　　　D．持续交付

解析：运行维护服务根据其工作目标、工作内容、交付结果分为四大类，包括调研评估、例行操作、响应支持和优化改善。调研评估对运行维护对象的运行状况进行分析和评估，并提出方案建议。例行操作包括监控、预防性检查、常规作业。响应支持包括事件驱动响应、服务请求响应、应急响应。优化改善包括适应性改进、增强性改进、预防性改进。

答案：D

2. 运行维护服务能力的关键要素为（ ）。
   ①人员　②技术　③资源　④过程　⑤服务
   A．①②③④　　　B．①②③⑤　　　C．①②④⑤　　　D．①③④⑤

解析：运行维护服务能力的四个关键要素为人员、技术、过程、资源。

答案：A

第8小时
信息系统工程监理基础知识

8.0 章节考点分析

第 8 小时主要学习信息系统工程监理的意义和作用、信息系统工程监理的相关概念、信息系统工程监理的发展、信息系统工程监理的依据、信息系统工程监理的风险、信息系统工程监理服务的成本、监理及相关服务的质量与评价等内容。

根据考试大纲，本小时知识点会涉及单项选择题型和案例分析题型，占 3~6 分。本小时内容侧重于概念知识，根据以往全国计算机技术与软件专业技术资格（水平）考试的出题规律，概念知识考查知识点多参照教材，扩展内容较少。**本小时的架构如图 8-1 所示**。

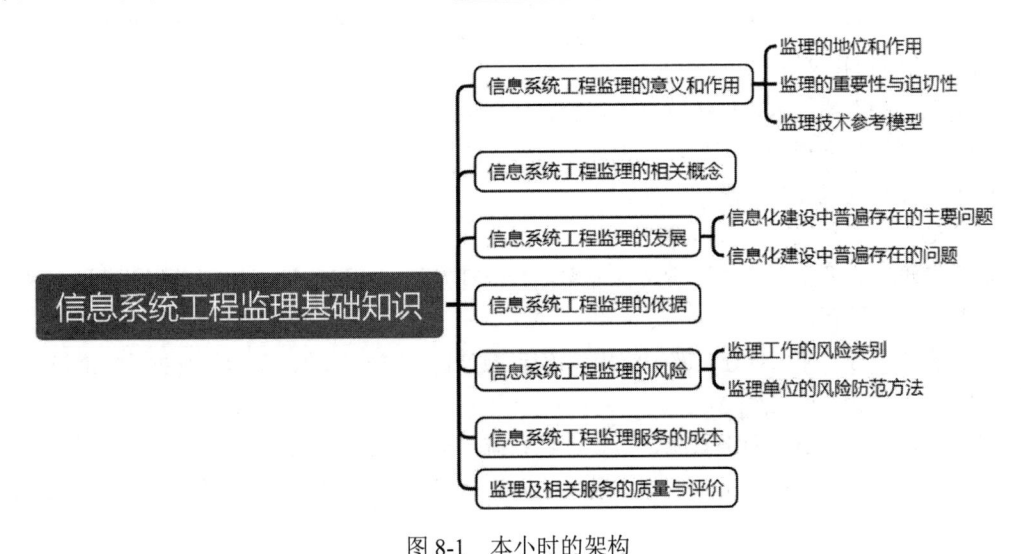

信息系统工程监理基础知识
- 信息系统工程监理的意义和作用
  - 监理的地位和作用
  - 监理的重要性与迫切性
  - 监理技术参考模型
- 信息系统工程监理的相关概念
- 信息系统工程监理的发展
  - 信息化建设中普遍存在的主要问题
  - 信息化建设中普遍存在的问题
- 信息系统工程监理的依据
- 信息系统工程监理的风险
  - 监理工作的风险类别
  - 监理单位的风险防范方法
- 信息系统工程监理服务的成本
- 监理及相关服务的质量与评价

图 8-1 本小时的架构

【导读小贴士】

信息系统工程监理是吸取了建筑行业建设监理的经验和思路，结合信息技术服务行业本身的特点发展而来的，是针对信息化建设中独特的性质产生的新兴行业。我们需要明白信息系统工程监理存在的意义和作用，一般信息系统工程是由三方（业主单位、承建单位、监理单位）分工合作完成。监理方就是要用自己的专业技术水平帮助甲方监管整个项目的建设过程。

8.1 信息系统工程监理的意义和作用

【基础知识点】

1. 信息系统工程监理的地位和作用

（1）通常直接面对业主单位和承建单位，在二者之间形成一种系统的工作关系。

（2）为业主单位提供信息系统工程相关的技术建议。

（3）代表业主单位对项目的实施过程进行全程跟踪和监督管理。

（4）保证项目交付成果的质量。

（5）协调项目干系人间的关系，保证项目质量目标的贯彻和落实。

2. 信息系统工程监理的重要性与迫切性

（1）信息系统工程无论大小，一般都关系到国家、企业、单位的重要业务。

（2）往往在还没有提出需求或需求还不明确时就付诸实施，因此在实施过程中需要不断修改。

（3）由于用户需求的不断变化以及其他内部或外部因素的影响，信息系统工程存在不能按预定进度执行的问题和风险。

（4）投资相对比较大，如果管理不善会造成较大浪费。

（5）实施过程存在隐蔽工程，可视性差。

（6）存在重建设、轻管理的问题。

3. 信息系统工程监理的技术参考模型

（1）监理支撑要素：监理法规及管理文件、监理及相关服务合同、监理及相关服务能力（人员、技术、资源、流程）。

（2）监理运行周期：规划、部署实施（招标、设计、实施、验收）、运行维护（运维招标阶段、运维实施阶段、评价及认定阶段）。

（3）监理对象：信息网络系统、信息资源系统、信息应用系统、信息安全和运行维护。

（4）监理内容：三控（质量控制、进度控制、投资控制）、两管（合同管理、信息管理）、一协调。

以上四部分的组成及相互关系如图 8-2 所示。

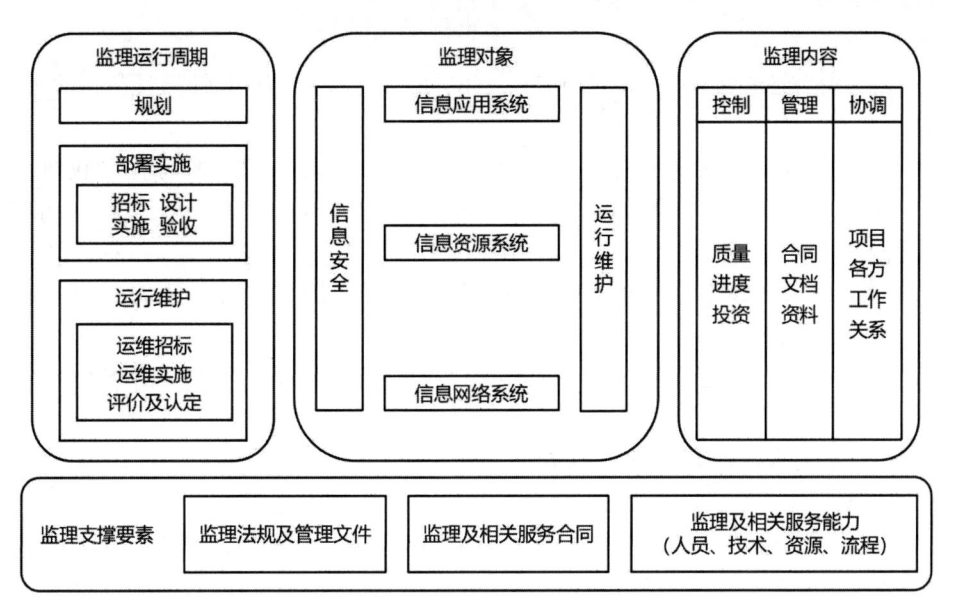

图 8-2　信息系统工程监理的技术参考模型

8.2　信息系统工程监理的相关概念

【基础知识点】

1. 信息系统工程

信息系统工程是指信息化工程建设中的信息网络系统、信息资源系统、信息应用系统的新建、升级、改造工程。

2. 信息系统工程监理

信息系统工程监理是指在政府工商管理部门注册的，且具有信息系统工程监理能力及资格的单位，受业主单位委托，依据国家有关法律法规、技术标准和信息系统工程监理合同，对信息系统工程建设项目实施的监督管理。

3. 信息系统工程监理单位

信息系统工程监理单位是指具有独立企业法人资格，并具备规定数量的监理工程师和注册资金、必要的软硬件设备、完善的管理制度和质量保证体系、固定的工作场所和相关的监理工作业绩，从事信息系统工程监理业务的单位。

4. 业主单位

业主单位（也称建设单位）指具有信息系统工程（含运行维护）发包主体资格和支付工程及相关服务价款能力的单位。

5. 承建单位

承建单位是指具有独立企业法人资格，具有承接信息系统工程建设能力的单位。

6. 监理机构

监理机构是指当监理单位对项目实施监理及相关服务时,负责履行监理合同的<u>组织机构</u>。

7. 监理人员

从事信息系统工程监理业务的人员称为信息系统工程监理人员。监理人员主要包括:

监理工程师:正式聘任,取得国家相关主管部门颁发的信息系统工程监理工程师资格证书的专业技术人员。

总监理工程师:由监理单位法定代表人书面授权,全面负责监理及相关服务合同的履行,主持监理机构工作的监理工程师。

总监理工程师代表:由总监理工程师书面授权,代表总监理工程师行使其部分职责和权力的监理工程师。

监理员:从事具体监理及相关服务工作的人员。

8. 监理资料和工具

监理大纲:在投标阶段,由监理单位编制,经监理单位法定代表人(或授权代表)书面批准,用于取得项目委托监理及相关服务合同、宏观指导监理及相关服务过程的方案性文件。

监理规划:在总监理工程师主持下编制,经监理单位技术负责人书面批准,用来指导监理机构全面开展监理及相关服务工作的纲领性文件。

监理实施细则:根据监理规划,由监理工程师编制,经总监理工程师书面批准,针对工程建设或运维管理中某一方面或某一专业监理及相关服务工作的操作性文件。

监理意见:在监理过程中,监理机构以书面形式向业主单位或承建单位提出的见解和主张。

监理报告:在监理过程中,监理机构对工程监理及相关服务阶段性的进展情况、专项问题或工程临时出现的事件、事态,通过观察、检测、调查等活动,形成的以书面形式向业主单位提出的陈述。

监理工具:在监理及相关服务过程中,监理机构用于<u>日常办公、监督、管理、检测</u>等方面<u>所需的设备或系统</u>。

9. 监理过程

全过程监理:根据委托监理及相关服务合同要求开展<u>工程建设及运行维护</u>全过程的监理工作,包括部署实施部分中的<u>招标、设计、实施和验收阶段</u>,以及运行维护部分中的<u>招标、实施和评价及认定阶段</u>的监理工作。

里程碑监理:根据委托监理及相关服务合同和信息系统工程标准规范要求,对工程<u>里程碑产生的结果进行确认的监理工作</u>。

阶段监理:根据委托监理及相关服务合同要求开展某个或某些特定阶段的监理工作。

10. 监理形式

监理例会:由监理机构主持、有关单位参加的,在工程监理及相关服务过程中,针对质量、进度、投资控制和合同、文档资料管理,以及协调项目各方工作关系等事宜定期召开的会议。

签认:监理过程中,工程建设或运维管理任何一方签署并认可其他方所<u>提供文件的活动</u>。

现场：开展项目所有监理及相关服务活动的地点。

旁站：在关键部位或关键工序实施过程中，由监理人员在现场进行的监督或见证活动。

8.3 信息系统工程监理的发展

【基础知识点】

1. 信息化建设中普遍存在的主要问题

信息化建设中普遍存在的主要问题包括：系统质量不能满足应用的基本需求；工程进度拖后延期，记录不全、手续缺失；项目资金使用不合理或预算"超范围"使用；项目文档不全甚至严重缺失，造成验收环节"查漏补缺"；在项目实施过程中系统业务需求一变再变，需求管理缺失；项目实施过程中经常出现扯皮、推诿现象，进而出现合同纠纷或合同违约；系统存在安全漏洞和隐患，造成信息泄露、系统设置后门等；重硬件、轻软件，重开发、轻维护，重建设、轻使用；系统功能和技术越来越复杂，用户很难找到既懂业务又懂全部技术的"全方位"人员；业主单位难以应对工程建设过程以及建设应用后的审计、巡视、巡察等各项监管检查工作；项目验收或工程验收需要进一步规范，建设过程的管理需要更加规范、更加细致、更加到位，业主单位往往能力不足；缺乏专业化的监督管理。

2. 问题原因分析

导致信息化建设中主要问题的原因：不具备能力的单位搅乱信息化工程市场；一些业主单位在选择项目承建单位和进行业务需求分析方面有误；信息系统集成企业自身建设有待加强；缺乏相应的机制和制度。

3. 问题解决办法

需要建立一支技术精干、业务能力强、管理水平高的监理队伍，加强信息系统工程监理人员管理和服务水平，做好绩效评价和审计监督管理，成为信息系统工程建设质量更上一个台阶的有力保障。

8.4 信息系统工程监理的依据

【基础知识点】

1. 国家标准

与信息系统工程监理相关的国标主要有：《信息技术服务 监理 第 1 部分：总则》（GB/T 19668.1）；《信息技术服务 监理 第 2 部分：基础设施工程监理规范》（GB/T 19668.2）；《信息技术服务 监理 第 3 部分：运行维护监理规范》（GB/T 19668.3）；《信息技术服务 监理 第 4 部分：信息安全监理规范》（GB/T 19668.4）；《信息技术服务 监理 第 5 部分：软件工程监理规范》（GB/T 19668.5）；《信息技术服务 监理 第 6 部分：应用系统：数据中心工程监理规范》（GB/T 19668.6）；《信息技术服务 监理 第 7 部分：监理工作量度量要求》（GB/T 19668.7）。

2. 团体标准

与信息系统工程监理相关的团体标准主要有：T/CEEA PJ.001《信息系统工程监理 服务评价 第1部分 监理单位服务能力评估规范》；T/CEEA PJ.002《信息系统工程监理 服务评价 第2部分 从业人员能力要求》；T/CEEA PJ.003《信息系统工程监理 服务评价 第3部分 从业人员能力评价指南》；T/CEEA PJ.004《信息系统工程监理 服务评价 第4部分 服务成本度量指南》；T/CEEA PJ.005《信息系统工程监理 服务评价 第5部分 服务质量评价规范》。

8.5 信息系统工程监理的风险

【基础知识点】

1. 监理工作的风险类别

监理工作的风险主要分为：行为责任风险；工作技能风险；技术资源风险；管理风险。

2. 监理单位的风险防范方法

监理单位的风险防范主要方法有：谨慎签订监理合同；严格履行合同；提高专业技能；提高管理水平；坚持守法、公正、独立、科学、保密的行为准则。

8.6 信息系统工程监理服务的成本

1. 直接成本

<u>直接</u>人力成本：本项目监理机构成员的工资、奖金、福利等人力资源费用。

<u>直接</u>非人力成本：本项目顺利开展而需要支出的设备购置费、资料费、差旅费、培训费等费用。

2. 间接成本

<u>间接</u>人力成本：本项目涉及的行政、财务、市场等其他人员的工资、奖金、福利等人力资源费用。

<u>间接</u>非人力成本：本项目监理机构的办公场地费。

8.7 监理及相关服务的质量与评价

【基础知识点】

<u>三方</u>均可根据<u>自身</u>的需要对监理及相关服务质量做出评价，并作为监理服务持续改进的基础。评价应当<u>基于监理合同</u>的要求，结合监理及相关服务质量的特性进行综合评定。

监理及相关服务质量与业主单位、承建单位、监理单位（简称"三方"）之间的关系如图 8-3 所示。

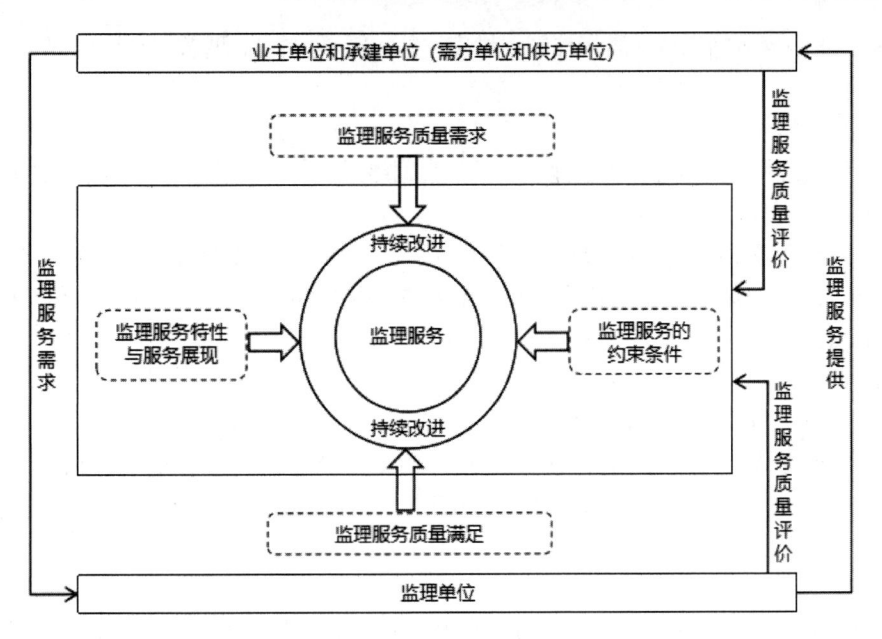

图 8-3 监理服务质量评价模型

评价监理及相关服务需要综合考虑服务内容、服务质量及项目建设的效果三个方面。

评价指标包括服务的内容、服务的质量、服务的效果这三方面的指标。

服务的内容指标：评价监理及相关服务的范围覆盖率、监理及相关服务密度、工具的数量及准确性等。

服务的质量指标：评价监理及相关服务的成果错误率、合同履行程度及重大责任事故等。

服务的效果指标：评价系统的系统故障率、系统稳定性、系统安全性及经济和社会效益达成率等。

8.8 练习题

1．监理单位在处理业主单位与承建单位之间的矛盾和纠纷时，要做到不偏袒任何一方，决不能因为监理单位受业主单位的委托就偏袒业主单位，这体现了监理单位的（　　）行为准则。

A．守法　　　　B．公正　　　　C．独立　　　　D．科学

解析：公正主要是指监理单位在处理业主单位与承建单位之间的矛盾和纠纷时，要做到不偏袒任何一方，是谁的责任就由谁承担，该维护谁的权益就维护谁的利益，决不能因为监理单位受业主单位的委托就偏袒业主单位。

答案：B

2．信息系统项目监理内容被概括为"三控、两管、一协调"，其中的"三控"不包括（　　）。

A．质量控制　　B．进度控制　　C．变更控制　　D．投资控制

解析：监理内容包括三控（质量控制、进度控制、投资控制）、两管（合同管理、信息管理）、一协调。

答案：C

3. 信息系统工程是指信息化工程建设中的信息网络系统、（　　）、信息应用系统的新建、升级、改造工程。

　　A．信息资源系统　　B．信息存储系统　　C．信息安全系统　　D．信息通信系统

解析：信息系统工程是指信息化工程建设中的信息网络系统、信息资源系统、信息应用系统的新建、升级、改造工程。

答案：A

4. 信息系统工程监理的技术参考模型由四部分组成，其中不包括（　　）。

　　A．监理支撑要素　　B．监理运行周期　　C．监理方法　　D．监理内容

解析：信息系统工程监理的技术参考模型由四部分组成，即监理支撑要素、监理运行周期、监理对象、监理内容。

答案：C

5. 监理工程师小王按正常的程序和方法对承建单位开发过程进行了检查和监督，并未发现任何问题，系统上线后，发现由于系统设计缺陷而导致无法满足实际应用要求。从风险角度，这种系统设计的风险属于（　　）。

　　A．工作技能风险　　B．行为责任风险　　C．技术资源风险　　D．管理风险

解析：技术资源风险指即使监理人员在工作中没有行为上的过错，仍然有可能承受一些风险。例如，在软件开发过程中，监理人员按照正常的程序和方法，对开发过程进行了检查和监督，并未发现任何问题，但仍有可能出现由于系统设计本身存在缺陷而导致不能完全满足实际应用的情况。

答案：C

6. 信息系统工程项目中为顺利开展而需要支出的设备购置费属于（　　）。

　　A．直接人力成本　　B．直接非人力成本　　C．间接人力成本　　D．间接非人力成本

解析：直接非人力成本指本项目顺利开展而需要支出的设备购置费、资料费、差旅费、培训费等费用。

答案：B

7. 下列选项中，不属于监理单位的风险防范方法的是（　　）。

　　A．谨慎签订监理合同　　　　　　B．严格履行合同
　　C．提高专业技能　　　　　　　　D．提高专业水平

解析：监理单位的风险防范方法包括：①谨慎签订监理合同；②严格履行合同；③提高专业技能；④提高管理水平；⑤坚持守法、公正、独立、科学、保密的行为准则。

答案：D

第9小时 监理工作的组织和规划

9.0 章节考点分析

第9小时主要学习监理机构、监理大纲、监理规划、监理实施细则以及监理大纲、监理规划、监理实施细则的异同等内容。

根据考试大纲，本小时知识点会涉及单项选择题和案例分析题，占3~6分。本小时内容侧重于概念知识和知识运用，根据以往全国计算机技术与软件专业技术资格（水平）考试的出题规律，概念知识和知识运用考查知识点多参照教材，扩展内容较少。本小时的架构如图9-1所示。

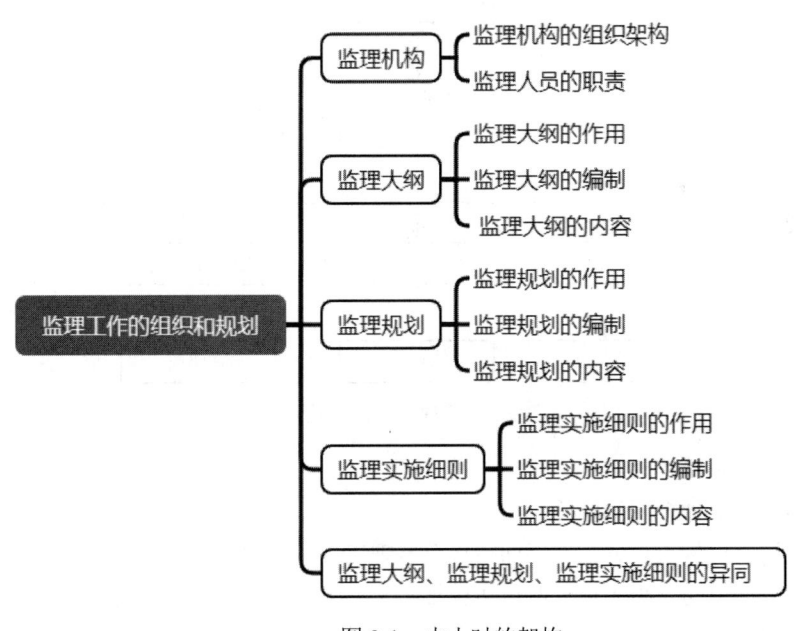

图9-1 本小时的架构

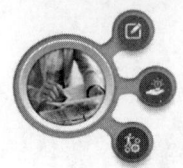

【导读小贴士】

作为一家信息系统工程建设监理公司的老总，你刚签订了一单监理项目合同，恭喜你，可以撸起袖子加油干了。本章学习的就是围绕这份监理合同，你该如何开展工作。古语有云："擒贼先擒王。"强调的是首脑的重要性，做项目要先搭班子，依照合同确定组织机构，各路人马各就各位，明确各自的岗位职责。然后建章立制，确定三大计划文件：监理大纲、监理规划和监理实施细则，它们将成为监理工程师实施监理工作的重要指导文件。知道为什么强调了好几次"合同"这个词吗？因为在这里建立的组织机构在完成监理合同规定的监理工作后就可以撤销了，和公司的组织机构不是一回事。

9.1 监理机构

【基础知识点】

1. 监理机构的组织架构

监理机构的主要成员为<u>总监理工程师、总监理工程师代表（必要时配备）、监理工程师、监理员</u>。具体的组织架构如图 9-2 所示。

```
          总监理工程师
               ↓
         总监理工程师
             代表
    ┌──────────┼──────────┐
    ↓          ↓          ↓
监理工程师  监理工程师 …… 监理工程师
    ↓          ↓          ↓
  监理员     监理员   ……   监理员
```

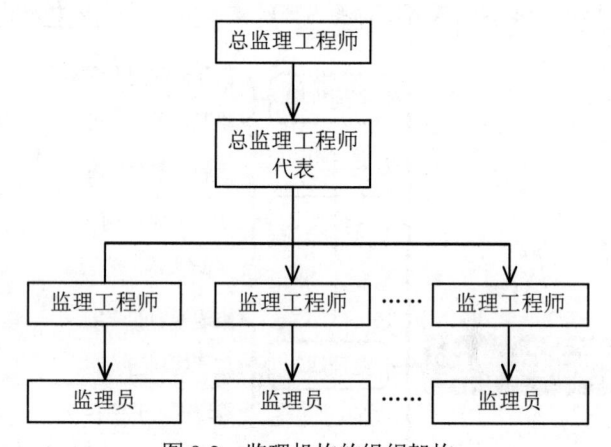

图 9-2　监理机构的组织架构

2. 总监理工程师的职责

（1）全面负责监理合同的实施。

（2）确定监理机构人员分工并<u>书面授权总监理工程师代表</u>。

（3）主持编制监理规划，审批监理实施细则。

（4）负责管理监理机构日常工作，定期向监理单位报告。

(5) 检查和监督监理人员的工作，根据工程项目及相关服务项目的进展情况，可进行监理人员调配，对不称职的监理人员应调换其工作。

(6) 主持监理工作会议，签发工程监理机构的文件和指令。

(7) 审查承建单位及运维服务提供方的资质，并提出审查意见。

(8) 审定承建单位的开工申请、系统实施方案、实施进度计划。

(9) 组织编制并签发监理月报、监理工作阶段报告、专题报告和工程监理及相关服务项目工作总结。

(10) 主持审查和处理工程变更及运维服务过程的变更。

(11) 参与工程质量事故和其他事故调查。

(12) 审查承建单位竣工验收申请，组织有关人员进行竣工测试验收，签认竣工验收文件，审核运维服务的评价与认定结果。

(13) 主持整理工程项目及相关服务项目的监理资料。

(14) 审核签认承建单位或运维服务提供方的付款申请、付款证书和竣工结算或运维服务提供方的项目结算。

(15) 调解业主单位与承建单位或运维服务提供方的合同争议，参与索赔的处理，审批工程及相关服务项目的延期。

(16) 组织业主单位和承建单位完成工程项目成果的移交或运维服务提供方的成果的移交。

3. 总监理工程师代表的职责

总监理工程师代表按总监理工程师的授权，行使总监理工程师的部分职责和权力。

总监理工程师不得将下列工作委托总监理工程师代表：①主持编制监理规划，审批监理实施细则；②调解业主单位和承建单位或运维服务提供方的合同争议，参与索赔的处理，审批工程及相关服务项目的延期；③根据工程项目的进展情况进行监理人员的调配，调换不称职的监理人员；④审核签认承建单位或运维服务提供方的付款申请、付款证书和竣工结算或运维服务提供方的项目结算。

4. 监理工程师的职责

(1) 负责编制监理规划中本专业部分的内容及本专业的监理实施细则。

(2) 负责本专业监理工作的具体实施。

(3) 组织、指导、检查和监督监理员的工作。

(4) 协助总监理工程师审查承建单位或运维服务提供方涉及本专业的计划、方案、申请、变更。

(5) 负责核查工程及相关服务项目中所用的设备、材料和软件。

(6) 负责本专业监理资料的收集、汇总及整理，参与编制监理月报。

(7) 定期向总监理工程师提交本专业监理工作实施情况报告，对重大问题及时向总监理工程师报告。

(8) 负责本专业工程量及相关服务项目工作量的审核。

(9) 协助组织本专业分系统工程及相关服务项目的测试、验收。

（10）填写监理日志。
5. 监理员的职责
（1）在监理工程师的指导下开展监理工作。
（2）协助监理工程师完成工程量及工作量的核定。
（3）担任现场监理工作，发现问题及时向监理工程师报告。
（4）对承建单位或运维服务提供方的实施计划和进度进行检查并记录。
（5）对承建单位或运维服务提供方实施过程中的软件和设备安装、调试、测试情况进行监督并记录。
（6）填写监理日志。

9.2 监理大纲

【基础知识点】
1. 监理大纲的作用
（1）使业主单位认可大纲中的监理方案，确信采用本监理单位制订的监理方案能实现项目的投资目标和建设意图，从而帮助监理单位获得监理业务。
（2）为监理单位今后开展监理工作制订框架方案。
2. 监理大纲的编制要求
（1）应针对业主单位对监理工作的要求，明确监理单位所提供的监理及相关服务目标和定位，确定具体的工作范围、服务特点、组织机构与人员职责、服务保障和服务承诺。
（2）监理大纲的编制需要针对工程招标文件的要求逐项进行响应，严禁弄虚作假。
3. 监理大纲的编制依据
（1）业主单位对监理工作的要求（包括监理招标文件）。
（2）监理单位的服务质量管理体系。
（3）监理及相关服务规范。
（4）与工程及相关服务有关的法律法规和标准规范。
4. 监理大纲的编制程序
（1）监理单位编制监理大纲后，应经监理单位技术负责人审核。
（2）由监理单位法定代表人（或授权代表）书面批准。
5. 监理大纲的主要内容
（1）监理工作目标、依据和范围。
（2）项目监理机构及配备人员。
（3）监理工作计划和各阶段监理工作。
（4）监理流程、成果、监理服务承诺。

9.3 监理规划

【基础知识点】

1. 监理规划的目的

监理规划的目的：①把信息系统工程建设项目监理活动的实施过程纳入规范化、系统化、标准化的科学管理范畴，以确保监理任务完成和监理目标的最终实现；②监理规划在总监理工程师的主持下编制，并由业主单位认可，经总监理工程师签署后执行；③监理规划是业主单位检查监理单位是否能够认真、全面履行信息系统工程监理合同的重要依据；④监理规划相当于一个监理项目的"初步设计"，而监理实施细则相当于具体的"实施图设计"；⑤监理规划作为监理单位对监理项目的行动指南，也可以作为业主单位考核监理单位对监理合同实际执行情况的重要依据。

2. 监理规划的作用

监理规划的作用包括：监理规划是监理项目部职能的具体体现；监理规划是指导监理项目部全面开展工作的纲领性文件；监理规划是业主单位检查监理单位是否能够认真、全面履行信息系统工程监理合同的重要依据；监理规划是具有合同效力的一种文件。

3. 监理规划的编制要求

监理规划的编制要求有：监理规划的内容应有统一性；监理规划的内容应有针对性；监理规划的内容应有时效性。

4. 监理规划的编制依据

监理规划的编制依据包括：与信息系统工程建设有关的法律、法规及项目审批文件等；与信息系统工程监理有关的法律、法规及管理办法等；与本项目有关的标准、设计文件、技术资料等，其中，标准包含相关国际标准、国家或地方标准；监理合同、监理大纲；与本项目建设有关的合同文件（承建合同、运维服务合同等）及相关服务的其他文件。

5. 监理规划的编制程序

在签订监理合同后，总监理工程师应主持编制监理规划。编制监理规划的过程：①规划信息的收集与处理；②项目规划目标的确认；③确定监理工作；④按照监理工作性质及内容进行工作分解。

监理规划完成后，应经监理单位技术负责人审批。

监理规划报送业主单位签认后生效。

6. 监理规划的主要内容

监理规划的主要内容包括：工程及相关服务对象概况；监理范围、内容与目标；监理机构的组织及监理人员的职责；监理依据、工作制度、工作方法及措施；监理工具和设施。

7. 监理规划的调整

在监理工作实施过程中，如实际情况或条件发生重大变化而需要调整监理规划内容，应由总监理工程师组织监理工程师修改，经监理单位技术负责人审批后报业主单位签认。

9.4 监理实施细则

【基础知识点】

1. 监理实施细则的编制目的

（1）以被监理的信息系统工程建设项目为对象而编制的，用以指导监理单位各项监理活动的技术、经济、组织和管理的<u>综合性文件</u>。

（2）根据监理合同规定范围和业主单位的具体要求，由项目总监理工程师主持，监理工程师参加编制。

（3）指导整个监理机构开展监理工作的<u>技术管理性文件</u>。

2. 监理实施细则的作用

对<u>监理机构</u>的作用：①增加对本工程项目的认识程度，使他们更加熟悉工程的一些技术细节；②指导监理工作开展的文件与备忘录。

对<u>承建单位</u>的作用：①工作联系单或监理通知单的作用；②提醒与警示作用。

对<u>业主单位</u>的作用：①有利于业主单位对工程的管理和控制；②有利于获得业主单位对监理的信任与支持。

3. 监理实施细则的编制要求

主要编制要求包括：要符合项目本身的专业特点；严格执行国家、地方的规范及标准并考虑项目自身的特点；尽可能地对专业方面的技术指标量化、细化，使其更具有可操作性。

4. 监理实施细则的编制方式

按信息系统工程中<u>专业分工</u>编制：专业领域可能有通信工程、网络工程、软件开发、信息安全、经济核算、设备选型等，每种专业都有自己的监理手段和技术。

按信息系统工程中<u>阶段</u>编制：可划分为招标阶段、设计阶段、实施阶段、验收阶段和缺陷责任期，每一阶段的监理方法和措施各有特点。

按监理的工作<u>内容</u>编制：监理的工作内容可分为质量控制、进度控制、投资控制、合同管理和信息管理。

5. 监理实施细则的编制依据

监理实施细则的编制依据主要包括：已经批准的监理规划；与信息系统工程相关的国家、地方政策、法规和技术标准；与信息系统工程相关的设计文件和技术资料；工程实施方案及相关服务方案等与工程相关的文件；相关合同文件。

6. 监理实施细则的主要内容

监理实施细则的主要内容包括：工程及相关<u>服务的特点</u>；监理工作<u>流程</u>；监理工作的<u>控制要点及目标</u>；<u>监理方法及措施</u>。

9.5 监理大纲、监理规划、监理实施细则的异同

【基础知识点】

监理大纲、监理规划和监理实施细则三者的主要区别见表9-1。

表9-1 监理大纲、监理规划和监理实施细则三者的主要区别

名称	编制对象	负责人	编制时间	编制目的	编制作用	编制内容 为什么	编制内容 做什么	编制内容 如何做
监理大纲	项目整体	公司总监	监理招标阶段	供业主单位审查监理能力	增强监理项目中标的可能性	重点	一般	无
监理规划	项目整体	总监理工程师	监理合同签订后	项目监理的工作纲领	对监理自身工作的指导、考核	一般	重点	重点
监理实施细则	某项专业监理工作	监理工程师	监理机构建立、责任明确后	专业监理实施的操作指南	规定专业监理程序、标准，使监理工作规范化	无	一般	重点

9.6 练习题

1. 为投标某智慧化综合智能平台建设项目，某信息系统监理公司总监在投标书中编制了（　　），重点阐述了监理工作目标、依据和范围等内容。

  A．监理大纲　　　　B．监理规划　　　　C．监理合同　　　　D．监理实施细则

解析：监理大纲在招标阶段编制，作用是使业主单位认可大纲中的监理方案，确信采用本监理单位制订的监理方案能实现项目的投资目标和建设意图，从而帮助监理单位获得监理业务。

答案：A

2. 某信息系统建设工程监理项目，项目总监编制了（　　）作为指导整个监理项目工作的纲领性文件。

  A．监理大纲　　　　B．监理规划　　　　C．监理日志　　　　D．监理实施细则

解析：监理规划是指导监理项目部全面开展工作的纲领性文件。

答案：B

3. 监理实施细则的编制应在（　　）完成。

  A．招标阶段　　　　　　　　　　　　B．合同签订后
  C．监理项目部建立后　　　　　　　　D．监理责任明确后

解析：监理实施细则的编制应在监理机构建立、责任明确后。

答案：D

4. 编制监理规划正确的步骤是（　　）。
   A．项目规划目标的确认—确定监理工作—规划信息的收集与处理—工作分解
   B．规划信息的收集与处理—项目规划目标的确认—确定监理工作—工作分解
   C．规划信息的收集与处理—项目规划目标的确认—工作分解—确定监理工作
   D．项目规划目标的确认—规划信息的收集与处理—工作分解—确定监理工作

解析：编制监理规划正确步骤：①规划信息的收集与处理；②项目规划目标的确认；③确定监理工作；④按照监理工作性质及内容进行工作分解。

答案：B

5. 属于监理规划主要内容的是（　　）。
   ①监理工作计划　　②监理范围、内容与目标　　③监理工具和设施
   ④监理服务承诺　　⑤监理依据　　　　　　　　⑥监理工作方法及措施
   A．①②③⑤　　　B．①③④⑥　　　C．②③④⑤　　　D．②③⑤⑥

解析：监理规划的主要内容：工程及相关服务对象概况；监理范围、内容与目标；监理机构的组织及监理人员的职责；监理依据、工作制度、工作方法及措施；监理工具和设施。

答案：D

6. 总监理工程师代表由总监理工程师授权，负责总监理工程师指定或交办的任务，总监理工程师不得委托总监理工程师代表执行的工作是（　　）。
   A．指定专人记录工程项目监理日志　　B．参与工程质量事故的调查
   C．调换不称职的监理人员　　　　　　D．主持审查和处理工程变更

解析：总监理工程师不得将下列工作委托总监理工程师代表：①主持编制监理规划，审批监理实施细则；②调解业主单位和承建单位或运维服务提供方的合同争议，参与索赔的处理，审批工程及相关服务项目的延期；③根据工程项目的进展情况进行监理人员的调配，调换不称职的监理人员；④审核签认承建单位或运维服务提供方的付款申请、付款证书和竣工结算或运维服务提供方的项目结算。

答案：C

7. 监理规划的编制应有（　　）。
   A．分散性　　　B．针对性　　　C．延时性　　　D．及时性

解析：监理规划的编制要求：监理规划的内容应有统一性、针对性、时效性。

答案：B

8. 监理实施细则对业主单位起到（　　）作用。
   A．工作联系单　　B．提醒与警示　　C．管理和控制　　D．文件与备忘录

解析：监理实施细则的作用：①对监理机构的作用——增加对本工程项目的认识程度，使他们更加熟悉工程的一些技术细节，指导监理工作开展的文件与备忘录；②对承建单位的作用——工作联系单或监理通知单的作用，提醒与警示作用；③对业主单位的作用——有利于业主单位对工程的管理和控制，有利于获得业主单位对监理的信任与支持。

答案：C

第 10 小时 质量控制

10.0 章节考点分析

第 10 小时主要学习质量控制基础、对质量影响因素的控制、质量控制体系建设、质量控制手段、质量控制点、监理质量控制工作等内容。

根据考试大纲，本小时知识点会涉及单项选择题和案例分析题，占 6~12 分。本小时内容侧重于概念知识，根据以往全国计算机技术与软件专业技术资格（水平）考试的出题规律，概念知识考查知识点多参照教材，扩展内容较少。<u>本小时的架构如图 10-1 所示</u>。

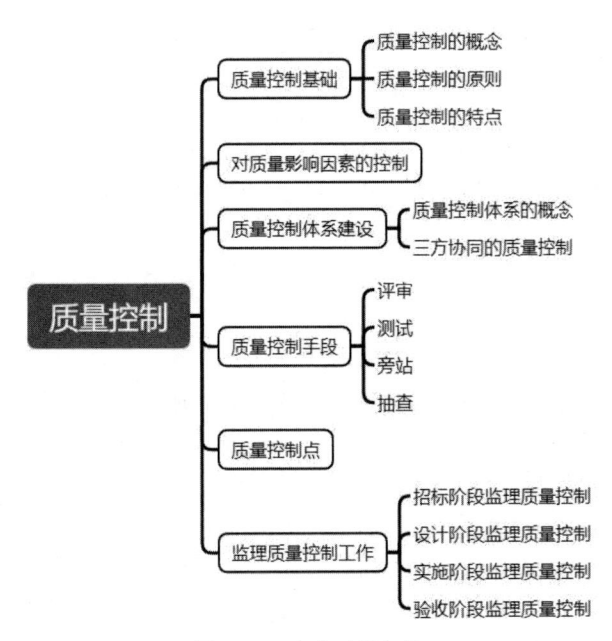

图 10-1 本小时的架构

【导读小贴士】

建设一个信息系统工程的核心是什么？决定整个工程成败的关键因素是什么？项目成功的根本标志是什么？就是项目的质量。

10.1 质量控制基础

【基础知识点】

信息系统的质量控制主要从<u>质量体系控制</u>、<u>实施过程控制</u>及<u>单元控制</u>入手，通过阶段性评审、评估，以及实时测量等手段尽早发现质量问题，找出解决问题的方法，最终达到工程的质量目标。

<u>质量要求</u>是对整个信息系统工程项目与其实施过程<u>满足规定</u>或<u>潜在需求的特征</u>以及<u>特征的总和</u>，即要<u>达到</u>的信息系统工程项目<u>质量目标</u>。

信息系统工程监理质量控制的特点和意义主要体现在：监理单位受业主单位的委托，对工程质量形成的全过程进行控制，将对工程质量的保证和提高起到重要作用；监理单位的质量控制可以<u>促进承建单位的质量控制活动</u>；监理单位与承建单位、软硬件供应商、分包单位、外协单位等都是<u>质量体系的共同体</u>，没有这些单位的质量保证，承建单位的质量保证就不可能健全；监理的<u>过程性质量监督</u>是对质量监督制度重大的改进和提高；信息系统工程建设项目实体、功能和使用价值的<u>各方面都应当列入项目的质量目标范围</u>。

1. 质量控制的概念

信息系统质量控制是为了确保承建合同所确定的、相关标准所要求的、法律法规所规定的质量要求采取的一系列监控措施、手段和方法。它是一个系统过程，贯穿项目全过程。

监理单位的质量控制主要包括：项目预研和规划的质量控制、实施过程的质量控制、项目实施结果与服务的质量控制、运行维护阶段的质量控制。

2. 质量控制的原则

（1）质量控制要与业主单位对<u>工程质量的监督紧密结合</u>。

（2）质量控制要实施全过程控制。

（3）质量控制要实施全面控制，即监理要强调事前控制、事中控制和事后控制。

3. 质量控制的特点

（1）信息系统工程的建设过程是人的智力劳动过程。

（2）随着信息化项目建设的规范，项目变更的情况相对可控，但项目变更客观存在。

（3）信息系统工程比较复杂，故障定位比较困难。

（4）信息系统工程的可视性差，质量缺陷比较隐蔽，无法直接通过人的感官直观地判断信息系统质量的优劣，而且信息系统的质量问题往往在特定条件下才会出现。

（5）质量缺陷发现后，改正错误的代价往往较大，并且可能引发其他的质量问题。

（6）质量纠纷认定的难度大。

（7）信息系统工程建设项目是一个系统工程，要注意质量控制和进度控制都要在一个适合的范围之内，应协调进行。

（8）优秀的承建单位是质量控制的关键因素。

10.2 对质量影响因素的控制

【基础知识点】

1. 对人的行为的质量控制

人是信息系统工程建设项目的实施者，工程质量是在各类组织者、指挥者、操作者的共同努力下建立起来的。人的素质、管理水平、技术能力将最终影响工程实体质量的优劣。监理人员在质量控制环节的事前控制中，应要求承建单位管理人员和操作人员，尤其是专业作业人员都通过专业技术培训，取得培训合格证或上岗证以后，持证上岗。承建单位应有健全的岗位责任制，针对不同情况分别采取不同的控制手段。

2. 对材料、配件、设备和系统的质量控制

采购订货前，审查有关性能、数据等是否与本工程要求相符。进场前，核验产品出厂合格证及检测报告，对主要材料、配件、设备、系统应分批量按规定取样检验和复检。对进口材料、设备应配合商检部门做好开箱检查。材料、配件、设备、系统等应按规定的条件保管，并在规定的条件和期限内使用；对保管不善或使用期限超过规定的，应再按规定取样测试，经检验合格后，才能使用。对自研的初次使用的设备和系统，应先提出试用要求，经试验合格后，才能使用。材料、配件、设备、系统的抽样和检验方法，应符合国家有关标准和专业技术标准的规定。

3. 对实施方案与方法的质量控制

监理人员在工程实施前应熟悉设计文件及规范要求，在重要或关键部位实施前及早协助和督促承建单位做好实施方案，并对其申报的实施方案进行审查。

在审查时，监理人员应结合工程实际情况，从技术、组织、管理、经济等方面进行分析，综合考虑，确保实施方案技术可行，符合国家有关工程实施规范和质量检验评定标准，从而保证工程质量。

4. 对环境因素的控制

（1）基础设施环境：供电、空调、消防等。

（2）工程管理环境：承建单位管理水平、质量保证体系、质量管理制度。

（3）业务能力环境：技术人员的业务能力。

由于环境因素具有复杂多变的特点，应根据工程特点和具体条件，对影响工程质量的环境因素利用其有利的一面，采取措施控制其不利的一面。

10.3 质量控制体系建设

【基础知识点】

1. 质量控制体系的概念与构成

质量控制体系是指为保证性能、过程或服务在质量上满足规定或潜在的要求，由组织机构、职责、程序、活动、能力和资源等构成的有机整体。

质量控制体系由五个方面的内容构成：①领导的责任——领导应对质量方针的制定与质量体系的建立、完善、实施和保持负全面责任；②质量责任和权限——项目组织体系中各部门及人员在进行这些质量活动时应承担的责任；③组织结构——质量预防、改进、保证、接收、协调组织；④资源和人员——质量体系的客观物质条件；⑤工作流程——规定某一项活动的目的和范围，应做什么事，由谁来做，如何做，如何控制和记录，在什么时间以及采用什么材料、设备和文件等。

2. 三方协同的质量控制

信息系统工程建设项目是由业主单位、承建单位和监理单位共同完成的，三方都应该建立各自的质量保证体系，整个项目的质量控制过程也就包括业主单位的质量控制过程、承建单位的质量控制过程和监理单位的质量控制过程。

3. 工程项目的质量管理体系

工程项目的质量管理体系具体见表10-1。

表 10-1 工程项目的质量管理体系

三方	项目中的角色和地位	质量人员分配
承建单位	实施方，质量保证的关键	承建单位的质保部门的质量管理人员
建设单位	投资方和用户方，建立较完整的管理体系，项目成功的关键因素之一	为本项目配备的质量管理人员
监理单位	监督协调方，既要按照自己的质量控制体系从事监理活动，还要对承建单位的质量控制体系以及建设单位的工程管理体系进行监督和指导	质量监理工程师、总监理工程师和专家

4. 工程项目的质量控制体系

工程项目的质量控制体系以承建单位的质量管理体系为主体，在项目开始实施之前由承建单位建立，监理单位对组织结构、工序管理、质量目标、自测制度等要素进行检查。

工程项目的质量控制体系的主要目的是对信息系统工程的各种质量进行监控和把握，发现质量问题及时采取措施进行更正，保证工程的过程质量达到预期要求的目标。

质量保证计划是在承建单位的质量管理计划的基础上建立起来的。

在信息系统工程建设过程中，针对不同的项目，承建单位在不同阶段的管理模式会有所不同，质量管理体系的内容也应该具有针对性。

5. 承建单位质量管理体系的主要内容

承建单位质量管理体系的主要内容包括：①制订明确的质量计划；②建立和健全专职质量管理机构；③实现管理业务标准化，管理流程程序化；④配备必要的资源条件；⑤建立一套灵敏的质量信息反馈系统。

10.4　质量控制手段

【基础知识点】

质量控制的主要手段有评审、测试、旁站、抽查。

1. 评审

（1）评审的范围：①业主单位的用户需求和招标文件；②承建单位的质量控制体系和质量保证计划、总体技术方案、工程实施方案、系统集成方案、有关应用软件开发的重要过程文档、培训方案与计划、售后保障方案；③工程验收方案；④其他需要评审的重要方案与计划。

（2）评审过程：①现场质量监理工程师收集方案、文档等资料，进行初审，并将初审结果上报总监理工程师；②总监理工程师根据方案的重要性、时间要求、初审结果判断是否进行评审，并确定评审的时间、方式、内容、参加人员等，形成评审方案；③承建单位和有关方面提交评审必需的其他材料；④总监理工程师根据评审结论，组织现场监理工程师讨论，形成最终的监理意见，提交给业主单位和承建单位；⑤业主单位和承建单位根据监理意见进行处理，处理结果由现场监理人员进行确认，并报总监理工程师签发。

2. 测试

测试是信息系统工程质量控制的主要手段之一。在整个质量控制的过程中可能需要建设单位（主要验证系统是否满足业务需要）、承建单位（主要是为了保证质量及进度）、监理单位（主要是为了检查和确认工程质量）和第三方测试机构（主要是为了确保质量的客观性）对工程进行测试。

根据测试的阶段与对象的不同，测试的主要依据包括：①需求规划说明书；②设计说明书；③相关的行业和团体标准、国家标准。

对第三方测试的监理内容：①协助业主单位选择权威的第三方测试机构，一般应审查第三方测试机构的资质、测试经验以及承担该项目的测试工程师情况；②对第三方测试机构提交的测试计划进行确认；③协调承建单位、业主单位以及第三方测试机构的工作关系，并为第三方测试机构的工作提供必要的帮助；④对测试问题和测试结果进行评估。

3. 旁站

旁站是监理进行质量控制的重要手段之一，它是监理人员对重点工序或部位在实施现场所实施的全程监督。

旁站记录应做到：①记录内容要真实、准确、及时；②对旁站的关键部位或关键工序，应按照时间或工序形成完整的记录；③记录表内容填写要完整，未经旁站人员和实施单位质检人员签字不得进入下道工序；④记录表内实施过程情况指旁站的关键部位和关键工序实施情况；⑤完成的工程量应写清准确的数值，以便为投资控制提供依据；⑥监理情况主要记录旁站人员、时间、旁站监理内容、实施质量检查情况、评述意见等，将发现的问题做好记录，并提出处理意见；⑦质量管理体系运行情况主要记述旁站过程中承建单位质量管理体系的管理人员是否到位，是否按事先的要求对关键部位或关键工序进行检查，是否对不符合操作要求的实施人员进行督促，是否对出现的问题进行纠正；⑧若工程因意外情况发生停工，应写清停工原因及承建单位所做的处理。

4. 抽查

抽查的内容包括：①到货验收的抽查——针对大量设备到货情况，如一次进来上百台不同型号的设备，这时就需要对不同型号的产品进行抽查；②实施过程的抽查——在软件开发过程中，监理工程师可以随时抽查开发文档的编写情况，测试执行情况，功能和性能，已经完成的代码是否符合基本的开发规范等。

10.5　质量控制点

【基础知识点】

1. 设置质量控制点的目的

质量控制点是指对信息系统工程建设项目的<u>重点控制对象</u>或<u>重点建设进程实施</u>有效的质量控制而设置的一种<u>管理模式</u>。在工程项目进行的不同阶段，依据项目的具体情况，可设置不同的质量控制点。

2. 设置质量控制点的意义

（1）分解：便于对工程质量总目标的分解，可以将复杂的工程质量总目标分解为一系列简单分项的目标控制。

（2）分析：有利于监理工程师和承建单位的控制管理人员及时分析和掌握控制点所处的环境因素，易于分析各种干扰条件对有关分项目标产生的影响及其影响程度的测定。

（3）监测：有利于监理工程师和承建单位的控制管理人员检测分项控制目标，计算分项控制目标值与实际目标值的偏差。

（4）纠偏：有利于监理工程师和承建单位的控制管理人员制订、实施纠偏措施和控制对策。

（5）保证：可以保证上层级质量控制点分项控制目标的实现，直到工程质量总目标的最终实现。

3. 质量控制点的设置原则

质量控制点的设置原则主要有：突出重点；易于纠偏；有利于参与工程建设的三方共同从事工程质量的控制活动；保持质量控制点设置的灵活性与动态性。

10.6　监理质量控制工作

【基础知识点】

1. 招标阶段的质量控制

（1）<u>协助业主单位</u>提出工程需求<u>方案</u>，确定工程的<u>整体质量目标</u>。

（2）参与招标文件的编制，并对工程的技术和质量、验收准则、投标单位资格等可能对工程质量有影响的因素明确提出要求。

（3）协助招标公司和业主单位制订投标文件的质量评定标准。

（4）对招标文件进行审核，对其中涉及的质量内容进行确认。

（5）协助业主单位评标时，应审查投标文件中的质量控制计划。

（6）协助业主单位审核承建单位及其人员的能力。

（7）对招标过程进行监督，例如，招标过程中是否存在不公正的现象等。

（8）协助业主单位与中标单位洽商并签订承建合同。

2. 设计阶段的质量控制

（1）充分了解业主单位的项目需求，协助业主单位制订项目质量目标规划。

（2）对各种设计文件提出设计质量标准。

（3）进行设计过程跟踪，审查阶段性设计成果，及时发现质量问题。

（4）审查承建单位提交的设计方案。

（5）审查承建单位对关键部位的测试方案。

（6）审查承建单位的质量管理体系，包括是否具备完善的质量检测技术和手段等。

（7）组织设计文件及设计方案交底会，帮助承建单位熟悉项目设计、开发及实施过程。

（8）设计方案经监理工程师审定后，由总监理工程师审定签发。

（9）设计方案未经批准，不得进行部署实施。

3. 实施阶段的质量控制

（1）项目实施前，组织审核承建单位提交的质量管理计划，签署监理审核意见。

（2）项目实施前，组织业主单位、承建单位召开工程实施准备会议。

（3）依据签认的质量管理计划、实施方案、实施计划等文件，制订切合实际的监理实施细则，并根据质量控制点的设置原则合理设置质量控制点，并选用合适的质量控制手段，主要的质量控制手段包括评审、测试、旁站和抽查。

（4）组织对承建单位提供的产品及服务进行验收，对验收结果做验收记录，并对验收记录办理三方签认手续。

（5）项目实施过程中，按计划检查承建单位的项目实施状况、人员与实施方案的一致性。

（6）执行已确定的阶段性质量监督、控制措施及方法，并做监理日志，出现质量问题时，可以要求承建单位整改，并跟踪落实。

（7）及时处理承建单位提交的关键环节的施工申请，审核其合理性后签认，报业主单位批准。

（8）必要时，检查承建单位重要工程步骤的衔接工作，做监理日志。未经监理单位检查认可，承建单位不能进行与之相关的下一步骤的实施。

（9）及时处理工程变更申请，审核变更的合理性，按变更控制程序处理，保证项目总体质量不受影响。

（10）有分包单位时，应组织审核分包单位的工程实施资质。

（11）出现质量事故时，及时按照质量事故处理程序进行处置。

（12）若发现工程实施过程存在重大质量隐患，应及时向承建单位签发停工令，并报业主单位，监督承建单位进行整改。整改完毕后，及时处理承建单位的复工申请。

4．验收阶段监理质量控制

（1）审核初验/终验计划及方案。

（2）审核初验/终验条件。

（3）处理初验/终验中发现的质量问题。

（4）确认初验/终验。

10.7 练习题

1．某信息系统工程对质量控制特别重视，质量监理工程师刘工根据质量目标及质量方案设置质量控制点，下列说法错误的是（　　）。

A．质量控制点的设置应该突出重点

B．质量控制点应该易于纠偏

C．质量控制点的设置应面面俱到、细密周全

D．保持控制点设置的灵活性和动态性

解析：质量控制的设置原则：突出重点；易于纠偏；有利于参与工程建设的三方共同从事工程质量的控制活动；保持控制点设置的灵活性和动态性。

答案：C

2．三方协同的质量控制体系是信息工程项目成功的重要因素，工程项目的质量控制体系以（　　）的质量管理体系为主体，在项目开始实施之前建立。

A．建设单位　　　B．承建单位　　　C．监理单位　　　D．设计单位

解析：以承建单位的质量管理体系为主体，在项目开始实施之前由承建单位建立，监理单位对组织结构、工序管理、质量目标、自测制度等要素进行检查。

答案：B

3．在信息系统工程设计阶段，监理的质量控制重点不包含（　　）。

A．审查承建单位提交的设计方案

B．组织设计文件及设计方案交底会

C．对各种设计文件提出设计质量标准

D．协助业主单位审核承建单位及其人员的能力

解析：D选项为招标阶段的质量控制。

答案：D

4．信息系统工程项目是由建设单位、承建单位和监理单位共同完成。有关质量管理体系中三方关系的说法，不正确的是（　　）。

A．建设单位的参与人员是为本项目配备的质量管理人员

B．建设单位应该建立较完整的工程项目管理体系

C．监理单位应严格按照承建单位质量控制体系从事监理活动

D．监理单位的参与人员主要是质量监理工程师、总监理工程师

解析：三方都应该建立各自的质量保证体系。

答案：C

5．关于质量控制特点的描述，不正确的是（　　）。

A．信息系统工程的建设过程是人的智力劳动过程

B．信息系统工程比较复杂，故障定位比较困难

C．质量缺陷发现后，改正错误的代价往往较大

D．优秀的监理单位是质量控制的关键因素

解析：优秀的承建单位是质量控制的关键因素。

答案：D

6．关于承建单位质量管理体系的主要内容，不正确的是（　　）。

A．制订明确的质量计划

B．实现管理业务程序化，管理流程标准化

C．建立和健全专职质量管理机构

D．建立一套灵敏的质量信息反馈系统

解析：承建单位质量管理体系的主要内容：制订明确的质量计划；建立和健全专职质量管理机构；实现管理业务标准化，管理流程程序化；配备必要的资源条件；建立一套灵敏的质量信息反馈系统。

答案：B

第 11 小时 进度控制

11.0 章节考点分析

第 11 小时主要学习进度与进度控制、进度控制的目标与范围、进度控制技术、监理进度控制工作等内容。

根据考试大纲，本小时知识点会涉及单项选择题和案例分析题，占 6~12 分。本小时内容侧重于概念知识，根据以往全国计算机技术与软件专业技术资格（水平）考试的出题规律，概念知识考查知识点多参照教材，扩展内容较少。本小时的架构如图 11-1 所示。

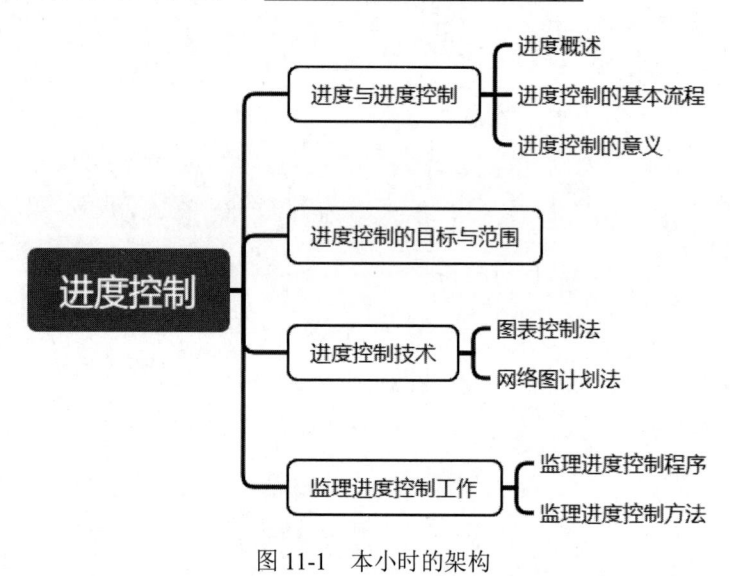

图 11-1 本小时的架构

进度控制 第 11 小时

【导读小贴士】

进度控制与质量控制、成本控制并列为信息系统工程建设项目的三大目标。进度控制是项目管理的关键要素，是保障信息系统工程建设项目按期完成的基本措施。本小时主要学习如何从"道法术器"各个方面做好进度控制。

11.1 进度与进度控制

【基础知识点】

1. 进度控制的步骤

进度控制分为四个步骤（PDCA）：计划（Plan）、执行（Do）、检查（Check）、行动（Act）。

2. 进度控制的阶段划分

进度控制过程是一个周期性的循环过程，按先后顺序分为四个阶段：编制计划、实施计划、检查计划、总结计划。

3. 进度计划编制的主要目的

进度计划编制的主要目的包括：保证按时完成项目目标；协调资源，使资源被需要时可以使用；预测在不同时间上所需的资金和资源的级别，以便赋予项目以不同的优先级；保证项目进度正常进行。

4. 进度计划编制的基本要求

进度计划编制的基本要求包括：保证项目在合同规定的时间内完成，实现项目的目标要求；实施进度安排应满足连续性和均衡性的要求；实施顺序的安排应进行优化，以便提高经济效益；应选择适当的计划图形，满足使用进度计划的要求；应遵循编制程序，提高进度计划的编制质量。

5. 进度计划编制的原则

进度计划编制的原则包括：应该对所有里程碑及其期限要求进行说明；确切的工作程序能够得到详细说明；进度应该与工作分解结构（WBS）保持一致，并明确表明全部任务开始和结束时间节点；全部进度必须体现时间的紧迫性，可能的话需要详细说明每件大事需要配置的资源；项目越复杂，专业分工就越多，就更需要全面综合管理，需要有一个主体的协调的工作进度计划，以便支持对整个项目的建设进度进行控制。

6. 进度计划编制的依据

进度计划编制的依据主要包括：信息系统工程建设项目<u>承包合同及招标投标文件</u>；项目全部设计施工<u>图纸及变更洽商</u>；项目所在地区位置的<u>自然条件和技术经济条件</u>；项目设计<u>概算和预算资料</u>、<u>任务定额</u>等；项目拟采用的主要<u>实施方案及措施</u>、<u>实施顺序</u>、<u>阶段划分</u>等；项目需要的<u>主要资源</u>。

7. 进度计划的内容

进度计划一般应包括：项目<u>综合进度计划</u>；设备（材料）<u>采购</u>工作进度计划；项目<u>实施（开发）</u>

103

进度计划；项目验收和投入使用进度计划。

8. 进度控制的意义

进度控制有利于尽快发挥投资效益，有利于维持良好的管理秩序，有利于提高企业经济效益，有利于降低信息系统工程项目的投资风险。

11.2 进度控制的目标与范围

【基础知识点】

1. 进度控制的目标

进度控制的目标是通过各种有效措施保障工程项目计划在规定的时间内完成，即信息系统达到竣工验收、试运行及投入使用的计划时间。进度控制目标必须符合业主单位的委托要求，应该在监理合同中明确进度控制目标。

2. 进度控制的范围

进度控制即包括对工程建设全过程的控制，也包括对分项目、分系统的控制。

3. 影响进度控制的因素

工程质量、设计变更、资源投入、资金、相关单位、可见或不可见的各种风险因素、承建单位管理水平等因素，对进度控制都具有或多或少的影响。其中，工程质量是进度控制的最大影响因素。

11.3 进度控制技术

【基础知识点】

1. 甘特图

甘特图具有简单、直观的特点。图 11-2 所示为一个甘特图的示例，其中深色填充表示计划进度，浅色填充表示实际进度。

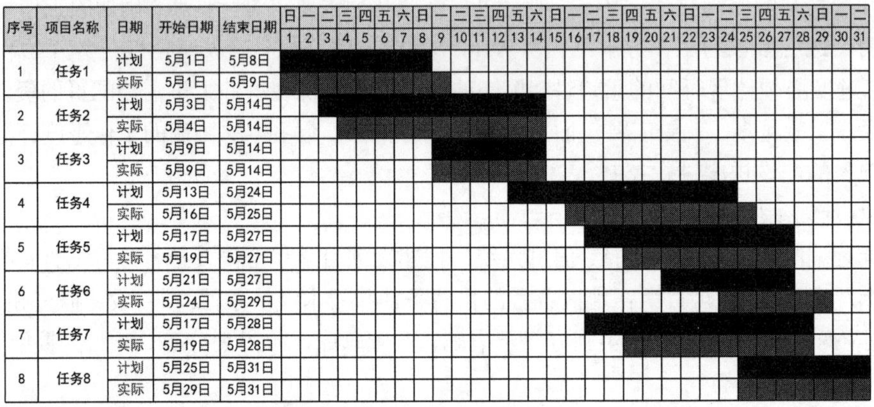

图 11-2 甘特图

2. 进度曲线图

如图 11-3 所示，进度曲线图的横轴代表工期或时间，纵轴代表项目完成的任务量或实施进度的累计，曲线 ES 为最早时间计划，曲线 LS 为最迟时间计划，实际完成情况曲线为实际进度。"实际完成情况曲线"处于两曲线之间时表示进度正常，处于曲线 ES 之上表示提前，处于曲线 LS 之下表示延期。

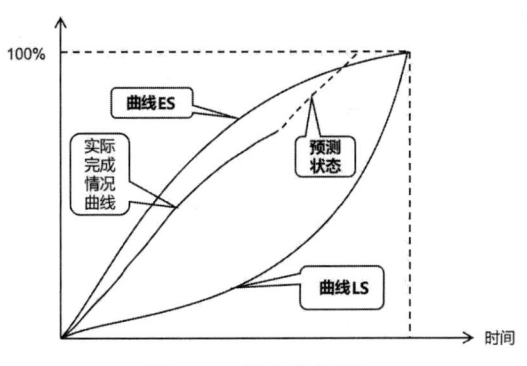

图 11-3　进度曲线图

3. 网络图计划法

网络图由箭线和节点组成，有双代号网络图和单代号网络图两种。

双代号网络图（图 11-4）又称箭线式网络图，箭线表示工作，节点表示工作开始或结束的状态及工作之间的连接点，用工作两端节点的编号表示一项工作。

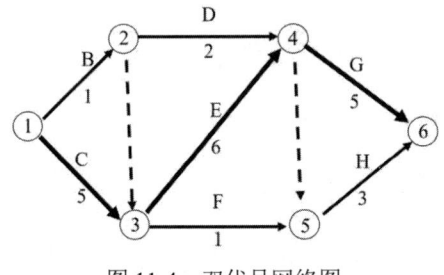

图 11-4　双代号网络图

单代号网络图（图 11-5）又称节点式网络图，节点及其编号表示工作，以箭线表示工作之间的逻辑关系。

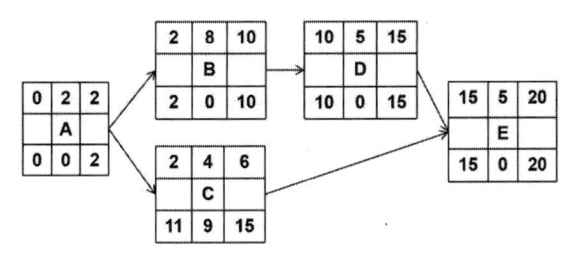

图 11-5　单代号网络图

11.4　监理进度控制工作

【基础知识点】

1. 监理进度控制程序

监理进度控制的基本程序如图 11-6 所示。

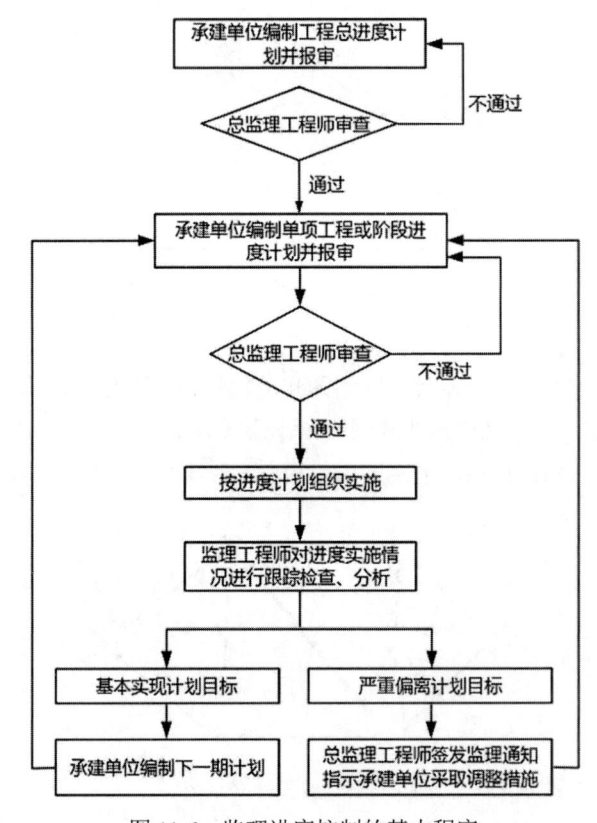

图 11-6　监理进度控制的基本程序

2. 审查进度计划

（1）承建单位应根据承建合同的约定，按时编制项目<u>总体</u>进度计划、<u>单项工程进度计划</u>或<u>阶段进度计划</u>，并报监理单位审查。

（2）监理工程师应根据本项目的具体条件，全面分析承建单位编制的进度计划的合理性、可行性。

（3）监理工程师应审查进度计划的关键路径，并进行分析。

（4）对单项工程或阶段进度计划，应分析承建单位在主要项目<u>人员能力</u>等方面的配套安排。

（5）有<u>重要的修改意见</u>应要求承建单位重新申报。

（6）进度计划由总监理工程师签署意见批准后实施，并报送业主单位。

3. 监控进度计划

（1）在实施计划过程中，监理工程师应对承建单位实际进度情况进行跟踪监督，并对实际情况进行记录。

（2）监理工程师应根据检查结果对项目的进度进行分析和评价。

（3）如果发现偏离，应及时报告总监理工程师，并由总监理工程师签发监理通知单，要求承建单位及时采取措施，实现计划进度的安排。

（4）督促承建单位定期报告项目实际进展情况。

4. 调整进度计划

（1）发现进度严重偏离计划时，总监理工程师应及时签发监理通知单，并组织监理工程师分析原因、研究措施。

（2）召开各方协调会议，研究应采取的措施，保证合同约定目标的实现。

（3）必须延长工期时，承建单位应申请项目延期，报监理单位审查。

5. 进度计划的调整过程

进度计划的调整过程是进度监控过程的后续工作过程，如图11-7所示。

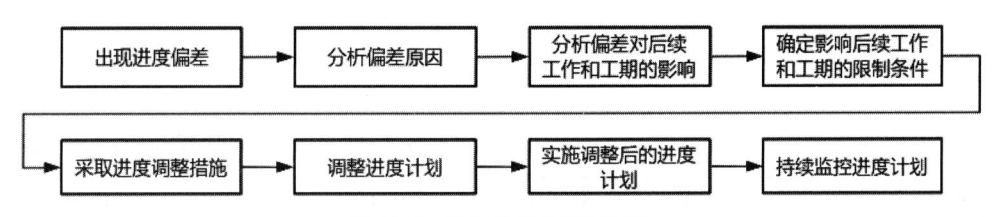

出现进度偏差 → 分析偏差原因 → 分析偏差对后续工作和工期的影响 → 确定影响后续工作和工期的限制条件 → 采取进度调整措施 → 调整进度计划 → 实施调整后的进度计划 → 持续监控进度计划

图11-7 进度计划的调整过程

6. 进度计划的调整方法

（1）改变某些工作间的逻辑关系。

（2）缩短某些工作的持续时间。

（3）申请工程变更，延长工期。

7. 项目延期处理程序

（1）监理单位应根据项目情况确认其合理性，并与业主单位、承建单位协商确认后，由总监理工程师对项目延期申请予以签认。

（2）项目延期影响总体进度计划时，监理单位应要求承建单位修改总体进度计划，经三方签认后，编写项目进度备忘录。

（3）监理单位应组织审查进度纠偏措施的合理性及可行性，如果发现问题，出具监理意见并跟踪整改。

（4）当发生由于延期造成的索赔时，总监理工程师应综合考虑项目延期和费用索赔的关系，做出费用索赔和项目延期的建议。

8. 监理进度控制方法

（1）坚持采用动态管理和主动预控的方法进行控制。

（2）采用实际值与计划值进行比较的方法进行检查和评价。

（3）充分运用行政的方法进行进度控制。

（4）发挥经济杠杆的作用，采用经济手段对项目进度加以影响和制约。

（5）利用管理技术的方法进行控制。

9. 进度控制的措施

（1）组织措施。建立进度控制目标体系；落实监理单位进度控制的人员组成、具体控制任务和管理职责分工；建立进度报告制度及进度信息沟通协调机制；建立进度计划审核制度和进度计划实施中的检查分析制度；建立方案审查、工程变更管理制度。

（2）技术措施。审核项目进度计划；编制进度控制工作细则；采用进度控制技术及其他科学适用的进度控制方法；确定合理的工作定额，进行进度预测分析和进度统计。

（3）经济措施。及时办理工程预付款及工程进度款支付手续；对必须的应急赶工给予优厚的赶工费用；对合理的工期提前给予奖励；对工程延误收取误期损失赔偿金。

（4）合同措施。加强合同管理、风险管理、索赔管理；严格控制合同变更。

11.5　练习题

1. 某工程包括 A、B、C、D、E、F、G 七项工作，各工作的紧前工作、所需时间如下表所示。

工作	A	B	C	D	E	F
紧前工作	—	A	A	B	C、D	E
所需时间/天	5	4	5	3	2	1

该工程的工期应为（1）天。活动 C 总浮动时间为（2）天，活动 D 自由浮动时间为（3）天。

（1）A. 15　　　　B. 16　　　　C. 17　　　　D. 18

（2）A. 3　　　　B. 2　　　　C. 1　　　　D. 0

（3）A. 3　　　　B. 2　　　　C. 1　　　　D. 0

解析：首先根据题意绘制出该工程的网络图，如下图所示。

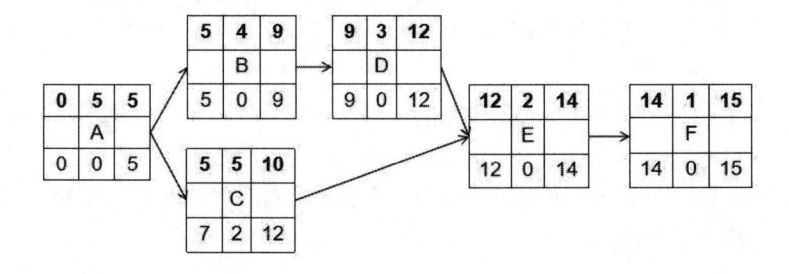

5	4	9
	B	
5	0	9

9	3	12
	D	
9	0	12

0	5	5
	A	
0	0	5

12	2	14
	E	
12	0	14

14	1	15
	F	
14	0	15

5	5	10
	C	
7	2	12

由上图可知，该工程的关键路径为 A→B→D→E→F，总工期为 15 天。活动 C 的总浮动时间为 2 天，因活动 D 在关键路径上，故活动 D 自由浮动时间为 0 天。

答案：A B D

2．对进度控制意义的描述错误的是（　　）。

A．有利于尽快发挥投资效益　　　　B．有利于维持良好的管理秩序
C．有利于提高企业整体水平　　　　D．有利于降低信息系统工程项目的投资风险

解析：进度控制的意义：有利于尽快发挥投资效益；有利于维持良好的管理秩序；有利于提高企业经济效益；有利于降低信息系统工程项目的投资风险。

答案：C

3．发现进度严重偏离计划时，总监理工程师应及时签发监理通知单，并组织监理工程师分析原因、研究措施，必须延长工期时，（　　）应申请项目延期。

A．监理单位　　　B．承建单位　　　C．建设单位　　　D．设计单位

解析：必须延长工期时，承建单位应申请项目延期，报监理单位审查。

答案：B

4．建立进度报告制度及进度信息沟通协调机制属于进度控制的（　　）。

A．组织措施　　　B．技术措施　　　C．经济措施　　　D．合同措施

解析：组织措施内容有：建立进度控制目标体系；落实监理单位进度控制的人员组成、具体控制任务和管理职责分工；建立进度报告制度及进度信息沟通协调机制；建立进度计划审核制度和进度计划实施中的检查分析制度；建立方案审查、工程变更管理制度。

答案：A

5．监理工程师检查项目的进度网络图时，发现某路径用虚线表示，则该路径属于（　　）。

A．临时工作　　　B．次要工作　　　C．虚拟工作　　　D．重要工作

解析：虚拟工作是指只表示工作之间相互依存、相互制约、相互衔接的关系，但不需要人力、物力、空间和时间的虚设的活动，用虚线来表示。

答案：C

6．根据进度控制的步骤 PDCA，其中"C"是指（　　）。

A．计划　　　　B．实施　　　　C．行动　　　　D．检查

解析：进度控制四个步骤为计划（Plan）、执行（Do）、检查（Check）、行动（Action）。

答案：D

第 12 小时 投资控制

12.0 章节考点分析

第 12 小时主要学习投资与投资控制、投资控制过程、投资构成和投资控制方法、监理投资控制工作等内容。

根据考试大纲，本小时知识点会涉及单项选择题和案例分析题，占 6~12 分。本小时内容侧重于概念知识，根据以往全国计算机技术与软件专业技术资格（水平）考试的出题规律，概念知识考查知识点多参照教材，扩展内容较少。本小时的架构如图 12-1 所示。

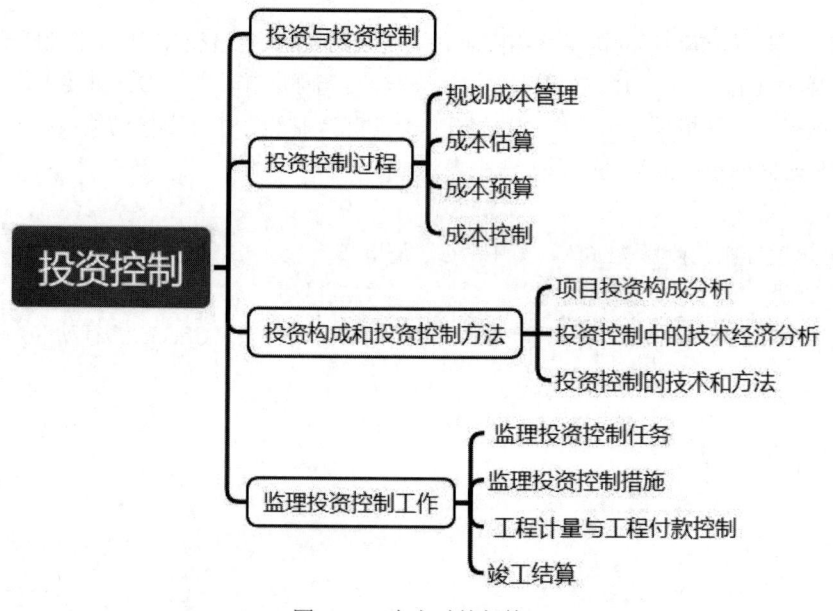

图 12-1 本小时的架构

【导读小贴士】

信息系统工程建设项目的投资控制是在批准的预算条件下确保项目保质按期完成,是对信息系统工程建设项目费用全过程、全方位、多目标的动态控制。信息系统监理师考试,很多"计算题"都来自本章,建议除了在理解基础上掌握核心知识点外,多做一些具有实际应用场景的计算习题。

12.1 投资与投资控制

【基础知识点】

项目投资主要包括对项目所需资源、设备、人力和时间的预算分配。

投资控制的原则:系统原则;投资最优化原则;全面成本控制原则;动态控制原则;目标管理原则;责、权、利相结合的原则;微观控制原则;设计监理原则。

投资控制的必要性:通过投资控制,使业主单位能够确实掌握成本,规划资金运用流程,拟定预防措施,获得预期投资效益;使项目建设成本在预定的时间及预算内达成,将使业主单位减少不必要的成本支出及银行贷款利息等负担,使承建单位的项目投入资源的利用率提高,获得较好的经济效益。

12.2 投资控制过程

【基础知识点】

投资控制过程体现为成本控制过程,包括规划成本管理、成本估算、成本预算和成本控制。

1. 规划成本管理

规划成本管理是确定如何估算、预算、管理、监督和控制项目成本的过程,并形成成本管理计划,在整个项目期间为管理项目成本提供指南和方向。

规划成本管理依据包括项目章程、进度管理计划、风险管理计划、组织相关的成本控制程序。

成本管理计划中主要应包括:成本管理过程及其工具与技术;计量单位;准确度;精确度;与工作分解结构(WBS)匹配的成本分配;控制临界值;绩效测量规则;报告格式;其他细节。

2. 成本估算

成本估算的主要注意事项包括:成本估算应该与工作质量的结果相联系;成本估算过程中,应该考虑各种形式的费用交换。

成本估算的依据包括:成本管理计划;质量管理计划;范围基准(包括项目范围说明书、WBS和 WBS 词典);经验教训登记册;项目进度计划;资源需求;风险登记册;影响成本估算过程的市场条件、发布的商业信息、通货膨胀等;影响成本估算过程的组织内部的成本估算政策、成本估算模板、历史信息和经验教训知识库等。

111

成本估算常用方法有类比估算、参数估算、自下而上估算、三点估算、数据分析等。

类比估算使用以往类似项目的实际数据作为估计现在项目的基础。类比估算是专家判断的一种形式，花费较少，但精确性也较差。

参数估算利用历史数据之间的统计关系和其他变量，把项目的一些特征作为参数，通过建立一个数学模型来进行项目工作的成本估算。

自下而上估算是首先估计各个独立工作的费用，对单个工作包或活动的成本进行最具体、细致的估算，然后再汇总，从下往上估计出整个项目的总费用。自下而上估算的成本和准确性取决于单个工作项的大小和预算人员的经验。

三点估算法包括基于假设条件为三角分布的三点估算和基于假设条件为贝塔分布的三点估算。

基于三角分布的估算公式：预期成本=（乐观时间+正常时间+悲观时间）/3。

基于贝塔分布的估算公式：预期成本=（乐观时间+4×正常时间+悲观时间）/6。

数据分析又分为备选方案分析、储备分析法、质量成本分析。备选方案分析是一种对已识别的可选方案进行评估的技术，用来决定选择哪种方案或使用何种方法来执行项目工作。储备分析是为了应对成本的不确定性而在估算中包含的应急储备，应急储备是包含在成本基准内的一部分预算，用来应对已识别的风险；用来应对那些会影响项目的"已知—未知"风险。质量成本是指在估算时可能要用到的关于质量成本的各种假设，这包括对以下情况进行评估：是为达到要求而增加投入，还是承担不符合要求而造成的成本；是寻求短期成本降低，还是承担信息系统生命周期后期频繁出现问题的后果。

成本预算的类型：①量级预算——提供了信息系统工程建设成本控制的一个粗略概念；②预算估算——被用来将资金划入一个组织的预算；③最终预算——提供精确的项目成本预算，常用于许多项目采购决策的制定。

3. 成本预算

（1）成本预算的常用技术：①成本汇总——汇总所有单个活动或工作包的估算成本，最终得出整个项目的总成本，建立一个经批准的成本基准的过程；②储备分析——管理储备用来应对项目范围中不可预见的工作，应对会影响项目的"未知—未知"风险，管理储备不包括在成本基准中，但属于项目总预算和资金需求的一部分，动用管理储备资助不可预见的工作时，就要把动用的管理储备增加到成本基准中，从而导致成本基准变更；③历史信息审核——审核历史信息有助于进行类比估算或参数估算；④资金限制平衡——根据对项目资金的限制来平衡资金支出；⑤融资——为项目获取资金。

（2）成本基准和项目资金需求。

成本基准：经过批准的、按时间段分配的项目预算，不包括任何管理储备，只有通过正式的变更控制程序才能变更，用作与实际结果进行比较的依据。项目预算=成本基准+管理储备。项目预算和成本基准的各个组成部分如图12-2所示。

项目资金需求：根据成本基准，确定总资金需求和阶段性（如季度或年度）资金需求。成本基准中包括预计支出及预计债务。

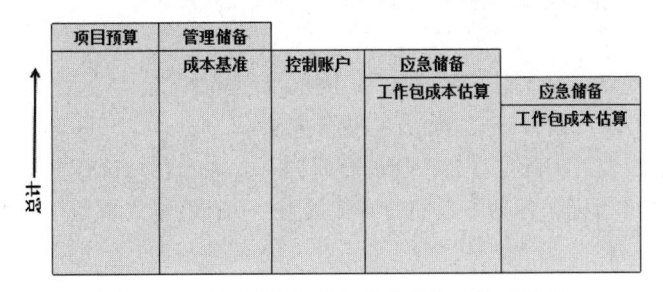

图 12-2　项目预算和成本基准的各个组成部分

4. 成本控制

预算审核的方法包括：①全面审核法；②重点审核法；③经验审核法；④分解对比审核法。

项目的成本控制的主要工作包括：①对造成成本基准变更的因素施加影响；②确保所有变更请求都得到及时处理；③当变更实际发生时，管理这些变更；④确保成本支出不超过批准的资金限额，既不超出按时段、按 WBS 活动分配的限额，也不超出项目总限额；⑤监督成本绩效，找出并分析与成本基准间的偏差；⑥对照资金支出，监督工作绩效；⑦防止在成本或资源使用报告中出现未经批准的变更；⑧向相关方报告所有经批准的变更及其相关成本；⑨设法把预期的成本超支控制在可接受的范围内。

12.3　投资构成和投资控制方法

【基础知识点】

1. 投资构成

信息系统工程总费用由工程建设费用、工程建设其他费用、预备费、建设期利息构成。各项费用的构成如图 12-3 所示。

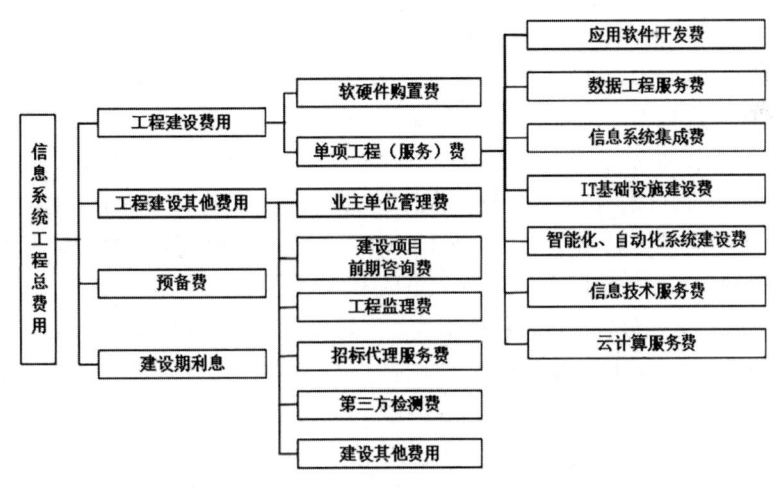

图 12-3　信息系统工程总费用构成

2. 技术经济分析

技术经济分析的特点：综合性、系统性、实用性、数据化。

技术经济分析的方法：调查研究方法和理论研究法。

技术经济分析的步骤：①确定目标；②调查研究；③拟定各种可行方案；④方案评价；⑤建立各种技术方案的经济指标和各种参数间的函数关系；⑥计算与求解数学模型；⑦技术方案的综合评价。

（1）适用于单方案的经济效益评价方法。

成本回收期法：本方法又分为静态成本回收期法和动态成本回收期法。静态成本回收期是指以工程项目的净收益补偿全部成本所需要的时间，通常情况下，成本回收期愈短愈好。动态成本回收期是指给定基准收益率 i，用项目方案的净现金收入求出偿还全部成本的时间。

等效年值法：等效年值法就是工程项目的所有现金流量都化为其等值的年金，用以评价方案经济效益的经济分析方法。等效年值是指把工程项目在寿命期内的所有收入和支出，按基准收益率折算成与其等值的各年年末的等效年金。

净现值法：净现值（Net Present Value，NPV）法是根据方案的净现值大小来评定方案经济效果的一种方法，本方法按基准收益率或设定的折现率将各年的净现金流量折现到基准年的现值之和，如果 NPV>0，表示技术方案本身的收益不仅可以达到基准收益率的水平，而且还有盈余；如果 NPV=0，表示方案的收益率正好等于基准收益率。在上述两种情况下，方案均可取，如果 NPV<0，则表示方案的收益率达不到基准收益率水平，应被舍弃。

内部收益率法：内部收益率和净现值有密切关系，对一个技术方案来说，其净现值的大小与所选用的折现率有关。折现率愈小，净现值愈大；折现率愈高，则净现值就愈小。

（2）适用于多方案的经济分析方法。同一个项目，在技术可行性和经济可行的前提下，可能会有多个不同方案，这时可通过经济分析来选出最佳方案。主要的经济分析法有不考虑时间价值的追加成本回收期与计算费用法和考虑时间价值的年成本法、净现值法、内部收益率法。

3. 投资控制的技术和方法

（1）挣值分析（EVA）。将实际进度和成本绩效与绩效测量基准进行比较。计划价值（PV）是为计划工作分配的经批准的预算，不包括管理储备，PV 的总和被称为绩效测量基准（PMB），项目的总计划价值又被称为完工预算（BAC）；挣值（EV）是对已完成工作的测量值，用该工作的批准预算来表示，是已完成工作的经批准的预算，EV 的计算应该与 PMB 相对应，且所得的 EV 值不得大于相应工作的 PV 总预算；实际成本（AC）是在给定时段内，执行某工作而实际发生的成本，是为完成与 EV 相对应的工作而发生的总成本。

（2）偏差分析。偏差分析用以解释成本偏差、进度偏差的原因、影响和纠正措施。

进度偏差（SV）是测量进度绩效的一种指标，表示为挣值与计划价值之差。它是指在某个给定的时点，项目提前或落后的进度。公式：SV=EV-PV。SV>0，进度超前；SV<0，进度滞后。当项目完工时，全部的计划价值都将实现（即成为挣值），进度偏差最终将等于零。

成本偏差（CV）是在某个给定时点的预算亏空或盈余量，表示为挣值与实际成本之差。公式：

CV=EV−AC。CV>0，成本节约；CV<0，成本超支。CV 为负值一般都是不可挽回的。

进度绩效指数（SPI）是测量进度效率的一种指标，表示为挣值与计划价值之比，它反映了项目团队利用时间的效率。SPI 等于 EV 与 PV 的比值。公式：SPI=EV/PV。SPI>1，进度超前；SPI<1，进度滞后。

成本绩效指数（CPI）是测量预算资源的成本效率的一种指标，表示为挣值与实际成本之比。公式：CPI=EV/AC。CPI>1，成本节约；CPI<1，成本超支。

（3）趋势分析。趋势分析旨在审查项目绩效随时间的变化情况，以判断绩效是正在改善还是正在恶化。

（4）ABC 分析法（帕累托图）。其基本原理是抓住关键的少数可以解决问题的大部分，也称费用比重分析法、不均匀分布定律法。

12.4　监理投资控制工作

【基础知识点】

1. 监理投资控制的任务

（1）参与项目总投资目标的分析、论证、审核（在可行性研究的基础上，再做详细的分析、论证）。

（2）对项目总投资切块、分解规划结果进行审核、确认、监督和提出实施建议。

（3）审核承建单位编制的项目实施各阶段、各季度、各年等阶段性资金使用计划，并控制其执行，必要时对上述计划提出调整建议。

（4）审核工程成本估算、预算、标底等。

（5）在项目实施过程中，按阶段（例如月、季）进行投资计划值与实际值的比较，经常或定期向业主单位提交投资控制及其存在问题的报告。

（6）对设计、实施、开发方法、器材和设备等多个方面进行必要的技术经济比较，提出有效的建议，从而挖掘节约投资、提高项目经济效益的潜力。

（7）定期比较投资计划值与实际值，当实际值偏离计划值时，分析偏差原因，采取纠偏措施。

（8）审核招投标文件和合同文件中有关投资的条款。

（9）审核阶段性工作报告和付款申请。

（10）计算、审核各项索赔金额。

2. 监理投资控制措施

（1）组织措施：①在项目监理机构中落实投资控制人员、任务分工和职能责任；②编制各阶段投资控制计划和详细的工作流程。

（2）技术措施：①监督承建单位制订先进的、经济合理的技术实施方案，以达到缩短工期、提高质量、降低成本的目的；②对设计变更进行技术经济比较，严格控制设计变更；③持续寻找通过设计挖潜节约投资的可能性；④审核承建单位编制的实施组织设计，对主要实施方案进行技术经济分析；⑤严把质量关，可以减少返工现象、缩短验收时间、节省费用开支。

（3）经济措施：①人工费控制；②设备、软件及开发、实施费控制管理；③间接费及其他直接费控制。

（4）合同措施：合理利用合同的约束力进行投资控制。

3. 信息工程价款的结算及付款控制的常用方法

（1）按工程标志性任务完成结算。

（2）按旬（或半月）预支，按月结算。

（3）按月（或分次）预支，完工后一次结算。

（4）按工程进度预支，完工后一次结算。

4. 工程款支付流程

（1）承建单位向监理工程师提交工程阶段性报告。

（2）监理工程师审查工程阶段性报告，对承建单位的申报进行核实签认。

（3）承建单位根据监理单位核定的情况，按承建合同的规定计算工程款，提交付款申请，报监理工程师审核。

（4）监理工程师依据合同有关规定进行审核，确认应支付的工程进度款、设计变更及洽商款、索赔款等。

（5）监理工程师审核后，总监理工程师签发工程款支付意见，报业主单位签认。

5. 竣工结算的意义

（1）可以正确分析成本效果。

（2）可以分析工程建设计划和设计预算实际执行情况。

（3）可以分析总结项目成本使用中的经验和教训。

（4）为修订预算定额提供依据资料。

6. 竣工结算的编制与结算报表

大、中型项目的竣工结算报表一般包括：竣工工程概况表、竣工财务结算表、交付使用财产总表和明细表、结余设备明细表和应收应付款明细表等。

7. 竣工结算的审核

审核分析工程竣工结算是监理工程师对项目成本控制工作的一项重要内容。在深入实际、弄清情况、掌握数据的基础上，以国家政策、设计文件、建设预算、项目建设成本计划为依据，重点审核分析以下内容：审核项目成本计划的执行情况；审核项目的各项费用支出是否合理；审核报废损失和核销损失的真实性；审核各项账目、统计资料是否准确完整；审核项目竣工说明书是否全面系统。

12.5 练习题

1. 在信息系统工程成本估算的工具和方法中，（　　）是专家判断的一种形式。

　　A．参数估算　　　B．类比估算　　　C．三点估算法　　　D．自下而上估算

解析：类比估算使用以往类似项目的实际数据作为估计现在项目的基础。类比估算是专家判断的一种形式，花费较少，但精确性也较差。

答案：B

2．信息系统工程总费用构成中的工程监理费属于（   ）。
  A．工程建设其他费用   B．业主单位管理费
  C．单项工程（服务）费   D．工程建设费用

解析：信息系统工程总费用构成中工程监理费属于工程建设其他费用。

答案：A

3．某拟建项目财务净现金流如下表所示，进行该项目财务评价时，可得出（   ）的结论。

年	1	2	3	4	5	6	7	8	9	10
净现金流量/万元	-1600	-1300	300	500	700	700	700	700	700	900

  A．净现值大于零，项目不可行   B．净现值大于零，项目可行
  C．净现值小于零，项目可行   D．净现值等于零，项目不可行

解析：净现值（NPV）=-1600+(-1300)+300+500+700+700+700+700+00+900=1600。
净现值指标是反映项目投资获利能力的指标。决策标准如下：
如果 NPV>0，表示技术方案本身的收益不仅可以达到基准收益率的水平，而且还有盈余。
如果 NPV=0，表示方案的收益率正好等于基准收益率。在上述两种情况下，方案均可取。
如果 NPV<0，表示方案的收益率达不到基准收益率水平，应被舍弃。

答案：B

4．（   ）不属于项目成本估算中常用的工具和方法。
  A．类比估算   B．参数估算
  C．自下而上估算   D．关键路径法

解析：关键路径法是进度控制中常用的工具和方法。

答案：D

5．投资控制是工程项目管理的三个重要目标之一，当 SV>0 而 CV<0 时，表示项目的（   ）。
  A．进度超前，费用节余   B．进度超前，费用超支
  C．进度滞后，费用节余   D．进度滞后，费用超支

解析：SV>0，进度超前；SV<0，进度滞后。CV>0，成本节约；CV<0，成本超支。

答案：B

6．信息系统工程项目进行投资控制时，应遵守的原则包括系统原则、（   ）、设计监理原则。
  A．投资最优化原则、静态控制原则
  B．目标管理原则、局部成本控制原则
  C．目标管理原则、投资最优化原则
  D．责、权、利相分离的原则、微观控制原则

解析：投资控制原则：系统原则；投资最优化原则；全面成本控制原则；动态控制原则；目标管理原则；责、权、利相结合的原则；微观控制原则；设计监理原则。

答案：C

7. 审核分析工程竣工结算是监理工程师对项目成本控制工作的一项重要内容，以下（　　）是工程竣工结算审核的内容。

①项目竣工说明书是否全面系统　　②报废损失和核销损失的真实性
③项目的各项费用是否超出预算　　④项目成本计划的执行情况
⑤各项账目、统计资料是否准确完整

  A．①②③⑤　　　B．②③④⑤　　　C．①②④⑤　　　D．①②③④

解析：信息系统工程竣工结算的审核内容：审核项目成本计划的执行情况；审核项目的各项费用支出是否合理；审核报废损失和核销损失的真实性；审核各项账目、统计资料是否准确完整；审核项目竣工说明书是否全面系统。

答案：C

第13小时 合同管理

13.0 章节考点分析

第 13 小时主要学习信息系统工程合同的内容及分类、信息系统工程合同管理的内容与基本原则、合同索赔的处理、合同争议的处理、合同违约的管理、知识产权保护等内容。

根据考试大纲，本小时知识点会涉及单项选择题和案例分析题，占 6~12 分。本小时内容侧重于概念知识，根据以往全国计算机技术与软件专业技术资格（水平）考试的出题规律，概念知识考查知识点多参照教材，扩展内容较少。**本小时的架构如图 13-1 所示。**

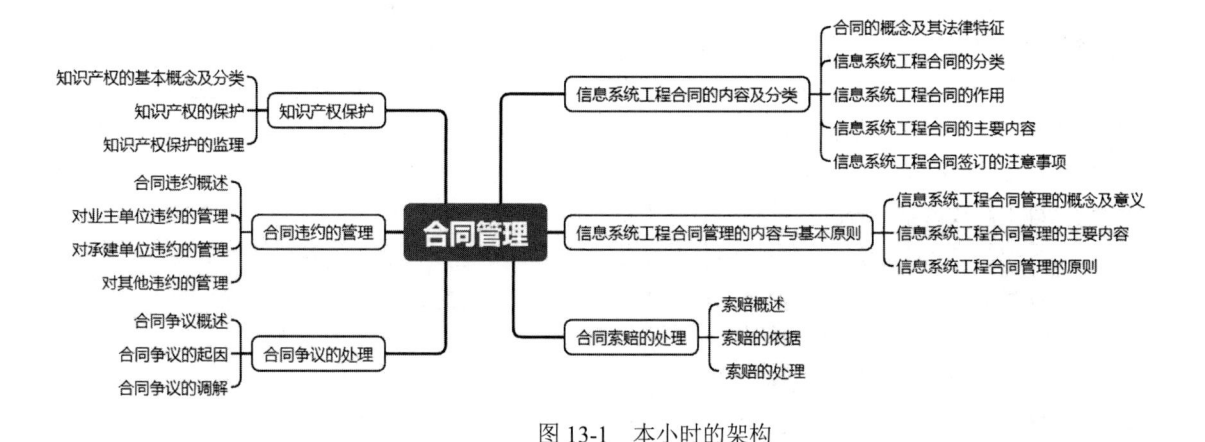

图 13-1 本小时的架构

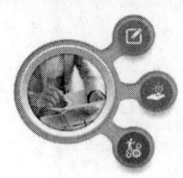

【导读小贴士】

合同管理是信息系统工程建设得到有效履行的重要保证,是监理工作的主要依据之一,贯穿于监理活动的始终。既然这么重要,合同管理的哪些内容是我们需要关注的重要方面呢?这里我们可以简单总结为两个字——异常。诸如索赔、争议、违约、知识产权纠纷部分的内容,是合同管理和监理关注的重点。

13.1 信息系统工程合同的内容及分类

【基础知识点】

1. 合同的概念

广义的合同泛指<u>一切确立权利义务关系的协议</u>。狭义的合同仅指<u>民法上的合同</u>,即当事人双方或数方设立、变更或终止相互民事权利义务关系的合同。

《中华人民共和国民法典》(简称"民法典")规定合同是民事主体之间设立、变更、终止民事法律关系的协议;依法成立的合同,受法律保护;依法成立的合同,仅对当事人具有法律约束力,但是法律另有规定的除外。

2. 合同具有的主要法律特征

合同是当事人之间在自愿基础上达成的协议,是双方或多方的民事法律行为。合同当事人的法律地位平等。合同以设立、变更、终止民事<u>权利义务关系</u>为目的。

3. 合同分类

按照信息系统工程范围,可分为<u>总承包</u>合同、<u>单项承包</u>合同、<u>分包</u>合同。

按照项目付款方式,可分为<u>总价</u>合同、<u>单价</u>合同、<u>成本加酬金</u>合同。

总承包合同与单项承包合同都是直接承包合同。签订直接承包合同时应注意的禁止性规定:①直接承包合同签订总承包合同还是签订单项承包合同,可以<u>由业主单位</u>根据情况<u>自行确定</u>,但无论采取哪种形式,都不得签订支解承包合同;②民法典规定,发包人不得将应当由一个承包人完成的建设工程支解成若干部分发包给数个承包人。

关于分包的禁止性规定:①禁止转包;②禁止承包人将工程分包给不具备相应资质条件的单位;③禁止将项目分包给不具备相应资质条件的单位;④禁止再分包;⑤禁止分包主体结构。

4. 信息系统工程合同的作用

信息系统工程合同的作用主要有:确定工程主要目标和活动依据(目标包括信息系统工程工期、质量、价格);规定签约双方权利和义务;确立监理工作依据。

5. 信息系统工程的特点

信息系统工程的特点主要有:通常投资<u>额度较大</u>、<u>工期短</u>;<u>技术应用<u>不可预见</u>成分多,风险管控难度较大；<u>技术含量高</u>，属于智力、知识密集型产业；处于发展中的高科技领域，<u>高新技术发展迅速</u>；就技术的继承程度而言，<u>创新成分多</u>，新开发的工作量大；<u>工程类型广泛</u>，涉及国民经济的各行各业；需要多种技术领域的<u>综合与交叉</u>应用；用户<u>需求易随形势发展而急速变化</u>，甚至有许多要求超过新技术的发展。

6. 信息系统工程合同的内容

信息系统工程合同一般应包含的主要内容：业主单位与承建单位的权利与义务；业主单位提交有关基础资料的期限；项目的质量要求和验收标准；承建单位提交各阶段项目成果的期限；项目费用和项目款的交付方式；知识产权归属；项目变更的约定；双方其他的协作条件；违约责任；争议处理及方式（协商、仲裁、诉讼）。

7. 信息系统工程合同签订的注意事项

信息系统工程合同签订时应注意的事项：质量验收标准；验收时间；技术支持服务；损害赔偿；保密约定；软件的合法性；技术标准及工程依据；合同附件；签约资格；法律公证。

13.2 信息系统工程合同管理的内容与基本原则

【基础知识点】

1. 信息系统工程合同管理的主要内容

合同管理的主要内容分三部分：合同的签订管理；合同的履行管理；合同的档案管理。

合同管理中的主要工作包括：①拟定信息系统工程的合同管理制度，其中应包括合同的拟定、会签、协商、修改、审批、签署、保管等工作制度及流程；②协助业主单位拟定信息系统工程合同的各类条款，参与业主单位和承建单位的谈判活动；③及时分析合同的执行情况，并进行跟踪管理；④协调业主单位与承建单位有关索赔及合同纠纷的事宜。

（1）合同的签订管理。合同签订管理是指监理方协助建设方，对建设方与承建方及供应商等各方之间所签订的合同进行分析、谈判、协商、拟定、签署等。

（2）合同履行管理。合同履行管理是指监理方对合同各方履行合同所约定的质量、成本、工期、争议解决及索赔处理条款所进行的管理工作。

合同履行管理的依据是合同分析；合同履行管理的方式是合同控制；合同履行管理的保证是合同监督；合同履行管理的重点是索赔管理。

（3）合同的档案管理。合同的档案管理即对合同文件的管理，它是合同管理的基础。

合同档案主要包括：①甲方负责的软硬件的到位时间、数量、规格、质量等情况记录；②甲方提供的施工所需的技术资料、图纸、相关数据；③如果有质量事故，则需有相关的鉴定书及处理记录；④综合布线或网络系统集成中隐蔽工程的检查及验收记录；⑤提前竣工收益分配协议；⑥中间环节验收文件；⑦质量及结算资料数据；⑧三方会谈纪要。

合同档案管理的方法主要包括：①建立监理工作的合同档案管理体系（即监理单位应建立系统的、专门的从事档案管理的组织结构）；②制定监理工作的合同档案管理制度（即建制度，如审批制度、印章管理制度、合同的统计考察制度、合同的信息管理制度）；③监理工程师必须掌握合同管理的知识（即管理人员要专业）；④合同档案管理的具体工作（即需要通过具体工作来落实，如档案的收集整理统计保管，库存的盘点，档案留存与销毁的鉴定，编制档案销毁目录，编制移交与寄存档案目录等）。

2. 信息系统工程合同管理的基本原则

合同管理的基本原则：事前预控；实时纠偏；充分协商；公正处理。

13.3 合同索赔的处理

【基础知识点】

1. 索赔概述

索赔是指在合同履行过程中，对于并非自己的过错，而是应由对方或双方承担责任的情况造成的实际损失向对方提出经济补偿和（或）时间补偿的要求。

索赔的性质属于经济补偿行为，而不是惩罚，索赔属于正确履行合同的正当权利要求。

2. 索赔的作用

索赔是合同管理的重要环节，有利于业主单位、承建单位双方自身素质和管理水平的提高，是合同双方利益的体现，是挽回损失的重要手段。

3. 反索赔

"索赔"是双向的，建设单位和承建单位都可能提出索赔要求。

索赔：指承建单位向业主单位提出的索赔。

反索赔：指业主单位向承建单位提出的索赔，其作用：一是可能减少或防止潜在的索赔；二是可能制衡承建方的索赔要求。

反索赔适用于以下几种情况：工期延误；实施有缺陷；业主单位向指定分包人支付本应由承建单位支付的分包款项；业主单位合理终止合同或承建单位不正当放弃项目的索赔。

4. 监理单位处理费用索赔的依据

主要的依据包括：①国家有关的法律、法规和信息系统工程建设项目所在地的地方性法规，如民法典等；②国家、部门和地方有关信息系统工程的标准、规范和文件；③本项目的实施合同文件，包括招投标文件、合同文本及附件等；④实施合同履行过程中与索赔事件有关的凭证，包括来往文件、签证及更改通知，各种会谈纪要，实施进度计划和实际实施进度表，实施现场项目文档，产品采购等；⑤其他相关文件，包括市场行情记录、各种会计核算资料等。

5. 索赔处理程序

索赔处理一般应遵循以下程序：①申请方应在合同规定的期限内向监理机构提交索赔申请（索赔报告）；②总监理工程师指定监理人员收集与索赔有关的资料；③总监理工程师进行索赔审查，与承建单位和业主单位协商索赔费用；④总监理工程师应在承建合同规定的期限内签发索赔审批意见，或在承建合同规定的期限内发出要求申请方提交详细资料的监理意见；⑤当申请方的索赔要求与项目延期要求相关联时，总监理工程师应综合考虑费用索赔和项目延期的关系，提出费用索赔和项目延期的建议。

6. 索赔报告格式与要求

（1）索赔报告的格式。

索赔报告一般应包含四部分内容：<u>总论部分</u>；<u>根据部分</u>；<u>计算部分</u>；<u>证据部分</u>。

总论部分一般应描述索赔事项的概述、索赔要求、索赔报告编写及审核人员名单。根据部分主要是阐述发生事件的具体情况，以及根据哪些合同条款或法律法规自己具有获得赔偿的权利。计算部分主要是描述索赔金额的计算过程。证据部分就是对上述所有声明的客观的证据材料。

（2）索赔报告编写的一般要求。索赔事件必须真实；责任分析应清楚、准确、有根据；事件所导致承建单位的实际损失要充分论证；索赔计算必须合理、正确；文字要精练、条理要清楚、语气要中肯。

7. 索赔报告的审查

监理工程师负责审核承建单位的索赔申请。在接到正式索赔报告后，监理工程师应认真研究承建单位报送的索赔资料。需要依据合同内涉及索赔原因的各条款内容，归纳出监理工程师判定承建单位索赔成立的条件。当承建单位的费用索赔要求与项目延期要求相关联时，总监理工程师在做出费用索赔的批准决定时，应与项目延期的批准联系起来，综合做出费用索赔和项目延期的决定。

8. 索赔事件处理的原则

索赔事件的处理应遵循以下原则：预防为主；必须以合同为依据；公平合理；协商；有授权；必须注意资料的积累；及时处理索赔。

13.4 合同争议的处理

【基础知识点】

1. 合同争议的概念

合同争议是指合同的<u>当事人双方</u>在签订、履行和终止合同的过程中，对所订立的合同是否成立、生效、合同成立的时间、合同内容的解释、合同的履行、合同责任的承担以及合同的变更、解除、转让等有关事项产生的纠纷。

<u>合同关系的实质是通过设定当事人的权利义务在合同当事人之间进行资源配置。</u>

2. 合同争议的特点

（1）合同争议<u>发生于</u>合同的<u>订立、履行、变更、解释</u>，以及<u>合同权利的行使过程</u>中。

（2）合同争议的<u>主体</u>双方须是合同<u>法律关系</u>的主体。

（3）合同争议的内容主要表现在<u>争议主体</u>对于导致合同法律关系产生、变更与消灭的法律事实以及法律关系的内容<u>有着不同的观点与看法</u>。

3. 合同争议的起因

（1）业主单位违约引起的合同争议。当<u>业主单位违约</u>导致合同最终解除时，监理单位应就承建单位按实施合同规定应得到的款项，与业主单位和承建单位进行协商，并应按合同的规定从下列应得的款项中确定承建单位应得到的全部款项，并书面通知业主单位和承建单位：①承建单位已完成的项目工作量表中所列的各项工作所应得的款项；②按批准的采购计划订购项目材料、设备、产品的款项；③承建单位所有人员的合理费用；④合理的利润补偿；⑤合同规定的业主单位应支付的违约金。

（2）承建单位违约引起的合同争议。由于承建单位违约导致合同终止后，监理单位应按下列程序清理承建单位的应得款项或应偿还业主单位的相关款项，并书面通知业主单位和承建单位：①合同终止时，清理承建单位按合同规定实际完成的工作应得的款项和已经支付的款项；②检查实施现场遗留的可再利用的产品材料、设备的价值（对硬件、网络而言）；③对已完成项目进行检查和验收，移交项目资料、该部分项目的清理、质量缺陷修复等所需的费用；④合同规定的承建单位应支付的违约金；⑤总监理工程师应按照合同的规定，在与业主单位和承建单位协商后，书面提交承建单位应得款项或偿还建设单位款项的证明；⑥由于不可抗力或非建设单位、承建单位的原因导致合同终止时，项目监理机构应按合同规定处理合同解除后的有关事宜。

4. 争议调解

监理单位接到合同争议调解要求后应进行的工作：①及时了解合同争议的全部情况，包括进行调查和取证；②及时与合同争议的双方进行磋商；③在项目监理单位提出调解方案后，由总监理工程师进行争议调解；④当调解未能达成一致时，总监理工程师应在实施合同规定的期限内提出处理该合同争议的意见，同时对争议做出监理决定，并将监理决定书面通知业主单位和承建单位；⑤争议事宜处理完毕，只要合同未被放弃或终止，监理工程师应要求承建单位继续精心组织实施。

5. 合同争议的两种解决方式

当调解不成时，合同双方可以合同中约定以下两种方式之一进行解决：①根据合同约定向约定的仲裁委员会申请仲裁；②向有管辖权的人民法院起诉。

13.5 合同违约的管理

【基础知识点】

1. 合同违约概述

合同违约是指合同一方或双方由于自身、第三方或者不可抗力等因素违反合同中约定的义务、法律直接规定的义务及法律原则和精神所要求的义务。

合同违约的起因一般有三种：①建设单位造成的违约；②承建单位造成的违约；③其他不可抗力的违约。

监理单位处理违约的原则：公平，公正，合理。

监理单位在处理双方违约过程中具体工作思路：①在监理过程中发现违约事件可能发生时，应及时提醒有关方面，防止或减少违约事件的发生；②受损失方可向项目监理单位提出违约事件的申诉，监理工程师对违约事件进行调查、分析，提出处理方案；③对已发生的违约事件，要以事实为根据，以合同约定为准绳，公平处理；④在与双方协商一致的基础上，评估工期及费用损失的数量，由总监理工程师签发必要的凭证（例如监理通知）；⑤处理违约事件应在认真听取各方意见、在与双方充分协商的基础上确定解决方案；⑥由违约一方提出要全部或部分终止合同要求时，监理单位应慎重处理。

2. 对业主单位的违约管理

（1）关于业主单位违约的认定。当业主单位具有以下事实时，监理单位应确认业主单位违约：①项目预付款未按时支付；②未按合同支付应付款项使得项目无法进行；③项目竣工后业主方无正当理由不支付竣工结算款项；④业主单位不履行合同义务或不按合同约定履行义务。

业主单位的两种违约责任：①违反信息系统工程合同设计部分的责任（如未提供设计资料或设计资料不准确等）；②违反信息系统工程合同实施部分的责任（如未按时提供实施场地、实施条件、设备、资金等）。

（2）监理单位应采取的措施。当由于业主单位违约导致合同解除时，监理单位应当组织业主单位与承建单位，就承建单位应得款项事宜进行协商，并按合同确定实施单位应得的款项，并通知业主单位与承建单位。上述应得款项一般包括：①承建单位已完成工作的应得款项；②由承建方按合同规定所采购并交付的设备、材料、软件等的款项；③合同中规定的合理的利润补偿；④合同中规定的违约金。

3. 对承建单位的违约管理

（1）承建单位的两种违约责任：①承建单位违约导致项目质量不符合规定，业主单位有权要求承建单位限期无偿返工、完善，由此造成逾期交工的，应偿付逾期违约金，具体逾期违约金的支付标准依照该实施合同约定或相关规定执行；②项目未按规定期限全部竣工的，也应偿付逾期违约金。

（2）监理单位应采取的措施。如果监理单位确认由于承建单位的重大违约而导致业主方部分或全部终止合同，则监理方应采取的措施包括：①指示承建单位，就其为履行合同而签订的所有协议，把其中的相关利益（如软、硬件及各种配套设施的供应服务提供等）转让给业主单位；②认真调查业主单位因此受到的直接和间接影响，然后办理并签发部分或全部终止合同的支付证明。

4. 对其他违约的管理

不可抗力事件发生后，承建单位应立即通知监理单位，在力所能及的条件下迅速采取措施，尽力减少损失，业主单位应协助承建单位采取措施。

不可抗力事件持续发生，承建单位通常应每隔7天向监理单位报告一次受害情况。通常在不可抗力事件结束后14天内，承建单位须向监理单位提交清理和修复费用的正式报告及有关资料。

因不可抗力事件导致的费用及延误的工期，通常双方按以下方法分别承担：①项目本身的损害、因项目损害导致第三方人员伤亡或财产损失以及运至实施场地用于实施的材料和待安装的设备的损害，由业主单位承担；②业主单位、承建单位人员伤亡由其所在单位负责，并承担相应费用；③承建单位设备损坏及停工损失，由承建单位承担；④停工期间，承建单位应监理单位要求留在实施场地的必要的管理人员及保卫人员的费用由发包人承担；⑤项目所需清理、修复费用，由建设单位承担；⑥延误的工期相应顺延。

13.6 知识产权保护

【基础知识点】

1. 知识产权的基本概念

知识产权指的是专利权、商标权、版权（我国称著作权）、商业秘密专有权等人们对自己创造性的智力劳动成果所享有的民事权利。保护这些民事权利的法律就是知识产权法。

我国规定的知识产权分为以下几类：作品、专利（发明、实用新型、外观设计）、商标、商业秘密等。民法典第一百二十三条中明确规定了知识产权的客体包括：作品；发明、实用新型、外观设计；商标；地理标志；商业秘密；集成电路布图设计；植物新品种；法律规定的其他客体。

2. 知识产权保护

（1）信息系统工程所涉及的知识产权保护范围：作品（主要涉及计算机软件的著作权）；专利（主要涉及发明、实用新型、外观设计）；商标；商业秘密；集成电路设计图等。

（2）知识产权保护的意义：激励创新与发展；维护竞争秩序；推动国际交流与合作。

（3）知识产权保护的方法：通过体制保护知识产权；通过制度保护知识产权。

3. 知识产权保护的监理工作

（1）树立为业主单位和承建单位维权的意识。

（2）建议业主单位制定知识产权管理制度。

（3）监督承建单位实施知识产权管理制度。

（4）实施知识产权保护的监理措施。

13.7 练习题

1. 合同管理的原则中不包括（　　）。

   A. 事前预控原则　　　　　　　　B. 实时纠偏原则

   C. 公正处理原则　　　　　　　　D. 事后追溯原则

解析：合同管理的原则包括：事前预控原则、实时纠偏原则、充分协商原则、公正处理原则。

答案：D

2. 合同管理中，履行管理的重点是（　　）。

   A. 合同分析　　　　　　　　　　B. 合同控制

   C. 合同监督　　　　　　　　　　D. 项目索赔管理

解析：合同履行管理的重点是项目索赔管理。

答案：D

3. 关于信息系统建设合同索赔的描述，不正确的（　　）。

   A. 索赔是合同管理的重要环节

B．索赔属于正确履行合同的正当权利要求

　　C．索赔的性质属于惩罚，而不是经济补偿行为

　　D．索赔是合同管理的重要环节

解析：索赔的性质属于经济补偿行为，而不是惩罚。

答案：C

4．监理工作在合同管理中的主要内容不包括（　　）。

　　A．签订管理　　　B．档案管理　　　C．履行管理　　　D．监督管理

解析：监理工作在合同管理中的主要内容包括合同的签订管理；合同的档案管理；合同的履行管理。

答案：D

5．索赔是指在合同履行过程中，对于并非自己的过错，而是应由对方或双方承担责任的情况造成的实际损失向对方提出经济补偿和(或)时间补偿的要求。关于索赔的描述，不正确的是（　　）。

　　A．合同索赔的依据是本项目的实施合同文件，包括招投标文件、合同文本及附件等

　　B．索赔是合同双方利益的体现，是合同管理的重要环节

　　C．反索赔是承建单位向建设单位提出的索赔

　　D．合同索赔的依据是国家有关的法律、法规和项目所在地的地方法规等

解析：反索赔是建设单位向承建单位提出的。

答案：C

6．监理工作的合同档案管理制度不包括（　　）。

　　A．合同的审查批准制度　　　　　　B．印章管理制度

　　C．合同的统计考察制度　　　　　　D．合同的索赔管理制度

解析：监理工作的合同档案管理制度包括合同的审查批准制度；印章管理制度；合同的统计考察制度；合同的信息管理制度。

答案：D

7．索赔事件处理的原则不包括（　　）。

　　A．预防为主原则　　　　　　　　　B．协商原则

　　C．授权的原则　　　　　　　　　　D．必须以事实为依据

解析：索赔事件处理的原则：①预防为主原则；②必须以合同为依据；③公平合理原则；④协商原则；⑤授权的原则；⑥必须注意资料的积累；⑦及时、合理地处理索赔。

答案：D

第 14 小时 信息管理

14.0 章节考点分析

第 14 小时主要学习信息管理方面的知识点，主要包括：信息系统工程的信息与信息管理、信息资料管理方法、监理相关信息分类、监理信息管理工作等内容。根据考试大纲，本小时知识点会涉及单项选择题和案例分析题，占 3~8 分。本小时内容侧重于概念知识，根据以往全国计算机技术与软件专业技术资格（水平）考试的出题规律，概念知识考查知识点多参照教材，扩展内容较少。本小时的架构如图 14-1 所示。

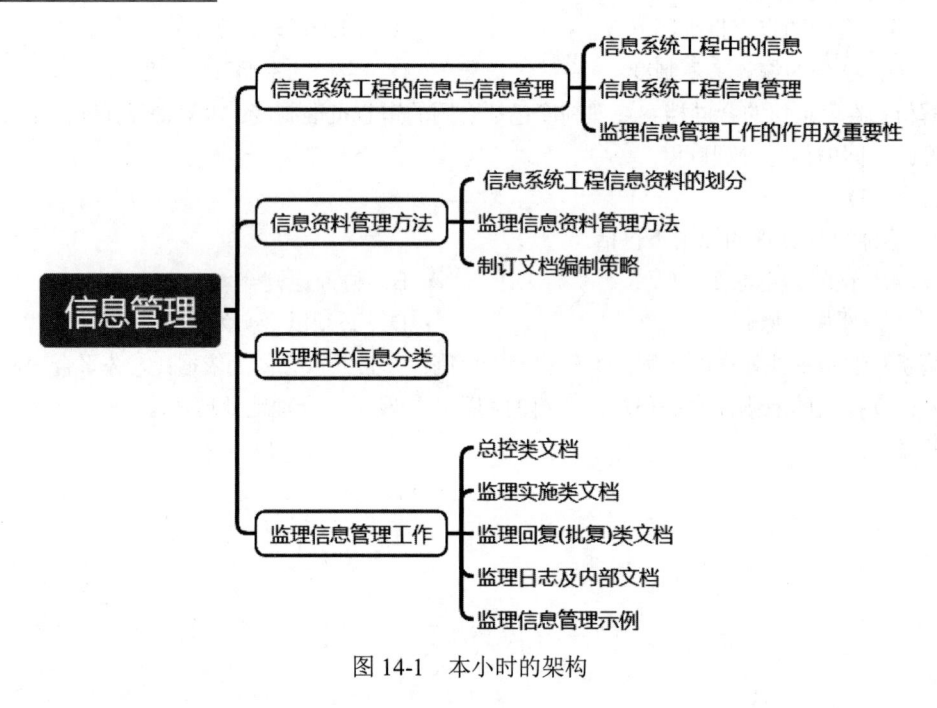

图 14-1 本小时的架构

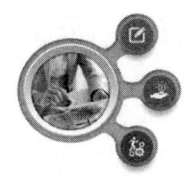

【导读小贴士】

从监理的角度看，信息系统工程中信息的主要表现载体是文档，所以这些常见文档就是我们这里讲的信息，那么信息是如何归类和管理的呢？监理内部又是如何管理自己的信息的呢？本小时将从监理角度出发，介绍信息资料管理方法、监理相关信息分类等知识点。

14.1 信息系统工程的信息与信息管理

【基础知识点】

1. 信息

（1）数据与信息的区别，见表 14-1。

表 14-1 数据与信息的区别

数据	信息
数据是无组织和未经提炼的事实	信息是在有意义的上下文中呈现的经过处理的、有组织的数据
数据是一个单独的单位，其中包含不具有任何特定含义的原材料	信息是一组共同具有逻辑意义的数据
数据不依赖于信息	信息取决于数据
仅靠原始数据不足以做出决策	信息足以做出决策

（2）数据与信息的关系。数据是信息的<u>载体</u>，信息是数据的<u>内涵</u>；只有当数据<u>经加工处理后</u>，具有确定价值而对决策产生支持时，数据才有可能成为信息。图 14-2 呈现了数据与信息的关系。

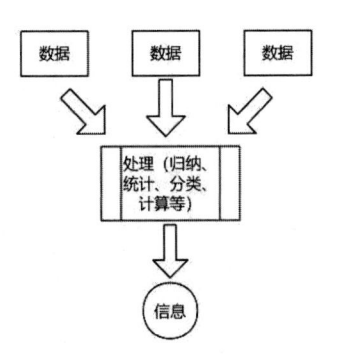

图 14-2 数据与信息的关系

（3）信息的特点。信息系统工程中的信息具有五大特点：现实性（虚假的信息没有价值）；适时性（信息的价值与时间有关）；复杂性；共用性（信息可被多个项目共有共用）；增值性（信息经过不同的分析处理可能会增值）。

2. 监理信息管理工作的作用

（1）监理单位进行信息管理的目的是促使承建单位通过有效的工程建设信息规划及其组织管理活动，使项目相关方能及时、准确地获得有关的工程建设信息，以便为项目建设全过程或各阶段提供决策所需要的可靠信息。

（2）通过对信息系统工程建设项目监理过程信息的采集、加工和处理，为监理工程师的决策提供依据，以便对工程的投资、进度、质量进行控制，同时也为确定索赔的内容、金额和反索赔提供确凿的事实依据。

3. 监理信息管理工作的重要性

（1）信息是项目监理不可缺少的资源。

（2）信息是监理工程师实施控制的基础。

（3）信息是进行项目决策的依据。

（4）信息是监理工程师协调项目相关方之间关系的纽带。

14.2　信息资料管理方法

【基础知识点】

1. 信息系统工程信息资料的划分

按工程建设信息的性质划分：引导信息和辨识信息。

按工程建设信息的用途划分：投资控制信息、进度控制信息、质量控制信息、合同管理信息、组织协调信息及其他用途的信息等。

按工程建设信息的载体划分：文字信息、语言信息、符号及图表信息、视频信息等。

按工程阶段划分：招标及准备阶段的信息、设计阶段的信息、实施阶段的信息、验收阶段的信息、运行维护阶段的信息等。

2. 监理信息资料管理方法

（1）文档管理的注意事项：文档的格式应该统一；文档版本的管理（文档版本应统一）；关于文档的存档标准（存档时间应根据国家档案管理相关规定进行统一）。

（2）归集监理信息资料时的注意事项：监理信息资料应及时整理、真实完整、分类有序；监理信息资料的管理应由总监理工程师负责，并指定专人具体实施；监理信息资料应在各阶段监理工作结束后及时整理归档；监理档案的编制及保存应按有关规定执行。

（3）建立监理档案的原则：监理单位应要求各部门认真做好监理信息资料的管理工作；工程监理档案应与工程形象进度同步建立，按类别及时整理归档，要求真实齐全、纸张统一，编有检索目录，便于查询；全面推广计算机辅助管理，实现监理信息处理的规范化，提高监理工作效率和管理水平。

（4）监理单位对文档工作的职责：建立编制、登记、出版、分发系统文档和软件文档的各种策略；把文档计划作为整个开发工作的一个组成部分；建立确定文档质量、测试质量和评审质量的各种方法的规程；为文档的各个方面确定和准备各种标准和指南；积极支持文档工作以形成在开发工作中自觉编制文档的团队风气；不断检查已建立起来的过程，以保证符合策略和各种规程，并遵守有关标准和指南。

（5）监理单位在项目实施前应决定的事项：要求哪些类型的文档；提供多少种文档；文档包含的内容；达到何种级别的质量水平；何时产生何种文档；如何保存、维护文档以及如何进行通信；如果一个项目合同是有效的，应要求文档满足所接受的标准，并规定所提供的文档类型、每种文档的质量水平以及评审和通过的规程。

3．制订文档编制策略

文档编制策略由监理单位主持制订，文档编制策略要明确，以便于理解及贯彻实施。

有效文档编制策略的基本要求：文档需要<u>覆盖整个项目生存期</u>；文档应是<u>可管理的</u>；文档应<u>适合于其读者</u>；文档效应应<u>贯穿项目的整个实施过程</u>；文档标准应<u>被标识和使用</u>；<u>应规定支持工具</u>。

14.3 监理相关信息分类

【基础知识点】

按工程建设阶段，信息系统工程监理相关信息分为招标阶段信息、设计阶段信息、实施阶段信息、验收阶段信息，见表14-2。

表14-2 项目各建设阶段及信息分类

项目建设阶段		相关信息
项目准备期	招标阶段/准备阶段	招标文件；投标文件；中标通知书；承建合同及附件；项目计划；其他
项目实施期	设计阶段	需求规格说明书/功能界定书；概要设计说明书；详细设计说明书；数据库设计说明书；测试计划；验收计划；其他
	实施阶段	各单位质量作业记录；设备到货验收记录；设备安装记录；软件开发记录；软件测试记录；系统错误记录；其他
项目竣工期	验收阶段	测试报告；验收报告；工程竣工总结报告；其他

14.4 监理信息管理工作

【基础知识点】

1．总控类文档

相关方的承建合同、设计方案、技术方案、项目组织实施方案、项目进度计划、质量保证计划、采购计划、监理大纲、监理规划及监理实施细则等文档都属于总控类文档。其他文档一般都是从总控类文档派生出来的。

2. 监理实施类文档

工程变更监理文档、工程进度监理文档、工程质量监理文档、监理报告（监理日报、监理周报、监理月报、专题报告、工程验收监理报告、监理总结报告）等都属于监理实施类文档。

3. 监理回复（批复）类文档

总体监理意见、工程监理意见、培训监理意见、专题监理意见、其他监理意见、提交资料回复单等都属于监理回复（批复）类文档。

4. 监理日志及内部文档

监理工作日志主要记录现场监理工作情况，内部文档是监理单位为开展工作在监理单位内部发行的各种文件。

5. 监理信息管理

监理信息管理就是监理单位对上述各类文档的管理，主要工作是对上述各类文档提出具体要求，如文件说明，文件应包含的具体内容等。

需要注意的是，软件文档编制后往往不是一成不变的，需要根据项目的推进情况进行调整、细化和完善；在文档编制工作中允许一定的灵活性。

6. 信息系统工程文档编制计划的主要内容

（1）应该编制哪几种文档，详细程度如何。

（2）各文档的编制负责人和进度要求。

（3）审查、批准的负责人和时间进度安排。

（4）在开发周期内，各文档的维护修改和管理的负责人，以及批准手续。

7. 信息系统工程文档的质量控制

信息系统工程文档根据工程阶段的不同具有不同的质量控制要点和质量控制手段，对应不同的验收方式，见表14-3。

表14-3　信息应用系统文档的质量控制

阶段	质量控制要点	质量控制手段	验收方式
需求分析	调研提纲，包括调研的对象、内容、程序和时间。 需求分析报告，包括业务流程图、数据流程图、软件规格说明书和初步用户手册。 软件规格说明书，包括系统目标、软件功能描述、软件性能和软件安全需求说明、软件规则描述和关键数据项的编码标准	业主单位确认、技术评审	业主单位签字、评审意见
系统设计	系统详细设计报告，包括数据字典、功能模块划分、功能模块说明、模块接口说明、与现行系统接口说明、界面设计、编程规范、测试标准	技术评审	评审意见

续表

阶段	质量控制要点	质量控制手段	验收方式
程序编写	编程的时间控制 编程计划	进度报告、技术评审	监理意见、评审意见
系统测试	培训安排、培训教材、培训考核 测试模型 测试用例	技术评审	评审意见
系统试运行	出现问题的修改	汇总问题清单	程序修改确认
系统验收	竣工文件 验收报告	参加验收工作	监理意见

8. 按监理角度分类

信息系统工程监理相关信息按照监理角度可以划分为以下几种：

（1）总控类文档。

（2）监理实施类文档。

（3）监理回复（批复）类文档。

（4）监理日志及内部文档。

14.5 练习题

1. 在信息工程中，监理单位工作过程中会形成很多类文档，其中（   ）不是实施类文档。

  A．监理月报   B．工程质量监理文档

  C．采购计划   D．工程变更监理文档

解析：监理实施类文档包括工程变更监理文档、工程进度监理文档、工程质量监理文档、监理报告（监理日报、监理周报、监理月报、专题报告、工程验收监理报告、监理总结报告）等。

答案：C

2. 关于数据与信息的描述，错误的是（   ）。

  A．数据是无组织和未经提炼的事实   B．信息是一组共同具有逻辑意义的数据

  C．数据不依赖于信息   D．信息是数据的载体，数据是信息的内涵

解析：数据是信息的载体，信息是数据的内涵。

答案：D

3. 信息系统工程信息具有现实性、（   ）、增值性的特点。

  A．延时性   B．简单性   C．共用性   D．通用性

解析：信息系统工程信息具有现实性、适时性、复杂性、共用性、增值性的特点。

答案：C

4. 关于归集监理信息资料时的注意事项的表述，不正确的是（　　）。

　　A．监理信息资料应及时整理、真实完整、分类有序

　　B．监理信息资料的管理应由监理工程师负责，并指定专人具体实施

　　C．监理信息资料应在各阶段监理工作结束后及时整理归档

　　D．监理档案的编制及保存应按有关规定执行

解析：监理信息资料的管理应由总监理工程师负责，并指定专人具体实施。

答案：B

5. 监理信息管理工作起着重要的作用，其重要性不包括（　　）。

　　A．信息是项目监理不可缺少的资源

　　B．信息是监理工程师实施控制的基础

　　C．信息是进行项目决策的依据

　　D．信息仅作为监理工程师协调项目业主单位的纽带

解析：信息是监理工程师协调项目相关方之间关系的纽带。

答案：D

6. 在信息应用系统文档的质量控制中，属于需求分析质量控制要点的是（　　）。

　　A．系统详细设计报告　　　　　　B．培训考核

　　C．软件规格说明书　　　　　　　D．验收报告

解析：需求分析质量控制要点参见本章表 14-3。

答案：C

第 15 小时 组织协调

15.0 章节考点分析

第 15 小时主要学习组织协调方面的知识点，主要包括组织协调的概念与内容、组织协调的基本原则、监理组织协调工作等内容。

根据考试大纲，本小时知识点会涉及单项选择题和案例分析题，占 3~6 分。本小时内容侧重于概念知识，根据以往全国计算机技术与软件专业技术资格（水平）考试的出题规律，概念知识考查知识点多参照教材，扩展内容较少。本小时的架构如图 15-1 所示。

```
                         ┌─ 组织协调的概念
          ┌─ 组织协调的概念与内容 ─┼─ 系统内部的协调
          │                      ├─ 系统外部的协调
          │                      └─ 社会关系的协调
          │
          │                      ┌─ 公平、公正、独立原则
组织协调 ─┼─ 组织协调的基本原则 ─┼─ 守法原则
          │                      ├─ 诚信原则
          │                      └─ 科学原则
          │
          │                      ┌─ 监理会议
          └─ 监理组织协调工作 ───┼─ 监理报告
                                 └─ 沟通协调
```

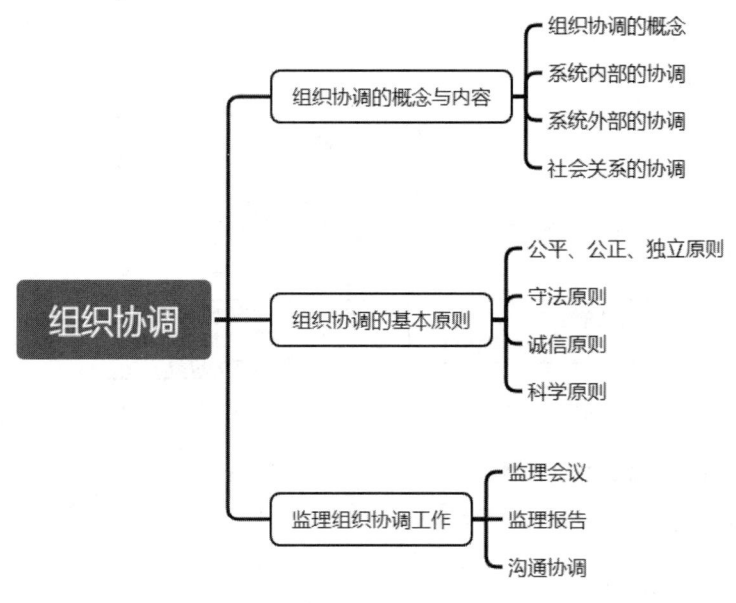

图 15-1 本小时的架构

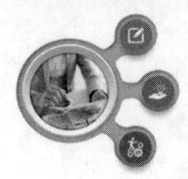

【导读小贴士】

作为建设单位、承建单位等多方之间的重要角色，信息系统工程监理的大部分工作都是通过有效的沟通、组织、协调来进行的，组织协调是成功实现项目目标、顺利开展项目工作不可缺少的方法和手段，是重要的监理措施之一。监理有其本身的工作内容、要求和相关的技能。

15.1 组织协调的概念与内容

【基础知识点】

1. 组织协调的概念

在项目管理中，协调也称"界面管理"，它是指主动协调相互作用的各系统间的资源及物质以达到系统目标的一系列活动。

2. 组织协调的内容

如果把工程建设项目看作一个系统，则组织协调的对象可分为系统内部关系协调和系统外部关系协调，而系统外部关系协调又分为具有合同因素的协调和非合同因素的协调。

（1）系统内部关系协调。系统内部关系协调主要包括：系统内部人际关系的协调；系统内部组织关系的协调；系统内部需求关系的协调。

（2）系统外部关系协调。系统外部关系协调指信息系统工程建设项目整个活动过程以外的关系的协调，其中又以是否具有合同关系为界限，划分为具有合同因素的协调和非合同因素的协调，如图 15-2 所示。

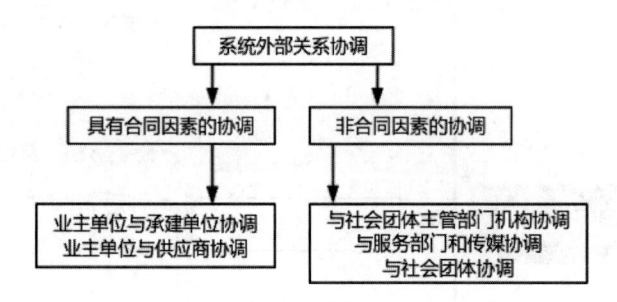

图 15-2 系统外部关系协调

（3）社团关系的协调。社会团体是一个人际关系系统，这个人际关系系统中，包含上下级间的关系、同级间的关系、不同部门间的关系，以及部门内部职员间的关系。因此，社团关系的协调就包括了上下级关系协调；领导者之间的关系协调；同事之间的关系协调。

社团关系的主要特征：权力交往、多重交往、隐秘交往。

15.2 组织协调的基本原则

【基础知识点】

1. 公平、公正、独立原则

公平、公正、独立原则的具体体现：①监理单位应是独立的第三方，不能既做信息系统工程的监理又做系统集成；②监理单位要敢于坚持正确观点，实事求是，不唯上级领导或建设单位的意见；③监理单位要有大局观，要全面地分析和思考，不能被表象或局部问题所干扰；④信息系统工程涉及的技术发展快，监理工程师要通过不断学习，提高个人的专业技能和从业经验，提高对相关知识的应用能力以及对事务的判断和处理能力，更要学会把专业知识和相关的技术规范、法规、法律等运用到监理实践活动中。

2. 守法原则

守法原则的具体体现：①监理只在核定的业务范围内开展相应的监理工作；②与业主单位的监理合同具备法律效力，一旦生效就要严格地遵照执行和践约，不得无故或故意违背承诺，否则可能将是违法行为，要承担相应的责任；③自觉遵守业主单位所在地政府颁布的有关信息系统工程建设的法律、法规要求，并主动接受当地有关部门的指导和监督管理；④遵守业主单位的有关行政管理、经济管理、技术管理等方面的规章制度要求。

3. 诚信原则

诚信就是忠诚老实，为人做事守信用，诚信是做人的基本品德，也是考核任何一个单位信誉的核心内容。

4. 科学原则

科学原则主要体现在：①监理要依据科学的方案（例如监理规划）；②监理要运用科学的手段（例如测试设备或测试工具软件）；③监理要采取科学的办法（例如收集数据）；④监理要进行科学的总结（例如信息归纳整理）；⑤监理要用科学的思维、科学的方法，对核心问题有预先控制措施上的认识；⑥凡事要有证据，处理业务一定要有可靠的依据和凭证，判断问题时尽量用数据说服业主单位或承建单位，必要时，一定以书面材料（例如专题监理报告）说明立场和观点。

15.3 监理组织协调工作

【基础知识点】

监理组织协调的工作主要包括：召开监理会议，建立监理报告制度，建立有效的沟通协调机制。

1. 监理会议

监理会议包括监理例会和监理专题会议两类。

（1）会议成功的原则。组织监理会议的关键原则是：<u>确保每个人到场、议程恰当和领导与会</u>。

（2）确保会议成功的措施。

会前准备措施：①确定会议目的；②确定谁需要参加会议，说明会议目的；③事先将会议议程表分发给参加会议者。

会议过程措施：①准时开始会议；②指定记录员详细记录，方便以后查阅；③准确把控会议的目的，执行会议和议程；④确保会议效率，应保证会议在计划时间内顺利进行；⑤会议要达成预期结果或形成会议决议；⑥尽量不要超过会议原定的计划时间；⑦评价会议进程。

会议结果措施：①在会后 24 小时之内形成会议纪要，适时公布会议成果；②会议决议或总结文件<u>应该简洁</u>，应明确所做出的<u>决定性意见</u>，并列出行动细目，包括谁负责、预计完工时间和预期的交付物等。

（3）关于监理例会。

项目监理例会的主要议题：①检查和通报项目进度计划<u>完成情况</u>，确定<u>下一阶段进度目标</u>，研究承建单位人力、设备投入情况和实现目标的措施；②<u>通报</u>项目<u>实施质量的检查情况</u>和<u>技术规范实施情况</u>等，针对存在的质量问题提出改进措施要求；③<u>检查上次会议议定事项</u>的<u>落实情况</u>，检查<u>未完成事项并分析原因</u>；④<u>分包单位</u>的管理和协调问题；⑤<u>项目款支付</u>的核定及财务支付中的有关问题；⑥<u>接收和审查</u>承建单位提交的<u>相关项目文档</u>；⑦<u>监理提交相关监理文档</u>；⑧<u>解决项目变更的相关事宜</u>；⑨<u>违约、工期、费用索赔的意向及处理情况</u>；⑩解决<u>需要协调</u>的其他有关事项。

监理例会的会议准备工作：①<u>了解上次会议的落实情况和存在的问题</u>；②准备会议资料、确定有关事项的处理原则；③与有关方面通报情况、交换意见，督促相关方做好准备。

项目监理例会的会议纪要需记录的主要内容：①会议地点和时间；②会议主持人；③出席者姓名、隶属单位、职务；④会议内容和决议事项（包括负责落实单位、负责人和时限要求）；⑤其他事项。

监理例会会议纪要的记录、签认和分发：会议纪要由监理工程师根据会议记录整理，会议纪要的内容应真实，简明扼要；纪要经总监理工程师签认，发放到项目有关各方，并应有签收手续。

（4）关于监理专题会议。监理专题会议是为解决专门问题而召开的会议，由总监理工程师或授权监理工程师主持。监理单位通常会依据现场工程进度情况，定期或不定期召开不同层级的现场协调会，解决工作过程中的相互配合问题。

对于因突发性变更事件引起的进度问题，监理单位会召开紧急事件协调会，督促各方采取应急措施赶上进度要求，以便项目的开发能以预期的进度完成。

根据项目的实际情况，在承建单位完成关键阶段的工作时，监理将及时组织专家，会同业主单位对阶段成果进行评审，以便在评审通过后能使承建单位及时转入下一阶段的工作实施中。

2. 监理报告

监理汇报制度是项目顺利进行的有效方法。监理单位应根据所建立的监理报告制度，定期或不定期地向建设单位（业主单位）提供监理报告及相关监理文件。

（1）监理报告。监理报告分为定期报告和不定期报告。

定期的监理报告包括：监理日报、监理周报、监理月报等。

不定期监理工作报告包括：①关于项目优化设计、项目变更的建议；②投资情况分析预测及资金、资源的合理配置和投入的建议；③各阶段的测试报告和评价说明；④项目进度预测分析报告；⑤监理业务范围内的专题报告。

（2）相关监理文件。相关的监理文件包括：<u>监理通知与回复</u>；日常监理文件；监理实施类文档。

在监理实施过程中，监理单位与业主单位的联系均以书面函件为准。在不做出紧急监理时可能导致人身、设备或项目事故的情况下，可以先口头或电话通知，事后在约定时间内补做书面通知。监理通知与回复应做到：简洁、完整、结构化。

监理单位应及时向业主单位提交的日常监理文件包括：①监理日志及实施大事记；②实施计划批复文件；③实施措施批复文件；④实施进度调整批复文件；⑤进度款支付确认文件；⑥索赔受理、调查及处理文件；⑦监理协调会议纪要文件；⑧其他监理业务往来文件。

监理实施类文档主要包括：项目变更控制文档、进度控制文档、质量控制文档、监理报告（监理日报、监理月报、专题报告、监理总结报告）、项目验收报告等。

3．沟通协调

监理工程师在与信息系统工程建设的相关单位和相关人员进行沟通和协调时，应该对下列内容有一定的把握：①排除第一印象的干扰；②把握人际关系认知的规律；③创造良好的人际交往条件。

良好的人际交往条件形成的影响因素包括：①外表问题——在社会交往过程中，<u>外表因素往往<u>有形或无形</u>地影响着人与人之间相互关系的建立和发展</u>；②态度的类似性——人与人如果具有共同的态度与价值观，则不但容易获得对方的支持和共鸣，同时也容易预测对方的感情和反应倾向，因此在交互作用的过程中，彼此容易适应而建立起人际关系；③需求的互补性——双方在交往过程中获得互相满足的心理状态，这包括两个部分，即<u>彼此的社会增强作用的满足</u>和<u>彼此心理特性相反者的互补作用</u>；④时空上的接近性——时空上的接近往往是使人与人之间彼此熟悉、加深了解的一个客观外在条件，时空上的接近往往表现在<u>居住距离的远近</u>和<u>人与人之间相互交往频率</u>这两个方面。

15.4　练习题

1．监理单位在项目组织协调过程中，下列有关会议的描述错误的是（　　）。

　　A．项目监理例会的会议纪要由监理工程师根据会议记录整理

　　B．监理专题会议可由总监理工程师授权的监理工程师主持

　　C．会议纪要可由总监理工程师授权的监理工程师签认

　　D．应该在会后 24 小时内公布会议成果

解析：纪要经总监理工程师签认，发放到项目有关各方，并应有签收手续。

答案：C

2. 监理单位在处理事务时，敢于坚持正确观点，实事求是，不唯上级领导和业主单位的意见是从，这体现了组织协调中的（　　）原则。

　　A．守法　　　　　B．科学　　　　　C．诚信　　　　　D．公平、公正、独立

解析：公平、公正、独立原则是指监理单位在处理事务时，敢于坚持正确观点，实事求是，不唯上级领导和业主单位的意见是从。

答案：D

3. 监理工程师在监理过程中凡事要有证据，处理业务一定要有可靠的依据和凭证，判断问题时尽量用数据说服建设单位或承建单位，这体现了组织协调中的（　　）原则。

　　A．守法　　　　　B．科学　　　　　C．诚信　　　　　D．公平、公正、独立

解析：科学原则包括在监理过程中凡事要有证据，处理业务一定要有可靠的依据和凭证，判断问题时尽量用数据说服业主单位或承建单位，必要时，一定以书面材料（例如专题监理报告）说明立场和观点。

答案：D

4. 监理工程师在从事监理工作时，应同业主单位和承建单位建立良好的人际关系，还需要创造人际交往的条件。监理工程师小刘采取积极的态度与项目经理加强交往、增加交往频率，这是通过（　　）创造了良好的人际交往条件。

　　A．时空上的接近性　　　　　　　B．外表问题
　　C．需求的互补性　　　　　　　　D．态度的类似性

解析：人际交往条件形成的影响因素：外表问题；态度的类似性；需求的互补性；时空上的接近性（时空上的接近往往表现在居住距离的远近和人与人之间相互交往频率这两个方面）。

答案：A

第16小时 项目管理

16.0 章节考点分析

第 16 小时主要学习项目管理相关知识,包括:项目及项目管理的重要性、项目环境、PMBOK 项目管理知识体系、项目管理与监理工作的关系等内容。

根据考试大纲,本小时知识点会涉及单项选择题,占 3~6 分。本小时内容侧重于概念知识,根据以往全国计算机技术与软件专业技术资格(水平)考试的出题规律,概念知识考查知识点多参照教材,扩展内容较少。本小时的架构如图 16-1 所示。

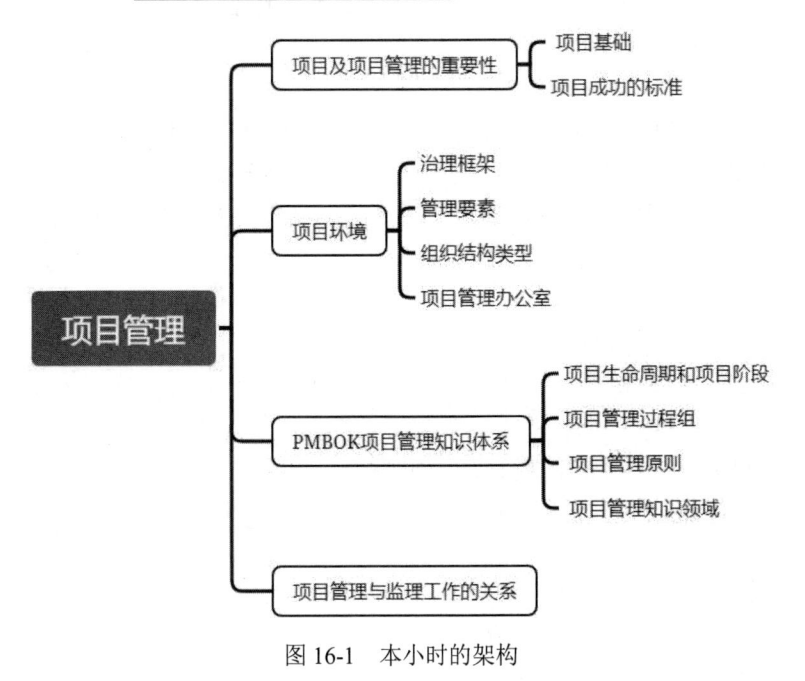

图 16-1 本小时的架构

【导读小贴士】

在信息系统工程建设项目中项目管理是一个非常重要的关键环节，监理工程师了解通用的项目管理知识和技能有助于提高工程建设效率，在实际工作中更好地应对各种挑战，最终取得丰硕的监理成果。

16.1 项目及项目管理的重要性

【基础知识点】

1. 项目管理的重要性

项目管理是指成功达成项目目标的一系列相关活动，它是信息系统工程建设项目顺利实施的重要保障。项目管理不仅以结果为导向，而且关注过程执行，是确保组织执行力的重要保证。

2. 独特的产品、服务或成果

项目是通过可交付成果来达成项目目标的。可交付成果是指在某一过程、阶段或项目完成时，形成的独特并可验证的产品、服务或成果，它们可能是有形的，也可能是无形的。实现项目目标可能会产生一个或多个可交付成果。

虽然不同的项目可能有相同之处，但这不影响项目本身的独特性，如干系人可能不同、建设方可能不同、运行环境可能不同等。

3. 临时性工作

项目的"临时性"是指项目有明确的起点和终点。"临时性"并不一定意味着项目的持续时间短。项目可宣告结束的情况包括：①达成项目目标；②不会或不能达到目标；③项目资金耗尽或不再获得资金支持；④对项目的需求不复存在；⑤无法获得所需的人力或物力资源；⑥出于法律或其他原因终止项目等。

4. 项目驱动变更

从业务价值角度看，项目旨在推动组织从一个状态转到另一个状态，从而达成特定目标，获得更高的业务价值。

5. 项目创造业务价值

（1）业务价值是从组织运营中获得的可量化的净效益。

（2）项目带来的效益可以是有形的、无形的或两者兼而有之。

6. 项目启动的背景

促成项目创建的因素有：符合法律法规或社会需求；满足干系人要求或需求；创造、改进或修复产品、过程或服务；执行、变更业务或技术战略。

7. 项目成功的标准

项目成功可能与组织战略以及项目可交付成果相关的项目目标有关，这些目标包括：①完成项目的效益管理计划；②达到可行性研究与论证中所记录的财务指标，如净现值（NPV）、投资回报率（ROI）、回收期（PBP）和效益成本比（BCR）等；③达到可行性研究与论证中所记录的非财务目标；④组织从"当前状态"成功转移到"将来状态"；⑤履行了合同条款；⑥达到组织战略、目的和目标；⑦使干系人满意；⑧客户/最终用户的采纳度达到了可接受的程度；⑨将可交付成果整合到组织的运营环境中；⑩满足商定的交付质量；⑪遵循治理规则；⑫满足其他成功标准或准则（例如过程产出率）等。

16.2　项目环境

【基础知识点】

1. 治理框架

治理是指组织在各层级上的组织性和结构性安排，治理需从人员、角色、结构和政策等多方面考虑，还需要通过数据和反馈提供指导及监督。

治理框架是在组织内行使职权的框架，它包括规则、政策、程序、规范、关系、系统和过程。组织的治理框架会影响到的内容：①组织目标的设定和实现方式；②风险监控和评估方式；③绩效优化的方式。

2. 组织的管理要素

组织的管理要素一般包括：部门；职权；职责；行动纪律；统一指挥原则；统一领导原则；组织的总体目标优先于个人目标；支付合理的薪酬；资源的优化使用；畅通的沟通渠道；在正确的时间让正确的人使用正确的材料做正确的事情；公正、平等地对待所有员工；明确的工作职位；确保员工安全；允许任何员工参与计划和实施；保持员工士气。

3. 组织结构类型

组织结构类型对项目的影响见表16-1。

表16-1　组织结构类型对项目的影响

组织结构类型	项目特征					
	工作安排人	项目经理批准	项目经理的角色	资源可用性	项目预算管理人	项目管理人员
系统型或简单型	灵活；人员并肩工作	极少或无	兼职；工作角色（如协调员）指定与否不限	极少或无	负责人或操作员	极少或无
职能（集中式）	正在进行的工作（例如，设计、制造）	极少或无	兼职；工作角色（如协调员）指定与否不限	极少或无	职能经理	兼职

续表

组织结构类型	项目特征					
	工作安排人	项目经理批准	项目经理的角色	资源可用性	项目预算管理人	项目管理人员
多部门（职能可复制，各部门几乎不会集中）	其中之一：产品、生产过程、项目组合、项目集、地理区域、客户类型	极少或无	兼职；工作角色（如协调员）指定与否不限	极少或无	职能经理	兼职
矩阵——强	按工作职能，项目经理作为一个职能	中到高	全职；指定工作角色	中到高	项目经理	全职
矩阵——弱	工作职能	低	兼职；作为另一项工作的组成部分，并非指定工作角色，如协调员	低	职能经理	兼职
矩阵——均衡	工作职能	低到中	兼职；作为一种技能的嵌入职能，不可以是指定工作角色（如协调员）	低到中	混合	兼职
项目导向（复合、混合）	项目	高到几乎全部	全职；指定工作角色	高到几乎全部	项目经理	全职
虚拟	网络架构，带有与他人联系的节点	低到中	全职或兼职	低到中	混合	全职或兼职
混合型	其他类型的混合	混合	混合	混合	混合	混合
PMO	其他类型的混合	高到几乎全部	全职；指定工作角色	高到几乎全部	项目经理	全职

4. 选择组织结构时应考虑的因素

选择组织结构时应考虑的因素主要包括：与组织目标的一致性；专业能力；控制、效率与效果的程度；明确的决策升级渠道；明确的职权线和范围；授权方面的能力；终责分配；职责分配；设计的灵活性；设计的简单性；实施效率；成本考虑；物理位置（例如集中办公、区域办公、虚拟远程办公）；清晰地沟通（例如政策、工作状态、组织愿景）等。

5. 项目管理办公室（PMO）

PMO 是项目管理中常见的一种组织结构，PMO 对与项目相关的治理过程进行标准化，并促进资源、方法论、工具和技术共享。

（1）PMO 的类型。

支持型：PMO 担当顾问的角色，向项目提供模板、最佳实践、培训，以及来自其他项目的信息和经验教训，这种类型的 PMO 其实就是一个项目资源库，对项目的控制程度很低。

控制型：PMO 不仅给项目提供支持，而且通过各种手段要求项目服从，这种类型的 PMO 对项目的控制程度属于中等。

指令型：PMO 直接管理和控制项目。项目经理由 PMO 指定并向其报告。这种类型的 PMO 对项目的控制程度很高。

（2）PMO 向项目经理提供支持的方式。PMO 有可能承担整个组织范围的职责，在支持战略调整和创造组织价值方面发挥重要的作用。PMO 的一个主要职能是通过各种方式向项目经理提供支持，这些方式包括：①对 PMO 所辖全部项目的共享资源进行管理；②识别和制订项目管理方法、最佳实践和标准；③指导、辅导、培训和监督；④通过项目审计，监督项目对项目管理标准、政策、程序和模板的合规性；⑤制订和管理项目政策、程序、模板及其他共享的文件（组织过程资产）；⑥对跨项目的沟通进行协调等。

16.3 PMBOK 项目管理知识体系

【基础知识点】

1. 项目生命周期和项目阶段

项目生命周期指项目从启动到收尾所经历的一系列阶段。这些阶段之间的关系可以顺序、迭代或交叠进行。

项目的规模和复杂性各不相同，但所有项目都呈现包含启动项目、组织与准备、执行项目工作和结束项目 4 个项目阶段的通用的生命周期结构。

通用的生命周期在结构上具有以下特征：①成本与人力投入在开始时较低，在工作执行期间达到最高，并在项目快要结束时迅速回落，这种典型的走势如图 16-2 所示；②风险与不确定性在项目开始时最大，并在项目的整个生命周期中随着决策的制定与可交付成果的验收而逐步降低，做出变更和纠正错误的成本，随着项目越来越接近完成而显著增高，如图 16-3 所示。

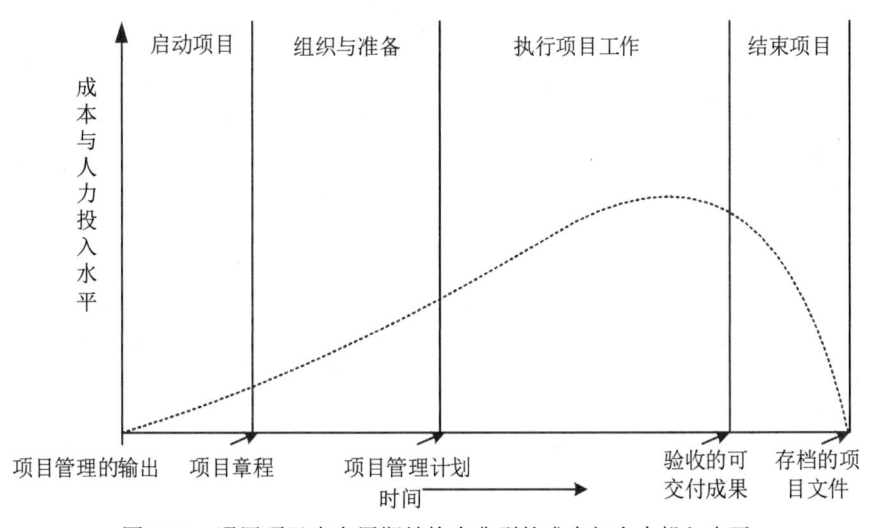

图 16-2　通用项目生命周期结构中典型的成本与人力投入水平

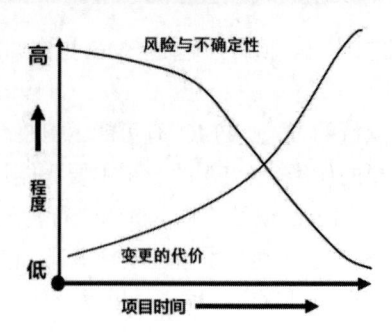

图 16-3 风险与不确定性以及变更的代价随项目时间的变化

2. 项目生命周期类型

（1）预测型生命周期。采用预测型开发方法的生命周期适用于已经充分了解并明确确定需求的项目，又称为瀑布型生命周期。在生命周期的早期阶段确定项目范围、时间和成本，对任何范围的变更都要进行严格管理，每个阶段只进行一次，每个阶段都侧重于某一特定类型的工作。

（2）迭代型生命周期。采用迭代型生命周期的项目范围通常在项目生命周期的早期确定，但时间及成本会随着项目团队对产品理解的不断深入而定期修改。

（3）增量型生命周期。采用增量型生命周期的项目通过在预定的时间区间内渐进增加产品功能的一系列迭代来产出可交付成果。

迭代方法和增量方法的区别：迭代方法是通过一系列重复的循环活动来开发产品，而增量方法是渐进地增加产品的功能。

（4）适应型生命周期。采用适应型开发方法的项目又称敏捷型或变更驱动型项目。适合于需求不确定，不断发展变化的项目。

（5）混合型生命周期。混合型生命周期是预测型生命周期和适应型生命周期的组合。

生命周期之间的联系与区别见表 16-2。

表 16-2 生命周期之间的联系与区别

预测型	迭代型	增量型	适应型
需求在开发前预先确定	需求在交付期间定期细化		需求在交付期间频繁细化
针对最终可交付成果制订交付计划，然后在项目结束时一次交付最终产品	分次交付整体项目或产品的各个子集		频繁交付对客户有价值的各个子集
尽量限制变更	定期把变更融入项目		在交付期间实时把变更融入项目
关键干系人在特定里程碑点参与	关键干系人定期参与		关键干系人持续参与
通过对基本已知的情况编制详细计划来控制风险和成本	通过用新信息逐渐细化计划来控制风险和成本		随着需求和制约因素的显现而控制风险和成本

3. 项目管理过程组

项目管理过程组是为了达成项目的特定目标，对项目管理过程进行的逻辑上的分组。

项目管理分为五大过程组：①启动过程组：定义了新项目或现有项目的新阶段，授权一个项目或阶段的开始；②规划过程组：明确项目范围、优化目标，并为实现目标制订行动计划；③执行过程组：完成项目管理计划中确定的工作，以满足项目要求；④监控过程组：跟踪、审查和调整项目进展与绩效，识别变更并启动相应的变更；⑤收尾过程组：正式移交最终产品，完成或结束项目、阶段或合同。

适应型项目中各过程组的工作内容比较特殊：①启动过程组，需要定期开展启动过程，频繁回顾和重新确认项目章程，以确保项目在最新的制约因素内朝最新的目标推进；②规划过程组，先基于初始需求制订一套高层级的计划，再逐渐把需求细化到适合特定规划周期所需的详细程度；③执行过程组，通过迭代对工作进行指导和管理，每次迭代都是在一个很短的固定时间段内开展工作；④监控过程组，通过维护未完项的清单，对进展和绩效进行跟踪、审查和调整；⑤收尾过程组，对工作进行优先级排序，以便首先完成最具业务价值的工作。

4. 项目管理知识领域

大部分项目通常使用十大知识领域。

（1）项目整合管理：识别、定义、组合、统一和协调各项目管理过程组的各个过程和活动。

（2）项目范围管理：确保项目做且只做所需的全部工作，以成功完成项目。

（3）项目进度管理：管理项目按时完成所需的各个过程。

（4）项目成本管理：使项目在批准的预算内完成而对成本进行规划、估算、预算、融资、筹资、管理和控制。

（5）项目质量管理：把组织的质量政策应用于规划、管理、控制项目和产品的质量，以满足干系人的期望。

（6）项目资源管理：识别、获取和管理所需资源以成功完成项目。

（7）项目沟通管理：确保项目信息及时且恰当地规划、收集、生成、发布、存储、检索、管理、控制、监督和最终处置。

（8）项目风险管理：规划风险管理、识别风险、开展风险分析、规划风险应对、实施风险应对和监督风险。

（9）项目采购管理：项目团队外部采购或获取所需产品、服务或成果。

（10）项目干系人管理：识别影响或受项目影响的人员、团队或组织，分析干系人对项目的期望和影响，制订合适的管理策略来有效调动干系人参与项目决策和执行。

5. 五大过程组和十大知识领域的关系

项目管理的五大过程组和十大知识领域的关系见表 16-3。

表 16-3　项目管理的五大过程组和十大知识领域的关系

知识领域	过程组				
	启动	规划	执行	监控	收尾
项目整合管理	制订项目章程	制订项目管理计划	指导与管理项目工作、管理项目知识	监控项目工作、实施整体变更控制	结束项目或阶段

续表

知识领域	过程组				
	启动	规划	执行	监控	收尾
项目范围管理		规划范围管理、收集需求、定义范围、创建WBS		确认范围、控制范围	
项目进度管理		规划进度管理、定义活动、排列活动顺序、估算活动持续时间、制订进度计划		控制进度	
项目成本管理		规划成本管理、估算成本、制订预算		控制成本	
项目质量管理		规划质量管理	管理质量	控制质量	
项目资源管理		规划资源管理、估算活动资源	获取资源、建设团队、管理团队	控制资源	
项目沟通管理		规划沟通管理	管理沟通	监督沟通	
项目风险管理		规划风险管理、风险识别、实施定性风险分析、实施定量风险分析、规划风险应对	实施风险应对	监督风险	
项目采购管理		规划采购管理	实施采购	控制采购	
项目干系人管理	识别干系人	规划干系人参与	管理干系人参与	监督干系人参与	

16.4 项目管理与监理工作的关系

【基础知识点】

1. 三方一法

信息系统工程建设项目的实施涉及业主单位、承建单位、监理单位，三方都需要采用项目管理的方法（简称"三方一法"）以完成其在项目实施中所肩负的责任。三方一法关系如图16-4所示。

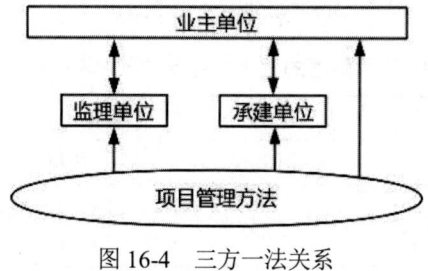

图16-4 三方一法关系

148

2. 各方与项目管理的关系

（1）建设单位与项目管理的关系。业主单位重点参与项目的立项管理与验收管理，密切关注项目管理的各个过程并及时提出反馈意见。

（2）承建单位与项目管理的关系。立项管理之外的项目管理过程都是承建单位要重点参与的。

（3）监理单位与项目管理的关系。监理单位与项目管理的关系，简单来说可用"三控两管一协调，外加评估与验收"概括。

"三控"指进度控制、成本控制和质量控制，"两管"是指合同管理与文档管理，"一协调"是指建设方与承建方的沟通与协调。"评优与验收"可融入"三控两管一协调"中。

16.5 练习题

1. 项目的临时性指的是（　　）。
   A．有明确的起点和终点　　　　B．临时起意
   C．持续的时间短　　　　　　　D．非正式的

解析： 项目的"临时性"是指项目有明确的起点和终点，"临时性"并不一定意味着项目的持续时间短。

答案： A

2. 关于项目生命周期的说法，正确的是（　　）。
   A．采用迭代型生命周期的项目用于已经充分了解并明确确定需求的项目
   B．采用增量型生命周期的项目范围通常在项目生命周期的早期确定，但时间及成本会随着项目团队对产品理解的不断深入而定期修改
   C．采用适应型开发方法的项目适合于需求不确定、不断发展变化的项目。
   D．增量方法是通过一系列重复的循环活动来开发产品，而迭代方法是渐进地增加产品的功能

解析： 预测型生命周期适用于已经充分了解并明确确定需求的项目，又称为瀑布型生命周期。在生命周期的早期阶段确定项目范围、时间和成本，对任何范围的变更都要进行严格管理，每个阶段只进行一次，每个阶段都侧重于某一特定类型的工作。

采用迭代型生命周期的项目范围通常在项目生命周期的早期确定，但时间及成本会随着项目团队对产品理解的不断深入而定期修改。

采用增量型生命周期的项目通过在预定的时间区间内渐进增加产品功能的一系列迭代来产出可交付成果。迭代方法是通过一系列重复的循环活动来开发产品，而增量方法是渐进地增加产品的功能。

采用适应型开发方法的项目又称敏捷型或变更驱动型项目，适合于需求不确定、不断发展变化的项目。

混合型生命周期是预测型生命周期和适应型生命周期的组合。

答案： C

3. 项目管理分为五大过程组，其中（　　）明确项目范围、优化目标，并为实现目标制订行动计划。

　　A．启动过程组　　　　　　　　　　B．规划过程组
　　C．执行过程组　　　　　　　　　　D．监控过程组

解析：项目管理分为五大过程组：①启动过程组——定义了新项目或现有项目的新阶段，授权一个项目或阶段的开始；②规划过程组——明确项目范围、优化目标，并为实现目标制订行动计划；③执行过程组——完成项目管理计划中确定的工作，以满足项目要求；④监控过程组——跟踪、审查和调整项目进展与绩效，识别变更并启动相应的变更；⑤收尾过程组——正式移交最终产品，完成或结束项目、阶段或合同。

答案：B

4. 大部分项目通常使用的十大知识领域中，（　　）确保项目做且只做所需的全部工作，以成功完成项目。

　　A．项目整合管理　　　　　　　　　B．项目范围管理
　　C．项目成本管理　　　　　　　　　D．项目进度管理

解析：项目范围管理确保项目做且只做所需的全部工作，以成功完成项目。

答案：B

5. 关于项目生命周期特征的描述，正确的是（　　）。

　　A．项目生命周期越长，越有利于项目执行
　　B．变更的代价会随着项目的执行越来越小
　　C．风险和不确定性在项目开始时最大，并随项目进展而减弱
　　D．项目生命周期应保持投入人力始终不变

解析：通用的生命周期结构具有的特征：①成本与人力投入在开始时较低，在工作执行期间达到最高，并在项目快要结束时迅速回落；②风险与不确定性在项目开始时最大，并在项目的整个生命周期中随着决策的制订与可交付成果的验收而逐步降低；做出变更和纠正错误的成本，随着项目越来越接近完成而显著提高。

答案：C

6. 项目的规模和复杂性各不相同，但所有项目都呈现包含启动项目、（　　）、执行项目工作和结束项目4个项目阶段。

　　A．计划阶段　　　　　　　　　　　B．监控阶段
　　C．组织与准备　　　　　　　　　　D．监测阶段

解析：项目的规模和复杂性各不相同，但所有项目都呈现包含启动项目、组织与准备、执行项目工作和结束项目4个项目阶段的通用的生命周期结构。

答案：C

第17小时 变更控制

17.0 章节考点分析

第17小时主要学习变更控制相关知识，主要包括工程变更概述、变更控制原则、变更控制方法、变更控制内容、监理变更控制要点等方面的监理工作。

根据考试大纲，本章知识点会涉及单项选择题和案例分析题，占 6~12 分。本小时内容侧重于概念知识，根据以往全国计算机技术与软件专业技术资格（水平）考试的出题规律，概念知识考查知识点多参照教材，扩展内容较少。本小时的架构如图 17-1 所示。

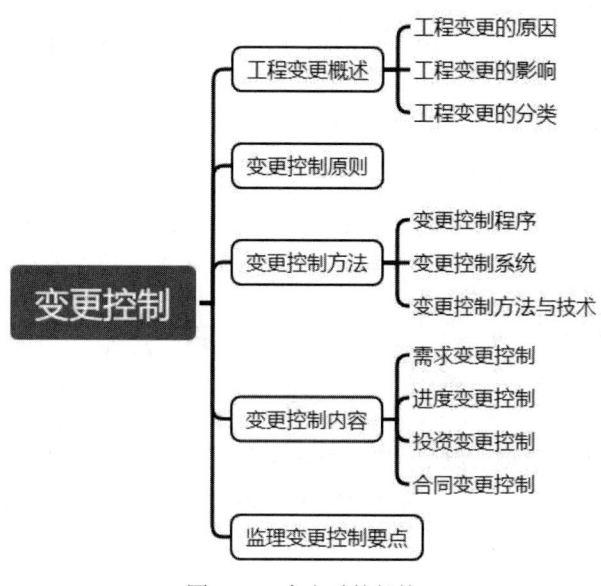

图 17-1 本小时的架构

【导读小贴士】

正如"世界上唯一不变的就是变化"一样,在信息系统工程建设项目中,变更可能贯穿项目的整个生命周期,能够发生在项目的任何阶段。变更控制是确保项目顺利进行并按照预定目标实现的重要环节,本小时将从监理角度出发,介绍信息系统工程变更的原因、变更控制原则等。

17.1 工程变更概述

【基础知识点】

在信息系统工程的<u>建设过程中</u>,由于<u>项目环境或者其他各种原因</u>,项目的<u>部分或全部</u>需求、设计、工期、投资、合同、技术指标、集成方法等内容<u>都可能发生变更</u>。

(1)造成信息系统工程变更的原因。造成信息系统工程变更的原因主要包括:项目外部环境发生变化,如法律法规、行业标准及政策变化;发生风险事件,为应对风险采取必要的调整措施;业主单位由于机构重组等自身原因造成业务流程变化,或产生需求变化;承建单位根据业主单位的要求,适当地调整设计方案或实施方案;项目范围的定义存在错误或遗漏;项目需求分析、总体设计不够充分详细,存在错误或遗漏;项目执行过程与项目基准不一致带来的被动调整;使项目增值,如出现新技术,设计人员提出了新的设计方案或实现手段。

(2)工程变更的影响。工程变更可能带来的影响包括:对项目范围的影响;对工程进度、成本和质量的影响;对工程需要的生产要素的需求和配置的影响;对工程的组织和人员的影响;对项目干系人的影响。

(3)工程变更的分类。

按变更的性质来划分,工程变更可分为重大变更、重要变更和一般变更。

按变更的迫切性来划分,工程变更可以分为紧急变更、非紧急变更。

17.2 变更控制原则

【基础知识点】

监理方在处理变更时应遵循的原则:快速响应变更申请;任何变更都要得到三方确认;明确界定变更目标;防止变更范围蔓延;三方都有权提出变更;加强变更评估;及时公布变更信息;选择冲击最小的方案。

17.3 变更控制方法

【基础知识点】

1. 变更控制的程序

一般的变更控制程序：①及时了解变化；②接受变更申请；③变更的初审；④变更分析；⑤确定变更方法；⑥监控变更的实施；⑦变更效果评估。

（1）监理机构变更初审的目的。变更初审需要监理机构的参与，监理机构参与变更初审的主要目的：①确认变更申请是否在承建合同约定的期限内提交；②了解变更的实际情况，收集相关资料或信息，证明资料真实、齐全；③检查工程变更单的格式与完整性，包括申请文件填写齐全，签字、印章手续完备等，确保下一步变更评估所需的信息准备充分；④明确界定变更的目标；⑤根据收集的变更信息，对变更申请单位施加影响，确认变更的必要性，对于完全没有必要的变更，可以驳回变更申请并给出监理意见，对于有必要的变更，可以进一步进行变更分析与评估。

（2）变更分析与评估。变更分析与评估的主要内容包括：①分析变更对工程项目的整体影响；②评估变更的合理性；③评估变更方案的可行性、合理性；④评估变更工作量；⑤评估变更费用和工期。

（3）变更效果评估。变更效果评估的主要内容包括：①结合变更的初衷，评估变更所要达到的目的是否已达成；②评估变更方案中的<u>技术论证、经济论证内容与实施过程</u>的差距，并推动解决；③评估变更的可能影响，变更的影响是多面的，既需要对业主单位可视的成果、交付期等的变更进行评估，也需要对业主单位不可视的项目内部工作的变更进行评估，如承建单位的人员分工、管理工作、资源配置等；④基准管理，项目基准是变更的依据，每次变更通过评审后，都需要更新项目基准。

2. 变更控制系统

要想有效控制变更，需要一个优秀的变更控制系统，以便用系统化的方法识别、记录、评估和控制变更。变更控制系统是一个正式的文档化的过程，用来描述项目应当怎样发生变更。

变更控制系统包括：①<u>变更控制委员会</u>——负责审查、评价、批准或驳回变更，并记录和传达变更处理决定，变更控制委员会应为准备提交的变更申请提供指导，对变更申请进行评估和审批，并管理经批准的变更的实施过程，三方都应参与其中；②<u>变更控制程序</u>——包括变更需遵循的步骤，以及如何批准和确认变更，对变更从申请、评估、批准到实施、完成的整个过程进行约定；③<u>变更信息的沟通过程</u>——运用书面的和口头的执行绩效报告进行变更的确认和管理。

3. 变更控制方法与技术

变更控制的方法与技术主要包括：专家判断；变更控制工具；数据分析（主要是备选方案分析和成本效益分析）；决策（投票，独断型决策制定，多标准决策分析）；会议。

17.4 变更控制内容

【基础知识点】

1. 对需求变更的控制

需求变更的控制措施主要包括：①<u>招标阶段</u>，监理工程师应做好需求确认和合同签订工作，需求基准文件定义的范围应详细、清晰、经过业主单位确认；②<u>实施阶段</u>，监理工程师应确保按照约定的变更控制程序处理需求变更，需求变更应合规、可控，尤其需要注意对需求变更的确认，需求变更的内容也应及时反映在设计和实施方案中；③<u>验收阶段</u>，监理工程师应确保需求变更的内容反映在验收方案中。

2. 对进度变更的控制

对进度变更进行控制的措施主要包括：①判断项目进度的当前状态，识别变更的可能性和必要性；②对<u>可能造成进度变更的因素</u>施加影响；③查明进度是否已经改变，及时报告业主单位并做工程备忘录；④确保按照约定的变更控制程序和时限要求处理进度变更。

（1）项目延期。项目延期时监理单位的处理要点：①根据项目情况确认其合理性，并与业主单位、承建单位协商后，由总监理工程师对工程延期申请予以确认；②项目延期影响项目总体进度计划时，应要求承建单位修改项目总体进度计划，经三方签认后，做工程备忘录。

监理单位应对由下列原因造成的项目延期事件给予受理：①非承建单位的责任使项目不能按原定工期开工；②经批准的工程量变化和设计变更；③国家和地区有关部门正式发布的不可抗力事件；④业主单位同意工期相应顺延的其他情况。

监理单位对项目延期事件的处理过程：①项目延期事件发生后，承建单位应在合同约定期限内提交工程延期意向报告；②承建单位应按合同约定提交有关项目延期的详细资料和证明材料；③项目延期事件发生后，总监理工程师应对该事件进行分析、研究，对减少损失提出建议；④项目延期事件终止后，承建单位应在合同约定的期限内，提交工程延期申请；⑤在处理项目延期的过程中，监理工程师还应书面通知承建单位采取必要的措施，降低对项目的影响程度；⑥最终评估出的延期天数，在与业主单位协商一致后，由总监理工程师签发工程延期审批表。

对项目延期事件的监理评估原则：①确认项目延期事件属实；②工程延期申请依据的合同条款准确；③项目延期事件必须发生在被批准的进度计划的关键路径上。

（2）项目暂停与复工。

总监可以签发暂停令的情形：①应承建单位的要求，项目需要暂停实施时；②由于项目质量问题，必须进行停工处理时；③发生必须暂停实施的紧急事件时。

项目由于业主单位方或承建单位的原因暂停后，采用的复工办法：①如项目暂停是由于业主单位原因，或非承建单位原因时，监理工程师应在暂停原因消失、具备复工条件时，及时签发复工令，指令承建单位复工；②如项目暂停是由于承建单位原因，承建单位在具备复工条件时，应填写复工申请表报监理单位审批，由总监理工程师签发审批意见；③承建单位在接到同意复工的指令后，才能继续实施。

3. 投资变更控制

成本变更的控制措施：①对可能导致成本变更的因素施加影响；②确保按照约定的变更控制程序处理成本变更；③保证潜在的成本超支不超过授权的项目阶段投资和总体投资；④监督成本绩效，找出并准确记录所有的与成本基准的偏差；⑤成本产生超出合理范围的正、负偏差时，应查明原因，大量的成本节余未必是好事，可能潜藏计划无效、功能遗漏、质量下降等隐患；⑥防止错误的、不恰当的或未批准的变更被纳入费用或资源使用报告中。

4. 合同变更控制

合同变更的特征：①合同的双方当事人必须协商一致；②对合同变更的内容约定不明确的，推定为未变更；③合同变更的法律后果是将产生新的债权和债务关系。

合同变更的条件：①双方当事人确实自愿协商同意，并且不因此而损害国家利益和社会公共利益；②由于不可抗力致使合同的全部义务不能履行；③由于另一方在合同约定的期限内没有履行合同，且在被允许的推迟履行期限内仍未履行；④合同的变更给另一方当事人造成损失的，除依法可以免责的以外，应由责任方负责赔偿。

合同变更的一般程序：①当事人一方要求变更合同时，应当首先向另一方用书面的形式提出；②另一方当事人在接到有关变更项目合同的建议后，应及时做出书面答复，如同意，即表明承建合同的变更发生法律效力；③变更合同的建议与答复，必须在双方协议的期限之内，或者在法律或法令规定的期限之内；④合同变更如涉及国家指令性项目时，必须在变更合同之前报请有关部门批准；⑤因合同变更发生的纠纷，依双方约定的解决方式或法定的解决方式处理。

处理合同变更时的注意事项：①监理工程师应就变更费用及工期的评估情况与业主单位、承建单位进行沟通协调；②监理工程师应及时协调合同纠纷，公平地调查分析，提出解决建议。

17.5 监理变更控制要点

【基础知识点】

1. 变更受理的控制要点

变更受理的控制要点：①招标阶段，监理单位应协助业主单位<u>检查承建合同中的工程变更处理程序</u>；②业主单位或承建单位提出的工程变更，应编制变更文件提交总监理工程师；③所有变更请求都必须以书面形式进行记录；④监理单位应及时对变更进行响应；⑤应由总监理工程师主持审查和处理工程变更，总监理工程师代表获得总监理工程师授权后，也可以主持审查和处理工程变更，但不包括对项目延期的审批。

2. 变更处理的控制要点

变更处理的控制要点：①监理单位应了解工程变更的实际情况，收集相关资料或信息；②监理单位应根据实际情况，参考变更文件及其他有关资料，按照承建合同的有关条款，组织业主单位和承建单位对变更进行评估；③对变更的评估除了包括对工程变更自身的评估外，还应包括对项目计划、质量、进度和投资等产生的影响的评估；④变更处理过程应符合承建合同中约定的工程变更处理程序；⑤变更处理过程应满足承建合同中规定的时限要求；⑥监理单位应对工程变更过程及结果（包括变更有关的评估、计划、实施、验证等）做工程备忘录；⑦应严格控制变更，承建单位未得到业主单位和监理单位的同意，不允许对工程随意变更。

3. 变更实施的控制要点

变更实施的控制要点：①监理单位应要求承建单位在变更文件签署前不得实施工程变更；②监理单位应根据三方签认的工程变更文件监督承建单位实施变更；③涉及合同变更的，监理单位应按照合同及法规的要求协助业主单位处理；④监理单位处理合同变更申请时，应协助保持合同、协议及其附件内容的时效性、一致性；⑤工程发生变更后，承建单位可以提出变更工程价款的申请，监理单位根据实际情况就工程变更费用与承建单位和业主单位进行协商；⑥如果产生变更费用，不能使用成本容许偏差或风险预留资金支付，可以采用以下办法解决资金的问题：使用变更预算（如果准备了该预算且额度够用）、请求业主单位增加投资预算、适当削减该项目其他部分的范围或预算；⑦监理单位的工程总结报告中应包括工程变更情况，如变更的次数、对项目的影响、应该吸取的经验教训等。

4. 特定项目变更的控制要点

特定项目变更的控制要点：①信息安全项目在招标阶段，应检查承建合同中对工程变更引发安全问题的处理方法；②信息安全项目如果在工程实施中存在重大变更，监理单位应督促承建单位对系统安全性进行再评估；③数据中心建设项目在实施阶段应协助业主单位严格控制工程变更，对于确因客观原因发生"重大变更"的，报业主单位审批才能组织洽商。

上述"重大变更"包括：①变更建设地点；②变更建设性质；③变更业主单位；④变更招标方案；⑤变更建设内容、建设规模、建设标准、建设方案等，导致项目主要使用服务或功能发生变化；⑥项目实施过程中投资变动超过批准初步设计概算总投资10%。

17.6 练习题

1. 在项目实施过程中，变更处理越早，损失越小；变更处理越迟，难度越大，损失也越大。这体现了变更控制的（　　）基本原则。

　　A．防止变更范围蔓延　　　　　　　B．快速响应变更申请
　　C．加强变更评估　　　　　　　　　D．及时公布变更信息

解析：在项目实施过程中，变更处理越早，损失越小；变更处理越迟，难度越大，损失也越大。因此监理单位在接到变更申请之后，应快速按照变更控制程序进行处理，并迅速协商确定是否可以变更。

答案：B

2. 下列情形不会造成信息系统工程变更的是（　　）。

　　A．承建单位由于机构重组等自身原因造成业务流程变化，或产生需求变化
　　B．项目范围的定义存在错误或遗漏

C．项目需求分析、总体设计不够充分详细，存在错误或遗漏

D．项目执行过程与项目基准不一致带来的被动调整

解析：业主单位由于机构重组等自身原因造成业务流程变化，或产生需求变化。

答案：A

3．项目由于业主单位方或承建单位的原因暂停后，关于项目复工的描述，正确的是（　　）。

A．项目暂停是建设单位原因时，监理工程师及时签发监理通知单

B．项目暂停是承建单位原因时，暂停原因消失后监理工程师及时签发复工令

C．项目暂停是承建单位原因时，应填写复工申请表，由监理工程师签发审批意见

D．承建单位在接到同意复工的指令后，才能继续实施

解析：如项目暂停是由于业主单位原因，或非承建单位原因时，监理工程师应在暂停原因消失、具备复工条件时，及时签发复工令，指令承建单位复工。如项目暂停是由于承建单位原因，承建单位在具备复工条件时，应填写复工申请表报监理单位审批，由总监理工程师签发审批意见。承建单位在接到同意复工的指令后，才能继续实施。

答案：D

4．变更控制系统是一个正式的文档化的过程，用来描述项目应当怎样发生变更，变更控制系统不包括（　　）。

A．变更控制委员会　　　　　　　　B．变更控制程序

C．配置管理系统　　　　　　　　　D．变更信息的沟通过程

解析：变更控制系统包括变更控制委员会、变更控制程序、变更信息的沟通过程。

答案：C

5．实施变更流程的工作程序正确的是（　　）。

①及时了解变化　②确定变更方法　③变更效果评估　④监控变更的实施

⑤接受变更申请　⑥变更分析　⑦变更的初审

A．⑤①⑦⑥③②④　　　　　　　　B．①⑤⑥⑦②③④

C．①⑤⑦⑥②④③　　　　　　　　D．⑤①⑥⑦②③④

解析：变更控制的工作程序：及时了解变化；接受变更申请；变更的初审；变更分析；确定变更方法；监控变更的实施；变更效果评估。

答案：C

6．监理变更分析与评估的内容不包括（　　）。

A．评估变更的合理性　　　　　　　B．评估变更方案的可行性、合理性

C．评估变更工作量　　　　　　　　D．分析变更对工程项目的投资影响

解析：变更分析与评估的内容：分析变更对工程项目的整体影响；评估变更的合理性；评估变更方案的可行性、合理性；评估变更工作量。

答案：D

第 18 小时
风险管理

18.0 章节考点分析

第 18 小时主要学习风险管理的相关知识,包括风险管理概述、风险管理过程、风险评估技术与方法等内容。根据考试大纲,本小时知识点会涉及单项选择题,占 2~5 分。本小时内容侧重于概念知识,根据以往全国计算机技术与软件专业技术资格(水平)考试的出题规律,概念知识考查知识点多参照教材,扩展内容较少。本小时的架构如图 18-1 所示。

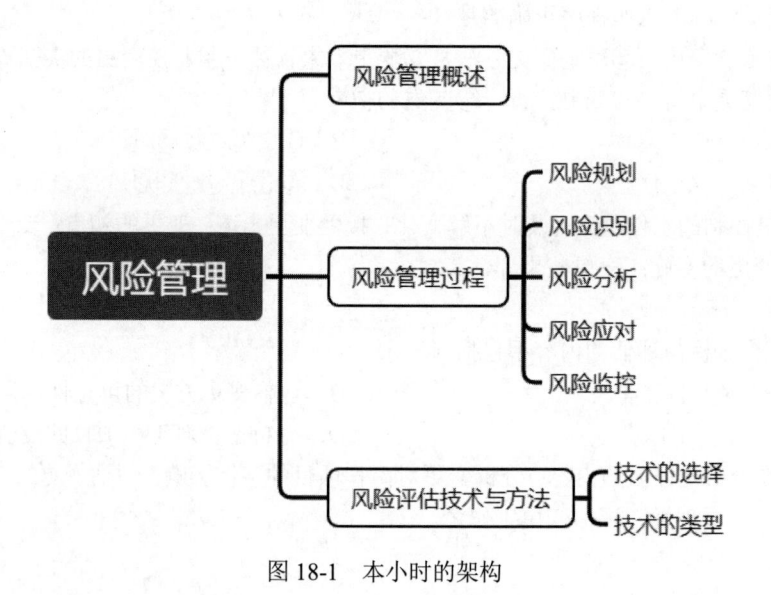

图 18-1 本小时的架构

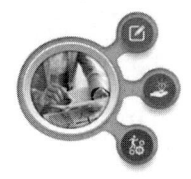

【导读小贴士】

项目风险是一种不确定的事件或条件，一旦发生，会对项目目标产生某种正面或负面的影响，良好的风险管理有助于降低决策错误概率、避免可能的损失、相对提高监理质量。信息系统规模越大，越需要进行风险管理，监理工程师必须建立风险思维、掌握风险管理技能、密切关注并协助控制项目风险。本小时所要讲述的内容，属于信息系统监理师需要掌握的相关知识，都是入门的基础知识，侧重于理解。

18.1 风险管理概述

【基础知识点】

1. 概述

项目生命周期中有很多不确定性，一旦发生会对项目目标产生某种正面或负面的影响，这些不确定性就是风险。

风险发生的概率与风险发生后的影响是风险的两个核心属性。概率又称可能性，指某一事件发生的可能程度。影响，即风险产生的后果，影响可能是消极的，也可能是积极的。

风险管理就是指通过风险识别、风险分析等认识项目的风险，并以此为基础，合理地采取各种风险应对措施、管理方法和技术，对风险实行有效的管控，利用或强化正面风险，规避或减轻负面风险，从而达到项目的最大收益。

2. 常见的风险类型

信息系统工程建设项目中常见的风险类型：①技术风险——在项目开发过程中使用的技术和工具可能导致的问题；②需求变更风险——客户在项目执行过程中提出修改需求，导致项目进度延期、成本增加和质量下降的风险；③人力资源风险——项目团队成员的离职、招聘、培训以及合作问题等可能对项目产生影响的风险；④管理风险——项目过程中实施的管理措施和决策可能导致的问题；⑤合同风险——由于合同内容不清晰、条款不明确或未履行合同约定等原因导致项目风险的增加；⑥质量风险——质量不满足预期目标，可能导致客户不满意、返工等问题；⑦成本风险——成本超出预算或资源浪费，导致项目经济效益受损的风险；⑧进度风险——建设过程中，可能出现交付延误、未按计划完成等问题；⑨法律和政策风险——建设过程中，法律法规和政策变更等因素可能给项目带来的风险；⑩外部环境风险——自然灾害、市场竞争、宏观经济环境等因素可能对项目产生影响的风险。

18.2 风险管理过程

【基础知识点】

风险管理应贯穿整个项目生命周期,与项目管理其他过程相结合,并应使所有的利益相关者都能积极参与其中。

风险管理过程包括:①风险规划——定义如何实施项目风险管理活动;②风险识别——识别单个项目风险及整体项目风险的来源,并记录风险特征;③风险分析——包含定性分析和定量分析,定性分析指通过评估单个项目风险发生的概率和影响以及特征对风险进行优先级排序,定量分析指对已识别的项目风险统计可量化数据并建立数学模型进行分析;④风险应对——对已识别的单个或整体项目风险选择应对策略并商定应对措施;⑤风险监控——在整个项目期间,监督风险应对计划的实施、跟踪已识别风险、识别和分析新风险、评估风险管理的有效性。

1. 风险规划

风险规划应遵循的原则包括:全面性原则、灵活性原则、职责的明确性原则。

风险规划的依据、技术与方法、产出见表18-1。

表18-1 风险规划的依据、技术与方法、产出

主要依据	技术与方法	产出
项目管理计划 组织过程资产 项目干系人	常用形式:会议	风险管理计划

风险管理计划的内容主要包括:方法论;角色与职责;预算;沟通计划;风险分类;风险概率和影响;干系人风险承受度;跟踪。

2. 风险识别

风险识别的依据、技术与方法、产出见表18-2。

表18-2 风险识别的依据、技术与方法、产出

主要依据	技术与方法	产出
项目管理计划 风险管理计划 项目文档 组织过程资产	专家判断及集体智慧(例如头脑风暴、德尔菲、情景分析等) 图表分析(例如风险核对表、SWOT分析、风险分解结构等)	风险登记册

风险登记册的内容主要包括:风险事件;风险源;风险影响;风险措施;风险状态;责任人。

3. 风险分析

风险分析是对识别出的风险进行定性和定量的分析,为风险应对提供支持。

风险定性分析的依据、技术与方法、产出见表18-3。

表18-3 风险定性分析的依据、技术与方法、产出

主要依据	技术与方法	产出
风险管理计划 项目范围说明书 风险登记册 组织过程资产	专家判断 风险概率影响矩阵（定性评估） 故障树分析、层次分析对风险紧迫性、风险 数据质量分析和评估	风险登记册（更新）

风险定量分析的依据、技术与方法、产出见表18-4。

表18-4 风险定量分析的依据、技术与方法、产出

主要依据	技术与方法	产出
项目管理计划 风险登记册 组织过程资产	决策树法 蒙特卡罗模拟 敏感性分析等	风险登记册（更新）

4. 风险应对

风险应对的依据、技术与方法、产出见表18-5。

表18-5 风险应对的依据、技术与方法、产出

主要依据	技术与方法	产出
项目管理计划 风险登记册 组织过程资产	运用科学的方法（例如概率影响矩阵等）选择风险应对策略	风险登记册（更新） 项目管理计划（更新）

风险应对策略：①积极风险应对策略有接受、开拓、分享、增强；②消极风险应对策略有接受、回避、转移、减轻；③两者通用的应对策略有接受。

5. 风险监控

风险监控的目的是检查各种风险应对措施产生的实际效果，监视剩余风险的变化情况，进而评估调整风险管理计划或启动相应的应急措施的必要性。风险监控贯穿项目全生命周期。

风险监控的依据、技术与方法、产出见表18-6。

表18-6 风险监控的依据、技术与方法、产出

主要依据	技术与方法	产出
项目管理计划 风险登记册 项目绩效信息 其他项目文档	审计 审查	项目管理计划（更新） 风险登记册（更新） 项目绩效信息（更新） 相关项目文档（更新）

18.3 风险评估技术与方法

【基础知识点】

1. 风险评估技术的选择依据

选择评估技术时的依据：风险评估的目标、决策者的需要、所分析风险的类型及范围、后果的潜在严重程度、对专业知识和人员的要求、信息和数据的可获得性、更新风险评估的必要性、法律法规及合同要求等。

2. 主要的风险评估技术与方法

（1）头脑风暴法。头脑风暴法是指激励一群知识渊博或经验丰富的人员畅所欲言，以发现潜在的项目风险、决策准则、应对办法等。

本方法主要用于识别风险或评估现有风险应对措施的效果，是为相关方提供数据来进行风险评估的有效方式，适用于某个过程或项目生命周期的任何阶段。

（2）结构化/半结构化访谈。结构化访谈的访谈者会依据事先准备好的提纲向访谈对象提问，从而获取访谈对象对某个问题的看法。半结构化访谈与结构化访谈类似，但是可以进行更自由的对话，以探讨可能出现的问题。

本方法主要用于识别风险或评估现有风险应对措施的效果，是为相关方提供数据来进行风险评估的有效方式，适用于某个过程或项目生命周期的任何阶段。

（3）德尔菲法。德尔菲法是依据一套系统的程序在一组专家中取得可靠共识的技术。德尔菲法可以用于风险管理过程或项目生命周期的任何阶段。

本方法中：①专家单独、匿名发表各自观点；②团队成员之间不得互相讨论，只能与调查人员沟通；③通过让团队成员填写问卷，集结意见，整理并共享，周而复始，最终获取共识。

（4）情景分析。情景分析法是通过假设、预测、模拟等手段，对未来可能发生的各种情景及其可能产生的影响进行分析的方法。情景分析可用来帮助决策并规划未来战略，也可以用来分析现有的活动，在风险识别、风险分析中都可以发挥作用。

（5）检查表。检查表就是一个风险或故障的控制清单，而这些清单通常是凭经验进行编制的。检查表适用于项目生命周期的任何阶段，也可以作为其他风险评估技术的组成部分进行使用。

（6）风险概率影响（P-I）矩阵。风险概率影响矩阵可用于风险分析和风险应对过程，是识别风险和对其进行优先级排序的有效工具。

（7）故障树分析。故障树分析是一种逻辑演绎的分析工具，也是一种复杂系统的可靠性分析方法。用描绘事故发生的有向逻辑树分析事故的现象、原因及结果，从而找出预防事故的措施。

故障树的基本事件是硬件问题、人为错误或其他引起故障的相关因素。

故障树可以用来对故障的潜在原因及途径进行定性分析，也可以在掌握基本事项概率的相关数据之后，定量计算重大事件的发生概率。

（8）SWOT分析。SWOT：优势（Strength）、劣势（Weakness）、机会（Opportunity）、威胁

（Threat）。SWOT 分析除了用来识别风险，也可以用来考察项目的优势可以抵消威胁的程度，以及机会可以克服劣势的程度。

（9）决策树分析。决策树分析法是一种运用概率与（图论中的）树对决策中的不同方案进行比较，从而获得最优方案的风险型决策方法。

决策树可用于项目风险管理，以便在不确定的情况下选择最佳的行动步骤。图形显示也有助于决策依据的快速沟通。

（10）蒙特卡罗模拟。蒙特卡罗模拟又称随机模拟法，该方法的主要思路是（按照概率定义）某事件发生的概率可以用大量试验中该事件发生的频率估算。

本方法通常用来评估各种可能结果的分布及值的频率，其应用范围包括财务预测、投资效益、项目成本及进度预测、业务过程中断、人员需求等领域的风险评估。

（11）敏感性分析。敏感性分析也被称为灵敏度分析，本方法广泛用于分析各领域模型的变量对模型输出的影响程度，帮助确定重要及不重要的变量。敏感性分析能够帮助风险管理人员精准地确定风险的影响程度，确定敏感性因素和不敏感因素。

18.4 练习题

1．在风险管理过程中，（　　）识别单个项目风险及整体项目风险的来源，并记录风险特征。
　A．风险规划　　　B．风险识别　　　C．风险分析　　　D．风险应对
解析：风险识别识别单个项目风险及整体项目风险的来源，并记录风险特征。
答案：B

2．风险规划应遵循的原则不包括（　　）测试指标。
　A．全面性原则　　　　　　　　　B．灵活性原则
　C．机动性原则　　　　　　　　　D．职责的明确性原则
解析：风险规划应遵循的原则包括全面性原则；灵活性原则；职责的明确性原则。
答案：C

3．风险管理计划内容主要包括方法论、角色与职责、（　　）、预算。
　A．进度计划　　　　　　　　　　B．风险识别
　C．承建单位风险承受度　　　　　D．沟通计划
解析：风险管理计划内容主要包括方法论；角色与职责；预算；沟通计划；风险分类；风险概率和影响；干系人风险承受度；跟踪。
答案：D

4．风险定性分析的主要依据不包括（　　）。
　A．风险管理计划　B．项目范围说明书　C．项目文档　D．风险登记册
解析：风险定性分析的主要依据：风险管理计划、项目范围说明书、风险登记册、组织过程资产。
答案：C

5．同时适用于积极风险和消极风险的应对策略是（ ）。

　　A．开拓　　　　　B．回避　　　　　C．接受　　　　　D．增强

解析：两者通用的应对策略有接受。

答案：C

6．在常用的风险评估技术与方法中，（ ）指激励一群知识渊博或经验丰富的人员畅所欲言，以发现潜在的项目风险、决策准则、应对办法等。

　　A．德尔菲法　　　B．检查表　　　　C．故障树分析　　D．头脑风暴法

解析：头脑风暴法指激励一群知识渊博或经验丰富的人员畅所欲言，以发现潜在的项目风险、决策准则、应对办法等。

答案：D

第 19 小时
监理支撑要素

19.0 章节考点分析

第 19 小时主要学习监理支撑要素的相关知识,包括:法律法规、标准规范等内容。根据考试大纲,本小时知识点会涉及单项选择题和案例分析题,占 2~5 分。本小时内容侧重于概念知识,根据以往全国计算机技术与软件专业技术资格(水平)考试的出题规律,概念知识考查知识点多参照教材,扩展内容较少。本小时的架构如图 19-1 所示。

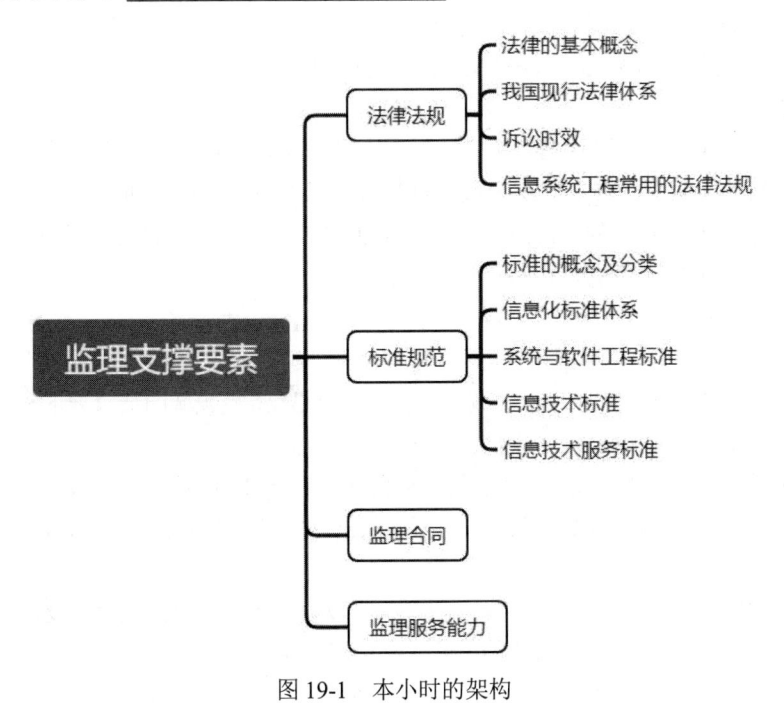

图 19-1 本小时的架构

【导读小贴士】

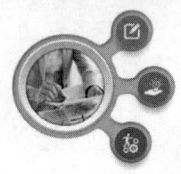

信息系统监理师的"三控、两管、一协调"工作需要遵守相关的法律法规和标准规范，本章列出了要求我们监理师需熟知的部分法律及标准的条款，这不只是考试的要求，也是我们实际工作中要严格遵守的准则。

说明：在引用相关条文时，本书只摘取了条文中与本科目知识点关联度较强的内容，具体完整、详尽条文内容读者可参考相应法律法规原文。

19.1 法律法规

【基础知识点】

1. 民事诉讼时效

诉讼时效是指民事诉讼中权利人请求人民法院保护自己的合法民事权益的法定期限。超过了诉讼时效，虽然可以提起诉讼，但所主张的权利不受法律保护。

根据民法典第一编第一百八十八条之规定：向人民法院请求保护民事权利的诉讼时效期间为三年。法律另有规定的，依照其规定。诉讼时效期间自权利人知道或者应当知道权利受到损害以及义务人之日起计算。法律另有规定的，依照其规定。但是，自权利受到损害之日起超过二十年的，人民法院不予保护，有特殊情况的，人民法院可以根据权利人的申请决定延长。

2. 刑事追诉时效

根据《中华人民共和国刑法》第八十七条规定，犯罪经过下列期限不再追诉：①法定最高刑为不满五年有期徒刑的，经过五年；②法定最高刑为五年以上不满十年有期徒刑的，经过十年；③法定最高刑为十年以上有期徒刑的，经过十五年；④法定最高刑为无期徒刑、死刑的，经过二十年。如果二十年以后认为必须追诉的，须报请最高人民检察院核准。

3. 民法典（合同编）

2020年5月，中华人民共和国第十三届全国人民代表大会通过《中华人民共和国民法典》，其中的"第三编 合同"（以下简称"合同编"）是信息化法律法规领域的最重要的法律基础。

4. 招标投标法及实施条例

《中华人民共和国招标投标法》（简称"招标投标法"）于1999年8月30日在中华人民共和国第九届全国人民代表大会常务委员会第十一次会议上通过，自2000年1月1日起施行。以下为从中节选的一些与信息系统监理相关的条款。

第三条 在中华人民共和国境内进行下列工程建设项目包括项目的勘察、设计、施工、监理以及与工程建设有关的重要设备、材料等的采购，必须进行招标：

（一）大型基础设施、公用事业等关系社会公共利益、公众安全的项目；

（二）全部或者部分使用国有资金投资或者国家融资的项目；

（三）使用国际组织或者外国政府贷款、援助资金的项目。

前款所列项目的具体范围和规模标准，由国务院发展计划部门会同国务院有关部门制订，报国务院批准。

法律或者国务院对必须进行招标的其他项目的范围有规定的，依照其规定。

第十条 招标分为公开招标和邀请招标。

公开招标，是指招标人<u>以招标公告的方式邀请不特定的法人或者其他组织投标</u>。

邀请招标，是指招标人<u>以投标邀请书的方式邀请特定的法人或者其他组织投标</u>。

第十一条 国务院发展计划部门确定的国家重点项目和省、自治区、直辖市人民政府确定的地方重点项目不适宜公开招标的，经国务院发展计划部门或者省、自治区、直辖市人民政府批准，可以进行邀请招标。

第十二条 招标人<u>有权自行选择招标代理机构</u>，委托其办理招标事宜。任何单位和个人不得以任何方式为招标人指定招标代理机构。

招标人具有编制招标文件和组织评标能力的，可以自行办理招标事宜。<u>任何单位和个人不得强制其委托招标代理机构办理招标事宜</u>。

依法必须进行招标的项目，招标人自行办理招标事宜的，应当向有关行政监督部门备案。

第十三条 招标代理机构是依法设立、从事招标代理业务并提供相关服务的社会中介组织。

招标代理机构应当具备下列条件：

（一）有从事招标代理业务的营业场所和相应资金；

（二）有能够编制招标文件和组织评标的相应专业力量。

第十四条 招标代理机构与行政机关和其他国家机关<u>不得存在隶属关系或者其他利益关系</u>。

第二十八条 投标人应当在招标文件要求提交投标文件的截止时间前，将投标文件送达投标地点。招标人收到投标文件后，应当签收保存，不得开启。<u>投标人少于三个的，招标人应当依照本法重新招标</u>。

<u>在招标文件要求提交投标文件的截止时间后送达的投标文件，招标人应当拒收</u>。

第二十九条 投标人在招标文件要求提交投标文件的截止时间前，<u>可以补充、修改或者撤回已提交的投标文件，并书面通知招标人</u>。补充、修改的内容为投标文件的组成部分。

第三十一条 两个以上法人或者其他组织可以组成一个联合体，以一个投标人的身份共同投标。

<u>联合体各方均应当具备承担招标项目的相应能力</u>；国家有关规定或者招标文件对投标人资格条件有规定的，联合体各方均应当具备规定的相应资格条件。由同一专业的单位组成的联合体，<u>按照资质等级较低的单位确定资质等级</u>。

第三十四条 开标应当在招标文件确定的<u>提交投标文件截止时间的同一时间公开进行</u>；开标地点应当为<u>招标文件中预先确定的地点</u>。

第三十五条 开标由<u>招标人主持</u>，邀请所有投标人参加。

第三十七条 <u>评标由招标人依法组建的评标委员会负责</u>。

依法必须进行招标的项目，其评标委员会由招标人的代表和有关技术、经济等方面的专家组成，成员人数为<u>五人以上单数</u>，其中<u>技术、经济等方面的专家不得少于成员总数的三分之二</u>。

第四十条 评标委员会<u>应当按照招标文件确定的评标标准和方法</u>，对投标文件进行评审和比较；<u>设有标底的，应当参考标底</u>。评标委员会完成评标后，应当向招标人提出<u>书面评标报告</u>，并<u>推荐合格的中标候选人</u>。

招标人根据评标委员会提出的书面评标报告和推荐的中标候选人确定中标人。招标人也可以授权评标委员会直接确定中标人。

国务院对特定招标项目的评标有特别规定的，从其规定。

第四十一条 中标人的投标应当符合下列条件之一：

（一）能够<u>最大限度</u>地满足招标文件中规定的<u>各项综合评价标准</u>；

（二）能够满足招标文件的<u>实质性要求</u>，并且经评审的投标价格最低；但是<u>投标价格低于成本的除外</u>。

第四十二条 评标委员会经评审，认为所有投标都不符合招标文件要求的，<u>可以否决所有投标</u>。

第四十五条 中标人确定后，招标人应当向中标人发出中标通知书，并<u>同时将中标结果通知所有未中标的投标人</u>。

第四十六条 招标人和中标人应当自中标通知书发出之日起<u>三十日内</u>，按照招标文件和中标人的投标文件订立书面合同。招标人和中标人不得再行订立背离合同实质性内容的其他协议。

招标文件要求中标人提交履约保证金的，中标人应当提交。

第四十七条 依法必须进行招标的项目，招标人应当自确定中标人之日起<u>十五日内</u>，向有关行政监督部门提交招标投标情况的书面报告。

第四十八条 中标人应当按照合同约定履行义务，完成中标项目。中标人不得向他人转让中标项目，也不得将中标项目肢解后分别向他人转让。

中标人按照合同约定或者经招标人同意，<u>可以将中标项目的部分非主体、非关键性工作分包给他人完成</u>。接受分包的人应当具备相应的资格条件，并不得再次分包。

中标人应当就分包项目向招标人负责，接受分包的人就分包项目承担连带责任。

第六十六条 涉及国家安全、国家秘密、抢险救灾或者属于利用扶贫资金实行以工代赈、需要使用农民工等特殊情况，不适宜进行招标的项目，按照国家有关规定可以不进行招标。

《中华人民共和国招标投标法实施条例》（简称"招标投标法实施条例"），经 2011 年 11 月 30 日国务院第 183 次常务会议通过，自 2012 年 2 月 1 日起施行。根据 2019 年 3 月 2 日《国务院关于修改部分行政法规的决定》进行第三次修订。

5．政府采购法及实施条例

《中华人民共和国政府采购法》（简称"政府采购法"）于 2002 年 6 月 29 日，在第九届全国人民代表大会常务委员会第二十八次会议上通过，自 2003 年 1 月 1 日起施行。

政府采购是指各级国家机关、事业单位和团体组织，使用财政性资金采购依法制定的集中采购目录以内的或者采购限额标准以上的货物、工程和服务的行为。政府集中采购目录和采购限额依照政府采购法规定的权限制定。

以下是与信息系统监理相关的一些条款。

第十条 政府采购应当采购本国货物、工程和服务。但有下列情形之一的除外：

（一）需要采购的货物、工程或者服务在中国境内无法获取或者无法以合理的商业条件获取的；

（二）为在中国境外使用而进行采购的；

（三）其他法律、行政法规另有规定的。

第十九条 采购人可以委托经国务院有关部门或者省级人民政府有关部门认定资格的采购代理机构，在委托的范围内办理政府采购事宜。

采购人有权自行选择采购代理机构，任何单位和个人不得以任何方式为采购人指定采购代理机构。

第二十六条 政府采购采用以下方式：

（一）公开招标；

（二）邀请招标；

（三）竞争性谈判；

（四）单一来源采购；

（五）询价；

（六）国务院政府采购监督管理部门认定的其他采购方式。

公开招标应作为政府采购的主要采购方式。

第二十九条 符合下列情形之一的货物或者服务，可以依照本法采用邀请招标方式采购：

（一）具有特殊性，只能从有限范围的供应商处采购的；

（二）采用公开招标方式的费用占政府采购项目总价值的比例过大的。

第三十条 符合下列情形之一的货物或者服务，可以依照本法采用竞争性谈判方式采购：

（一）招标后没有供应商投标或者没有合格标的或者重新招标未能成立的；

（二）技术复杂或者性质特殊，不能确定详细规格或者具体要求的；

（三）采用招标所需时间不能满足用户紧急需要的；

（四）不能事先计算出价格总额的。

第三十一条 符合下列情形之一的货物或者服务，可以依照本法采用单一来源方式采购：

（一）只能从唯一供应商处采购的；

（二）发生不可预见的紧急情况不能从其他供应商处采购的；

（三）必须保证原有采购项目一致性或者服务配套的要求，需要继续从原供应商处添购，且添购资金总额不超过原合同采购金额百分之十的。

第四十二条 采购人、采购代理机构对政府采购项目每项采购活动的采购文件应当妥善保存，不得伪造、变造、隐匿或者销毁。采购文件的保存期限为从采购结束之日起至少保存十五年。

采购文件包括采购活动记录、采购预算、招标文件、投标文件、评标标准、评估报告、定标文件、合同文本、验收证明、质疑答复、投诉处理决定及其他有关文件、资料。

采购活动记录至少应当包括下列内容：

（一）采购项目类别、名称；

（二）采购项目预算、资金构成和合同价格；

（三）采购方式，采用公开招标以外的采购方式的，应当载明原因；

（四）邀请和选择供应商的条件及原因；

（五）评标标准及确定中标人的原因；

（六）废标的原因；

（七）采用招标以外采购方式的相应记载。

第四十七条 政府采购项目的采购合同自签订之日起<u>七个工作日内</u>，采购人应当将合同副本报同级政府采购监督管理部门和有关部门备案。

第五十七条 政府采购监督管理部门在处理投诉事项期间，可以视具体情况书面通知采购人暂停采购活动，但暂停时间最长不得超过<u>三十日</u>。

2014年12月31日，审议通过《中华人民共和国政府采购法实施条例（草案）》（简称"政府采购法实施条例"），自2015年3月1日起施行。

《政府采购货物和服务招标投标管理办法》于2017年10月1日起施行。

6. 产品质量法

《中华人民共和国产品质量法》（简称"产品质量法"）从1993年9月1日起施行，根据2018年12月29日第十三届全国人民代表大会常务委员会第七次会议《关于修改〈中华人民共和国产品质量法〉等五部法律的决定》进行第三次修正。

7. 商标法

《中华人民共和国商标法》（简称"商标法"）根据2019年4月23日第十三届全国人民代表大会常务委员会第十次会议《关于修改〈中华人民共和国建筑法〉等八部法律的决定》进行第四次修正并发布，于2019年11月1日起施行。

8. 专利法

《中华人民共和国专利法》（简称"专利法"）根据2020年10月17日第十三届全国人民代表大会常务委员会第二十二次会议《关于修改〈中华人民共和国专利法〉的决定》进行第四次修正，并于2021年6月1日起施行。

第二条 本法所称的发明创造是指发明、实用新型和外观设计。发明，是指对产品、方法或者其改进所提出的新的技术方案。实用新型，是指对产品的形状、构造或者其结合所提出的适于实用的新的技术方案。外观设计，是指对产品的整体或者局部的形状、图案或者其结合以及色彩与形状、图案的结合所作出的富有美感并适于工业应用的新设计。

第六条 执行本单位的任务或者主要是利用本单位的物质技术条件所完成的发明创造为职务发明创造。<u>职务发明创造申请专利的权利属于该单位</u>，申请被批准后，该单位为专利权人。该单位可以依法处置其职务发明创造申请专利的权利和专利权，促进相关发明创造的实施和运用。

<u>非职务发明创造，申请专利的权利属于发明人或者设计人</u>；申请被批准后，该发明人或者设计

人为专利权人。

利用本单位的物质技术条件所完成的发明创造，单位与发明人或者设计人订有合同，对申请专利的权利和专利权的归属作出约定的，从其约定。

第八条 两个以上单位或者个人合作完成的发明创造、一个单位或者个人接受其他单位或者个人委托所完成的发明创造，除另有协议的以外，申请专利的权利属于完成或者共同完成的单位或者个人；申请被批准后，申请的单位或者个人为专利权人。

第九条 同样的发明创造只能授予一项专利权。但是，同一申请人同日对同样的发明创造既申请实用新型专利又申请发明专利，先获得的实用新型专利权尚未终止，且申请人声明放弃该实用新型专利权的，可以授予发明专利权。

两个以上的申请人分别就同样的发明创造申请专利的，专利权授予最先申请的人。

第二十五条 对下列各项，不授予专利权：

（一）科学发现；

（二）智力活动的规则和方法；

（三）疾病的诊断和治疗方法；

（四）动物和植物品种；

（五）原子核变换方法以及用原子核变换方法获得的物质；

（六）对平面印刷品的图案、色彩或者二者的结合作出的主要起标识作用的设计。

对前款第（四）项所列产品的生产方法，可以依照本法规定授予专利权。

第四十二条 发明专利权的期限为二十年，实用新型专利权的期限为十年，外观设计专利权的期限为十五年，均自申请日起计算。

自发明专利申请日起满四年，且自实质审查请求之日起满三年后授予发明专利权的，国务院专利行政部门应专利权人的请求，就发明专利在授权过程中的不合理延迟给予专利权期限补偿，但由申请人引起的不合理延迟除外。

为补偿新药上市审评审批占用的时间，对在中国获得上市许可的新药相关发明专利，国务院专利行政部门应专利权人的请求给予专利权期限补偿。补偿期限不超过五年，新药批准上市后总有效专利权期限不超过十四年。

9. 著作权法

第三次修正版《中华人民共和国著作权法》已由中华人民共和国第十三届全国人民代表大会常务委员会第二十三次会议于 2020 年 11 月 11 日通过并发布，2021 年 6 月 1 日正式施行。

第二条 中国公民、法人或者非法人组织的作品，不论是否发表，依照本法享有著作权。

外国人、无国籍人的作品根据其作者所属国或者经常居住地国同中国签订的协议或者共同参加的国际条约享有的著作权，受本法保护。

外国人、无国籍人的作品首先在中国境内出版的，依照本法享有著作权。

未与中国签订协议或者共同参加国际条约的国家的作者以及无国籍人的作品首次在中国参加的国际条约的成员国出版的，或者在成员国和非成员国同时出版的，受本法保护。

第三条 本法所称的作品,是指文学、艺术和科学领域内具有独创性并能以一定形式表现的智力成果,包括:

(一)文字作品;

(二)口述作品;

(三)音乐、戏剧、曲艺、舞蹈、杂技艺术作品;

(四)美术、建筑作品;

(五)摄影作品;

(六)视听作品;

(七)工程设计图、产品设计图、地图、示意图等图形作品和模型作品;

(八)计算机软件;

(九)符合作品特征的其他智力成果。

第五条 本法不适用于:

(一)法律、法规,国家机关的决议、决定、命令和其他具有立法、行政、司法性质的文件,及其官方正式译文;

(二)单纯事实消息;

(三)历法、通用数表、通用表格和公式。

第十条 著作权包括下列人身权和财产权:

(一)发表权,即决定作品是否公之于众的权利;

(二)署名权,即表明作者身份,在作品上署名的权利;

(三)修改权,即修改或者授权他人修改作品的权利;

(四)保护作品完整权,即保护作品不受歪曲、篡改的权利;

(五)复制权,即以印刷、复印、拓印、录音、录像、翻录、翻拍、数字化等方式将作品制作一份或者多份的权利;

(六)发行权,即以出售或者赠与方式向公众提供作品的原件或者复制件的权利;

(七)出租权,即有偿许可他人临时使用视听作品、计算机软件的原件或者复制件的权利,计算机软件不是出租的主要标的的除外;

(八)展览权,即公开陈列美术作品、摄影作品的原件或者复制件的权利;

(九)表演权,即公开表演作品,以及用各种手段公开播送作品的表演的权利;

(十)放映权,即通过放映机、幻灯机等技术设备公开再现美术、摄影、视听作品等的权利;

(十一)广播权,即以有线或者无线方式公开传播或者转播作品,以及通过扩音器或者其他传送符号、声音、图像的类似工具向公众传播广播的作品的权利,但不包括本款第十二项规定的权利;

(十二)信息网络传播权,即以有线或者无线方式向公众提供,使公众可以在其选定的时间和地点获得作品的权利;

(十三)摄制权,即以摄制视听作品的方法将作品固定在载体上的权利;

（十四）改编权，即改变作品，创作出具有独创性的新作品的权利；

（十五）翻译权，即将作品从一种语言文字转换成另一种语言文字的权利；

（十六）汇编权，即将作品或者作品的片段通过选择或者编排，汇集成新作品的权利；

（十七）应当由著作权人享有的其他权利。

著作权人可以许可他人行使前款第（五）项至第（十七）项规定的权利，并依照约定或者本法有关规定获得报酬。

第十八条 自然人为完成法人或者非法人组织工作任务所创作的作品是职务作品，除本条第二款的规定以外，著作权由作者享有，但法人或者非法人组织有权在其业务范围内优先使用。作品完成两年内，未经单位同意，作者不得许可第三人以与单位使用的相同方式使用该作品。

有下列情形之一的职务作品，作者享有署名权，著作权的其他权利由法人或者非法人组织享有，法人或者非法人组织可以给予作者奖励：

（一）主要是利用法人或者非法人组织的物质技术条件创作，并由法人或者非法人组织承担责任的工程设计图、产品设计图、地图、示意图、计算机软件等职务作品；

（二）报社、期刊社、通讯社、广播电台、电视台的工作人员创作的职务作品；

（三）法律、行政法规规定或者合同约定著作权由法人或者非法人组织享有的职务作品。

第十九条 受委托创作的作品，著作权的归属由委托人和受托人通过合同约定。合同未作明确约定或者没有订立合同的，著作权属于受托人。

第二十条 作品原件所有权的转移，不改变作品著作权的归属，但美术、摄影作品原件的展览权由原件所有人享有。

作者将未发表的美术、摄影作品的原件所有权转让给他人，受让人展览该原件不构成对作者发表权的侵犯。

第二十二条 作者的署名权、修改权、保护作品完整权的保护期不受限制。

第二十三条 自然人的作品，其发表权、本法第十条第一款第（五）项至第（十七）项规定的权利的保护期为作者终生及其死亡后五十年，截止于作者死亡后第五十年的12月31日；如果是合作作品，截止于最后死亡的作者死亡后第五十年的12月31日。

法人或者非法人组织的作品、著作权（署名权除外）由法人或者非法人组织享有的职务作品，其发表权的保护期为五十年，截止于作品创作完成后第五十年的12月31日；本法第十条第一款第五项至第十七项规定的权利的保护期为五十年，截止于作品首次发表后第五十年的12月31日，但作品自创作完成后五十年内未发表的，本法不再保护。

视听作品，其发表权的保护期为五十年，截止于作品创作完成后第五十年的12月31日；本法第十条第一款第五项至第十七项规定的权利的保护期为五十年，截止于作品首次发表后第五十年的12月31日，但作品自创作完成后五十年内未发表的，本法不再保护。

第二十四条 在下列情况下使用作品，可以不经著作权人许可，不向其支付报酬，但应当指明作者姓名或者名称、作品名称，并且不得影响该作品的正常使用，也不得不合理地损害著作权人的合法权益：

（一）为个人学习、研究或者欣赏，使用他人已经发表的作品；

（二）为介绍、评论某一作品或者说明某一问题，在作品中适当引用他人已经发表的作品；

（三）为报道新闻，在报纸、期刊、广播电台、电视台等媒体中不可避免地再现或者引用已经发表的作品；

（四）报纸、期刊、广播电台、电视台等媒体刊登或者播放其他报纸、期刊、广播电台、电视台等媒体已经发表的关于政治、经济、宗教问题的时事性文章，但著作权人声明不许刊登、播放的除外；

（五）报纸、期刊、广播电台、电视台等媒体刊登或者播放在公众集会上发表的讲话，但作者声明不许刊登、播放的除外；

（六）为学校课堂教学或者科学研究，翻译、改编、汇编、播放或者少量复制已经发表的作品，供教学或者科研人员使用，但不得出版发行；

（七）国家机关为执行公务在合理范围内使用已经发表的作品；

（八）图书馆、档案馆、纪念馆、博物馆、美术馆、文化馆等为陈列或者保存版本的需要，复制本馆收藏的作品；

（九）免费表演已经发表的作品，该表演未向公众收取费用，也未向表演者支付报酬，且不以营利为目的；

（十）对设置或者陈列在公共场所的艺术作品进行临摹、绘画、摄影、录像；

（十一）将中国公民、法人或者非法人组织已经发表的以国家通用语言文字创作的作品翻译成少数民族语言文字作品在国内出版发行；

（十二）以阅读障碍者能够感知的无障碍方式向其提供已经发表的作品；

（十三）法律、行政法规规定的其他情形。

前款规定适用于对与著作权有关的权利的限制。

10. 网络安全法

《中华人民共和国网络安全法》已由中华人民共和国第十二届全国人民代表大会常务委员会第二十四次会议于2016年11月7日通过，现予公布，自2017年6月1日起施行。

第八条　国家网信部门负责统筹协调网络安全工作和相关监督管理工作。国务院电信主管部门、公安部门和其他有关机关依照本法和有关法律、行政法规的规定，在各自职责范围内负责网络安全保护和监督管理工作。

县级以上地方人民政府有关部门的网络安全保护和监督管理职责，按照国家有关规定确定。

第十条　建设、运营网络或者通过网络提供服务，应当依照法律、行政法规的规定和国家标准的强制性要求，采取技术措施和其他必要措施，保障网络安全、稳定运行，有效应对网络安全事件，防范网络违法犯罪活动，维护网络数据的完整性、保密性和可用性。

第二十一条　国家实行网络安全等级保护制度。网络运营者应当按照网络安全等级保护制度的要求，履行下列安全保护义务，保障网络免受干扰、破坏或者未经授权的访问，防止网络数据泄露或者被窃取、篡改：

（一）制定内部安全管理制度和操作规程，确定网络安全负责人，落实网络安全保护责任；

（二）采取防范计算机病毒和网络攻击、网络侵入等危害网络安全行为的技术措施；

（三）采取监测、记录网络运行状态、网络安全事件的技术措施，并按照规定留存相关的网络日志不少于六个月；

（四）采取数据分类、重要数据备份和加密等措施；

（五）法律、行政法规规定的其他义务。

第三十一条　国家对公共通信和信息服务、能源、交通、水利、金融、公共服务、电子政务等重要行业和领域，以及其他一旦遭到破坏、丧失功能或者数据泄露，可能严重危害国家安全、国计民生、公共利益的关键信息基础设施，在网络安全等级保护制度的基础上，实行重点保护。关键信息基础设施的具体范围和安全保护办法由国务院制定。

国家鼓励关键信息基础设施以外的网络运营者自愿参与关键信息基础设施保护体系。

第三十七条　关键信息基础设施的运营者在中华人民共和国境内运营中收集和产生的个人信息和重要数据应当在境内存储。因业务需要，确需向境外提供的，应当按照国家网信部门会同国务院有关部门制定的办法进行安全评估；法律、行政法规另有规定的，依照其规定。

第三十八条　关键信息基础设施的运营者应当自行或者委托网络安全服务机构对其网络的安全性和可能存在的风险每年至少进行一次检测评估，并将检测评估情况和改进措施报送相关负责关键信息基础设施安全保护工作的部门。

第四十一条　网络运营者收集、使用个人信息，应当遵循合法、正当、必要的原则，公开收集、使用规则，明示收集、使用信息的目的、方式和范围，并经被收集者同意。

网络运营者不得收集与其提供的服务无关的个人信息，不得违反法律、行政法规的规定和双方的约定收集、使用个人信息，并应当依照法律、行政法规的规定和与用户的约定，处理其保存的个人信息。

第四十二条　网络运营者不得泄露、篡改、毁损其收集的个人信息；未经被收集者同意，不得向他人提供个人信息。但是，经过处理无法识别特定个人且不能复原的除外。

网络运营者应当采取技术措施和其他必要措施，确保其收集的个人信息安全，防止信息泄露、毁损、丢失。在发生或者可能发生个人信息泄露、毁损、丢失的情况时，应当立即采取补救措施，按照规定及时告知用户并向有关主管部门报告。

第四十三条　个人发现网络运营者违反法律、行政法规的规定或者双方的约定收集、使用其个人信息的，有权要求网络运营者删除其个人信息；发现网络运营者收集、存储的其个人信息有错误的，有权要求网络运营者予以更正。网络运营者应当采取措施予以删除或者更正。

第四十四条　任何个人和组织不得窃取或者以其他非法方式获取个人信息，不得非法出售或者非法向他人提供个人信息。

11. 密码法

《中华人民共和国密码法》（简称"密码法"）于 2019 年 10 月 26 日在第十三届全国人民代表大会常务委员会第十四次会议上表决通过，自 2020 年 1 月 1 日起施行。

12. 数据安全法

《中华人民共和国数据安全法》（简称"数据安全法"）于 2021 年 9 月 1 日起施行。数据安全法作为数据安全领域最高位阶的专门法，从数据安全与发展、数据安全制度、数据安全保护义务、政务数据安全与开放的角度对数据安全保护的义务和相应法律责任进行规定。

13. 关键信息基础设施安全保护条例

《关键信息基础设施安全保护条例》于 2021 年 9 月 1 日起施行。为了保障关键信息基础设施安全，维护网络安全，根据网络安全法，制定本条例。

19.2 标准规范

【基础知识点】

1. 标准的分类

按照标准的适用范围，可将标准分为国际标准、国家标准、行业标准、团体标准、地方标准、企业标准等。

按照标准所涉及的对象类型，可将标准分为术语标准、符号标准、试验标准、产品标准、过程标准、服务标准、接口标准。

按照标准要求由高到低的程度，可将标准分为规范、规程、指南。

2. 信息标准化体系

在信息标准化体系中，包含系统与软件工程标准（工程）、信息技术标准（技术）、信息技术服务标准（服务）。

（1）系统与软件工程标准。

基础标准方面，主要包含《信息技术 软件工程术语》（GB/T 11457）、《软件工程 软件工程知识体系指南》（GB/Z 31102）等标准。

生存周期管理标准方面，主要包含《系统与软件工程 软件生存周期过程》（GB/T 8566）、《系统与软件工程 系统生存周期过程》（GB/T 22032）等标准。

质量与测试标准方面，主要参考《系统与软件工程 系统与软件质量要求和评价（SQuaRE）》（GB/T 25000）等标准。

（2）信息技术标准。

物联网相关标准主要有《物联网 术语》（GB/T 33745）、《物联网 标准化工作指南》、（GB/Z 33750）、《物联网 参考体系结构》（GB/T 33474）等标准。现行主要物联网部分相关标准见表 19-1。

表 19-1 现行主要物联网部分相关标准

标准编号	标准名称	主要内容	适用范围	类别
GB/Z 33750	物联网 标准化工作指南	该指南制定了物联网标准化工作原则、工作程序、标准名称的结构和命名以及物联网标准分类	该指导性技术文件适用于：①以物联网作为名称要素的国家标准的管理工作；②物联网基础共性标准的研制工作	国家标准
GB/T 33474	物联网 参考体系结构	该标准给出了物联网概念模型，并从系统、通信、信息三个不同的角度给出了物联网参考体系结构	该标准适用于各应用领域物联网系统的设计，为物联网系统设计提供参考	国家标准
GB/T 35319	物联网 系统接口要求	该标准规定了物联网系统实体间接口的具体功能要求	该标准适用于物联网系统实体间接口的设计、开发和应用	国家标准
GB/T 36478.1	物联网 信息交换和共享 第1部分：总体架构	该部分规定了物联网系统之间进行信息交换和共享包含的过程活动、功能实体和共享交换模式	该部分适用于物联网系统之间信息交换和共享的规划、设计、系统开发以及运行维护管理	国家标准

云计算相关标准主要有《信息技术 云计算 概览与词汇》（GB/T 32400）、《信息技术 云计算 参考架构》（GB/T 32399）等标准。现行主要云计算相关标准见表 19-2。

表 19-2 现行主要云计算相关标准

标准编号	标准名称	主要内容	适用范围	类别
GB/T 32400	信息技术 云计算 概览与词汇	该标准给出了云计算概览、云计算相关术语及定义。该标准为云计算标准提供了术语基础	该标准适用于各类组织（例如企业、政府机关和非营利性组织）	国家标准
GB/T 32399	信息技术 云计算 参考架构	该标准规定了云计算参考架构（CCRA），包括云计算角色、云计算活动、云计算功能组件以及它们之间的关系	该标准适用于云计算架构参考使用	国家标准
GB/T 35301	信息技术 云计算 平台即服务（PaaS）参考架构	该标准规定了平台即服务（PaaS）参考架构的术语定义和缩略语、图例说明、PaaS 参考架构概念、PaaS 用户视图和功能视图	该标准适用于 PaaS 云计算系统的设计、实现、部署和使用	国家标准
GB/T 35293	信息技术 云计算 虚拟机管理通用要求	该标准规定了虚拟机的基本管理与调度、监控与告警、可用性和可靠性、安全性等管理通用技术要求	该标准适用于虚拟机相关产品的设计、开发、测评、使用等	国家标准

大数据相关标准主要有《信息技术 大数据 术语》（GB/T 35295）、《信息技术 大数据 技术参考模型》（GB/T 35589）等标准。

（3）信息技术服务标准。

现行主要信息技术服务通用标准见表 19-3。

表 19-3 现行主要信息技术服务通用标准

标准编号	标准名称	主要内容	适用范围	类别
GB/T 29264	信息技术服务 分类与代码	该标准规定了信息技术服务的分类与代码，是信息技术服务分类、管理和编目的准则，为信息技术服务体系的建立提供了范围基础	该标准适用于信息技术服务的信息管理及信息交换，供科研、规划等工作使用	国家标准
GB/T 33850	信息技术服务 质量评价指标体系	该标准建立了信息技术服务质量模型，规定了信息技术服务质量评价指标、测量方法以及质量评价过程等	该标准适用于对信息技术服务质量进行评价	国家标准
GB/T 37696	信息技术服务 从业人员能力评价要求	该标准规定了信息技术服务从业人员的职业种类、能力要素等级和评价方法	该标准适用于对信息技术服务从业人员的能力评价与培养	国家标准
GB/T 37961	信息技术服务 服务基本要求	该标准规定了信息技术服务中服务过程基本要求、信息技术咨询、设计与开发、信息系统集成实施、运行维护、数据处理和存储、运营等服务的活动内容和成果要求	该标准适用于服务供方和需方确立服务内容及签署合同	国家标准
GB/T 39770	信息技术服务 服务安全要求	该标准提出了信息技术服务安全模型，规定了安全总则、生存周期和能力要素的安全要求	该标准适用于对信息技术服务提供方、服务需求方和第三方	国家标准

19.3 监理合同

【基础知识点】

1. 监理合同的内容

监理合同的主要内容应包括：监理及相关服务内容；监理服务周期；双方的权利和义务；监理服务费用的计取；违约责任及争议的解决办法；双方约定的其他事项。

2. 监理合同的特征

（1）关于监理合同的当事人。监理合同的当事人双方应当是具有民事权利能力和民事行为能力、取得法人资格的企事业单位、其他社会组织，个人在法律允许范围内也可以成为合同当事人。

（2）关于监理合同的订立。监理合同的订立必须符合工程项目建设和运行程序。

（3）关于监理合同的目的。监理合同的目的是服务，即监理工程师凭借自己的知识、经验、技能，受业主委托，为其签订的合同的履行实施提供监督、管理以及咨询等相关技术服务。

3. 监理合同的条款

监理合同的条款结构至少应包括：①合同内所涉及的词语定义和遵循的法规；②监理服务内容和范围；③监理服务周期；④监理单位的权利和义务；⑤委托人的权利和义务；⑥监理及相关服务费用计取方式；⑦监理及相关服务费用支付方式；⑧监理单位违约责任；⑨委托人违约责任；⑩合同生效、变更与终止；⑪争议的解决办法；⑫双方约定的其他事项等。

19.4 监理服务能力

【基础知识点】

监理的服务能力主要体现在人员、技术、资源和流程四个方面。

1. 人员

人员主要包括监理人员、外部技术协作体系、人力资源管理体系等。

监理人员包括总监理工程师、总监理工程师代表、监理工程师、监理员。

外部技术协作体系是指监理单位应根据监理及相关服务项目的需要，从外部聘请主要业务领域的技术专家对监理及相关服务项目提供专业技术的支持，体系应包括专家管理制度、专家聘用和工作流程、专家库建设等方面。

人力资源管理体系涵盖监理单位的招聘与配置、培训与开发、绩效管理、薪酬管理等主要方面，以及监理单位的人力资源管理制度和流程。

2. 技术

技术主要包括监理工作体系、业务流程研究能力、监理技术规范、质量管理体系、监理大纲、监理规划、监理实施细则等。

在质量管理体系中，监理单位应按照 ISO 9000 标准对监理行为进行规范。ISO 9000 标准的八项质量管理原则：以顾客为中心，领导作用，全员参与，过程方法，管理的系统方法，持续改进，基于事实的决策方法，与供方互利的关系。

3. 资源

资源包括监理机构、监理设施、监理知识库及监理案例库、检测分析工具及仪器设备、企业管理信息系统等。

进行知识管理工作时，应开展的工作：①知识体系构建；②知识采集；③知识检查；④知识应用；⑤知识评价；⑥知识维护。

4. 流程

流程包括项目管理体系、客户服务体系、监理及相关服务的制度和流程等。

监理人员在服务过程中应当具备的服务意识：①提供个性化的服务；②对客户表示热情、尊重和关心；③帮助客户解决问题；④迅速响应客户的需求；⑤始终以客户为中心；⑥持续提供优质服务；⑦设身处地为客户着想。

19.5 练习题

1. 关于招投标的描述，不正确的是（　　）。
   A．招标人采用邀请招标方式的，应当向三个以上具备承担项目的能力、资信良好的特定法人或者其他组织发出投标邀请书
   B．招标人对已发出的招标文件进行必要的澄清或者修改的，应当在招标文件要求提交投标文件截止时间至少 15 日前，以书面形式通知所有招标文件收受人
   C．投标人在招标文件要求提交投标文件的截止时间前，可以补充、修改或者撤回已提交的投标文件，并书面通知招标人
   D．依法必须进行招标的项目，其评标委员会由招标人的代表和有关技术、经济等方面的专家组成，成员人数为五人以上单数，其中技术、经济等方面的专家不得少于成员总数的一半

   解析：根据《中华人民共和国招标投标法》第三十七条中的规定，评标由招标人依法组建的评标委员会负责，依法必须进行招标的项目，其评标委员会由招标人的代表和有关技术、经济等方面的专家组成，成员人数为五人以上单数，其中技术、经济等方面的专家不得少于成员总数的三分之二。

   答案：D

2. 根据《中华人民共和国政府采购法》，（　　）应作为政府采购的主要方式。
   A．公开招标　　　　　　　　　　B．邀请招标
   C．竞争性谈判　　　　　　　　　D．询价

   解析：根据《中华人民共和国政府采购法》第二十六条，政府采购采用的方式包括公开招标、邀请招标、竞争性谈判、单一来源采购、询价、国务院政府采购监督管理部门认定的其他采购方式。公开招标应作为政府采购的主要采购方式。

   答案：A

3. 甲乙两人分别独立开发出相同主题的软件平台，但甲完成在先，乙完成在后。依据专利法规定（　　）。
   A．甲享有专利申请权，乙不享有　　　B．甲不享有专利申请权，乙享有
   C．甲、乙都享有专利申请权　　　　　D．甲、乙都不享有专利申请权

   解析：根据《中华人民共和国专利法》第九条，两个以上的申请人分别就同样的发明创造申请专利的，专利权授予最先申请的人。因此，甲乙二人都具有申请权，但是专利权授予二人当中最先申请专利权的人。

   答案：C

4. 某公司法人王某花费 3000 余元从网上购买个人信息计 3646 条，并将购得的信息分发给员工用以推销业务。当地警方依据（　　）规定，对王某予以罚款 10 万元。

A．著作权法 B．计算机软件保护条例
C．网络安全法 D．民法通则

解析：根据《中华人民共和国网络安全法》第四十四条之规定，<u>任何个人和组织不得窃取或者以其他非法方式获取个人信息，不得非法出售或者非法向他人提供个人信息。</u>

答案：C

5．根据《中华人民共和国著作权法》规定，当著作权属于公民时，著作权人署名权的保护期为（　　）。

A．永久 B．100年 C．50年 D．20年

解析：根据《中华人民共和国著作权法》第二十二条之规定，作者的署名权、修改权、保护作品完整权的保护期不受限制。

答案：A

6．监理合同的内容不包括（　　）。

A．监理及相关服务内容 B．监理服务周期
C．监理服务费用的计取 D．承建单位的权利和义务

解析：监理合同的内容包括监理及相关服务内容、监理服务周期、双方的权利和义务、监理服务费用的计取、违约责任及争议的解决办法、双方约定的其他事项。

答案：D

7．（　　）无法体现监理单位的监理服务能力。

A．人员 B．资源 C．技术 D．服务

解析：监理单位的监理服务能力主要体现在人员、技术、资源和流程四个方面。

答案：D

第20小时 信息系统工程监理基础工作

20.0 章节考点分析

第 20 小时主要介绍各阶段的基础监理工作,对关键监理活动进行更细化、更深入地阐述,并提出相应的监理策略,引导监理成果的编制。

根据考试大纲,本小时知识点涉及单项选择题与案例分析题,占 5~10 分。根据以往全国计算机技术与软件专业技术资格(水平)考试的出题规律,概念知识点多参照教材,扩展内容较少。本小时的架构如图 20-1 所示。

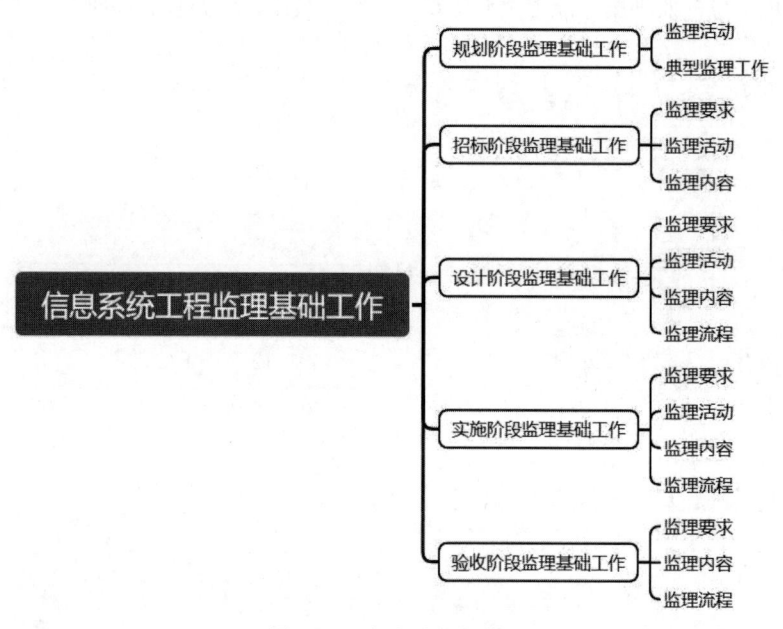

图 20-1 本小时的架构

【导读小贴士】

信息系统监理师考试属于软考的中级考试，在下午的考试题目中，会有本小时知识点的题目，内容不会超出章节知识点范围。但是最棘手的问题在于，本章节内容是新增部分。所以，本小时的特点是浓缩了本章节重要知识点。掌握了这些内容，可以轻松应对软考中的相关题目。

20.1 规划阶段监理基础工作

【基础知识点】

1. 规划阶段的监理活动

规划阶段的监理活动主要包括：①协助业主单位构建信息系统架构；②可以为业主单位提供项目规划相关服务，为业主单位决策提供依据；③对项目需求、项目计划和初步设计方案进行审查；④协助业主单位策划招标方法，适时提出咨询意见。

2. 规划阶段的典型监理工作

规划阶段的典型监理工作包括：①参与可行性研究报告的编制；②如建设方有要求，可参与编写初步设计方案，协助编制投资预算；③协助组织相关评审，验证项目需求；④协助招投标的准备工作，提出适当的招投方法。

20.2 招标阶段监理基础工作

【基础知识点】

招标阶段监理基础工作的框架如图 20-2 所示。

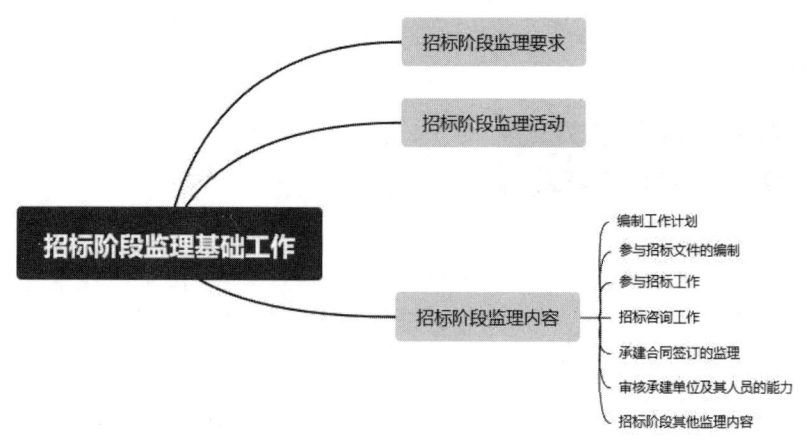

图 20-2 招标阶段监理基础工作框架

1. 招标阶段监理要求

招标阶段的监理要求包括：①协助建设单位明确项目需求，确定项目建设目标和招标要求；②促使招标文件与用户需求、项目建设目标和范围相符合；③见证招标过程合法、合规；④协助建设单位选择适合的承建单位；⑤促使建设单位、承建单位所签订的承建合同在技术、经济上合理有效，满足法律法规和相关标准的要求；⑥在签订的承建合同中明确要求承建单位接受监理机构的监理。

2. 招标阶段监理活动

招标阶段的监理活动包括：①在建设单位授权下参与建设单位招标前的准备工作，协助建设单位编制项目工作计划；②在建设单位授权下参与招标文件的编制，并对招标文件内容提出监理意见；③在建设单位授权下协助建设单位进行招标工作，若委托招标，则负责审核招标代理机构资质是否符合行业管理要求；④在建设单位的授权下向建设单位提供招投标咨询服务；⑤在建设单位授权下，参与承建合同的签订过程，并对承建合同的内容提出监理意见。

3. 招标阶段监理内容

在招标阶段的监理内容主要包括：①编制工作计划；②参与招标文件的编制；③参与招标工作；④招标咨询工作；⑤承建合同签订的监理；⑥审核承建单位及其人员的能力；⑦招标阶段其他监理内容。

20.3 设计阶段监理基础工作

【基础知识点】

设计阶段监理基础工作框架如图 20-3 所示。

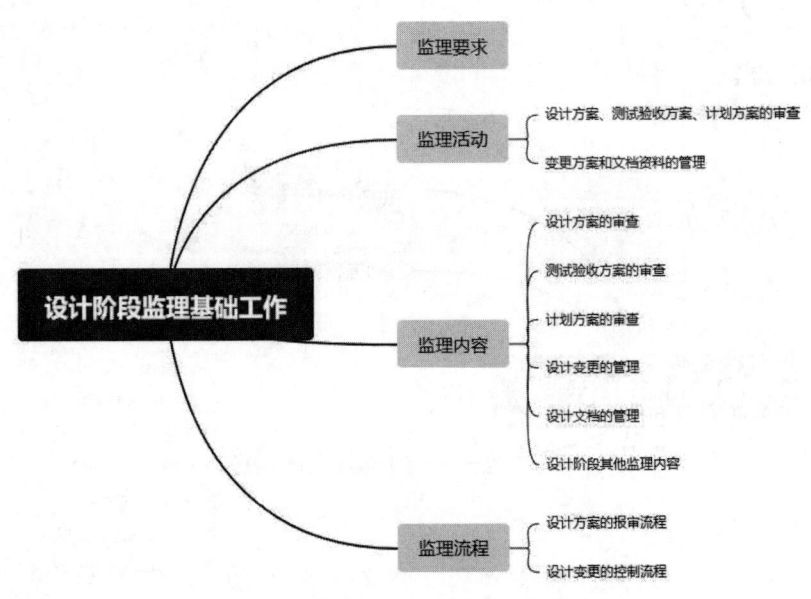

图 20-3 设计阶段监理基础工作框架

1. 监理要求

设计阶段的监理要求包括：①应推动业主单位、承建单位对项目需求和设计进行规范化的技术描述，为项目实施提供优化的设计方案；②应促使项目计划、设计方案满足项目需求，符合相关的法律法规和标准，并与承建合同相符，具有可验证性；③应协助业主单位、承建单位消除设计文档在进入实施阶段前可预见的缺陷；④应协助业主单位组织专业人员评审设计方案。

2. 监理活动

设计阶段的监理活动包括：①对设计方案、测试验收方案、计划方案的审查；②对变更方案和文档资料的管理。

3. 监理内容

设计阶段的监理内容包括：①对设计方案进行审查；②对测试验收方案进行审查；③对计划方案进行审查；④对设计变更进行管理；⑤对设计文档进行管理；⑥设计阶段的其他监理内容。

4. 监理流程

设计阶段的监理流程分为设计方案的报审流程和设计变更的控制流程两部分。

设计方案的报审流程为：①承建单位完成项目设计方案后，应及时向监理机构提交设计方案评审申请；②监理机构收到承建单位提交的设计评审申请后，协助业主单位组织人员进行设计文档完整性审查；③设计文档完整性审查完毕后，监理机构应组织人员进行设计方案的详细审查；④设计文档审查完毕后，三方应对评审完毕的设计方案进行签认。

设计变更控制主要通过对变更流程进行控制和对变更内容进行控制来实现。因此，设计变更的控制流程为：①通过规划的变更控制流程防止随意变更；②有效约束变更的具体内容。

20.4 实施阶段监理基础工作

【基础知识点】

实施阶段的监理基础工作框架如图 20-4 所示。

实施阶段是信息系统实现的过程，因此本阶段一般也是监理单位工作量最大的阶段。

1. 实施阶段的监理要求

实施阶段的监理要求包括：①应审核项目实施方案的合法性、合理性，及实施方案与设计方案的符合性；②应促使项目中所使用的产品和服务符合承建合同、法律法规和标准；③应审核项目实施计划，对于计划的调整应合理、受控；④应促使项目实施过程满足承建合同的要求，并与设计方案、项目计划相符。

2. 实施阶段的监理活动

实施阶段的监理活动可以用"三控两管一协调"来概括，具体为：①质量控制；②进度控制；③投资控制；④合同管理；⑤文档资料管理；⑥沟通协调。

```
                            ┌─ 监理要求
                            │
                            │                ┌─ 质量控制
                            │                ├─ 进度控制
                            │                ├─ 投资控制
                            ├─ 监理活动 ─────┤
                            │                ├─ 合同管理
                            │                ├─ 文档资料管理
                            │                └─ 沟通协调
                            │
                            │                ┌─ 质量管理计划的审查
                            │                ├─ 实施方案的审查
                            │                ├─ 组织实施准备会议
                            │                ├─ 质量问题的处理
  实施阶段监理基础工作 ─────┤                ├─ 审核分包单位的工程实施资质
                            ├─ 监理内容 ─────┤
                            │                ├─ 实施阶段产品及服务的验收
                            │                ├─ 硬件设备的验收
                            │                ├─ 质量事故处理程序
                            │                ├─ 项目延期处理程序
                            │                └─ 索赔处理程序
                            │
                            │                ┌─ 实施阶段监理工作流程
                            └─ 监理流程 ─────┤
                                             └─ 合同管理监理工作流程
```

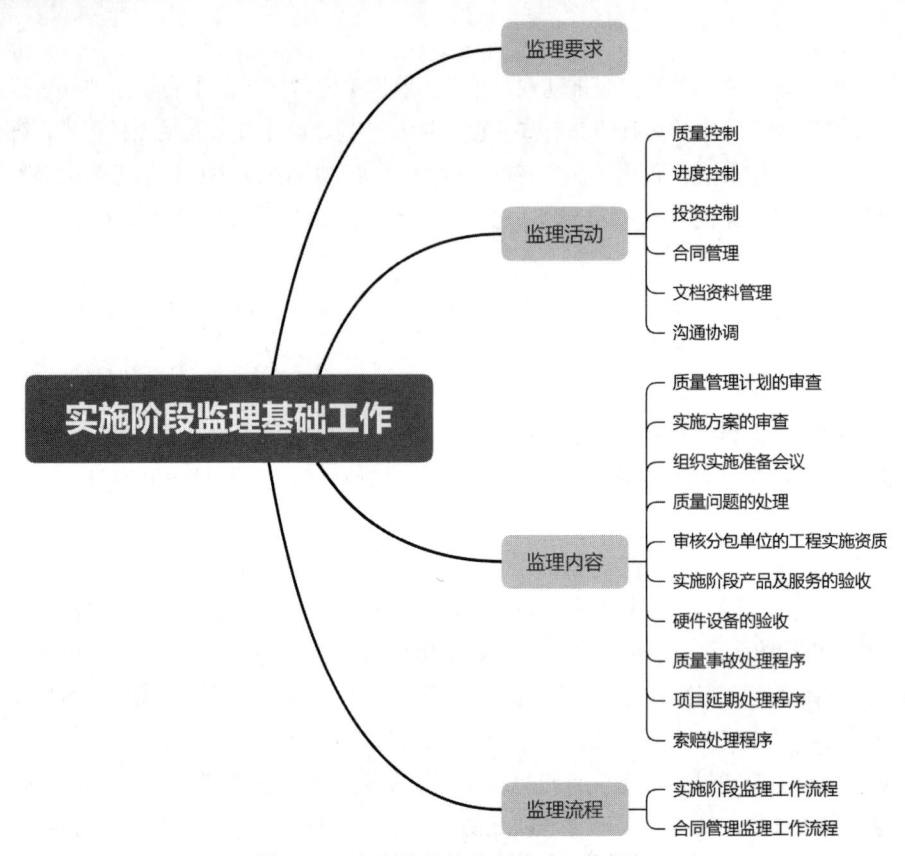

图 20-4　实施阶段的监理基础工作框架

3. 实施阶段的监理内容

实施阶段的主要监理内容包括：①对质量管理计划的审查；②对实施方案的审查；③组织实施准备会议；④对质量问题的处理；⑤审核分包单位的工程实施资质；⑥实施阶段产品及服务的验收；⑦硬件设备的验收；⑧质量事故处理程序；⑨项目延期处理程序；⑩索赔处理程序。

实施方案的审核内容包括：①实施方案与法律法规和标准的符合性；②实施方案的合理性和可行性；③实施方案与合同、设计方案和实施计划的符合性；④工程实施的组织机构。

实施方案的审核要点包括：①承建单位的项目组织机构、管理制度和技术措施是否能满足项目实施需要；②承建单位是否有完善的质量保证体系并能正常运行；③所引用的法律法规、标准规范是否是有效的、最新的；④进度计划中的进度节点是否满足合同要求；⑤施工安全技术措施是否得当。

处理质量问题时应遵循一般性原则：①当质量缺陷在萌芽状态时，分析质量缺陷产生的原因，采取果断措施，制止质量缺陷蔓延；②当质量缺陷出现明显症状时，监理机构应立刻发出暂停施工的指令，直到承建单位采取了补救措施，并对质量缺陷进行了正确的补救后，才书面通知恢复施工；③当质量缺陷已对下个阶段或分项工程产生质量影响时，应拒绝签认工程计量，并要求承建单位进行返工或处理，直到质量缺陷解决为止。

项目延期时的一般处理程序：①监理机构根据项目情况，分析延期原因、影响程度等，研究整改措施，确认其延期申请的合理性，与业主单位、承建单位协商确认后，由总监理工程师对项目延期申请予以确认；②项目延期影响项目总体进度计划时，要求承建单位修改项目总体进度计划，经三方签认后，做工程备忘录；③组织审查进度纠偏措施的合理性、可行性，监理机构可出具监理意见并跟踪整改；④当发生由于延期造成的索赔时，总监理工程师应综合考虑项目延期和费用索赔的关系，做出费用索赔和项目延期的建议。

索赔处理的一般程序：①申请方应在合同规定的期限内向监理机构提交索赔申请；②总监理工程师指定监理人员收集与索赔有关的资料；③总监理工程师进行索赔审查，与承建单位和业主单位协商索赔费用；④总监理工程师应在承建合同规定的期限内签发索赔审批意见，或在承建合同规定的期限内发出要求申请方提交详细资料的监理意见；⑤当申请方的索赔要求与项目延期要求相关联时，总监理工程师应综合考虑费用索赔和项目延期的关系，提出费用索赔和项目延期的建议。

4. 实施阶段的监理流程

实施阶段的监理流程分为实施阶段的监理工作流程和合同管理监理工作流程。

监理工作流程：①承建单位做好项目实施前的各项准备工作后，向监理机构提出项目实施申请；②项目实施启动后，监理机构依据签认的项目质量管理计划、实施方案、实施计划和监理实施细则的要求对现场实施监理；③项目实施过程结束后，承建单位及时提交项目实施报告，监理机构及时提交监理报告。

合同管理监理工作流程：①业主单位或承建单位就合同管理相关问题（例如变更问题、延期问题、索赔问题等）提出申请，申请中应对相关问题产生的原因、责任归属、处理方式做出说明，其后，监理机构根据项目实际情况，收集相关信息，并进行相应的审查；②如果合同管理问题申请的理由充分、合理，监理机构应予以批准，三方就申请处理结果达成一致后，要及时签署工程备忘录并落实合同变更，否则及时签发监理通知单，告知申请方不同意申请的意见并说明原因；③合同变更处理完毕后，项目实施过程根据变更予以一定的修正，监理机构须相应调整监理实施细则，落实合同变更内容。

20.5　验收阶段监理基础工作

【基础知识点】

1. 验收阶段监理要求

验收阶段的主要监理要求包括：① 应审核项目测试验收方案（验收目标、双方责任、验收提交清单、验收标准、验收方式、验收环境等）的符合性及可行性；②应协调承建单位配合第三方测试机构进行项目系统测评；③应促使项目的最终功能和性能符合承建合同、法律法规和标准的要求；④应促使承建单位所提供的项目各阶段形成的技术、管理文档的内容和种类符合相关标准。

2. 监理内容

（1）对于初验的监理内容。初验需满足一定的条件才可开始，这些条件包括：①招投标文件及合同文件（包括合同附件、补充协议、后期出现的变更等）要求的系统功能已实现，未完善工作已通过三方会议达成备忘录；②承建单位提交了自测报告及初验申请；③工程建设文档齐备，且经监理机构审核确认；④验收方案经审核确认；⑤监理机构抽检测试或第三方测试已完成，承建单位对于不合格项进行了整改并复测通过。

初验前，监理需提前做一些准备工作，主要包括：①检查各系统功能状态是否满足合同、招投标等文件的要求；②核实未完善的工作及备忘录的有关内容；③检查初验要求的各类文档，应是承建单位的最新版本且经监理审核通过；④准备监理文档，同时准备好验收会议上的监理总结材料；⑤准备初验报告（适合三方签字使用）；⑥协调三方人员进行验收测试；⑦听取业主单位对验收的意见；⑧协调三方人员讨论具体验收事宜（如验收形式、参会人员、文档准备等）；⑨协助业主单位准备验收会议（例如验收议程等）。

初验的监理工作内容主要包括：①监理文档整理、装订，参考业主单位意见或相关标准，并对承建单位的文档装订提出监理意见；②协助业主单位对初验中发现的质量问题进行评估，根据质量问题的性质和影响范围，确定整改要求和整改后的验收方式，以监理通知单的形式告知承建单位，必要时组织重新验收；③敦促承建单位根据整改要求提出整改方案，并监督整改过程；④与业主单位和承建单位一起对初验结果进行确认，共同签署初验合格报告。

（2）对系统试运行的监理。系统试运行监理的基础内容包括：①要求业主单位、承建单位以初验合格报告作为启动试运行的依据；②审核承建单位的试运行申请，若符合条件，协调三方允许系统进入试运行阶段；③有计划地监督系统的试运行，督促承建单位解决试运行中出现的问题；④跟踪承建单位现场人员是否到位并正常工作；⑤定时或不定时了解用户对现场人员是否满意，若有问题，核实后对承建单位提出要求；⑥抽查承建单位现场人员的工作记录（解决用户问题），对问题比较集中、有未解决的问题、有部分工作量调整的情况做好记录，根据实际情况可召开三方会议讨论解决方法、时间等；⑦督促承建单位及时解决出现的问题；⑧根据初验前备忘录的内容，核实承建单位落实情况；⑨试运行结束后，建议用户出具用户使用意见，要求承建单位出具试运行报告和试运行期间的问题总结报告（若有问题未解决，可作为试运行时间延长的依据）。

（3）对项目终验的监理。项目终验的监理的基础内容包括：①协助业主单位审核承建单位提交的终验计划及其方案，明确验收目标、各方责任、验收内容、验收标准、验收方式和验收结果等内容，并签署审核意见；②及时处理承建单位提交的终验申请；③如果符合终验条件，则对终验申请予以签认；④如果不符合终验条件，向承建单位提出整改意见；⑤协调项目相关方确定终验方案（含承建单位总结报告）及终验形式（第三方会议或专家会议）、参与人员、议程等；⑥协助业主单位做好终验准备、组织项目终验，对于大型或重要信息系统工程建设项目，应业主单位要求，可以聘请有关专家参与终验评审，以评估项目完成情况；⑦准备好监理的发言材料（监理总结报告）；⑧根据已定的验收议程召开会议，做好记录，会议纪要和验收报告落实签字；⑨三方签订终验合格报告，要求业主单位和承建单位以终验合格报告作为项目验收结束的依据；⑩项目终验后，审核承建单位的项目结算，可协助业主单位进行项目决算；⑪整理与项目有关的全部监理文档，并提交业主单位；⑫协助业主单位和承建单位完成项目移交工作。

项目终验需符合的条件包括：①项目建设内容按照合同要求全部完成；②各种技术文档和验收资料完备；③系统的功能和性能满足设计要求；④系统已通过初验、试运行，用户出具了初验和试运行意见；⑤初验和试运行中出现的问题已经得到解决；⑥试运行时间符合承建合同的要求；⑦完成了约定的培训工作，培训效果符合要求；⑧承建单位提交符合要求的终验方案和计划，并且已通过审核；⑨业主单位同意进行终验。

20.6 练习题

1. 下列选项不属于规划阶段的监理活动的是（　　）。
   A. 协助施工主单位构建信息系统架构
   B. 可以为业主单位提供项目的规划的相关服务，为业主单位决策提供依据
   C. 对项目需求、项目计划和初步设计方案进行审查
   D. 协助业主单位策划招标方法，适时提出咨询意见

   解析：规划阶段的监理活动包括协助业主单位构建信息系统架构；可以为业主单位提供项目的规划的相关服务，为业主单位决策提供依据；对项目需求、项目计划和初步设计方案进行审查；协助业主单位策划招标方法，适时提出咨询意见。

   答案：A

2. 审核承建单位及其人员的能力是监理（　　）阶段的工作内容。
   A. 招标　　　　B. 规划　　　　C. 实施　　　　D. 试运行

   解析：招标阶段监理内容：编制工作计划；参与招标文件的编制；参与招标工作；招标咨询工作；承建合同签订的监理；审核承建单位及其人员的能力；招标阶段其他监理内容。

   答案：A

3. （　　）阶段的监理工作量最大。
   A. 招标　　　　B. 规划　　　　C. 实施　　　　D. 试运行

   解析：实施阶段就是信息系统实现的过程，一般来说，也是监理单位工作量最大的工作阶段。

   答案：C

4. 下列选项中，对实施方案的审核内容的描述，错误的是（　　）。
   A. 实施方案应与法律法规和标准相符合
   B. 实施方案应合理可行
   C. 实施方案应完全遵照业务单位要求制定
   D. 实施方案与合同、设计方案和实施计划相符合

   解析：实施方案的审核内容：实施方案与法律法规和标准的符合性；实施方案的合理性和可行性；实施方案与合同、设计方案和实施计划的符合性；工程实施的组织机构。

   答案：C

5. 下列选项对处理质量问题时应遵循一般性原则的描述，错误的是（　　）。
   A. 当质量缺陷在萌芽状态时，分析质量缺陷产生的原因，采取果断措施，制止质量缺陷蔓延
   B. 当质量缺陷出现明显症状时，监理机构应立刻发出暂停施工的指令，直到承建单位采取了补救措施，并对质量缺陷进行了正确的补救后，才书面通知恢复施工
   C. 当质量缺陷未对下个阶段或分项工程产生质量影响时，应拒绝签认工程计量，并要求承建单位进行返工或处理，直到质量缺陷解决为止
   D. 当质量缺陷已对下个阶段或分项工程产生质量影响时，应拒绝签认工程计量，并要求承建单位进行返工或处理，直到质量缺陷解决为止

解析：当质量缺陷在萌芽状态时，分析质量缺陷产生的原因，采取果断措施，制止质量缺陷蔓延。当质量缺陷出现明显症状时，监理机构应立刻发出暂停施工的指令，直到承建单位采取了补救措施，并对质量缺陷进行了正确的补救后，才书面通知恢复施工。当质量缺陷已对下个阶段或分项工程产生质量影响时，应拒绝签认工程计量，并要求承建单位进行返工或处理，直到质量缺陷解决为止。

答案：C

第21小时 基础设施工程监理

21.0 章节考点分析

第21小时主要介绍信息系统工程基础设施项目的监理内容,监理人员在信息系统工程建设过程中各阶段的监理活动和监理内容,基础设施工程中各分项工程的监理方法。

根据考试大纲,本小时知识点涉及单项选择题与案例分析题,占 5~10 分。本小时内容侧重于监理实务,根据以往全国计算机技术与软件专业技术资格(水平)考试的出题规律,下午案例分析题概率较大。本小时的架构如图 21-1 所示。

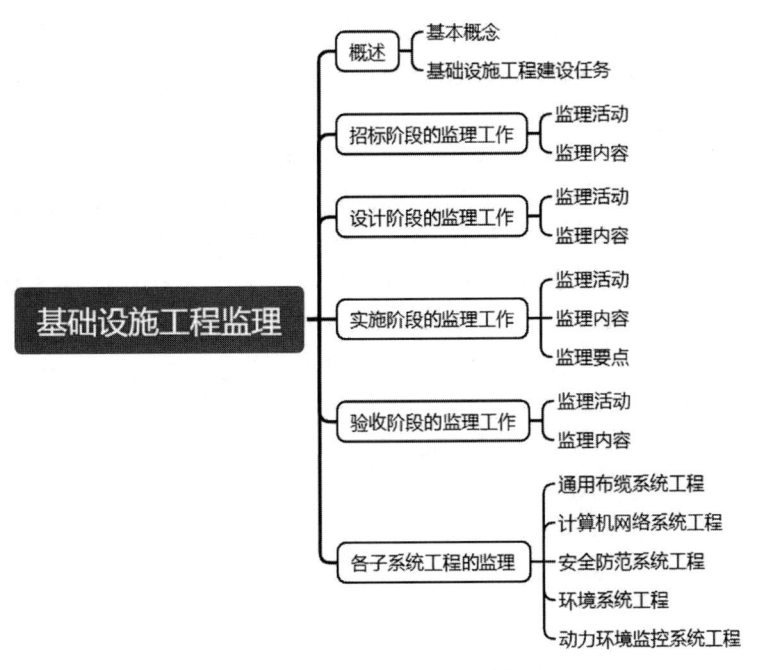

```
                        ┌─ 基本概念
              ┌─ 概述 ──┤
              │         └─ 基础设施工程建设任务
              │
              │                    ┌─ 监理活动
              ├─ 招标阶段的监理工作 ┤
              │                    └─ 监理内容
              │
              │                    ┌─ 监理活动
              ├─ 设计阶段的监理工作 ┤
              │                    └─ 监理内容
              │
              │                    ┌─ 监理活动
 基础设施工程监理 ├─ 实施阶段的监理工作 ┼─ 监理内容
              │                    └─ 监理要点
              │
              │                    ┌─ 监理活动
              ├─ 验收阶段的监理工作 ┤
              │                    └─ 监理内容
              │
              │                    ┌─ 通用布缆系统工程
              │                    ├─ 计算机网络系统工程
              └─ 各子系统工程的监理 ┼─ 安全防范系统工程
                                   ├─ 环境系统工程
                                   └─ 动力环境监控系统工程
```

图 21-1 本小时的架构

【导读小贴士】

在下午的考试题目中，会有本小时知识点的题目，内容不会超出本小时知识点范围。但稍显棘手的问题在于，本部分内容属于新增部分。本小时的特点是浓缩了相关知识点。掌握了这些内容，基本可以应对软考科目中的相关题目。

21.1 概述

【基础知识点】

1. 相关基本概念

隐蔽工程：是指在基础设施工程施工后所形成的工程中的不可见的部分。

抽样检查或测试：对于隐蔽工程，常见的监理活动是进行抽检测试，即按照约定的抽样原则，对工程所用材料或需要检测的部分进行抽样检查或测试。

通用布缆系统：指能够支持广泛应用范围的结构化信息布缆系统，一般由双绞线、光缆、同轴电缆、无线等传输媒体组成。

基础设计工程：主要包含通用布缆系统工程、计算机网络系统工程和电子设备机房系统工程。

2. 基础设施工程的建设内容

（1）通用布缆系统工程建设内容。本工程的建设内容主要包括：①保护设施的安装和检查；②机柜、机架的安装和检查；③信息插座的安装和检查；④连接硬件的安装和检查；⑤线缆敷设和检查；⑥设备和线缆的标识、记录的检测等。

（2）计算机网络系统工程建设内容。本工程的建设内容主要包括：①网络系统的体系结构和网络拓扑的设计；②网络地址、路由规划和子网划分；③网络系统的接口和整体连通性设计；④网络安全性、可靠性设计；⑤设备安装环境和条件的检查，应检查主要网络设备的安放环境是否符合设备的运行要求；⑥设备安装、调试和网络系统集成的检查；⑦工程实施的安全性检查等。

（3）电子设备机房系统工程建设内容。本工程的建设内容主要包括：①供配电系统工程；②空调系统工程；③消防系统工程；④安全防范系统工程；⑤环境系统工程；⑥动力环境监控系统工程。

21.2 招标阶段的监理工作

【基础知识点】

1. 招标阶段的监理活动

本阶段监理活动主要包括：①协助业主单位明确工程需求；②参与招标前的准备工作，协助业主单位编制基础设施工程的工作计划；③了解业主单位估算的工程总投资，了解招投标分包策略；

④协助业主单位参与招标文件的编制或提出监理意见；⑤协助评标，对投标文件与招标文件的符合性及投标文件的合理性提出监理意见；⑥对本阶段的工作进度提出监理意见；⑦参与承建合同的签订过程，促使合同相关条款符合业主单位招标文件的要求；⑧与业主单位、承建单位以及相关单位建立信息沟通和协调机制；⑨妥善保管招标阶段所产生的与监理相关的文档资料，包括需求说明、招投标文件和监理文档等。

2. 招标阶段的监理内容

本阶段的监理内容主要包括：①梳理工程需求；②对招标文件进行监理；③对承建合同进行监理。

对工程需求的梳理内容主要包括：①工程建设的目标、范围；②功能、性能及安全要求；③投资规模；④进度计划等。

对招标文件进行监理的内容主要包括：①工程的总要求；②工程在技术、质量、时间、进度、设备、产品、服务等方面的要求；③对投标单位的资质要求；④对投标文件的要求等。

对承建合同的监理内容主要包括：①工程建设的目标、范围；②双方的责任、权利和义务；③工程使用的技术标准；④各系统的功能、性能要求；⑤验收及测试要求；⑥质量与进度要求及付款；⑦款项支付约定；⑧违约处理等。

监理单位在协助确定合同付款的约定时，可以参考《建设工程价款结算管理暂行办法》的规定。一般，包工包料工程的预付款原则上预付比例宜不低于合同金额的10%，不高于合同金额的30%；进度款按不低于工程价款的60%，不高于工程价款的90%向承包人支付工程进度款。

21.3 设计阶段的监理工作

【基础知识点】

1. 设计阶段的监理活动

设计阶段的监理活动主要包括：①协助业主单位和承建单位明确工程/项目建设具体需求，规范工程设计过程；②确定工程/项目各方往来文档的种类、格式、签批人等事宜；③协助业主单位组织、评审承建单位制订的计划、设计方案；④监督承建单位系统需求分析过程，促使需求具备正确性、完备性、可测试性和一致性；⑤审核设计需求说明书，对其是否可作为工程设计的依据提出监理意见；⑥协助业主单位组织设计交底工作，记录交底结果；⑦审核设计变更的合理性，并对变更引起的质量、进度和投资变化提出监理意见，协调业主单位和承建单位就设计变更内容达成一致；⑧审核工程设计方案，并提出监理意见等。

2. 设计阶段的监理内容

设计阶段的监理内容主要包括质量控制、投资控制、文档管理以及协调四个方面。

质量控制方面的监理内容：①设计人员资格；②勘察测量设备是否满足要求；③审核工作计划是否合理可行且符合合同要求，审核质量保证措施是否有效；④检查设计过程是否按计划实施，相关工作记录是否详细准确；⑤审查设计方案；⑥组织承建单位确认工程建设目标、关键部位、工艺，以及质量、进度要求，督促承建单位制订项目计划；⑦协助建设单位组织设计交底。

投资控制方面的监理内容：①协助建设单位制订工程造价目标；②审核概要预算，确定投资合理性，提出改进或优化意见；③协助建设单位对设计方案进行比较与选择；④协助建设单位制订资金使用计划。

文档管理方面的监理内容：及时做好文档的收集、整理、保存、传递和应用，确保文档完整、准确。

21.4 实施阶段的监理工作

【基础知识点】

在实施阶段，监理的主要目标包括：工程质量满足设计要求和工程需求；工程在预定工期内完成；工程投资受控且合理；保证施工安全，避免安全事故发生。

1. 实施阶段的监理活动

在基础设计工程的实施阶段，监理活动主要有：审核施工文件并参加设计会审交底；审查实施方案并提出监理意见；制定实施的监理细则；监理实施质量、核实施工人员、处理质量事故；审核并监督实施计划的执行；审核承建单位、分包单位资质及能力；审核开工申请，签署开工令等。

2. 实施阶段的监理内容

在实施阶段，主要包含质量控制、合同管理、安全监督管理三方面的监理内容。

在质量控制方面的主要监理内容包括：施工图设计文件的审查；实施组织设计方案的审查；隐蔽工程的检查等

在合同管理方面的主要监理内容包括：在承建合同中明确承建单位应接受监理机构的管理和控制，以便于监理开展必要的工作；开展合同相应规定内容的核查、检查、审核及确认；开展合同规定的阶段性成果物审核及确认；开展合同规定的阶段性支付审核，开具监理支付证书。

在安全监督管理方面的主要监理内容包括：施工准备阶段，审查实施组织设计方案中的安全技术措施；审查承建单位安全生产许可证的有效性；查验承建单位生产管理人员的安全考核合格证书；查验特殊工种作业人员的特种作业操作资格证书；检查承建单位的安全生产规章制度；检查安全防范用具、施工工具、装备配备情况。

3. 实施阶段的监理要点

实施阶段的监理要点主要包括：严把进场原材料、设备质量关；严把工序关；严格现场旁站；做好隐蔽工程检查签认工作；做好检验批、分项、分部工程验收工作；监督承建单位严格按进度计划组织实施。

21.5 验收阶段的监理工作

【基础知识点】

验收阶段需实现的监理目标：确认工程达到验收条件；确认测试验收方案的可行性及其与承建合同的符合性；确认按照验收方案所规定的验收程序实施初验、试运行和终验；确认基础设施工程的最终功能和性能符合承建合同、法律法规和相关技术标准的要求；确认承建单位所提供的工程各阶段形成的技术、管理文档的内容和种类符合相关标准。

1. 验收阶段的监理活动

验收阶段的监理活动主要包括：①协调建设方与承建方就验收方案达成一致意见并签署相关备忘；②处理验收申请；③审查验收条件并签署监理意见；④协助组织初验、试运行及终验，并就结果签署监理意见；⑤督促与验收相关的文档管理；⑥编制监理总结报告，向建设方提交监理文档；⑦协助建设方完成验收及工程移交等。

2. 验收阶段的监理内容

验收阶段的监理内容主要包括：审查竣工验收条件；审查验收资料；审查质量控制措施；审核承建单位的工程竣工结算；协助做好文档验收和移交工作。

21.6 各子系统工程的监理

与基础设施工程的监理类似，各子系统工程的监理也都是分为设计阶段的监理、实施阶段的监理和验收阶段的监理。

1. 通用布缆系统工程的监理

（1）在设计阶段的监理内容。本子系统在设计阶段的监理内容主要包括：审核设计需求说明书；审核工程设计方案。

设计需求说明书的审核主要包括：通用布缆系统结构；线缆的要求；室内外管线路由；配线间的布局及位置；信息插座的位置；电源的要求；无线接入用户数、接入速率、信号强度、无线设备位置等。

工程设计方案的审核主要包括：确认承建单位提交的工程设计方案已经过技术负责人签认；审核工程设计方案包含的内容；审核设计方案与招标文件、投标文件、设计需求说明书等的符合性；审查工程设计方案中无线局域网部署的技术关键点。

对无线局域网部署技术关键点的审核包括：①设备与天线的选型符合标准规范；②每个无线点的天线增益、高度、方位及信道的选择符合设计规范；③天线架设位置应合适，接收发射信号方向上应无遮挡物，所有天线位置应在避雷针的保护范围内；④架设天线的支架或铁塔应与接地系统良好连接，天线接地电阻满足标准要求；⑤室内设计方案应包括无线点部署位置图，考虑无线电信号覆盖区域接入信号强度、接入容量和接入速率的要求，如有可能，应提供无线信号覆盖场强模拟示意图，应避免同频无线点之间的干扰。

（2）在实施阶段的监理内容。本子系统在实施阶段的监理内容主要包括：对工程实施方案进行审核；对工程分包进行审核；对施工准备进行审核；对承建单位的质量保证措施进行审核；对进场线材及连接硬件进行验收；对施工过程进行监理。

对工程实施过程监理的关注点主要包括：①机架、配线箱等设备的规格、容量、位置应符合设计文件要求，垂直偏差度不应大于 3mm。②机架和设备上各种零件不应缺少或碰坏，设备内部不应留有线头等杂物，表面漆面如有损坏或脱落，应进行补漆，其颜色应与原来漆色协调一致，各种标识应统一、完整、清晰、醒目。③机架、配线箱及桥架等设备必须安装牢固可靠，当有抗震要求时，应根据设计规定或施工图中防震措施要求进行抗震加固；各种螺丝必须拧紧，无松动、缺少、损坏或锈蚀等缺陷，机架更不应有摇晃现象。④为便于施工和维护人员操作，机柜单排安装时前面净空不应小于1000mm，后面及侧面净空不应小于800mm，多排安装时列间距不应小于1200mm，以便人员施工、维护和通行；相邻机架设备应靠近，同列机架和设备的机面应排列平齐。⑤数据中心的主机房内通道与设备间的距离，用于搬运设备的通道净宽不应小于1.5m；面对面布置的机柜（架）正面之间的距离不宜小于1.2m；背对背布置的机柜（架）背面之间的距离不宜小于0.8m；当需要在机柜（架）侧面和后面维修测试时，机柜（架）与机柜（架）、机柜（架）与墙之间的距离不宜小于1.0m；成行排列的机柜（架）长度超过6m时两端应设有通道；当两个通道之间的距离超过15m时，在两个通道之间还应增加通道，通道的宽度不宜小于1m，局部可为0.8m。⑥在公共场所安装配线箱时，壁嵌式箱体底面距地不宜小于1.5m，墙挂式箱体底面距地不宜小于1.8m。⑦各类配线部件的安装应符合相关规定要求，部件应完整，安装就位，标志齐全、清晰；安装螺丝应拧紧，面板应保持在一个平面上。⑧信息插座模块安装应符合相关规定。⑨缆线桥架的安装应符合相关规定。安装位置应符合施工图要求，左右偏差不应超过50mm；安装水平度每米偏差不应超过2mm；垂直安装应与地面保持垂直，垂直度偏差不应超过3mm；桥架截断处及拼接处应平滑、无毛刺；吊架和支架安装应保持垂直，整齐牢固，无歪斜现象；金属桥架及金属导管各段之间应保持连接良好，安装牢固；采用垂直槽盒布放缆线时，支撑点宜避开地面沟槽和槽盒位置，支撑应牢固。

（3）在验收阶段的监理内容。本子系统在验收阶段的监理内容主要包括：对承建单位的自测进行监理；对竣工文档进行审查。

2. 计算机网络系统工程的监理

（1）设计阶段的监理。本子系统在设计阶段监理的主要内容包括：审核系统需求分析；审核工程设计方案；审核设计方案中的网络基础设施；审核设计方案中的网络服务；审核设计方案中的网络管理系统；审核设计方案中的安全性设计。

（2）实施阶段的监理。本子系统工程在实施阶段监理的主要内容包括：审核实施方案；审核实施过程；监理主要设备的到货验收；监理系统安装调试；监理验收测试。

对主要网络设备到货验收监理的主要内容：外包装检查；开箱检查，包括设备型号、类别、数量、附件及文档等；记录各个产品的唯一性标识，例如产品序列号等；必要时，可确认主要设备的合法性；对设备的配置信息等进行加电自检测试；三方共同填写设备到货验收单。

验收测试监理的主要内容：①监理机构应参加由业主单位主持的系统验收测试方案编制过程，协助业主单位在初验和试运行的基础上，进一步依照承建合同提出终验测试内容及相关指标（包括网络系统的功能测试、性能测试等），并同承建单位协商，最终形成工程终验测试方案，同时确定承建单位应提供的测试文档清单；②工程终验的测试机构可以是第三方共同成立的测试小组，或是业主单位聘请的专家测试小组，必要时可委托专业的第三方测试机构；③监理机构应对测试机构提交的测试报告进行审查，测试结果应经三方确认。

3. 动力环境监控系统工程的监理

动力环境监控系统的监控对象包括：①动力系统（交流供电系统，包括高低压配电、列头柜、UPS、ATS、柴油发电机、稳压器、逆变器等；直流供电系统，包括整流电源、逆变器、蓄电池组、DC/DC 变换电源等）；②环境系统（温湿度、水浸、液位、消防等）；③空调及节能系统（普通空调、精密空调、大型冷水机组、新风系统、照明控制等）；④安保系统（门禁管理、视频监控、入侵防盗、IP 对讲等）；⑤IT 系统（服务器、路由器、交换机、防火墙、操作系统等）。

（1）设计阶段的监理。本子系统工程在设计阶段监理的主要内容包括：审核系统架构及集成管理平台是否满足业主需要；审核电气、电源、空调、温湿度、漏水等参数是否满足环境要求；审核各类传感器布置方案是否符合规范；协助建设方确定动力环境监控系统工程组网的 IP 地址规划；审核弱电机柜及设备安装是否满足技术要求等。

（2）实施阶段的监理。本子系统工程在实施阶段监理的主要内容包括：对进场材料及设备进行检验；对线缆的管槽施工进行检查；对线缆穿管及线缆槽敷设的施工进行检查；对设备安装的情况进行检查。

（3）验收阶段的监理。本子系统工程在验收阶段监理的主要内容包括：核实 IP 地址的分配情况是否满足前期 IP 地址规划要求；检查各类参数的数值、刷新时间等是否符合技术规范和使用要求；检查集成管理平台的各项功能是否符合技术规范和设计要求；检查数据传输是否可靠，传输时间是否符合设计和使用要求；审查测试遗留问题的整改结果是否符合设计要求；审查竣工文档和竣工图纸是否符合要求。

4. 安全防范系统工程的监理

（1）设计阶段的监理。本子系统工程在设计阶段监理的主要内容包括：确认子系统工程设计的防护级别符合被保护对象的风险等级，以及相关配置的先进、可靠、合理、适用；确认设计方案与建设单位需求相符合。

（2）实施阶段的监理。本子系统工程在实施阶段监理的主要内容包括：对本子系统的施工质量进行检查；督促承建单位对相关器件的电气性能和功能以逐点测试的方式进行自检；根据相关法规、标准、设计方案、合同等对工程材料、构件配件进行检查；把影响施工质量的因素纳入控制；在线缆敷设施工和设备安装前，检查是否符合施工和安装条件；检查桥架管槽等的施工与敷设以及设备的安装是否与相关规范及设计图纸符合等。

（3）出入口控制系统的监理要点。出入口控制系统的监理要点包括：功能检测；系统软件检测。

（4）视频监控系统的监理要点。视频监控系统的监理要点包括：①系统功能检测——云台转动，镜头、光圈的调节，调焦变倍，图像切换，防护罩功能的检测；②图像质量检测——在摄像机标准照度下进行图像清晰度及抗干扰能力的检测；③系统整体功能检测；④系统联动功能检测——应包括与出入口控制（门禁）系统、入侵报警系统、巡更管理系统等的联动控制功能；⑤视频安全防范监控系统的图像记录保存时间应满足管理要求。

（5）巡更管理系统监理要点。巡更管理系统监理要点包括：①按照巡更路线图检查系统终端、读卡机的响应功能；②检查巡更管理系统的编程、修改功能及撤布防功能；③检查系统的运行状态、信息传输、故障报警和指示故障位置功能；④检查巡更管理系统对巡更人员的监督和记录情况、安全保障措施以及对意外情况及时报警的处理手段；⑤对在线联网式巡更管理系统，还需检查电子地图上的显示信息，故障时的报警信号，与视频安防监控系统的联动功能；⑥巡更系统的数据存储记录保存时间应满足管理要求。

21.7　练习题——案例分析题

某监理单位承接了省政府办公大楼信息网络系统工程项目监理业务，该项目建设内容中包含通用布缆系统工程。在项目实施过程中，监理对以下施工情况进行了检查。

事件1：施工单位在安装机架、配线箱等设备后，监理对其设备安装情况进行了检查，垂直偏差为2.2mm。

事件2：单排机柜安装的前面净空为90cm，后面和侧面净空为80cm。

事件3：机房中各排机柜安装的行间距均为1m。

事件4：数据中心主机房的建设中，机柜为面对面布局，机柜正面之间的距离测量为1.2m。

【问题1】通用布缆系统施工过程的监理内容包括哪些？（5分）

【问题2】事件1~4中，施工单位的安装是否符合相关要求。（8分）

【问题3】通用布缆系统工程设计需求说明书审核的内容有哪些？（7分）

【问题1】参考答案

通用布缆系统施工过程的监理内容：①根据监理实施细则确定的检查控制点，对承建单位的施工进行现场检查，并做检查记录；②对承建单位的施工进行阶段性的监理抽检测试，并形成报告；③保护设施安装的检查工作；④机柜、机架安装的检查工作；⑤信息插座安装的检查工作；⑥连接硬件安装的检查工作；⑦线缆敷设的检查工作；⑧标识、记录的检查工作；⑨无线施工的检查工作；⑩实施过程监理关注点。

【问题2】参考答案

事件1符合要求；事件2不符合要求；事件3不符合要求；事件4符合要求。

解析：通用布缆系统工程实施过程监理关注点如下：

（1）机架、配线箱等设备的规格、容量、位置应符合设计文件要求，垂直偏差度不应大于3mm。

（2）机架和设备上各种零件不应缺少或碰坏，设备内部不应留有线头等杂物，表面漆面如有损坏或脱落，应进行补漆，其颜色应与原来漆色协调一致，各种标识应统一、完整、清晰、醒目。

（3）机架、配线箱及桥架等设备必须安装牢固可靠。当有抗震要求时，应根据设计规定或施工图中防震措施要求进行抗震加固。各种螺丝必须拧紧，无松动、缺少、损坏或锈蚀等缺陷，机架更不应有摇晃现象。

（4）为便于施工和维护人员操作，机柜单排安装时前面净空不应小于1000mm，后面及侧面净空不应小于800mm；多排安装时列间距不应小于1200mm。以便人员施工、维护和通行。相邻机架设备应靠近，同列机架和设备的机面应排列平齐。

（5）在数据中心的主机房内通道与设备间的距离：①用于搬运设备的通道净宽不应小于1.5m；②面对面布置的机柜（架）正面之间的距离不宜小于 1.2m；③背对背布置的机柜（架）背面之间的距离不宜小于0.8m；④当需要在机柜（架）侧面和后面维修测试时，机柜（架）与机柜（架）、机柜（架）与墙之间的距离不宜小于 1.0m；⑤成行排列的机柜（架）长度超过 6m 时两端应设有通道，当两个通道之间的距离超过 15m 时，在两个通道之间还应增加通道，通道的宽度不宜小于1.0m，局部可为0.8m。

（6）在公共场所安装配线箱时，壁嵌式箱体底面距地不宜小于1.5m，墙挂式箱体底面距地不宜小于1.8m。

（7）各类配线部件的安装应符合相关规定要求，部件应完整，安装就位，标志齐全、清晰；安装螺丝应拧紧，面板应保持在一个平面上。

（8）信息插座模块安装应符合相关规定。

（9）缆线桥架的安装应符合相关规定。安装位置应符合施工图要求，左右偏差不应超过50mm；安装水平度每米偏差不应超过 2mm；垂直安装应与地面保持垂直，垂直度偏差不应超过3mm；桥架截断处及拼接处应平滑、无毛刺；吊架和支架安装应保持垂直，整齐牢固，无歪斜现象；金属桥架及金属导管各段之间应保持连接良好，安装牢固；采用垂直槽盒布放缆线时，支撑点宜避开地面沟槽和槽盒位置，支撑应牢固。

【问题3】参考答案

通用布缆系统工程设计需求说明书审核的内容：①通用布缆系统结构；②线缆的要求；③室内外管线路由；④配线间的布局及位置；⑤信息插座的位置；⑥电源的要求；⑦无线接入用户数、接入速率、信号强度、无线设备位置等。

第 22 小时
软件工程监理

22.0　章节考点分析

第 22 小时主要介绍软件工程在招标、设计、实施和验收各过程中,从需求分析、设计、编码、测试到部署多个方面的监管,监理人员监理服务的关键活动、主要内容和要求,以及软件监理服务的监理要点、监理主要输出文档等。

根据考试大纲,本小时知识点涉及单项选择题与案例分析题,占 5~10 分。本小时内容侧重于监理实务,根据以往全国计算机技术与软件专业技术资格(水平)考试的出题规律,下午案例分析题概率较大。本小时的架构如图 22-1 所示。

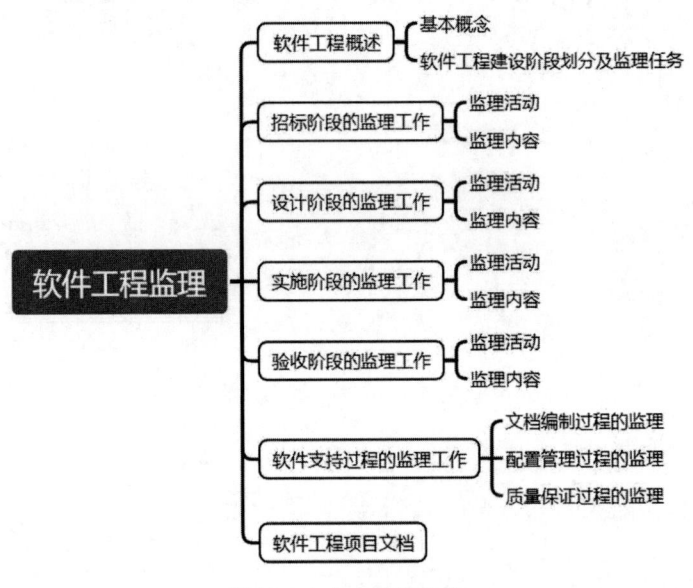

图 22-1　本小时的架构

软件工程监理　第 22 小时

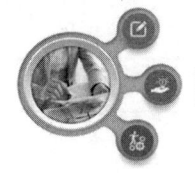

【导读小贴士】

信息系统监理师考试属于软考的中级考试，在下午的考试题目中，会有本小时知识点的题目，内容不会超出本小时知识点范围。本小时浓缩了相关知识点，掌握这些内容，可以轻松应对软考科目中的相关题目。

22.1　软件工程概述

【基础知识点】

1. 软件工程的概念

软件工程是指用计算机科学理论和技术以及工程管理原则和方法，按预算和进度实现满足用户要求的软件产品的定义、开发、发布和维护的工程。

2. 就绪可用软件产品

就绪可用软件产品指不需要经过实施开发活动而直接可让用户使用的软件产品。

3. 单元测试

单元测试是指对软件中的最小可测试单元（如函数、类、窗口或菜单等）进行的测试。

4. 集成测试

集成测试也称为组装测试或联合测试，它是在单元测试的基础上，将所有模块按照设计要求组装成子系统或系统时所进行的测试。

5. 系统测试

系统测试是对整套系统的测试，本测试将硬件、软件、操作人员看作一个整体，检验它们是否有不符合系统说明书的地方。

6. 验收测试

验收测试也称为交付测试，它是在部署软件之前的最后一个测试阶段。本测试需要在软件产品完成了单元测试、集成测试和系统测试之后，在产品发布之前所进行的软件测试活动。

7. 软件工程的监理

（1）在规划阶段的监理。软件工程在规划阶段监理的主要任务包括：①协助建设单位梳理业务，制定软件系统的建设目标；②协助建设单位开展需求分析；③协助建设单位分析系统建设的必要性及可行性、软件系统的技术架构和建设方案；④协助业主单位确定工程造价。

（2）在实施阶段的监理。软件实施阶段可分为 4 个子阶段，本阶段监理所涉及的 13 个监理活动，分布于 4 个子阶段之中，具体见表 22-1。

201

表 22-1 软件工程的实施阶段及对应的监理活动

阶段	监理活动
招标阶段	对招标准备进行监理；对招标进行监理；对合同签订进行监理
设计阶段	对计划制订进行监理；对需求分析进行监理；对概要（结构）设计进行监理；对详细设计进行监理
实施阶段	对编码及测试进行监理；对系统部署进行监理
验收阶段	对项目初验进行监理；对项目试运行进行监理；对项目终验进行监理；对培训进行监理

（3）在支持阶段的监理。软件工程在支持阶段监理的主要任务包括：对文档编制过程进行监理；对配置管理过程进行监理；对质量保证过程进行监理。

22.2 招标阶段的监理工作

【基础知识点】

1. 监理活动

招标阶段的监理活动包括：①招标前收集相关资料，了解软件工程项目建设相关的业务目标、软件系统建设目标、现行和预期的业务模式、信息化基础和发展规划、软件系统建设需求等信息，协助业主单位开展招标准备工作，参与编制招标文件，或审核招标文件技术需求、招标实施合规性等；②接受业主单位委托参加招标活动，协助业主单位开展招标工作、选定软件工程的承建单位；③参与业主单位与承建单位合同谈判，协助业主单位签订承建合同，提出必要的监理意见。

2. 监理内容

（1）招标准备阶段的监理。招标准备阶段的监理内容包括：①收集软件工程的相关资料，了解和掌握软件需求；②梳理软件工程建设需求，明确监理质量、进度等控制目标；③参与招标文件的编制，或审核招标文件技术需求、招标实施合规性等；④协助审查已有可利用产品的再用价值、可用性等。

要收集的软件工程的相关资料包括：①软件工程项目建设方案；②软件工程项目相关的业务现状和业务流程；③软件系统的功能和性能指标；④实现软件系统建设目标所必需的资源；⑤如软件适用，还应包括信息资源规划、业务流程再造的策略、业务持续改进计划、业务指标评价体系、业主单位信息化人力资源规划等。

（2）招标阶段的监理。招标阶段的监理内容包括：①编制招标工作计划；②参与招标文件的编制；③参与招标工作；④招标咨询工作；⑤承建合同签订的监理；⑥审核承建单位及其人员的能力；⑦招标阶段其他监理内容。

22.3 设计阶段的监理工作

【基础知识点】

1. 监理内容

设计阶段的监理内容包括：①项目计划的监理；②需求分析的监理；③概要（结构）设计的监理；④详细设计的监理；⑤需求管理的监理（主要是对需求的确认过程进行监理）。

（1）对项目计划进行监理。对项目计划进行监理的要点包括：①要求承建方提交项目计划并检查其是否包含必要内容；②根据一定准则对项目计划进行审核。

审核项目计划的准则包括：①与承建合同的一致性、可追溯性；②项目范围及工作任务分解的完整性；③生命周期划分及主要里程碑设置的合理性；④计划中项目估算方法的正确性、进度的合理性、产品部署的可行性；⑤检查项目计划中是否包含对项目风险的识别、分析、处理、跟踪。

（2）对需求分析进行监理。对需求分析进行监理的要点包括：①审核详细需求分析计划；②监督承建单位是否按计划开展需求分析；③要求承建单位提交系统需求相关文档（主要是需求规格说明书），并检查其清晰性、完整性、依从性、一致性、可行性、可管理性等。

（3）对概要（结构）设计进行监理。对概要（结构）设计进行监理的要点包括：①督促承建单位开展概要设计活动；②要求承建单位提交概要（结构）设计文档；③组织建设方与承建方对概要（结构）设计文档进行检查并形成概要（结构）设计检查表；④协助建设方对概要（结构）设计进行评价；⑤监督承建单位及时解决系统概要（结构）设计中发现的问题和不合格项，并提出监理意见。

监理在概要（结构）设计评价时应遵守的准则：与承建合同的可追溯性、一致性；与业务目标的符合性；系统需求的可追溯性、一致性；所使用的设计标准和方法的适宜性；软件项满足指定需求的可行性；基于信息资源规划和业务指标评价体系的可测试性；业务流程再造、业务持续改进、信息资源开发的可行性；运行和维护的可行性。

（4）对详细设计进行监理。对详细设计进行监理的要点包括：①承建单位是否按计划开展详细设计活动；②如果允许则要求承建单位提供详细设计文档并进行检查；③对详细设计进行评价并形成监理意见等。

监理在对详细设计和测试需求进行评价时应遵守的准则：软件各项需求的可追溯性；与概要（结构）设计的一致性；所采用的设计方法和标准的适宜性；测试的可行性、完备性；软件项满足指定需求的可行性；压力测试对主要指标的验证；回归测试的验证、管控等管理事项。

（5）对需求管理进行监理。设计阶段的需求管理主要包括四个过程，即需求获取、需求分析、需求规格编写和需求验证。

验证需求可采用的方式包括：①审查需求文档；②依据需求编写监理验证用的测试用例；③敦促编写用户手册；④确定合格的标准。

2. 监理活动

在详细设计阶段，所包括的监理活动主要有：①审查承建单位提交的软件工程项目计划，促使项目计划合理、可行，并符合承建合同的要求；②参与调研工作，督促承建单位形成调研记录，监督承建单位系统需求分析过程，促使系统需求具有正确性、完备性、可测试性和一致性；③组织和参与对承建单位在设计阶段形成的文档的评审，促使设计阶段文档符合承建合同的要求，满足软件工程项目的系统需求，符合有关法规、标准的要求；④及时对变更进行响应，并做好变更控制工作。

22.4 实施阶段的监理工作

【基础知识点】

1. 实施阶段的监理活动

（1）督促承建单位开展编码、测试、系统部署活动，提交详细的、符合承建合同及项目计划的阶段计划，并按计划开展工作。

（2）对软件编码、测试的过程和成果进行检查，促使软件编码及测试符合相关技术标准的要求，保证软件产品的质量。

（3）监督承建单位的单元测试、集成测试和系统测试情况，验证软件符合系统需求和系统设计的要求。

（4）及时对变更进行响应，并做好变更控制工作。

2. 实施阶段的监理内容

实施阶段的监理内容主要包括两方面：对编码及测试进行监理；对系统部署进行监理。

22.5 验收阶段的监理工作

【基础知识点】

1. 验收阶段的监理活动

（1）监督培训过程，促使培训达到承建合同要求。

（2）协助业主单位进行初验、试运行和终验的工作，促使软件工程项目最终的功能和性能等指标符合承建合同、法律法规和标准的要求。

（3）如适用，协调承建单位配合第三方测评机构进行系统测试。

（4）协助业主单位、承建单位进行软件工程项目的移交工作，促使软件工程项目顺利完成。

2. 验收阶段的监理内容

验收阶段的监理内容包括：对项目初验进行监理；对系统运行进行监理；对项目终验进行监理。其中，项目终验的监理内容包括：协助业主单位确认是否满足终验条件；审核承建单位提交的终验方案；参与终验，签署终验报告，验收活动和结果应形成文档；督促承建单位解决终验中发现的问题和不合格项；要求承建单位提交项目移交申请，宜包括软件交付清单、相关工程文档和必要的联系信息，并做好交接记录，形成软件工程项目移交清单；审核承建单位所提供的工程各阶段形成的技术、管理文档的内容和种类，确保验收文档符合相关标准；依据承建合同审核承建单位提交的工程结算；完成工程监理总结报告，整理工程有关的全部监理文档，并移交业主单位。

22.6 软件支持过程的监理工作

软件支持过程的监理内容主要包括：对文档编制过程进行监理；对配置管理过程进行监理；对质量保证过程进行监理。

1. 文档编制过程的监理内容与要点

文档编制过程的监理内容与要点包括：文档内容是否符合要求；文档设计、开发是否符合要求；文档编制过程是否符合要求；文档维护是否符合要求。

2. 配置管理过程的监理内容与要点

配置管理过程的监理内容与要点包括：督促承建单位建立有效的配置管理过程；监督配置管理的执行；与建设单位及承建单位一起对配置管理提出要求。

3. 质量保证过程的监理内容与要点

质量保证过程的监理内容与要点包括：要求承建单位制订质量保证过程的执行计划；要求承建单位按计划实施质量保证活动；要求承建单位就质量保证过程的实施情况、问题及解决方案进行记录；协助承建单位对分包工程进行必要的管理及落实。

22.7 软件工程项目文档

软件工程的项目文档分为三类，分别为业主单位文档、承建单位文档、监理单位文档。

业主单位文档包括： 项目立项文档（项目建议书、可行性研究报告、项目建设方案）、批复文件、工程招标文件、承建合同、工程投标文件、评标文件、评分标准及打分表、评标报告、中标通知书、用户报告。

承建单位文档包括： 项目计划书、需求规格说明书、概要设计说明书、详细设计说明书、数据库设计说明书、编码计划、代码编写规范、二次开发支持文件、接口设计说明书、程序员开发手册（如有）、系统维护手册、软件安装盘、系统上线保障方案、应急预案、事故及问题处理文件、测试计划、测试记录、测试报告、用户培训计划、用户手册、培训文档、开发进度月报、试运行报告、授权书、软件许可协议、交接清单、工程延期审批表、支付申请、验收申请、项目例会、协调会纪要、备忘录、竣工验收报告、验收委员会签字表。

监理单位文档包括： 监理合同、监理规划、监理实施细则、开工令、停工令、复工令、监理意见、监理评审报告、监理月报、支付意见书、监理通知单、监理联系单、会议纪要、备忘录、监理费申请表、监理工作总结报告。

22.8 练习题

1. 下列选项不属于监理文档的是（　　）。
   A．支付意见书　　　　　　　　　B．备忘录
   C．开工令、停工令、复工令　　　D．培训文档

   解析：监理单位文档主要包括监理合同、监理规划、监理实施细则、开工令、停工令、复工令、监理意见、监理评审报告、监理月报、支付意见书、监理通知单、监理联系单、会议纪要、备忘录、监理费申请表、监理工作总结报告。

   答案：D

2. 软件支持过程的监理工作不包括（　　）。
   A．文档编制过程　　　　　　　　B．招投标过程
   C．配置管理过程　　　　　　　　D．质量保证过程

   解析：软件支持过程的监理工作包括文档编制过程的监理、配置管理过程的监理和质量保证过程的监理。

   答案：B

3. 对单元测试概念的描述，正确的是（　　）。
   A．对软件中的最小可测试单元进行检查和验证
   B．将所有模块按照设计要求组装成子系统或系统，进行测试
   C．对整套系统的测试，将硬件、软件、操作人员看作一个整体
   D．对产品功能进行测试

   解析：单元测试是对软件中的最小可测试单元进行检查和验证。

   答案：A

4. 对实施阶段监理活动的描述，错误的是（　　）。
   A．督促承建单位开展编码、测试、系统部署活动，提交详细的、符合承建合同及项目计划的阶段计划，并按计划开展工作
   B．对软件编码、测试的过程和成果进行检查，促使软件编码及测试符合相关技术标准的要求，保证软件产品的质量
   C．监督第三方测试单位的单元测试、集成测试和系统测试情况，验证软件符合系统需求和系统设计的要求
   D．及时对变更进行响应，并做好变更控制工作

   解析：监督承建单位的单元测试、集成测试和系统测试情况，验证软件符合系统需求和系统设计的要求，而不是第三方测试单位。

   答案：C

第23小时 数据中心监理

23.0 章节考点分析

第 23 小时主要讲解数据中心的监理内容，对数据中心的监理工作进行介绍，并结合实际场景及案例，分小节、分重点地提出分析和指导意见，重点讲述数据中心监理服务过程中的关键监理活动、监理内容、监理要点、标志性成果等内容。

根据考试大纲，本小时知识点涉及单项选择题与案例分析题，占 5~10 分。本小时内容侧重于监理实务，根据以往全国计算机技术与软件专业技术资格（水平）考试的出题规律，下午案例分析题概率较大。本小时的架构如图 23-1 所示。

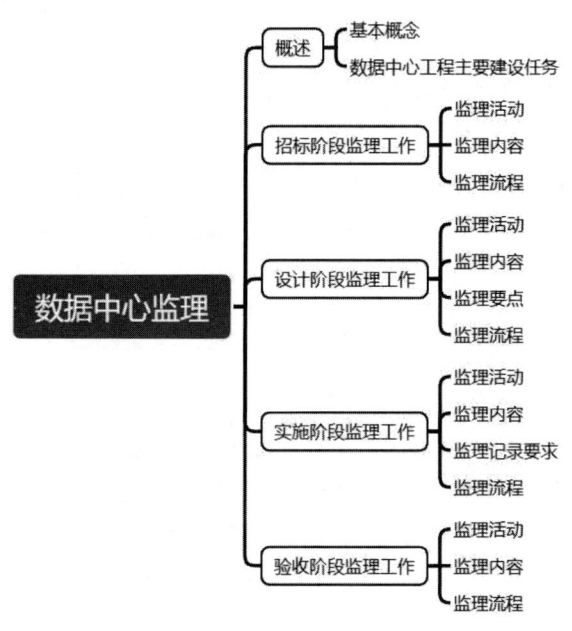

图 23-1 本小时的架构

【导读小贴士】

信息系统监理师考试属于软考的中级考试,在下午的考试题目中,会有本小时知识点的题目,内容不会超出本小时知识点范围。但是最棘手的问题在于,本小时内容是新增部分。所以,本小时的特点是浓缩了相关知识点。掌握这些内容,可以轻松应对软考科目中的相关题目。

23.1 概述

【基础知识点】

1. 基本概念

数据中心:以信息技术为支撑,由电子设备机房、其他基础设施、信息系统软硬件、信息资源(数据)和人员以及相应的规章制度组成的,以实现应用集中处理和数据集中存放,提供数据的构建、交换、集成、共享等信息服务的基础环境。

设计交底:一种由业主单位组织,数据中心设计单位将已通过评审的施工图向承建单位、监理单位进行详细说明的技术活动,帮助承建单位和监理单位正确贯彻设计意图,掌握关键工程部位的质量要求,确保工程质量。

深化设计:指承建单位在原设计方案和图纸基础上,结合现场实际情况,对图纸进行细化、补充、完善后形成施工设计文件的过程。

上电自检:计算机设备按照正常电压接通电源后执行自我检查例行程序,在固件控制的输出设备上显示结果的过程。

信息资源规划:指对企事业单位或政府部门业务管理信息的采集、处理、传输和利用进行全面规划,侧重数据流分析,为实现信息资源整合与应用系统集成的总体规划。

服务级别指标:指用于评估、衡量供方信息技术服务能力的参数。

服务级别协议(SLA):是信息技术服务供方与需方之间签署的,描述服务和约定服务级别的协议。

2. 数据中心工程主要建设任务

数据中心工程主要建设任务包括:①电子设备机房建设(包括供配电系统工程,空调系统工程,消防系统工程,安全防范系统工程,环境系统工程,动力环境监控系统工程的建设);②相关基础设施建设(通用布缆工程、网络工程等);③信息系统软硬件(存储设备、交换设备、信息处理设备等);④信息资源规划;⑤确定主要人员的角色、职能;⑥建立数据中心规章制度。

23.2　招标阶段监理工作

【基础知识点】

1. 数据中心工程招标阶段监理活动

（1）在业主单位的授权下，参加招标文件的编制过程，提供咨询服务，针对业主单位的质询，提供监理意见。

（2）在业主单位的授权下，参加业主单位与承建单位合同或服务级别协议（SLA）谈判过程，提供咨询服务，针对业主单位的质询，提供监理意见。

2. 数据中心招标文件的审核要点

（1）审核招标方式与立项批复招标方式的符合性。

（2）结合工程建设需求和现状，审核招标内容与工程初步设计及概算批复的符合性。

（3）审核投标单位资质要求的合规性，注意规避可能存在的歧视和违规性表述。

（4）审核招标文件获取及递交时间的合规性。

（5）审核资格审查程序和条件的合规性。

（6）审核投标保证金、履约保证金约定的合理性。

（7）审核评标办法、评分标准的合理性。

（8）审核废标条件的合规性。

（9）根据工程初步设计报告、招标技术需求等，审核工程质量要求和进度要求的合规性。

（10）根据工程/项目的初步设计报告、概预算批复意见和当前市场行情等，审核安全生产和文明施工等措施费用与计价合规性。

（11）审核变更、计量、材料及人工费调整、违约、结算审计等约定的合规性。

（12）响应业主单位提出的其他咨询要求，提出监理意见和建议。

3. 承建单位合同或服务级别协议（SLA）的审核重点

（1）审核合同范围、双方职责、权利和义务的描述与招标文件的一致性，比对合同或协议与招标文件、投标文件可能存在的差异。

（2）审核采购货物参数和服务级别指标的明确性。

（3）审核实施工艺、工序及验收指标的合规性。

（4）审核交付过程与交付成果的可操作性与合规性。

（5）招标阶段其他监理内容。

4. 监理流程

招标阶段的监理流程如图 23-2 所示。

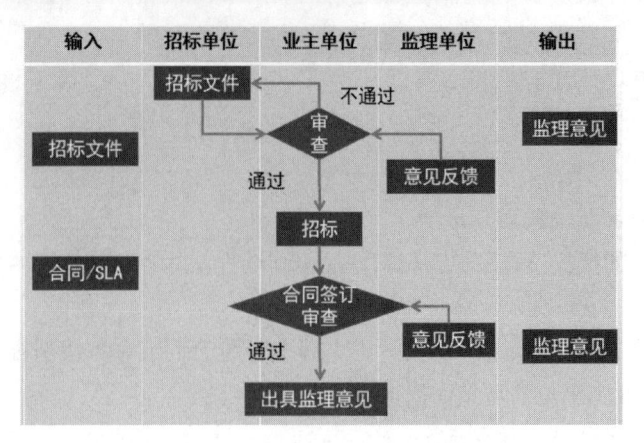

图 23-2　招标阶段的监理流程

23.3　设计阶段监理工作

【基础知识点】

1. 设计阶段的监理活动

（1）根据数据中心工程建设实际需要，可向业主单位提供咨询服务，协助建立起符合项目建设需求的规章管理制度体系。

（2）根据合同要求，对承建单位报送的开工手续进行审查，对开工条件进行核验，出具监理意见，签发开工令。

（3）开展工程协调服务，协助业主单位组织设计交底，记录交底结果，组织承建单位确认工程建设目标、关键部位、工艺工序质量要求和进度要求。

（4）督促承建单位制订工程计划，按照计划对工程建设现场进行实地勘查。

（5）依据承建合同，审查承建单位提交的工程计划和深化设计方案，提出监理意见，协助承建单位进行完善，直至满足业主单位工程要求。

（6）协助业主单位组织评审承建单位制订的工程计划和深化设计方案。

（7）监督承建单位对数据中心应用系统开展信息资源规划需求分析，检查信息资源规划需求成果是否符合合同与深化设计方案的要求，提出监理意见。

（8）监督承建单位根据信息资源规划需求分析成果开展信息系统设计，并协助业主单位组织对承建单位信息系统设计成果进行评审。

（9）监督承建单位根据已通过评审的信息系统设计方案开展信息系统开发。

2. 深化设计方案和图纸的审核内容

（1）施工方案和施工组织设计范围与合同要求的一致性。

（2）工程质量技术保障措施的完备性、合规性。

（3）施工图施工部位技术指标参数与工程量的明确性。

（4）统计资料或管理图表和工序要求与施工动态的符合性。

（5）设计变更与技术核定的一致性、合规性。

3．监理机构对施工计划审核的内容

（1）施工计划中建设前期的各项工作应衔接紧密、前后一致、时间可控。

（2）施工计划中的项目确定投资额、工程量、建设条件均能落实。

（3）施工计划中的施工准备工作、施工总进度、各子项任务的进度计划具备合理性、可行性。

4．数据中心设计的需求分析审核要点

（1）最大化地适应业务需求的高可用性。

（2）准确的数据挖掘、整理、再计算的高可靠性。

（3）高效节约、绿色低排放的建设方案。

（4）最适宜的运营维护策略等。

5．数据中心设计方案的评审要点

（1）设计方案整体架构要做到层次明了、架构清晰、主次分明、易读易懂。

（2）每一项设计内容要做到有分析、有结论，结论要明确，描述要精练。

（3）设计思路和设计展示要基于科学、严谨、有依据的数据推导过程和分析，切忌猜测。

（4）设计方案应充分展示高度的逻辑思维、判断和推导，语言表述能够被读懂。

（5）设计方案一定要基于广泛收集的、可靠的数据，论据完整、可信。

（6）设计方案应适当以图表展示，结合必要的文字表述，既简练又达意。

（7）设计方案应具备完整性，宜以"发现问题→分析问题→解决问题→关闭问题"的闭环思路进行表述。

（8）设计方案既要提出解决方案，也要提出必要的辅助性、支撑性的建议。

23.4　实施阶段监理工作

【基础知识点】

1．实施阶段监理活动

（1）监督承建单位严格按照设计图纸、施工标准和规范进行施工。

（2）督促承建单位建立健全工程质量保证体系，落实现场工程质量自检制度、重要结构部位和隐蔽工程质量预检复检制度、设备材料质量检查制度。

（3）加强对施工各阶段的质量、投资、进度、安全控制管理，确保工程质量。

（4）协助业主单位严格控制工程变更，及时做好工程结算。

（5）协调业主单位、承建单位、材料设备供应商等各方工作，推进施工进度。

（6）协助业主单位、承建单位认真落实安全管理制度，保障施工安全。

（7）对数据中心工程的信息系统软硬件实施过程进行旁站和检查，实施随工检测，做好监理记录。

（8）对数据中心工程的信息资源（数据）实施过程进行审查和组织评审，做好监理记录。

（9）对数据中心工程的人员及相关规章制度实施过程进行咨询和协调，做好监理记录。

2. 实施阶段监理内容

（1）实施方案的审核。

（2）实施阶段的随工检测。

（3）软硬件设备资产的审核。

（4）其他监理控制措施。

（5）信息资源（数据）监理。

3. 实施方案的审核

（1）到货日程安排是否符合工程实际要求。

（2）软硬件到货清单是否符合合同要求，到货批次安排是否合理。

（3）到货验收的清点方式、工具、技术要求和指南性文件是否符合设备的技术说明。

（4）到货验收环境及必要的资源是否齐备，如备件、知识库等。

（5）到货验收过程中的安全要求及保障措施是否合理。

（6）到货验收手续清单及预定结论是否妥当。

（7）出现异议及遗留问题的处理原则是否得当、可行等。

4. 实施阶段的随工检测内容

（1）信息网络系统的随工检测内容。

检测部位：数据中心信息网络系统软硬件部署位置，如数据中心机房核心交换机机柜。

主体项目检测内容：计算机网络设备安装、计算机网络软件安装、网络安全设备安装、网络安全软件安装。检测时应记录设备型号、软件版本、主要配置参数、当前运行状态等。

一般项目检测内容：系统调试、试运行情况。例如，检测的频次数目、当前主要问题、前次问题处理状态等。

（2）信息应用系统的随工检测内容。

检测部位：信息应用系统中展示数据中心处理的关键工作流程的子系统、功能模块、核心节点等。

主体项目检测内容：被检查设备的性能指标（建议以技术规范或设计方案、技术方案中预定的指标与实际检测指标两项数值为记录项）、业务功能和业务流程、应用软件功能和性能测试、应用软件修改后的回归测试。

一般项目检测内容：应用软件功能和性能测试情况、运行软件产品的设备中与应用软件无关的软件检查。

23.5 验收阶段监理工作

【基础知识点】

验收前应满足的条件包括：经过业主单位批准的工程技术文件完成各项施工；完成调试及自检，

并出具系统自检记录；工程质量检验合格，并出具工程质量检测记录；完成系统试运行，并出具系统试运行报告；系统检测合格，并出具系统检测记录；完成技术培训，并出具培训记录。

23.6 练习题

某省大数据部门数据中心建设项目，建设内容包括供配电系统工程建设、空调系统工程建设、环境系统建设等，项目在实施阶段监理对项目实施方案进行了审核，并派遣监理工程师与监理员落实项目监理过程中的随工检测相关工作。经各方不懈努力，项目基本建设完成，准备进行项目验收工作。

【问题1】请写出数据中心工程项目的验收前应满足的条件。（6分）
【问题2】数据中心工程的建设内容还包括哪些？（2分）
【问题3】数据中心工程实施方案监理的审核内容有哪些？（4分）
【问题4】数据中心工程涉及信息网络和信息应用，针对于信息网络系统监理随工检测的检测部位有哪些？（2分）

【问题1】参考答案

验收前应满足的条件包括：①经过业主单位批准的工程技术文件完成各项施工；②完成调试及自检，并出具系统自检记录；③工程质量检验合格，并出具工程质量检测记录；④完成系统试运行，并出具系统试运行报告；⑤系统检测合格，并出具系统检测记录；⑥完成技术培训，并出具培训记录。

【问题2】参考答案

数据中心工程主要建设任务包括：①电子设备机房建设（包括供配电系统工程，空调系统工程，消防系统工程，安全防范系统工程，环境系统工程，动力环境监控系统工程的建设）；②相关基础设施建设（通用布缆工程、网络工程等）；③信息系统软硬件（存储设备、交换设备、信息处理设备等）；④信息资源规划；⑤确定主要人员的角色、职能；⑥建立数据中心规章制度。

【问题3】参考答案

对实施方案进行监理的内容包括：到货日程安排是否符合工程实际要求；软硬件到货清单是否符合合同要求，到货批次安排是否合理；到货验收的清点方式、工具、技术要求和指南性文件是否符合设备的技术说明；到货验收环境及必要的资源是否齐备，如备件、知识库等；到货验收过程中的安全要求及保障措施是否合理；到货验收手续清单及预定结论是否妥当；出现异议及遗留问题的处理原则是否得当、可行等。

【问题4】参考答案

信息网络系统监理随工检测的检测部位：数据中心信息网络系统软硬件（例如数据中心机房核心交换机机柜）的部署位置。

第24小时 信息安全监理

24.0 章节考点分析

第 24 小时主要介绍信息安全监理服务过程中的关键监理活动、内容、要点和标志性成果等，在监理活动方面，重点关注安全及密码设备的到货验收、安全检查指导、安全风险评估、安全整改和加固过程的监督以及网络安全等级保护测评和商用密码应用安全评估过程的跟踪等。监理内容主要聚焦于信息安全监理的检查、审核、跟踪、测试、监督、评估和培训等实践活动。

根据考试大纲，本小时知识点涉及单项选择题与案例分析题，占 5~10 分。本小时内容侧重于监理实务，根据以往全国计算机技术与软件专业技术资格（水平）考试的出题规律，下午案例分析题概率较大。**本小时的架构如图 24-1 所示。**

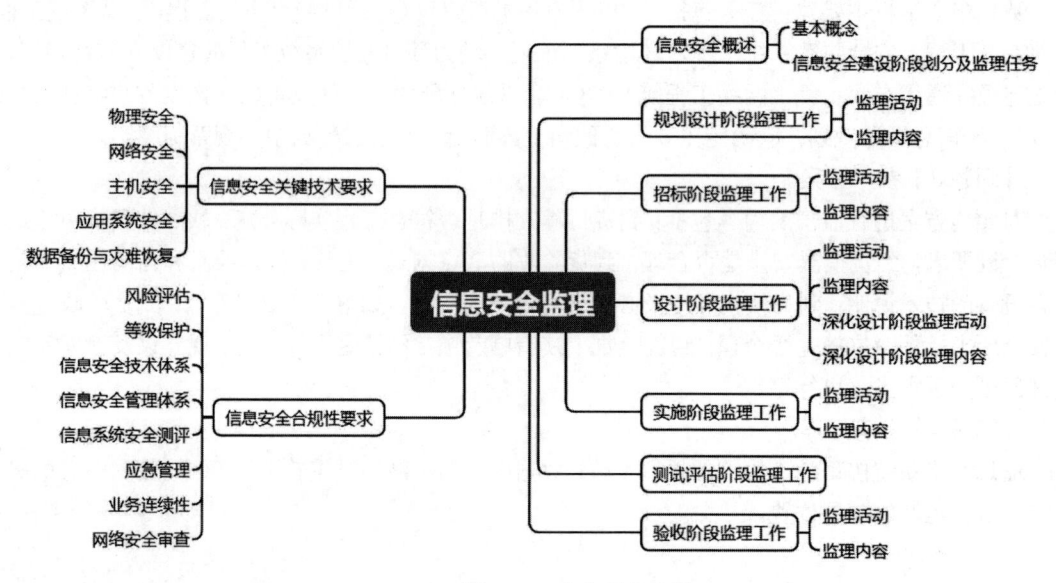

图 24-1 本小时的架构

信息安全监理　第 24 小时

【导读小贴士】

信息系统监理师考试属于软考的中级考试，在下午的考试题目中，会有本小时知识点的题目，内容不会超出章节知识点范围。但是最棘手的问题在于，本章节内容是新增部分。所以，本小时的特点是浓缩了本章节重要知识点。掌握了这些内容，可以轻松应对软考中的相关题目。

24.1　信息安全概述

【基础知识点】

1. 信息系统

应用、服务、信息技术资产或其他信息处理组件。

2. 网络安全

网络安全是通过采取必要的措施，防范对网络的攻击、侵入、干扰、破坏和非法使用以及意外事故，使网络处于稳定可靠运行的状态，以及保障网络数据的完整性、保密性、可用性的能力。

3. 信息安全工程

信息安全工程是为确保信息系统的保密性、完整性、可用性等目标而进行的系统实施过程，包括信息系统工程（含云服务类的信息系统）建设和运维阶段的安全集成。

4. 信息安全监理

信息安全监理是依据信息安全方面的标准和要求，在工程建设各阶段向业主单位提供相关咨询，并协助业主单位对承建单位在工程建设中的信息安全实施服务、实施控制和管理的一种专业化服务活动，信息安全监理还可以包括对信息系统运维阶段的其他信息安全实施服务进行监理。

5. 网络安全等级保护

国家通过制定统一的网络安全等级保护管理规范和技术标准，组织公民、法人和其他组织对信息系统分等级实行安全保护，对等级保护工作的实施进行监督、管理。公安机关负责网络安全等级保护工作的监督、检查、指导。

6. 等级保护基本原则

等级保护基本原则有自主保护原则、重点保护原则、同步建设原则、动态调整原则。

7. 等级保护实施基本流程

等级保护实施基本流程包括等级保护对象定级与备案阶段，总体安全规划阶段，安全设计与实施阶段，安全运行与维护阶段和定级对象终止阶段。机关负责网络安全等级保护工作的监督、检查、指导。

8. 涉密信息系统分级保护

依据国家网络安全等级保护的基本要求，对存储、处理国家秘密的计算机信息系统按照涉密程

215

度实行分级保护。

9. 商用密码

商用密码是指采用特定变换的方法对不属于国家秘密的信息进行加密保护、安全认证的技术、产品和服务。

国家密码管理部门负责管理全国的商用密码工作。县级以上各级密码管理部门负责管理本行政区域的商用密码工作。

10. 信息安全建设阶段划分与监理任务

信息安全建设阶段划分与监理任务见表24-1。

表 24-1 信息安全建设阶段划分与监理任务

阶段划分	主要监理任务
规划设计	● 配合业主单位和相关供应商进行充分沟通，分析原有系统的脆弱性及面临的安全威胁，形成安全需求； ● 配合业主单位完成网络安全等级保护方案、商用密码应用系统建设方案编制及审核工作，并及时出具监理意见； ● 协助业主单位开展方案评估工作，并配合完成规划设计资料报审； ● 配合业主单位开展关键信息基础设施分析识别工作、安全防护方案编制工作，并及时出具监理意见
招标	● 对招标文件编制、招投标过程、合同签订过程进行合规性审核，并出具监理意见
深化设计	● 协助业主单位梳理并制订工程建设管理规范以及配套管理制度； ● 督促承建单位进场完成现场踏勘，进行差距分析，并对网络安全等级保护、商用密码安全应用等安全方案进行深化设计； ● 审核深化设计方案及相关方提出的变更申请，必要时配合业主单位组织专家评审
实施	● 核查专用安全设备、商用密码产品的准予销售证明材料及专业测评机构出具的测评报告； ● 督促承建单位在等级保护对象定级、规划设计、实施过程中，对工程的质量、进度、文档和变更等方面的工作进行内部控制和科学管理； ● 监理机构对承建单位的管理成果进行监督
测试评估	● 建议业主单位委托主管单位授权的专业检测机构开展测试评估工作且应当将测评结果报相应的主管部门备案； ● 跟踪测评过程，督促相关方按计划完成测评工作； ● 根据检测评估发现的高风险项及测试评估单位给出的整改建议，督促相关方落实整改措施
验收	● 核查安全测评报告结论； ● 整理监理档案，配合整理业主单位档案，指导承建单位完成档案组卷工作； ● 协助编制或审核验收方案； ● 配合完成其他各项验收准备工作

21.2 规划设计阶段监理工作

【基础知识点】

1. 规划设计阶段监理目标

（1）建议并协助业主单位在规划设计阶段开展风险评估。
（2）协助业主单位明确信息系统工程的安全目标。
（3）协助业主单位确定信息系统工程的安全需求。
（4）协助业主单位申报信息系统工程安全保护等级手续。

2. 规划设计阶段监理活动

（1）促使业主单位充分考虑信息系统工程的信息安全规划和设计。
（2）建议业主单位基于业务开展风险评估工作。
（3）协助业主单位根据系统的安全风险、法律法规和政策的约束，确定信息系统工程的安全目标和安全需求。
（4）检查业主单位提出的安全需求与安全目标是否一致，与国家和地方的信息安全法律、法规、政策、标准是否符合。
（5）审核信息安全设计方案中涉及网络安全等级保护、商用密码应用系统建设、关键信息基础设施保护的内容。
（6）协助业主单位制定信息安全管理制度，开展或完善安全体系建设。
（7）协助业主单位依据国家等级保护相关标准，确定信息安全保护等级，协助业主单位完成信息系统定级及备案工作。
（8）协助业主单位按照相关规定完成信息安全方案评估工作，评估结果作为项目规划立项的重要依据和申报资金的必备材料。
（9）配合业主单位按相关规定完成立项文件编制及送审工作，并及时获得相关管理部门的批复意见。

3. 监理内容

规划设计阶段的监理内容主要包括：安全风险评估；安全需求确定；网络安全等级保护方案的审核；商用密码应用系统建设方案的审核；关键信息基础设施安全防护方案的审核。

（1）网络安全等级保护方案的审核。监理机构应配合建设单位以及网络安全供应商完成网络安全的定级备案程序，主要工作包括：等级保护对象分析；定级对象确定；确定安全保护等级；对定级结果进行评审，形成定级报告，完成定级结果备案。

（2）商用密码应用系统建设方案的审核。商用密码应用方案包括技术方案、管理方案两部分。对技术方案的审核，需从机密性、完整性、真实性、不可否认性四个维度进行审核。对管理方案的审核，需从管理制度、人员管理、建设运行、应急处置四个维度来进行。

机密性的技术要求：使用密码技术。

机密性的保护对象：身份鉴别信息；密钥数据；传输的重要数据；信息系统应用中所有存储的重要数据。

完整性的技术要求：使用基于对称密码算法或密码杂凑算法的信息鉴别机制或使用基于公钥密码算法的签名机制等密码技术。

完整性的保护对象：身份鉴别信息；密钥数据；日志记录；访问控制信息；重要信息资源安全标记；重要可执行程序；视频监控音像记录；电子门禁系统进出记录；传输的重要数据；信息系统应用中所有存储的重要数据。

真实性的技术要求：使用动态口令机制、基于对称密码算法或密码杂凑算法的信息鉴别机制或使用基于公钥密码算法的签名机制。

真实性的应用场景：进入重要物理区域人员的身份鉴别；通信双方的身份鉴别；网络设备接入时的身份鉴别；重要可执行程序的来源真实性保证；登录操作系统和数据库系统的用户身份鉴别；应用系统的用户身份鉴别。

不可否认性的技术要求：使用基于公钥密码算法的数字签名机制等密码技术。

不可否认性的保护对象：数字签名。

24.3 招标阶段监理工作

【基础知识点】

1. 招标阶段的监理活动

（1）确保招标文件中涉及安全的条款满足安全需求，并符合法律法规、政策文件和标准规范要求。

（2）确保承建合同中所提供的安全产品和服务满足招标文件要求。

（3）确保承建合同中与安全相关的条款在技术、经济上合理有效。

2. 招标阶段的监理内容

招标阶段的监理内容包括协助招标准备工作、协助编写或审核招标文件、根据业主单位委托参与评标工作、承建合同的监理内容。

24.4 设计阶段监理工作

【基础知识点】

1. 设计阶段监理内容

设计阶段监理内容包括对体系结构设计的审核与对详细设计的审核。

对体系结构设计的审核内容：安全设计与安全目标和安全需求的一致性；根据安全技术要求，选择安全模型；安全控制措施应覆盖物理、主机、网络、应用、数据和信息安全管理等方面；项目各阶段的安全风险分析和控制措施的全面性、合理性；安全性检验手段应具有可操作性、有效性；

督促承建单位对体系结构设计的合理性、确定性进行论证审定。

对详细设计的审核内容：详细设计应遵循体系结构设计，确定并明晰系统安全设计要素；安全控制措施应考虑计算机设备、设施（包括机房建筑、供电、空调等）、通信与网络设备、存储设备、身份鉴别、访问控制、安全审计、系统和信息集成、产品和服务获取、配置管理、应急计划、事件响应、安全评估与认证、安全意识和培训等方面，以及针对特定需求的安全控制措施；选择具体的安全产品和服务，设计安全产品和服务中应具备的安全机制（例如配置策略等）；安全产品采购和使用应符合国家有关规定；可预先对产品进行选型测试；工程实施组织设计，相关的操作指南或手册；为系统用户和管理员提供安全运行指南；督促承建单位组织相关部门和有关安全技术专家对详细设计的合理性、正确性进行论证和审定。

2. 深化设计阶段的监理

深化设计阶段的监理内容包括深化设计方案审核与项目实施方案审核。

深化设计方案的审核内容：承建单位应踏勘机房场地，了解安全设备部署的物理位置；承建单位应检查机房出入口门禁系统，确认物理访问控制措施是否满足等级保护要求；承建单位应检查机房防盗报警系统、机柜接地系统及其他防护设施，确认安全物理环境是否满足等级保护要求；承建单位应了解安全设备部署环境的线缆敷设要求及网络架构，确保安全设备接入的网络链路顺畅。

项目实施方案一般包括技术措施实现方案、管理措施实现方案两部分，方案的审核也按照两部分分别进行审核。

技术措施实现方案的审核包括：网络安全产品或服务采购（承建单位应按照安全详细设计方案、深化设计方案、招标文件、合同文件要求进行采购，根据产品、产品组合或服务实现的功能、性能和安全性满足安全设计要求的情况来选购所需的网络安全产品或服务）；安全控制的定制开发（安全措施需求分析、概要设计、详细设计、编码实现、测试、安全控制的开发过程文档化）；安全控制集成（集成准备、集成实施、培训情况、形成安全控制集成联调测试报告）。

管理措施实现方案的审核包括：安全管理制度的建设和修订（包括明确应用范围、规定行为规范、评估与完善）；安全管理机构和人员的设置（包括安全组织确定、角色说明、人员安全管理）。

24.5　实施阶段监理工作

【基础知识点】

实施阶段的监理内容包括：工程实施方案的审核、安全控制措施的审核、安全设备的验收、工程实施中的安全管理。

24.6　测试评估阶段监理工作

1. 测试评估阶段监理活动

（1）依据相关规定，第三级以上信息系统的安全系统、商用密码应用系统建设完成后，监理机构应配合测评机构完成等级保护测评、密码应用安全性评估工作，并协助业主单位完成评估结果备案。

（2）提醒业主单位与测评机构签署委托测评协议，根据业主单位委托审核协议文本，出具监理意见。

（3）提醒业主单位与测评机构及时签署保密协议。

（4）提醒测试评估单位，如无业主单位授权，不得对关键信息基础设施实施漏洞探测、渗透性测试等可能影响或者危害关键信息基础设施安全的活动。

（5）提醒相关单位在现场测评开始前对系统及数据进行备份，并对可能出现的事件制定应急处理方案。

（6）督促测试单位及时编制测试方案、测试报告等测试相关文件，并组卷归档。

2. 测试评估阶段的监理内容

测试评估阶段的主要监理内容包括：网络安全等级保护测评、关键信息基础设施保护、商用密码应用安全性评估。

24.7 验收阶段监理工作

1. 验收阶段监理活动

（1）依据合同与相关文件，督促承建单位进行系统测试和试运行，对信息系统工程进行安全符合性检查。

（2）监督系统测试过程，复核测试评估结论，确保建设成果满足规划设计要求。

（3）复核项目范围内的软硬件数量、部署位置、运行状态，确保符合招投标文件、承建合同的要求。

（4）协助业主单位建立验收工作机构，做好验收筹备工作，组织项目终验会议。

（5）协助验收工作机构审核承建单位提供的工程验收方案，并提出监理意见。

（6）协助业主单位对承建单位提供的验收申请资料进行评审，并提出监理意见。

（7）组织业主单位、承建单位分析相关专家评审意见，并对整改结果进行复核。

（8）适用时，可建议业主单位委托第三方机构进行安全测评和风险评估。

（9）督促承建单位及时整改发现的问题。

（10）协助业主单位收集工程设计和实施中的各种关键文档，做好监理文档的组卷归档工作。

2. 验收阶段监理内容

验收阶段监理内容包括系统测试的监理、工程验收方案的审核、工程验收过程的监理。

系统测试的监理内容：①督促承建单位按照网络、主机、应用、数据等不同层面的安全功能和性能，采用不同的技术检测方法，设计详细的测试技术方案和控制流程，并对测试技术方案和控制流程进行审查；②督促承建单位对工程实施中安装的设备或产品进行单元测试，以评估是否符合业主单位或工程的安全要求；③督促承建单位在系统建设完成后、业主单位验收前，进行总体安全性测试；④督促承建单位对安全测试的内容做详细的工作记录，包括安全工程测试方法、测试过程、测试指标结果等；⑤督促承建单位及时整改测试中发现的安全问题；从系统安全功能与性能方面对测试结果进行审查，并提出监理意见。

工程验收方案的审核内容包括：①与安全需求、设计方案和实施方案的一致性；②能够从技术、管理和工程方面保障信息安全，实现安全目标与安全需求；③安全设计要求和指标、实现方法及其检测、验证手段；④工程交付物清单（安全体系架构图、安全配置策略、工程设计和实施文档等）齐全、完整，且与实际相符；⑤如适用，验收步骤和验收程序可考虑信息安全测评和风险评估环节。

工程验收过程的监理内容包括：①督促承建单位在系统验收前先进行系统的测试和试运行，并进行详细记录，对发现的问题及时整改；②监理机构应建议业主单位和承建单位根据体系结构设计文件、详细设计文件及相关部门颁发的有关文件、相关信息技术和信息安全标准、设计规范、建设规范和验收规范进行项目验收；③对介入工程的第三方的工作（例如风险评估、等级测评、软件评测等）过程进行监理。

24.8 信息安全合规性要求

1. 风险评估的要求

（1）应以保障组织业务使命为导向，开展信息安全风险评估工作，以风险评估作为安全需求的输入。

（2）信息安全风险评估应贯穿信息系统的规划、设计、实施、运行维护以及废弃各个阶段。

（3）应参照《信息安全技术 信息安全风险评估方法》（GB/T 20984），制定风险评估流程，覆盖风险评估准备、资产识别、威胁识别、脆弱性识别、已有安全措施确认、风险分析、风险处置等环节。

（4）应确保并持续改进风险评估模型、方法和工具的合理性和适用性。

2. 等级保护的要求

（1）应按照"谁主管谁负责、谁运营谁负责、谁使用谁负责"的要求，落实信息安全责任主体。

（2）应按照"自主定级、自主保护"的原则，参照《信息安全技术 网络安全等级保护实施指南》（GB/T 25058），开展等级保护的定级、备案、建设、测评、整改等工作。

（3）应参照《信息安全技术 网络安全等级保护基本要求》（GB/T 22239）中相应等级的技术和管理要求，选择并落实安全控制措施。

（4）应定期对信息系统安全状况、安全控制措施的符合情况进行自查，并按要求开展等级保护测评。

3. 信息系统安全测评的要求

（1）应做好与安全测评机构的沟通，在工程验收阶段和系统运行阶段按需开展安全测评。

（2）应协调信息系统各相关方配合测评机构开展测评工作。

（3）应做好安全测评过程中相关的技术准备、文档准备和人员准备。

（4）应对安全测评中发现的问题及时进行安全加固、安全优化等整改工作。

4. 应急管理的要求

（1）应参照《信息安全技术 网络安全事件分类分级指南》（GB/T 20986）对信息安全事件进行分类、分级。

（2）应参照《信息技术 安全技术 信息安全事件管理》（GB/T 20985）建立应急响应小组，制定应急响应流程，实施信息安全事件管理各过程的主要活动。

（3）应确保信息安全应急管理的人员、预案、操作、工具、资源可用性。

（4）应制定信息系统总体应急预案和各类子预案，定期进行应急预案的培训、演练和修订。

5. 业务连续性要求

（1）应以保护组织的核心业务、核心价值，保障组织的业务持续开展为出发点，进行业务影响分析（BIA）。

（2）应基于风险评估和业务影响分析结论，制订业务连续性计划和灾难恢复计划。

（3）应基于信息系统的不同层面、不同应用、不同资产，分别制定恢复时间目标（RTO）、恢复点目标（RPO）指标。

（4）应根据业务连续性计划和指标，建立业务连续性保障能力。

24.9 信息安全关键技术要求

1. 网络安全

网络安全方面的关键技术要求如下：

（1）各种服务器及网络核心设备宜放置在专门的电子设备机房。

（2）信息网络平台中涉及的防火墙、防病毒系统等网络安全软硬件设备应通过国家相关安全测评认证机构的认证。

（3）结构安全。

（4）访问控制。

（5）网络设备防护。

（6）安全审计。

（7）边界完整性。

（8）入侵防范。

（9）恶意代码防范。

2. 主机安全关键技术——身份鉴别的内容

（1）应对登录操作系统和数据库系统的用户进行身份标识和鉴别。

（2）管理用户的身份鉴别信息应具有不易被冒用的特点，口令应有复杂度要求并定期更换。

（3）设备具备口令复杂度限制和口令生存周期限制功能的，应启用。

（4）当对服务器进行远程管理时，应采取必要措施，防止鉴别信息在网络传输过程中被窃听，如启用SSL、SSH等安全协议进行远程登录。

（5）应为操作系统和数据库系统的不同用户分配不同的用户名，确保用户名具有唯一性，避免操作系统与数据库系统共享同一账号进行认证。

（6）等级保护第三级以上系统，重要服务器应采用两种或两种以上组合的鉴别技术对管理用户进行身份鉴别。

3．主机安全关键技术——访问控制的内容

（1）应启用访问控制功能，依据安全策略控制用户对资源的访问。

（2）应实现操作系统和数据库系统特权用户的权限分离。

（3）应限制默认账户的访问权限，重命名系统默认账户，修改这些账户的默认口令，并及时删除多余的、过期的账户，避免共享账户的存在。

（4）等级保护第三级以上系统，应根据管理用户的角色分配权限，实现管理用户的权限分离，仅授予管理用户所需的最小权限。

（5）等级保护第三级以上系统，应对重要信息资源设置敏感标记，并依据安全策略严格控制用户对有敏感标记的重要信息资源的操作。

4．主机安全关键技术——安全审计的内容

（1）审计范围应覆盖服务器和重要客户端上的每个操作系统用户和数据库用户。

（2）审计内容应包括重要用户行为、系统资源的异常使用和重要系统命令的使用等系统内重要的安全相关事件，审计记录应包括事件的日期、时间、类型、主体标识、客体标识和结果等。

（3）等级保护第三级以上系统，应保护审计进程，避免受到未预期的中断，并保护审计记录，避免受到未预期的删除、修改或覆盖等。

（4）等级保护第三级以上系统，应能够根据记录数据进行分析，并生成审计报表。

5．主机安全关键技术——恶意代码防范的内容

应安装杀毒软件，建议使用企业版杀毒软件，等级保护第三级以上系统，应使用与网络防恶意代码产品不同的恶意代码库，能够进行病毒库升级。

6．主机安全关键技术——资源控制的内容

（1）应通过设定终端接入方式、网络地址范围等条件限制终端登录，并根据安全策略设置登录终端的操作超时锁定。

（2）应部署ITMN监控系统，对服务器和网络设备的运行状况进行监测，包括监视服务器的CPU、硬盘、内存、网络等资源，以及网络设备的CPU、内存、端口状态和带宽的使用情况等。

7．数据备份与灾难恢复关键技术——数据完整性的要求

（1）应检测出系统管理数据、鉴别信息在传输过程中完整性是否受到破坏，等级保护第三级以上系统，还应对重要业务数据进行检测，并在检测到完整性错误时采取必要的恢复措施。

（2）应检测出系统管理数据、鉴别信息在存储过程中完整性是否受到破坏，等级保护第三级以上系统，还应对重要业务数据进行检测，并在检测到完整性错误时采取必要的恢复措施。

8. 数据备份与灾难恢复关键技术——数据保密性的要求

（1）应采用加密或其他保护措施实现鉴别信息的存储保密性，等级保护第三级以上系统，还应采用加密或其他保护措施实现系统管理数据、鉴别信息和重要业务数据存储保密性。

（2）应采用加密或其他保护措施实现鉴别信息的传输保密性，等级保护第三级以上系统，还应采用加密或其他保护措施实现系统管理数据、鉴别信息和重要业务数据传输保密性。

9. 数据备份与灾难恢复关键技术——备份和恢复的要求

（1）应提供关键网络设备、通信线路和数据处理系统的硬件冗余，保证系统的可用性，等级保护第三级以上系统，应提供主要网络设备、通信线路和数据处理系统的硬件冗余，保证系统的高可用性。

（2）等级保护第三级以上系统，应采用冗余技术设计网络拓扑结构，避免关键节点存在单点故障。

24.10 练习题

监理单位承接了某省直属行政部门行业应用系统项目监理业务，该项目建设内容为行政执法行业应用系统软件的开发。在项目规划设计阶段，监理协助业主单位开展系统建设风险评估工作，协助业主单位明确了系统建设需求和建设目标，并协助业主单位制订信息安全管理制度。

项目进入设计阶段后，监理针对施工单位提报的系统体系结构的安全设计，发现体系结构满足既定的安全目标和安全需求。

验收阶段监理依据合同与相关文件，督促承建单位开展了系统测试和试运行等工作，对信息系统工程进行安全符合性进行了检查。

【问题1】信息系统安全建设有哪些阶段？（6分）

【问题2】根据案例内容，写出信息安全规划设计阶段的监理目标。（4分）

【问题3】信息系统安全测试评估的主要内容有哪些？（4分）

【问题1】参考答案

信息系统安全建设包含规划设计阶段、招标阶段、深化设计阶段、实施阶段、测试评估阶段、验收阶段。

【问题2】参考答案

规划设计阶段监理目标：建议并协助业主单位在规划设计阶段开展风险评估；协助业主单位明确信息系统工程的安全目标；协助业主单位确定信息系统工程的安全需求；协助业主单位申报信息系统工程安全保护等级手续。

【问题3】参考答案

信息系统安全测试评估主要包括网络安全等级保护测评、关键信息基础设施保护、商用密码应用安全性评估。

第25小时 运行维护监理

25.0 章节考点分析

第 25 小时主要讲述监理服务过程中的关键监理活动、监理内容、重点运行维护服务的监理要点，以及监理主要输出文档等，帮助监理人员开展运行维护监理工作。同时对监理机构在实践过程中编制监理大纲、监理规划和监理实施细则，以及项目的作业指导书或监理文档起到必要的指导作用。

根据考试大纲，本小时知识点涉及单项选择题与案例分析题，占 5~10 分。本小时内容侧重于监理实务，根据以往全国计算机技术与软件专业技术资格（水平）考试的出题规律，下午案例分析题概率较大。**本小时的架构如图 25-1 所示。**

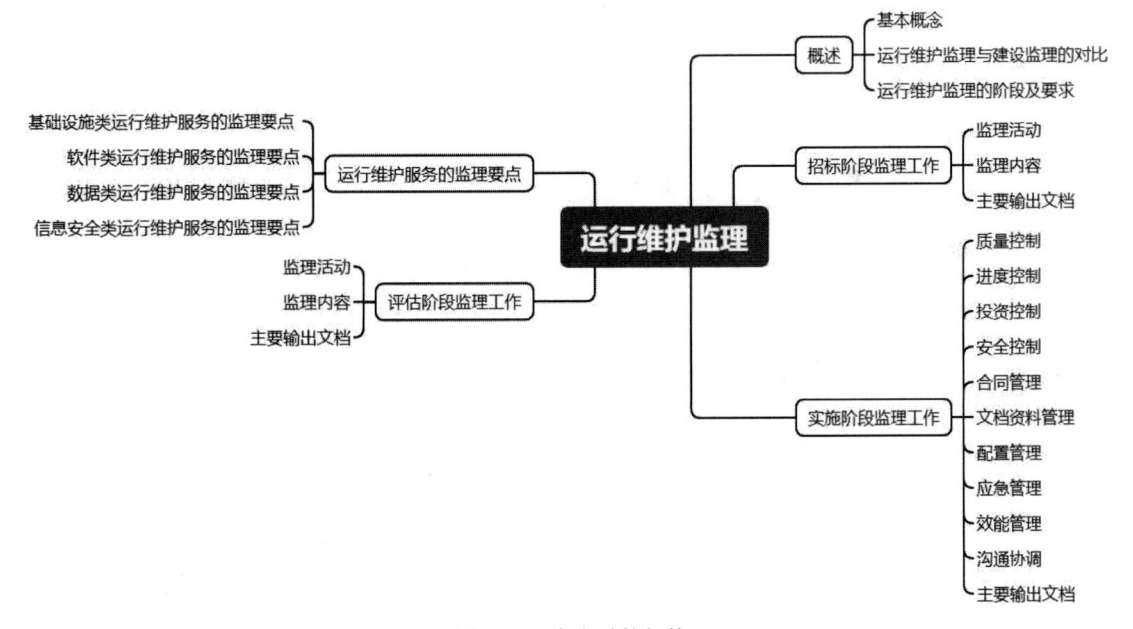

图 25-1 本小时的架构

25.1 概述

【基础知识点】

1. 信息系统运行维护服务的对象

信息系统运行维护服务的对象通常分为基础设施、应用软件、数据、信息安全四类。

2. 运行维护监理与建设监理的对比

运行维护监理与建设监理的对比见表 25-1。

表 25-1 运行维护监理与建设监理的对比

服务内容	信息系统工程运行维护监理	信息系统工程建设监理
质量控制	保障运行维护事件的响应、快速处置、深层技术问题解决等服务质量，以及日常服务支持的用户体验质量	保障产品及项目成果物的建设过程质量和最终交付质量
进度控制	保障运行维护工作任务按时保质完成，包括常规既定任务、时间约束范围内的处置任务等	控制并调整项目整体工期、里程碑执行进度
投资控制	控制 IT 资产运行维护资源、运行维护单位服务过程费用，突出预算执行，指导预算编制与决算，强调 IT 全面预算管理	评估工程造价，控制预算决算审核，强调"一头一尾"
安全控制	对基础环境、信息系统、数据资源等物理、逻辑、人员的安全控制，以及可用性、连续性控制	对建设过程中的安全性、保密性以及人员的安全管理
合同管理	管理运行维护周期内服务提供的响应能力、处理能力等，支撑信息系统运行的连续可用性，衡量标准具有多样性	管理承建合同中的内容、进度、合同额，以及其他约定，衡量标准明确
文档资料管理	以服务过程中产生的工单为主、配套技术文档为辅，强调服务过程的可溯源性及整体关联性	以工程技术和管理文档为主，强调文档与建设成果的一致性及同步性
配置管理	从 IT 整体软硬件环境及安全环境出发进行资产配置管理，控制配置项变更对全局整体环境及业务的影响	在建设范围、进度、成本、质量、风险、技术可行性等方面控制变更
应急管理	对 IT 整体运行环境应急预案、应急演练、突发事件处理过程的管理与优化，突出对重点业务的应急支撑	对建设过程中的突发事件及潜在风险进行预案、预警及处置，突出对潜在风险的预警及突发事件的处置
效能管理	综合服务过程，评价并管理运维服务提供方对其所辖服务对象的服务能力，以及 IT 资产对业务发展的支撑能力	因为在建设监理实践中，系统处于在建或未完全建成状态，其效能是不完整的，即便管理也是局部的，故视为无
组织协调	与全部参与业主单位信息系统运行维护工作的服务单位进行协调沟通，突出作为服务单位职责的裁判作用	与项目特定的业主单位及承建单位各方进行协调沟通，解决争议

3. 运行维护监理的阶段划分及监理要求

运行维护监理的阶段划分及监理要求见表 25-2。

表 25-2　运行维护监理的阶段划分及监理要求

阶段划分	监理要求
招标阶段监理	● 监理机构应协助业主单位明确信息系统运行维护阶段的主要任务和服务标准。 ● 监理机构应协助业主单位在信息系统运行维护阶段选择适合的提供运行维护服务的单位，包括招标的工作。 ● 监理机构应协助业主单位与运维服务提供方签署运行维护服务级别协议（SLA），在技术、经济上合理有效。在签订的运行维护服务合同中应明确要求运维服务提供方接受监理单位的监理
实施阶段监理	● 监理机构应依据服务级别协议及服务目录，协助业主单位对运行维护服务商的工作进行监督和考核，包括建立考核制度、指标和办法，通过有效监督保证运行维护服务的质量。 ● 监理机构应配合业主单位及运维服务提供方共同制订可操作的业务连续性运行维护方案和计划，并按照运行维护方案和计划监督运行维护服务商的运行维护工作。 ● 监理机构应配合业主单位及运维服务提供方共同制订灾难恢复方案与计划，按照灾难恢复方案与计划，协助业主单位组织灾难恢复演练，并监督演练
评估阶段监理	● 监理机构应协助业主单位对运行维护后的系统进行效果评估。 ● 监理机构应协助业主单位对运行维护服务结果、服务交付过程以及相关管理的工作进行评估、认定和验收

25.2　招标阶段监理工作

【基础知识点】

1. 招标阶段监理活动

（1）明确运行维护需求：协助业主单位明确运行维护的主要任务和服务标准。

（2）招标：协助业主单位编制招标文件，满足运行维护需求。

（3）签署合同及 SLA：协助业主单位与运维服务提供方签署运行维护服务合同和运行维护服务级别协议。

2. 监理单位应明确的运行维护需求内容

（1）根据运维招标特点编制监理规划，经业主单位签认后，作为监理工作的指导文件。

（2）协助业主单位进行招标策划工作，根据业主单位需求及相关法律法规、政策和标准，确定运行维护任务和服务标准，作为后续监理工作的依据之一。

（3）明确运行维护需求，包括运行维护对象、运行维护流程、运行维护组织及管理模式等，形成合法合规的、有针对性的、符合实际运行维护需要的招标要求。

3. 合同及 SLA 监理的内容

（1）协助业主单位审核合同条款和 SLA 内容。

（2）管理运行维护招标阶段所产生的与监理相关的文档资料，包括需求说明、招标文件、运行维护合同、运行维护 SLA 等。

（3）可从运行维护人员、资源、技术和过程，以及运行维护预算的分析论证等方面向业主单位提供咨询服务。

（4）签订的运维服务合同中，应明确要求运维服务提供方接受监理单位的监理。

4. 招标阶段主要输出文档

（1）监理规划。

（2）服务需求研讨会会议纪要。

（3）招标需求文件评审的监理意见。

（4）招标答疑纪要或备忘录。

（5）合同评审的监理意见。

（6）SLA 评审的监理意见。

25.3　实施阶段监理工作

【基础知识点】

1. 质量控制活动及内容

（1）督促运维服务提供方建立运行维护质量保证体系。

（2）以运行维护合同、SLA 为依据，监督运行维护质量保证体系的落实及其日常运行情况。

（3）针对运行维护过程中的关键事件进行重点控制。

（4）督促运维服务提供方开展巡检，并抽查巡检相关记录。

（5）检查备品、备件的准备情况。

（6）宜定期对运行维护服务质量进行考核、评估。

（7）对运行维护过程中的测试实施质量进行审查。

（8）对运行维护文档质量进行评审。

2. 进度控制监理工作内容

（1）对运维服务提供方的整体运行维护计划进行审核。

（2）根据进度计划设置关键进度检查点。

（3）针对进度检查点进行审核，发现偏差时可以组织多方会议会商，修正进度计划。

3. 投资控制的方法

（1）固定运行维护费的控制方法。如果运行维护合同签订的是固定运行维护费，监理机构应跟踪合同执行全部过程，分块评价运行维护服务商对每部分合同内容的执行情况。

（2）不固定运行维护费的控制方法。不固定运行维护费的计算方法一般是服务单价乘以数量

（或工作量）。

4. 投资控制活动及内容

（1）协助业主单位对运维服务提供方的技术方案、实施方法、管理方案、所采用的运维设施及设备等方面做出必要的经济可行性评审，并提出有效建议。

（2）在运行维护实施过程中，按阶段提交运行维护费用支付情况的监理报告，协助业主单位掌握运行维护预算执行情况。

（3）针对运行维护过程中的索赔事项，审核各项索赔金额。

（4）审核运行维护各阶段付款申请，核算运维过程的实际工作量，出具支付意见。

5. 安全控制活动及内容

（1）协助业主单位根据系统的可用性、保密性、完整性及可维护性等方面，评审安全运行保障方案，避免引起技术及管理方面的冲突。

（2）协助业主单位进行运行维护安全规划。

（3）督促运维服务提供方提高安全意识，建立安全操作规范，严格执行安全操作规范，检查运维服务提供方是否存在安全隐患行为，并进行安全绩效考核。

（4）督促运行维护服务商进行信息系统运维安全管理教育。

6. 合同管理的主要监理内容

（1）监督运行维护合同执行情况。

（2）在发生合同变更或索赔事件时，促使项目各方提交变更或索赔材料，审查变更或索赔材料，做好协调工作并提出监理意见。

（3）协调项目各方共同建立运行维护合同档案的归档、保存、借阅等合同管理制度，并监督其落实。

7. 文档资料管理的主要监理内容

（1）协助业主单位、运维服务提供方建立运行维护过程的文档管理体系和管理计划。

（2）按照运行维护服务过程中统一的表格模板要求，督促各方编制运维文档。

（3）检查和评审运维服务提供方在运行维护服务过程提交的各类文档和单据。

（4）督促项目各方落实运行维护文档资料的归档、保存、借阅等的管理要求。

8. 配置管理流程

配置管理一般包括配置管理规划、配置识别、配置状态记录、配置控制和维护、配置审计和验证，如图 25-2 所示。

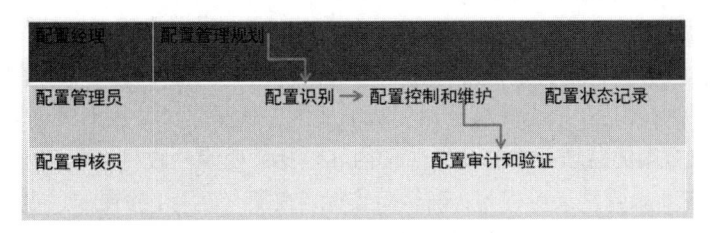

图 25-2　配置管理流程

9. 配置管理活动及内容

（1）协助运维服务提供方建立配置管理岗位体系。

（2）审核运维服务提供方提交的运行维护配置管理计划、配置方法、技术方案、使用工具等，并提出监理意见。

（3）跟踪和检查运维服务提供方对于配置项的规划、识别、实施和管理工作。

（4）检查运行维护过程中配置项的变更及发布管理过程。

（5）对配置管理进行抽检。

10. 应急事件的处理流程

（1）应急事件分析。

（2）成立应急工作组。

（3）应急处理过程。

（4）应急处理结果评估。

（5）统计和报告。

11. 实施阶段的主要输出文档

实施阶段的主要输出文档包括：监理实施细则；监理会议纪要；监理专题会议纪要；监理周报、监理月报；文档评审意见；针对各种事项提出的监理意见；监理联系单和监理通知单；绩效考核记录和报告等。

25.4　评估阶段监理工作

【基础知识点】

1. 评估阶段的监理活动

（1）协助业主单位对运行维护对象的实际运行效果进行评估，主要包括对基础设施、软件、数据和信息安全等各类运行维护对象的性能状况进行调查和评价。

（2）对运维服务提供方提交的服务验收申请、计划及其方案等进行审核。

（3）协助业主单位制定绩效考核办法、方案和指标体系。

（4）根据绩效考核办法和方案进行绩效考核，对运行维护服务进行评估，形成运行维护服务评估报告。

（5）协助业主单位完成服务验收。

2. 评估阶段的监理内容

（**1**）**运行维护服务评估报告的监理**。本部分的监理内容包括：根据绩效考核办法和方案对运维服务提供方进行综合评估；根据考核结果完成书面的评估报告，并提出改进意见。

（**2**）**服务验收方案的监理**。本部分的监理内容包括：明确验收目标、各方责任、验收内容、验收标准、验收方式和验收结果等内容；确认验收标准是否与运行维护合同一致；审查运行维护服务成果、文档等是否与合同、SLA、运行维护方案一致；确认验收方式、结论是否可行。

（3）服务验收过程的监理。 本部分的监理内容包括：审查服务商提交的验收申请；检查服务商提交的验收文档，并输出监理意见；协助业主单位组织验收会议，并签订验收报告；协助业主单位做好服务移交工作；根据运行维护合同，签发运行维护费用支付意见。

3. 评估阶段输出的监理文档

评估阶段输出的监理文档包括：监理意见；运行维护服务验收记录；监理会议纪要；运行维护服务评估报告；运行维护费用支付意见；监理工作总结报告、监理费申请等。

25.5　运行维护服务的监理要点

【基础知识点】

1. 基础设施类例行操作监理要点

（1）监督检查例行操作的计划性和完整性。

（2）对设施监控的不间断性、问题汇报和分析的及时性进行监督。

（3）监督检查定期保养、配置备份等常规操作的计划性、准确性、记录的完整性及可追溯性。

（4）要求运维服务提供方利用运行维护系统和工具，对基础设施开展运行维护活动。

2. 基础设施类响应支持监理要点

（1）检查运维服务提供方的响应支持服务与运行维护 SLA 的符合性。

（2）依据运行维护 SLA、维护手册或维护规程，监督、检查运维服务提供方的响应支持服务，包括处理的及时性、处理过程的严谨性及准确性、文档提交的准确性等。

（3）要求运维服务提供方建立故障诊断知识库。

（4）对服务商响应支持服务中存在的问题及时提出纠正和改进建议。

3. 基础设施类优化改善监理要点

（1）对优化改善方案进行审核。

（2）对优化改善建议报告进行审核。

4. 基础设施类调研评估监理要点

（1）对评估计划进行审核。

（2）持续跟踪调研评估的执行和评估结果的改进情况。

（3）对调研报告进行审核。

5. 软件类运行维护服务例行操作监理要点

（1）督促运维服务提供方根据软件运行维护对象的特点，确定例行操作的周期、范围、人员、内容、目标，并编制运行维护指导手册。

（2）对软件例行巡检、缺陷管理、变更管理、补丁程序管理、发布管理、版本管理、文档管理等运行维护活动实施监督管理。

（3）对系统恢复过程进行跟踪和监督。

（4）依据维护计划、维护手册或维护规程，监督运维服务提供方的例行维护活动，审核运维服务提供方提供的例行维护实施方案、维护记录、维护报告等文档。

（5）跟踪系统变更过程，监督变更过程的规范性。

（6）督促运维服务提供方在运行维护过程中记录运行状态、异常处理记录，提供趋势分析及可能的风险消除建议。

（7）督促运维服务提供方对软件缺陷实施统一管理，形成缺陷管理表，并定期对缺陷状态进行确认。

（8）要求运维服务提供方利用运行维护管理平台自动实现对软件各类资源的数据采集、状态监控和性能分析、更新软件分发。

6. 软件类运行维护服务响应支持监理要点

（1）检查运维服务提供方的响应支持服务与运行维护 SLA 的符合性。

（2）依据运行维护 SLA、维护手册或维护规程，监督、检查运维服务提供方的响应支持服务，包括处理的及时性、处理过程的严谨性及准确性、文档提交的准确性等。

（3）对运维服务提供方响应支持服务中存在的问题及时提出纠正和改进建议。

（4）宜要求运维服务提供方建立故障诊断知识库，应包括常见故障的原因与现象、故障排除步骤、故障诊断方法、故障诊断与修复原则等。

7. 优化改善监理要点

（1）跟踪系统缺陷诊断分析和修复过程，督促运维服务提供方及时进行缺陷修复。

（2）跟踪软件优化过程，评估优化效果。

（3）对软件优化方案的合理性、可行性进行审核。

（4）监督运维服务提供方将例行操作、响应支持服务过程中发现的问题和解决过程进行分类汇总，形成运行维护常见问题集与知识库。

8. 数据类运行维护服务例行操作监理要点

（1）督促运维服务提供方建立数据运行维护各项管理制度。

（2）督促运维服务提供方根据监控记录、运行条件和状况进行预防性检查及趋势分析。

（3）监督运维服务提供方的数据类日常运行维护操作行为，包括数据采集、存储、变更、迁移、转移、备份、分发和销毁等。

（4）针对运维服务提供方提交的数据备份计划，审核其在备份方式、备份技术及安全方面的合理性，并监督其实施过程。

（5）要求运维服务提供方采用工具化管理模块或第三方的各类数据监测工具，对数据的存储与传输状态进行记录和监控。

9. 数据类运行维护服务响应支持监理要点

（1）要求运维服务提供方基于用户对应用系统可持续性运行的基本需求和目标，配置各类数据资源保障措施。

（2）依据响应支持服务的服务计划和指导手册，监督运维服务提供方在数据变更、数据恢复、故障排查、疑难解答等方面的响应支持服务，审核确认各类响应支持服务的工作记录。

（3）督促运维服务提供方对数据问题实施统一管理，形成问题管理表，并定期对问题状态进行确认。

（4）对运维服务提供方响应支持服务中存在的问题及时提出纠正和改进建议。

（5）跟踪并确认运维服务提供方响应支持服务结果和改进措施的执行结果。

10. 数据类运行维护服务优化改善监理要点

（1）应协调业主单位和运维服务提供方确定优化改善服务的原则与方向，对数据资源优化方案的合理性、可行性进行评审。

（2）跟踪数据资源优化活动，督促运维服务提供方及时对数据资源问题进行修复。

（3）督促运维服务提供方将例行操作服务、响应支持服务过程中发现的问题和解决过程进行分类汇总，形成运行维护常见问题集与知识库，提高服务能力和服务效率。

（4）跟踪数据资源优化结果，评估优化效果。

11. 信息安全类运行维护服务例行操作监理要点

（1）督促运维服务提供方按照基础设施、应用系统和数据等对象安全属性的不同，采用不同的运行维护方法，设计详细的安全运行维护方案，并对方案进行审核。

（2）依据安全运行维护相关管理制度和系统安全定级情况，督促服务商对基础设施、应用系统和数据定期开展安全巡检、安全加固、脆弱性检查、渗透性测试、安全风险评估等服务，以评估其是否能符合业主单位的安全要求。

12. 信息安全类运行维护服务响应支持监理要点

（1）督促运维服务提供方提交安全事件应急响应支持方案，并对方案进行审核。

（2）对影响核心应用系统和数据安全的事件进行全程跟踪检查，审核事件处理过程的合规性、技术处理手段的正确性，并记录处理过程。

（3）督促运维服务提供方及时纠正响应支持过程中的问题，如安全功能、安全性能等，监理单位对问题进行审核。

（4）督促运维服务提供方在安全事件处理后提交分析报告，对报告中的风险判定、分析、解决方案、预防或整改措施等内容进行审核。

13. 信息安全类运行维护服务优化改善监理要点

（1）依据安全运行维护相关管理制度和系统安全定级情况，督促运维服务提供方对安全运行维护方案进行调整和适应性改进，包括但不限于安全巡检、安全加固、脆弱性检查、渗透性测试、安全风险评估、应急保障等方案和措施。

（2）建议运维服务提供方在安全运行维护过程中，优化完善安全运行维护方案，并对优化完善后的方案进行评审。

（3）可根据对安全运行维护记录、趋势的分析，结合安全运行的需求，发现安全运行过程的脆弱点，督促服务商有针对性地进行改进性作业和预防性改进。

25.6 练习题

某市电子政务网招标运行维护监理业务，监理 A 公司中标电子政务运行维护监理业务。

事件 1：监理单位在监理过程中对中心机房的运行维护服务商响应支持服务中存在的问题及时提出纠正和改进监理建议，使响应服务得到改善。

事件 2：监理单位在监理过程中要求电子政务网的运维服务提供单位使用针对性的运行维护工具，对本项目的电子政务网开展运行维护活动。

【问题 1】请根据事件 1 回答基础设施类响应支持监理要点有哪些。(8 分)

【问题 2】请根据事件 2 回答基础设施类例行操作监理要点有哪些。(8 分)

【问题 1】参考答案

基础设施类响应支持监理要点：①检查运维服务提供方的响应支持服务与运行维护 SLA 的符合性；②依据运行维护 SLA、维护手册或维护规程，监督、检查运维服务提供方的响应支持服务，包括处理的及时性、处理过程的严谨性及准确性、文档提交的准确性等；③要求运维服务提供方建立故障诊断知识库；④对服务商响应支持服务中存在的问题及时提出纠正和改进建议。

【问题 2】参考答案

基础设施类例行操作监理要点：监督检查例行操作的计划性和完整性；对设施监控的不间断性、问题汇报和分析的及时性进行监督；监督检查定期保养、配置备份等常规操作的计划性、准确性、记录的完整性及可追溯性；要求运维服务提供方利用运行维护系统和工具，对基础设施开展运行维护活动。

第26小时 成本类计算

26.0 章节考点分析

第 26 小时主要学习成本类计算，包括成本偏差、成本绩效计算等内容。

根据考试大纲，本小时知识点会涉及单项选择题和案例分析题，按以往的出题规律，单选题占 1~2 分，案例分析可能会考一道大题，或大题中的某一问。本小时内容属于基础知识范畴，考查的知识点来源于教材，扩展内容较少。本小时的架构如图 26-1 所示。

成本类计算 ├ 成本类计算相关概念
　　　　　├ 成本计算基本公式
　　　　　└ 考试真题解析

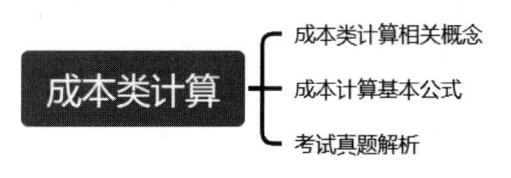

图 26-1　本小时的架构

【导读小贴士】

项目成本控制在监理中占有重要地位，成本控制就是要确保在批准的预算内完成项目。因此，需要在项目实施过程中对项目成本进行预算、对项目成本进行预测，要把实际支出成本与计划进行比较，分析成本绩效，就要进行成本计算。本小时内容包括成本类计算相关概念、成本计算基本公式、成本计算历年真题等，属于必须掌握的内容之一。

26.1　成本类计算相关概念

【基础知识点】

（1）计划价值（Planned Value，PV），为计划工作分配的经批准的预算，它是为完成某活动或 WBS 组成部分而准备的一份经批准的预算，<u>不包括管理储备</u>。应该把预算分配至项目生命周期的各个阶段；在某个给定的时间点，计划价值代表着应该已经完成的工作。<u>PV 的总和有时被称为绩效测量基准（PMB）</u>，项目的总计划价值又被称为完工预算。

（2）挣值（Earned Value，EV），对已完成工作的测量值，用该工作的批准预算来表示，是已完成工作的经批准的预算。EV 的计算应该与 PMB 相对应，且所得的 EV 值不得大于相应组件的 PV 总预算。EV 常用于计算项目的完成百分比。

（3）实际成本（Actual Cost，AC），在给定时段内执行某活动而实际发生的成本，是为完成与 EV 相对应的工作而发生的总成本。AC 没有上限。

（4）完工预算（Budget At Completion，BAC），为将要执行的工作所建立的全部预算总和，包含应急储备，不包括管理储备。

（5）完工估算（Estimate At Completion，EAC），完成所有工作所需的预期总成本，包括实际已支出的成本和要完成项目剩余工作所需的预期成本。

（6）完工尚需估算（Estimate To Complete，ETC），完成所有剩余项目工作的预计成本。不含前期已支出的成本。

（7）完工尚需绩效指数（To-Complete Performance Index，TCPI），为了实现特定的管理目标，剩余资源的使用必须达到的成本绩效指数，是完成剩余工作所需的成本与剩余预算之比。需要注意的是公式中完成剩余工作所需的成本是分子，剩余预算是分母。

26.2　成本计算基本公式

【基础知识点】

（1）进度偏差（Schedule Variance，SV）是测量进度绩效的一种指标，表示为挣值与计划值之差：SV=EV−PV。

（2）成本偏差（Cost Variance，CV）是测量成本绩效的一种指标，表示为挣值与实际成本之差：CV=EV−AC。

（3）进度绩效指标（Schedule Performance Index，SPI）是测量进度效率的一种指标，表示为挣值与计划值之比：SPI=EV/PV。

（4）成本绩效指标（Cost Performance Index，CPI）是测量预算资源的成本效率的一种指标，表示为挣值与实际成本之比：CPI=EV/AC。

（5）参数图例及分析如图 26-2 和表 26-1 所示。

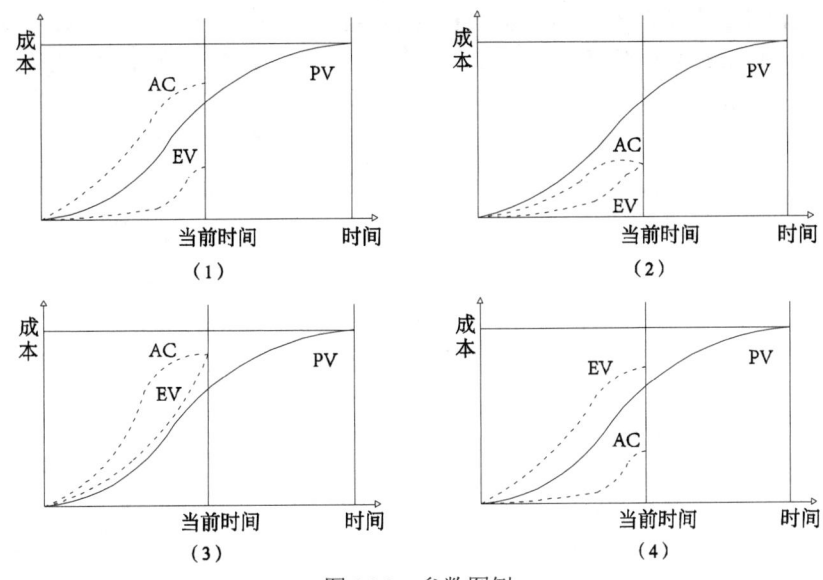

图 26-2 参数图例

表 26-1 参数分析

序号	参数关系	分析（含义）	措施
（1）	AC＞PV＞EV SV＜0，CV＜0	进度滞后、成本超支	用工作效率高的人员更换一批工作效率低的人员；赶工或并行施工追赶进度
（2）	PV＞AC=EV SV＜0，CV=0	进度滞后、成本持平	增加高效人员投入，赶工或并行施工追赶进度
（3）	AC=EV＞PV SV＞0，CV=0	进度超前、成本持平	抽出部分人员，增加少量骨干人员
（4）	EV＞PV＞AC SV＞0，CV＞0	进度超前、成本节约	若偏离不大，维持现状，加强质量控制

（6）预测类公式。

非典型偏差：ETC=BAC-EV（知错即改为非典型，接下来的工作按计划进行，即纠偏）。

典型偏差：ETC'=(BAC-EV)/CPI（知错不改为典型，继续按原绩效执行，即不纠偏）。

典型且必须按期完成：ETC"=(BAC-EV)/(CPI×SPI)（按当前绩效继续进行，但必须按期完成，即只纠偏时间）。

EAC=ETC+AC。

（7）完工尚需绩效指数（TCPI）。

TCPI=(BAC-EV)/(BAC-AC)——若按最初的计划 BAC 来完成时。

TCPI'=(BAC-EV)/(EAC-AC)——若按调整后的计划 EAC 来完成时。

（8）完工偏差。完工偏差（Variance at Completion，VAC）是完工预算与完工估算之差：VAC=BAC−EAC（注意 BAC 在前，BAC 的 B 排在 EAC 的 E 前面，这样记就不会记错）。

（9）评价结论见表 26-2。

表 26-2　评价结论

指标关系		评价结论
SV>0	SPI<1	进度超前
CV>0	CPI>1	成本节约
SV<0	SPI<1	进度滞后
CV<0	CPI<1	成本超支
TCPI>1		很难完成
TCPI<1		很容易完成
TCPI=1		刚好完成

26.3　考试真题解析

1. 某项目计划安排为：2022 年 6 月 30 日完成 2000 万元的投资任务。在当期进行项目绩效时评估结果为：完成计划投资额的 90%，而 CPI 为 50%，这时的项目实际花费为（　　）万元。

　　A．900　　　　　B．1800　　　　　C．3600　　　　　D．4000

【例题解析】根据定义在题目中找出或计算出 PV、EV 和 AC，根据公式求解要求的参数，解题步骤如下：

第一步，PV 是计划值，反映计划工作的预算成本，所以：PV=2000 万元。

第二步，EV 反映实际工作的预算成本，根据题意，实际完成计划投资额的 90%，即 EV 是 PV 的 90%，所以：EV=2000×90%=1800（万元）。

第三步，题目已知 CPI 为 50%，根据 CPI=EV/AC，所以 AC=EV/CPI=1800/50%=3600（万元）。

【易错点】对概念理解不清。

一定要理解 PV、EV 和 AC 分别代表什么，在做题的时候一定要找准。另外，需要记清楚 CV、SV、CPI 和 SPI 的公式，公式的共同点：都是 EV 在前。

【思路总结】此题要求计算 AC，与要求计算 CV、SV、CPI 和 SPI 的解题思路一样，解题思路如下：

第一步，根据题意找出 PV 和 AC。一般情况下，题目会给出 AC 值，因为 AC 是实际成本，只有题目才知道实际成本是多少。但此题要求计算 AC，那题目中一定会给出与 AC 相关的其他参数，便于求解。PV 是计划值，题目中很容易找到或计算出来。

第二步，根据 PV，求解 EV。因为 EV 反映实际工作的预算成本，与 PV 的相同之处都是预算成本，不同之处就是工作量，所以可以根据工作的实际完成情况，由 PV 求解 EV。

第三步，根据公式求解要求的参数。

【参考答案】C

2. 某个项目的预算是 3000 万元，工期为 5 个月。现在过去了 3 个月，实际成本 1800 万元，项目进度和绩效都符合计划，而且这种情况也会持续下去。则再过 3 个月，项目的 EV 是（　　）万元。

  A．1800   B．2400   C．1200   D．3000

【例题解析】此题中，项目的完工预算是 3000 万元，即 BAC=3000 万元。题目明确了项目已经干完的 3 个月的进度和绩效都符合计划，而且这种情况也会持续下去，即项目的实际和计划不存在偏差，所以再过 3 个月，项目已经做完，且只用了其中的 2 个月，因为工期是 5 个月，在没有偏差的情况下，项目只需要再过 2 个月就能做完。所以再过 3 个月和再过 2 个月，项目的 EV 相同，EV 反映实际工作的预算成本，因为不存在进度偏差，实际进度和计划进度一样，所以此时，EV=PV=BAC=3000 万元。解题步骤如下：

第一步，根据题意，本项目实际与计划不存在偏差，所以项目工期为 5 个月，再过 3 个月即已经过了 6 个月，此时项目已经结束，项目结束时，PV=BAC=3000 万元。

第二步，因为本项目不存在进度偏差，所以 EV=PV。

第三步，再过 3 个月，项目结束了，此时 EV=PV=BAC=3000 万元。

【易错点】项目全部完工，EV=BAC。单个活动全部完成 EV=PV。

PV、EV 和 AC 都是指截至某一时刻的累计值，所以题目中一般都会明确某一时刻的 PV、EV 和 AC 值，此题要求计算的是项目完工这个时间点的 EV，此时的 PV=BAC，由于没有进度偏差，所以项目完工时 EV=PV=BAC。

【思路总结】计算 EV 的解题思路同例题 1，解题思路如下：

第一步，根据题意找出 PV。

第二步，找出 PV 与 EV 的关系。

第三步，计算 EV。

【参考答案】D

3. 在项目实施期间的某次周例会上，项目经理向大家通报了项目目前的进度。根据下列表格特征，目前的进度（　　）。

  A．提前计划 7% B．落后计划 15% C．落后计划 7% D．提前计划 15%

活动	计划值/元	完成百分比/%	实际成本/元
基础设计	20000	90	10000
详细设计	50000	90	60000
测试	30000	100	40000

【例题解析】此题需要计算 SV 或 SPI，根据其大小确定项目进度情况，解题步骤如下：

第一步，计算 PV 和 EV，即：

PV=20000+30000+50000=100000（元）。

EV=20000×90%+50000×90%+30000=93000（元）。

第二步，计算 SPI，SPI=93000/100000=0.93。

第三步，因为 SPI＜1，所以进度落后，(1-0.93)×100%=7%，故正确答案为 C 选项。

【易错点】公式记错。

此题只要记准公式，很容易解出答案，所以关键还是记准公式，并找出 PV 与 EV 的关系。

【思路总结】计算进度绩效指标的解题思路同例题1，解题思路如下：

第一步，计算 PV 和 EV。

第二步，计算 SPI。

第三步，根据 SPI 大小，判断项目进度情况。

所以，计算 PV、EV 和 AC，与计算 CV、SV、CPI 和 SPI 的解题思路一样。

【参考答案】C

4. 下表给出了某信息化建设项目到 2019 年 8 月 1 日为止的成本执行（绩效）数据，如果当前的成本偏差是非典型的，则完工估算（EAC）为（　　）元。

活动编号	活动	预计完成百分比/%	实际完成百分比/%	活动计划值（PV）/元	实际成本（AC）/元
1	A	100	100	2000	2000
2	B	100	100	1600	1800
3	C	100	100	2500	2800
4	D	100	80	1500	1600
5	E	100	75	2000	1800
6	F	100	60	2500	2200
	合计			12100	12200

项目总预算（BAC）：50000 元

报告日期：2019 年 8 月 1 日

A. 59238　　　　B. 51900　　　　C. 50100　　　　D. 48100

【例题解析】此题要求计算 EAC，根据公式 EAC=ETC+AC，需要先计算 ETC 和 AC。题目给出了 AC 值，所以只需要计算出 ETC。要计算 ETC 就需要知道当前成本偏差是典型偏差还是非典型偏差，而题目明确当前的成本偏差是非典型偏差，所以根据公式 ETC=BAC-EV 计算 ETC。因此需要确定 BAC 和 EV，而题目中已经给出 BAC=50000 元；EV 可以根据 PV 计算。解题步骤如下：

第一步，计算 EV，即

EV=2000×100%+1600×100%+2500×100%+1500×80%+2000×75%+2500×60%=10300（元）。

第二步，计算非典型偏差情况下的 ETC，即

ETC=BAC-EV=50000-10300=39700（元）。

第三步，计算 EAC，EAC=ETC+AC=39700+12200=51900（元）。

【易错点】EV 的计算。

此题关键要计算出 EV 值，切记 EV=PV×实际完成百分比，据此，将 6 个活动的 EV 分别计算出来，然后求和。另外，典型偏差和非典型偏差情况下，ETC 计算公式不同，要计算 ETC，一定要先明确是典型偏差还是非典型偏差，切勿用错公式。

【思路总结】计算 EAC 的思路采用倒推法，解题思路如下：

第一步，根据公式 EAC=ETC+AC，采用倒推法，计算 ETC 和 AC。

第二步，明确当前是典型偏差还是非典型偏差，计算 ETC。

第三步，根据 PV 与 EV 的关系，计算 EV；若是典型偏差，还需要计算 CPI。

【参考答案】B

5. 下表给出了某信息化建设项目到 2017 年 9 月 1 日为止的成本执行（绩效）数据。基于该数据，项目经理对完工估算（EAC）进行预测。假设当前的成本偏差被看作可代表未来偏差的典型偏差，EAC 应为（　　）元。

活动编号	活动	完成百分比/%	计划值（PV）/元	实际成本（AC）/元	挣值（EV）/元
1	A	100	1000.00	1000.00	1000.00
2	B	100	2000.00	2200.00	2000.00
3	C	100	5000.00	5100.00	5000.00
4	D	80	3000.00	3200.00	2400.00
5	E	60	4000.00	4500.00	2400.00
	合计		15000.00	16000.00	12800.00

项目总预算（BAC）：50000.00 元

报告日期：2017 年 9 月 1 日

A. 45000.00　　　B. 50000.00　　　C. 53200.00　　　D. 62500.00

【例题解析】此题解题思路与例题 4 相同，不同之处在于此题是在典型偏差情况下计算 EAC。仍采用倒推法，根据公式 EAC=ETC+AC，需要先计算 ETC 和 AC。题目给出了 AC 值，所以只需要计算出 ETC。要计算 ETC 就需要知道当前成本偏差是典型偏差还是非典型偏差，而题目明确当前的成本偏差是典型偏差，所以根据公式 ETC′=ETC/CPI 和 ETC=BAC-EV，计算 ETC′。因此需要确定 BAC、EV 和 CPI，而题目中已经给出 BAC=50000.00 元，EV=12800.00 元和 AC=16000.00 元，可以根据公式 CPI=EV/AC 计算 CPI。解题步骤如下：

第一步，计算 CPI，即 CPI=EV/AC=12800.00/16000.00=0.80。

第二步，计算 ETC，即 ETC=BAC-EV=50000.00-12800.00=37200.00（元）。

第三步，计算 ETC′，即 ETC′=ETC/CPI=37200.00/0.8=46500.00（元）。

第四步，计算 EAC，即 EAC=ETC+AC=46500.00+16000.00=62500.00（元）。

【易错点】区分典型偏差与非典型偏差。

典型偏差是知道不改，不纠偏；非典型偏差是知错即改，纠偏。

此题中 PV、EV 和 AC 都是 5 个活动的合计值。另外，此题涉及的公式比较多，一定要记清公式。

【思路总结】计算 EAC 的思路采用倒推法，解题思路如下：

第一步，根据公式 EAC=ETC+AC，采用倒推法，计算 ETC 和 AC。

第二步，明确当前是典型偏差还是非典型偏差，计算 ETC 或 ETC′。

第三步，根据 PV 与 EV 的关系，计算 EV。若是典型偏差，还需要计算 CPI。

【参考答案】D

6. 下表给出了某信息系统建设项目的所有活动截至 2018 年 6 月 1 日的成本绩效数据，项目完工预算 BAC 为 30000 元。

活动编号	完成百分比/%	PV/元	AC/元
1	100	1000	1000
2	100	1500	1600
3	100	3500	3000
4	100	800	1000
5	100	2300	2000
6	80	4500	4000
7	100	2200	2000
8	60	2500	1500
9	50	4200	2000
10	50	3000	1600

【问题 1】请计算项目当前的成本偏差（CV）、进度偏差（SV）、成本绩效指数（CPI）、进度绩效指数（SPI），并指出该项目的成本和进度执行情况（CPI 和 SPI 结果保留两位小数）。

【问题 2】项目经理对项目偏差产生的原因进行了详细分析，预期未来还会发生类似偏差，如果项目要按期完成，请估算项目中的 ETC（结果保留一位小数）。

【问题 3】假如此时项目增加 10000 元的管理储备，项目完工预算 BAC 如何变化？

【问题 4】在以下成本中，直接成本有（   ）三项，间接成本有（   ）三项。（从候选答案中选择正确选项，所选答案多于三项不得分。）

A．销售费用　　　　　　　　　　B．项目成员的工资
C．办公室电费　　　　　　　　　D．项目成员的差旅费
E．项目所需的物料费　　　　　　F．公司为员工缴纳的商业保险费

【例题解析】

【问题 1】只要题目要求计算 CV、SV、CPI 和 SPI，就要先确定 PV、EV 和 AC 的值，然后根据公式求解。解题步骤如下：

第一步，计算 PV、EV 和 AC，即：

PV=1000+1500+3500+800+2300+4500+2200+2500+4200+3000=25500（元）。

EV=1000+1500+3500+800+2300+4500×0.8+2200+2500×0.6+4200×0.5+3000×0.5=20000（元）。
AC=1000+1600+3000+1000+2000+4000+2000+1500+2000+1600=19700（元）。

第二步，计算 CV、SV、CPI 和 SPI，即：

CV=EV−AC=20000−19700=300（元）。

SV=EV−PV=20000−25500=−5500（元）。

CPI=EV/AC=20000/19700=1.02。

SPI=EV/PV=20000/25500=0.78。

【问题 2】计算 ETC，解题步骤同例题 5，即：

典型且必须按期完成的偏差情况下，ETC"=ETC/CPI=(BAC−EV)/(CPI×SPI)=(30000−20000)/(1.02×0.78)= 12569.1（元）。

【问题 3】BAC 是完工预算，管理储备是不作为项目预算分配下去的，所以 BAC 不包括管理储备。因此增加 10000 元的管理储备对 BAC 无影响。

【问题 4】此题涉及直接成本和间接成本的定义。直接成本是与项目直接关联的成本，间接成本是几个项目共同承担的成本所分摊给本项目的成本。根据上述定义可以选出，直接成本为：B、D、E；间接成本为：A、C、F。

【易错点】数学计算，一定要细心。错一个接下来会全部都错。

此题只要记住公式，就很容易计算出题目要求的参数；此题需要掌握管理储备、直接成本和间接成本的概念，便于回答简答题。

【思路总结】此题属于案例题常规题型，解题思路同例题 5。

26.4 练习题

1. 下表给出了某项目到 2019 年 6 月 30 日为止的成本执行（绩效）数据。如果当前的成本偏差是典型的，则完工估算（EAC）为（　　）元。

活动	完成百分比/%	计划值（PV）/元	实际成本（AC）/元
A	100	2200.00	2500.00
B	100	2500.00	2900.00
C	100	2500.00	2800.00
D	80	1500.00	1500.00
E	70	3000.00	2500.00
F	60	2500.00	2200.00
合计		14200.00	14400.00
项目总预算（BAC）：40000.00 元			
报告日期：2019 年 6 月 30 日			

A. 48000　　　　　B. 44000　　　　　C. 42400　　　　　D. 41200

解析：略。

答案：A

2. 下表给出了某项目到 2018 年 12 月 30 日为止的部分成本执行（绩效）数据。如果当前的成本偏差是非典型的，则完工估算（EAC）为（　　）元。

活动编号	活动	完成百分比/%	计划值（PV）/元	实际成本（AC）/元
1	A	100	1000.00	1000.00
2	B	100	800.00	1000.00
3	C	100	2000.00	2200.00
4	D	100	5000.00	5100.00
5	E	80	3200.00	3000.00
6	F	60	4000.00	3800.00
合计			16000.00	16100.00

项目总预算（BAC）：40000.00 元

报告日期：2018 年 12 月 30 日

A. 45000　　　　　B. 40100　　　　　C. 42340　　　　　D. 47059

解析：略。

答案：C

3. 某信息系统集成项目计划 6 周完成，项目经理就前 4 周的项目进展情况进行分析，具体如下表所示，项目的成本执行指数 CPI 为（　　）。

周	计划投入成本值/元	实际投入成本值/元	完成百分比/%
1	1000	1000	100
2	3000	2500	100
3	8000	10000	100
4	13000	15000	90
5	17000		
6	19000		

A. 0.83　　　　　B. 0.87　　　　　C. 0.88　　　　　D. 0.95

解析：略。

答案：A

4. 某系统集成项目包含了 3 个软件模块，现在估算项目成本时，项目经理考虑到其中的模块 A 技术成熟，已在以前类似项目中多次使用并成功支付，所以项目经理忽略了 A 的开发成本，只给 A 预留了 5 万元，以防意外发生。然后估算了 B 的成本为 50 万元，C 的成本为 30 万元，应急储备为 10 万元，三者集成成本为 5 万元，并预留了项目的 10 万元管理储备。如果你是项目组成员，该项目的成本基准是 __(1)__ 万元，项目预算是 __(2)__ 万元。项目开始执行后，当项目的进度绩效指数 SPI 为 0.6 时，项目实际花费为 70 万元，超出预算 10 万元，如果不加以纠偏，请根据当前项目进展，估算该项目的完工估算值（EAC）为 __(3)__ 万元。

(1) A. 90　　　　B. 95　　　　C. 100　　　　D. 110
(2) A. 90　　　　B. 95　　　　C. 100　　　　D. 110
(3) A. 64　　　　B. 134　　　　C. 194.4　　　　D. 124.4

解析：略。

答案：(1) C　(2) D　(3) C

5. 某项目的估算成本为 90 万元，在此基础上，公司为项目设置 10 万元的应急储备和 10 万元的管理储备，项目工期为 5 个月。项目进行到第 3 个月的时候，SPI 为 0.6，实际花费为 70 万元，EV 为 60 万元。以下描述正确的是（　　）。

A. 项目的预算为 110 万元

B. 项目的成本控制到位，进度上略有滞后

C. 基于典型偏差计算，到项目完成时，实际花费的成本为 100 万元

D. 基于非典型偏差计算，到项目完成时，实际花费的成本为 117 万元

解析：略。

答案：B

6. 某公司对正在进行的 4 个项目进行了检查，绩效数据如下表所示，则最有可能提前完成且不超支的是（　　）。

项目	计划价值	实际成本	挣值
A	1000	600	900
B	1000	1000	1100
C	1000	1300	1200
D	1000	900	800

A. 项目 A　　　　B. 项目 B　　　　C. 项目 C　　　　D. 项目 D

解析：略。

答案：B

第 27 小时
进度类计算

27.0 章节考点分析

第 27 小时主要学习进度类计算，包括进度管理计算相关概念、网络图、关键路径、总时差、自由时差的计算等内容。

根据考试大纲，本小时知识点会涉及单项选择题和案例分析题，按以往的出题规律，单选题占 1~2 分，案例分析有可能是考大题，或大题中的某一问。本小时内容属于基础知识范畴，考查的知识点来源于教材，扩展内容较少。本小时的架构如图 27-1 所示。

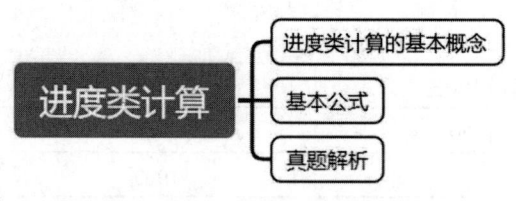

图 27-1 本小时的架构

【导读小贴士】

项目进度控制在监理中占有重要地位，进度控制是为了保证项目按时完成。因此，需要在项目实施过程中对项目进度进行测量、对项目进度进行预测，要把实际进度与计划进度进行比较，分析进度绩效，就要进行进度计算。本小时内容包括进度控制计算相关概念、网络图、关键路径、总时差、自由时差的计算等，属于必须掌握的内容之一。

27.1 进度类计算的基本概念

【基础知识点】

1. 前导图法

前导图法（Precedence Diagramming Method，PDM），也称紧前关系绘图法，是用于编制项目进度网络图的一种方法，它使用方框或者长方形（被称作节点）代表活动，节点之间用箭头连接，以显示节点之间的逻辑关系。图 27-2 为用 PDM 绘制的项目进度网络图。这种网络图也被称作单代号网络图（只有节点需要编号）或活动节点图（Active On Node，AON），为大多数项目管理软件所采用。

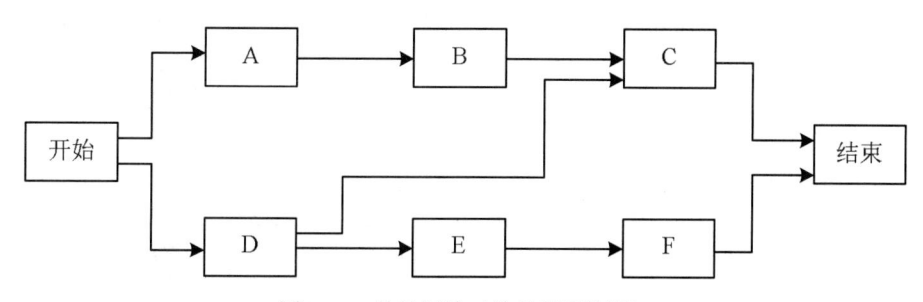

图 27-2　前导图法（单代号网络图）

前导图法包括活动之间存在的四种类型的依赖关系。

（1）结束—开始的关系（FS 型）。前序活动结束后，后续活动才能开始。例如，只有比赛（紧前活动）结束，颁奖典礼（紧后活动）才能开始。

（2）结束—结束的关系（FF 型）。前序活动结束后，后续活动才能结束。例如，只有完成文件的编写（紧前活动），才能完成文件的编辑（紧后活动）。

（3）开始—开始的关系（SS 型）。前序活动开始后，后续活动才能开始。例如，开始地基浇灌（紧前活动）之后，才能开始混凝土的找平（紧后活动）。

（4）开始—结束的关系（SF 型）。前序活动开始后，后续活动才能结束。例如，只有第二位保安人员开始值班（紧前活动），第一位保安人员才能结束值班（紧后活动）。

在 PDM 中，结束—开始的关系是最普遍使用的一类依赖关系。开始—结束的关系很少被使用。前导图 4 种类型的依赖关系如图 27-3 所示。

在前导图法中，每项活动有唯一的活动号，每项活动都注明了预计工期（活动的持续时间）。通常，每个节点的活动会有如下几个时间。

（1）最早开始时间（Earliest Start Time，ES），某项活动能够开始的最早时间。

（2）最早完成时间（Earliest Finish Time，EF），某项活动能够完成的最早时间。公式为：EF=ES+工期。

(a) FS 型

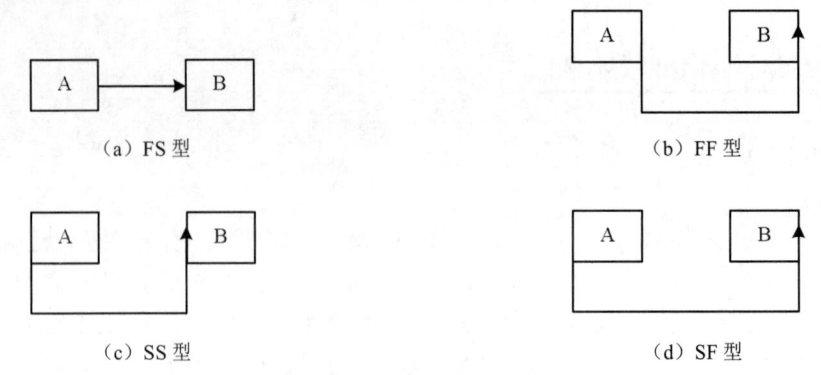

(b) FF 型

(c) SS 型

(d) SF 型

图 27-3　活动依赖关系

（3）最迟完成时间（Latest Finish Time，LF），为了使项目按时完成，某项活动必须完成的最迟时间。

（4）最迟开始时间（Latest Start Time，LS），为了使项目按时完成，某项活动必须开始的最迟时间。公式为：LS=LF-工期。

这几个时间通常作为每个节点的组成部分，如图 27-4 所示。

最早开始时间（ES）	工期	最早完成时间（EF）
活动名称		
最迟开始时间（LS）	总浮动时间（TF）	最迟完成时间（LF）

图 27-4　节点的组成部分

2. 箭线图法

与前导图法不同，箭线图法（Arrow Diagramming Method，ADM）是用箭线表示活动、节点表示事件的一种网络图绘制方法，如图 27-5 所示。这种网络图也被称作双代号网络图（节点和箭线都要编号）或活动箭线图（Active On the Arrow，AOA）。

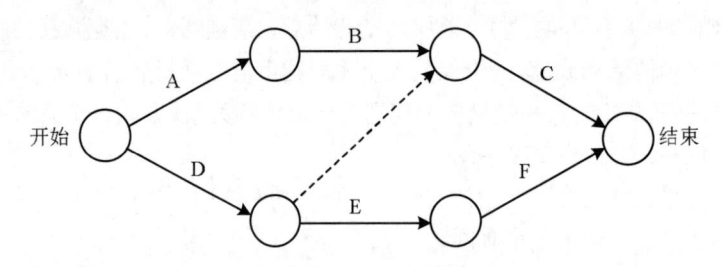

图 27-5　箭线图法（双代号网络图）

在箭线图法中，活动的开始（箭尾）事件叫作该活动的紧前事件（Precede Event），活动的结束（箭头）事件叫作该活动的紧后事件（Successor Event）。

在箭线图法中，有如下三个基本原则。

（1）网络图中每一活动和每一事件都必须有唯一的代号，即网络图中不会有相同的代号。

（2）任意两项活动的紧前事件和紧后事件代号至少有一个不相同，节点代号沿箭线方向越来越大。

（3）流入（流出）同一节点的活动，均有共同的紧后活动（或紧前活动）。

为了绘图的方便，在箭线图中又人为引入了一种额外的、特殊的活动，叫作虚活动（Dummy Activity），在网络图中用一个虚箭线表示。虚活动不消耗时间，也不消耗资源，只是为了弥补箭线图在表达活动依赖关系方面的不足。借助虚活动，我们可以更好地、更清楚地表达活动之间的关系，如图 27-6 所示。

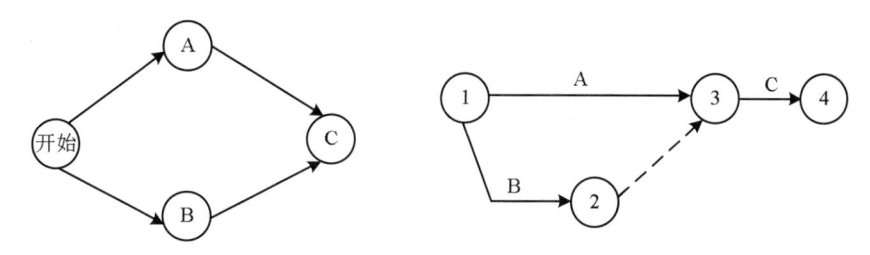

图 27-6　虚活动

注：活动 A 和活动 B 可以同时进行；只有活动 A 和活动 B 都完成后，活动 C 才能开始。

3. 时标网络图

（1）在时标网络图中，各项工作的工期大小与箭头长短一致，工期根据箭头长度从标尺上读取，如图 27-7 工作 A 的工期是 2 天，工作 B 的工期是 5 天。

（2）工作后面的波浪线表示该工作的自由时差，自由时差根据波浪线长度从标尺上读取，若工作后面没有波浪线，则该工作的自由时差就是 0，如图 27-7 中工作 A 的自由时差是 0 天，工作 B 的自由时差是 1 天，工作 G 的自由时差是 1 天。

（3）关键路径就是没有波浪线的各项工作相连，关键路径可有多条。项目的总工期可以从标尺上读取，如图 27-7 中总工期为 21 天。

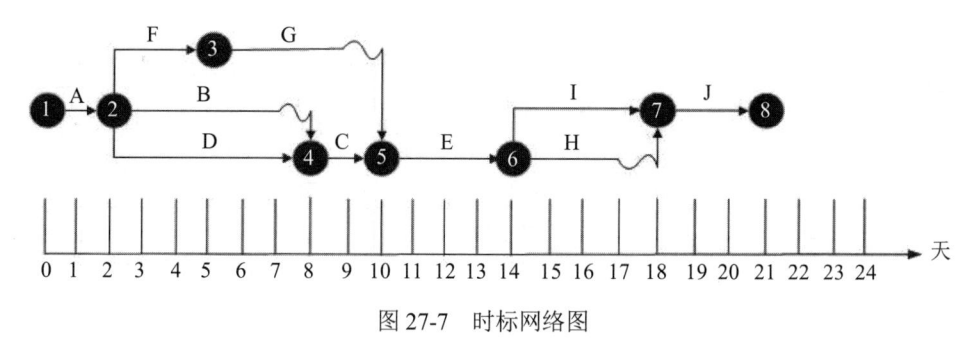

图 27-7　时标网络图

（4）从标尺上可看出各活动的最早开始时间和最早结束时间。

4. 确定依赖关系

活动之间的依赖关系可能是强制性的或选择性的，内部的或外部的。这四种依赖关系可以组合成强制性外部依赖关系、强制性内部依赖关系、选择性外部依赖关系和选择性内部依赖关系。

（1）强制性依赖关系。强制性依赖关系是法律或合同要求的或工作的内在性质决定的依赖关系。

（2）选择性依赖关系。选择性依赖关系有时又称首选逻辑关系、优先逻辑关系或软逻辑关系。它通常是基于具体应用领域的最佳实践或者是基于项目的某些特殊性质而设定，即便还有其他顺序可以选用，但项目团队仍默认按照此种特殊的顺序安排活动。

（3）外部依赖关系。外部依赖关系是项目活动与非项目活动之间的依赖关系。这些依赖关系往往不在项目团队的控制范围内。

（4）内部依赖关系。内部依赖关系是项目活动之间的紧前关系，通常在项目团队的控制之中。

5. 提前量与滞后量

在活动之间加入时间提前量与滞后量，可以更准确地表达活动之间的逻辑关系。

提前量是相对于紧前活动，紧后活动可以提前的时间量。例如，对于一个大型技术文档，技术文件编写小组可以在写完文件初稿（紧前活动）之前15天着手第二稿（紧后活动）。在进度规划软件中，提前量往往表示为负数。

滞后量是相对于紧前活动，紧后活动需要推迟的时间量。例如，为了保证混凝土有10天养护期，可以在两道工序之间加入10天的滞后时间。在进度规划软件中，滞后量往往表示为正数。

在图27-8的项目进度网络图中，活动H和活动I之间的依赖关系表示为SS+10（10天滞后量，活动H开始10天后，开始活动I）；活动F和活动G之间的依赖关系表示为FS+15（15天滞后量，活动F完成15天后，开始活动G）。

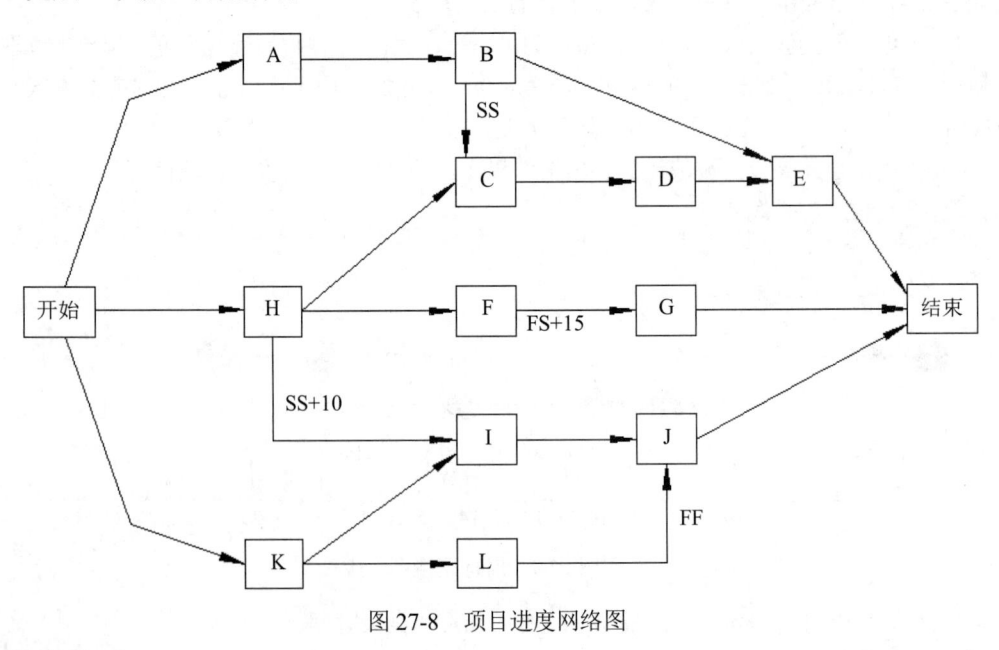

图27-8 项目进度网络图

6. 关键路径法

关键路径法（Critical Path Method，CPM）是在进度模型中，估算项目最短工期，确定逻辑网络路径的进度灵活性大小的一种方法。关键路径是项目中时间最长的活动顺序，进度网络图中可能有多条关键路径，关键路径上的活动被称为关键活动，关键活动的工期之和就是项目的总工期，关键活动的工期会影响项目总工期，所以要压缩项目进度必须压缩关键活动的工期，在压缩关键活动工期的同时，要注意是否改变了关键路径。

7. 总浮动时间

总浮动时间（Total Float，TF），又称作总时差，是在不延误项目完工时间且不违反进度制约因素的前提下，活动可以从最早开始时间推迟或拖延的时间量，就是该活动的进度灵活性。其计算方法为：本活动的最迟完成时间减去本活动的最早完成时间，或本活动的最迟开始时间减去本活动的最早开始时间。正常情况下，关键活动的总浮动时间为零。

8. 自由浮动时间

自由浮动时间（Free Float，FF），又称作自由时差，是指在不延误任何紧后活动的最早开始时间且不违反进度制约因素的前提下，活动可以从最早开始时间推迟或拖延的时间量。其计算方法为：紧后活动最早开始时间的最小值减去本活动的最早完成时间。正常情况下，关键活动的自由浮动时间为零。

27.2 基本公式

【基础知识点】

（1）EF=ES+工期。

（2）LS=LF-工期。

（3）TF=LS-ES=LF-EF。

（4）FF=min（紧后活动的 ES）-本活动的 EF。

27.3 真题解析

1. 前导图法可以描述四种关键活动类型的依赖关系，对于接班同事 A 到岗，交班同事 B 才可以下班的交接班过程，可以用（　　）描述。

A. SF　　　　　B. FF　　　　　C. SS　　　　　D. FS

【例题解析】此题要求确定两个活动的依赖关系，"接班同事 A 到岗，交班同事 B 才可以下班"，即 A 到岗理解为活动开始（Start），B 才可以下班理解为 B 才可以活动结束（Finish），所以两个活动的依赖关系为 SF。解题步骤如下：

第一步，同事 A 和同事 B 活动的先后顺序是 A 在前，B 在后。

第二步，同事 A 的活动是开始状态，同事 B 的活动是结束状态。

第三步，确定"同事A到岗，交班同事B才可以下班的交接班过程"为开始—结束关系，即为SF。

【易错点】理解题意，接班同事A到岗为"开始"，交班同事B下班为"结束"。

此题容易颠倒活动的顺序，即把"交班同事B才可以下班"放到"接班同事A到岗"前面，这样就变成了B先结束，A才开始，此时两个活动的依赖关系就变成FS。切记，严格按照题目的顺序，确认活动的依赖关系。

【思路总结】确认活动的依赖关系的解题思路如下：

第一步，根据题意明确活动的先后顺序。

第二步，确定各项活动的状态是"开始"还是"结束"。

第三步，确定活动的依赖关系。

【参考答案】A

2. 下图中（单位：天）关于活动H和活动I之间的关系，描述正确的是（   ）。

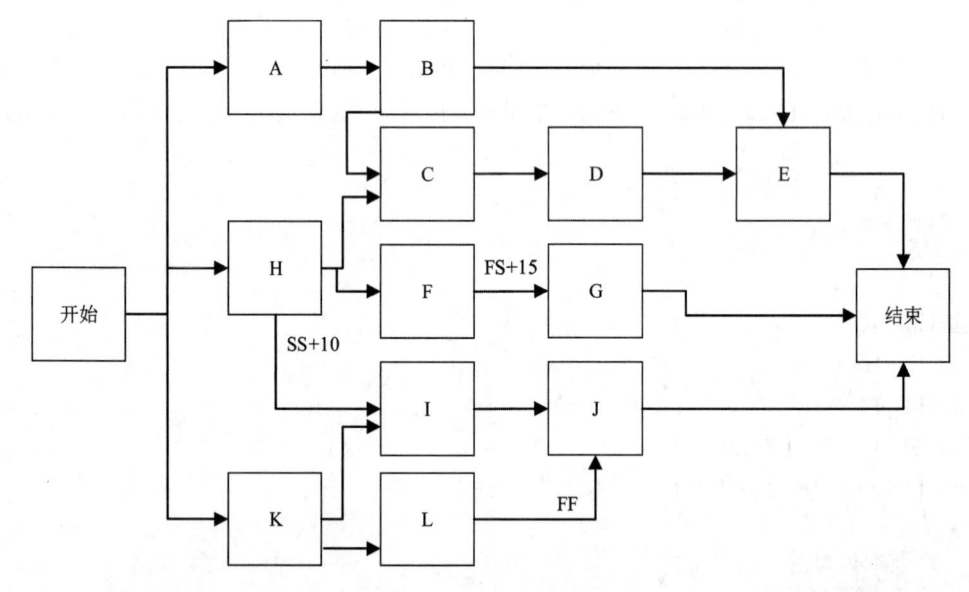

A. 活动H开始时，开始活动I
B. 活动H完成10天后，开始活动I
C. 活动H结束后，开始活动I
D. 活动H开始10天后，开始活动I

【例题解析】在项目进度网络图中，活动H和活动I之间的依赖关系表示为SS+10，即活动H和活动I第一层依赖关系是开始—开始关系，第二层依赖关系是两个活动之间有10天的滞后量，即活动H开始10天后，活动I才开始。解题步骤如下：

第一步，从项目进度网络图中可以看出，活动H和活动I之间的依赖关系为开始—开始关系，即SS关系。

第二步，活动H和活动I之间的依赖关系表示为SS+10，即活动H和活动I之间存在滞后量。

第三步，活动H和活动I之间的依赖关系为：活动H开始10天后，开始活动I。

【易错点】 关系解读错误以及提前量和滞后量理解不清，正数为提前量，负数表示滞后量。

将活动 H 和活动 I 之间的依赖关系解读错误，应严格按照图中表示的关系分层解读，先确定依赖关系的类型，再确定是否存在提前量和滞后量。

【思路总结】 确定活动之间依赖关系的解题思路：

第一步，明确活动之间依赖关系的类型。

第二步，确定活动之间是否存在提前量和滞后量。

第三步，确定活动之间详细明确的依赖关系。

【参考答案】 D

3. 在下图（某工程单代号网络图）中，活动 B 的总浮动时间为（　　）天。

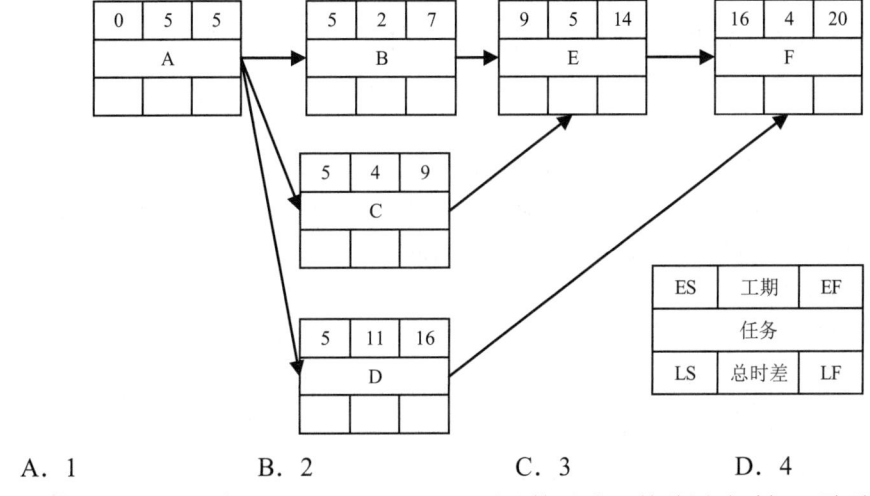

ES	工期	EF
	任务	
LS	总时差	LF

A. 1　　　　　B. 2　　　　　C. 3　　　　　D. 4

【例题解析】 根据公式 TF=LS-ES=LF-EF，要计算活动 B 的总浮动时间，需要计算活动 B 的最早完成时间（EF）和最迟完成时间（LF）。求解活动的最早开始时间和最早完成时间，要从起始活动 A 开始，顺着箭线的箭头方向逐个计算每个活动的最早开始时间，此题没有特别标准，默认为所有活动的依赖关系都为 FS 关系，且不存在提前量与滞后量。若一个活动存在多个紧前活动，那么该活动的最早开始时间需要取其所有紧前活动的最早完成时间的最大值，因为只有所有的紧前活动都结束了，本活动才能开始。根据公式 EF=ES+工期，可以计算出每个活动的最早完成时间（EF）。若要求活动的最迟完成时间（LF），需要先找到本项目的关键路径并计算总工期，然后，根据总工期，从终止活动开始，逆着箭线的箭头方向从后往前计算每个活动的最迟完成时间（LF）。若一个活动存在多个紧后活动，那么该活动的最迟完成时间需要取其所有紧后活动的最迟开始时间的最小值，因为只有本活动按照其所有紧后活动最迟开始时间的最小值作为其最迟完成时间，其所有的紧后活动才可以最迟开始。解题步骤如下：

第一步，从起始活动 A 开始，顺着箭线的箭头方向计算活动 B 的最早开始时间（ES），计算得出活动 B 的 ES=5。

第二步，根据公式 EF=ES+工期，计算得出活动 B 的 EF=5+2=7。

第三步，寻找此题的关键路径并计算总工期，得出结论：关键路径是 ADF，总工期是 5+11+4=20（天）。

第四步，从终止活动 F 开始，逆着箭线的箭头方向从后往前计算活动 B 的最迟完成时间（LF），计算得出活动 B 的 LF=11。

第五步，根据公式 TF=LS-ES=LF-EF，计算活动 B 的 TF，计算得出活动 B 的 TF=11-7=4。

【易错点】确定活动的最早开始/完成时间或最迟开始/完成时间出错。

此题在计算活动的最早完成时间（EF）和最迟完成时间（LF），尤其涉及多个紧前活动和多个紧后活动时，很容易出错，一定要记住，计算活动的最早开始时间（ES）和最早完成时间（EF）的口诀为：从前往后取最大；计算活动的最迟开始时间（LS）和最迟完成时间（LF）的口诀为：从后往前取最小。

【思路总结】计算活动的总浮动时间的解题思路如下：

第一步，计算活动的最早开始时间（ES）和最早完成时间（EF），注意有多个紧前活动的计算口诀：从前往后取最大。

第二步，按照单代号网络图，先寻找出关键路径，然后计算总工期。

第三步，从终止活动开始，逆着箭线的箭头方向从后往前计算所求活动的最迟完成时间（LF）。

第四步，根据公式 TF=LS-ES=LF-EF，计算活动的 TF。

【参考答案】D

4. 某项目的网络图如下，活动 D 的自由浮动时间为（　　）天。

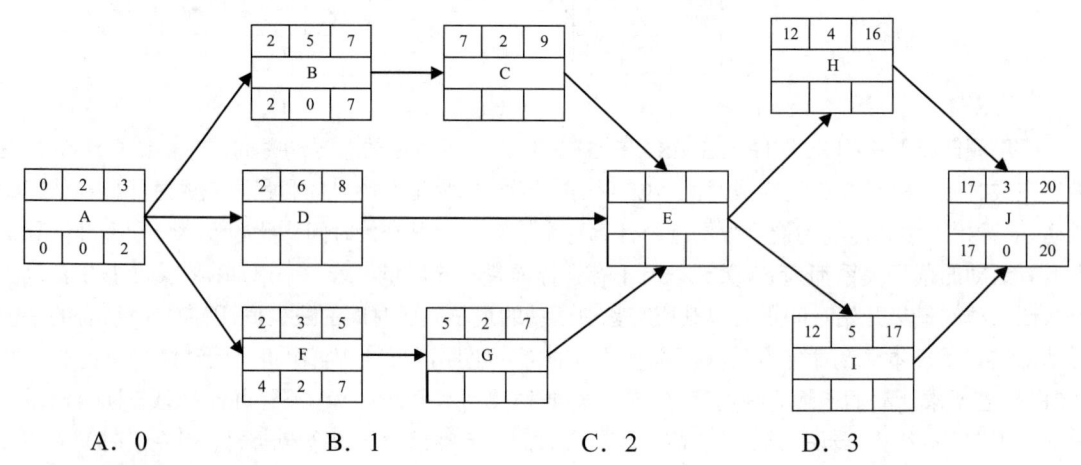

A. 0　　　　B. 1　　　　C. 2　　　　D. 3

【例题解析】根据公式 FF=min（紧后活动的 ES）-本活动的 EF，要计算活动 D 的自由浮动时间，需要计算活动 D 的最早完成时间（EF）及其所有紧后活动最早开始时间（ES）的最小值。按照网络图先计算出活动 D 的最早完成时间（EF）和活动 D 的所有紧后活动的最早开始时间（ES）。计算步骤如下：

第一步，找出活动 D 的所有紧后活动，由进度网络图可知，活动 D 的紧后活动只有一个活动 E。

第二步，从起始活动 A 开始，顺着箭线的箭头方向计算活动 D 的最早完成时间（EF）和其紧后活动 E 的最早开始时间（ES），计算得出活动 D 的 EF=8，活动 E 的 ES=9。

第三步，根据公式 FF=min（紧后活动的 ES）-本活动的 EF，计算活动 D 的自由浮动时间（FF），计算得出活动 D 的 FF=9-8=1（天）。

【易错点】确定紧后活动的最早开始时间出错。

此题在计算活动 E 的最早开始时间（ES）时会出现差错，活动 E 有 3 个紧前活动（活动 C、D 和活动 G），计算活动 E 的最早开始时间（ES）应该取其 3 个紧前活动 C、D 和 G 的最早完成时间（EF）的最大值。

【思路总结】计算活动自由浮动时间的解题思路如下：

第一步，找出活动的所有紧后活动。

第二步，从起始活动开始，顺着箭线的箭头方向计算本活动的最早完成时间（EF）和其所有紧后活动的最早开始时间（ES）。

第三步，取本活动所有紧后活动的最早开始时间（ES）的最小值。

第四步，根据公式 FF=min（紧后活动的 ES）-本活动的 EF，计算本活动的自由浮动时间（FF）。

【参考答案】B

5. 某工程双代号时标网络计划如下图所示，不正确的结论有（　　）。

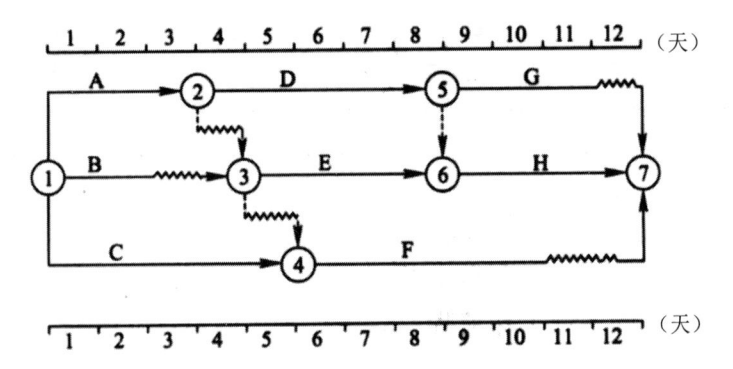

A．工作 A 为关键工作　　　　　　　B．工作 B 的自由时差为 2 天
C．工作 D 的最早完成时间为第 8 天　　D．工作 F 的最早开始时间为第 5 天

【例题解析】此题考查双代号时标网络图的相关知识。

（1）在时标网络图中，各项工作的工期大小与箭头长短一致，工期根据箭头长度从标尺上读取，如此题中工作 A 的工期是 3 天，工作 B 的工期是 2 天。

（2）工作后面的波浪线表示该工作的自由时差，自由时差根据波浪线长度从标尺上读取，若工作后面没有波浪线，则该工作的自由时差就是 0，如此题工作 B 的自由时差是 2 天，工作 G 的自由时差是 1 天，工作 A 的自由时差是 0 天。

（3）关键路径就是没有波浪线的各项工作相连，关键路径可有多条，此题的关键路径是①-②-⑤-⑥-⑦或 A-D-H，所以工作 A、D、H 就是关键工作，关键工作的自由时差和总时差都为 0，项目的总工期可以从标尺上读取，总工期为 12 天。

（4）从标尺上可看出各活动的最早开始时间和最早结束时间。如 D 的最早完成时间为第 8 天，F 的最早开始时间为第 6 天。

【易错点】第几天和几天的区别。第几天是从第 1 天开始计数，几天开始是从 0 天开始计数。

时标网络图中的难点就是求解工作的总时差，容易出错的是：关键路径和关键节点找不全，工作后面所有关键节点没找全，工作与所有关键节点连成路线上求自由时差之和算错，各条路线上自由时差之和最大值认定为工作的总时差等，这些问题需要格外注意。

【思路总结】关于时标网络图求解工作总时差的解题思路如下：

第一步，找出所有的关键路径和关键节点。

第二步，找出紧挨着工作后面的所有关键节点。

第三步，工作与其后面所有的关键节点连成路线，计算每条路线自由时差之和。

第四步，各路线自由时差之和的最小值即为工作的总时差。

【参考答案】D

6．阅读下列说明，回答问题 1 至问题 4。

已知某信息工程项目由 A 到 I 共 9 个活动组成，项目组根据项目目标，特别是工期要求，经过分析、定义及评审，给出了该项目的活动历时。活动所需资源及活动逻辑关系如下表所示。

活动所需资源及活动逻辑关系

活动	历时/天	资源/人	紧前活动
A	10	2	—
B	20	8	A
C	10	4	A
D	10	5	B
E	10	4	C
F	20	4	D
G	10	3	D
H	20	7	E、F
I	15	8	G、H

【问题 1】请指出该项目的关键路径和工期。

【问题 2】请给出活动 C、E、G 的总时差和自由时差。

【问题 3】项目经理以工期紧、项目难度高为由，向高层领导汇报申请组建 12 人的项目团队，但领导没有批准。

（1）领导为什么没有同意该项目经理的要求？若不考虑人员能力差异，该项目所需人数最少是多少人？

（2）由于资源有限，利用总时差、自由时差，调整项目人员安排而不改变项目关键路径和工期的技术是什么？

（3）活动 C、E、G 各自最迟从第几天开始执行才能满足（1）中项目所需人数最小值？

【问题 4】在以下（1）～（6）中填写内容。

为了配合甲方公司成立庆典，甲方要求该项目提前 10 天完工，并同意支付额外费用。承建单位经过论证，同意了甲方要求并按规范执行了审批流程。为了保质保量按期完工，在进度控制及资源管理方面可以采取的措施包括以下几点。

①向__(1)__要时间，向__(2)__要资源；

②压缩__(3)__上的工期；

③加强项目人员的质量意识，及时__(4)__，避免后期返工；

④采取压缩工期的方法：尽量__(5)__安排项目活动，组织大家加班加点进行__(6)__。

（1）～（6）供选择的答案如下。

A. 评审　　　　　B. 激励　　　　　C. 关键路径　　　D. 非关键路径

E. 赶工　　　　　F. 并行　　　　　G. 关键任务　　　H. 串行

【例题解析】

【问题 1】此题需要根据上表画出进度网络图，除非题目要求画双代号网络图或时标网络图，为了方便画图和计算，通常画单代号网络图。因为活动 A 是活动 B 的紧前活动，活动 B 必然是活动 A 的紧后活动，所以从上表的"紧前活动"列找各活动的紧后活动，按照箭线的箭头顺序往下画单代号网络图更准确更快捷。根据画出来的单代号网络图，求解关键路径和总工期。解题步骤如下：

第一步，根据上表画单代号网络图，如下图所示。

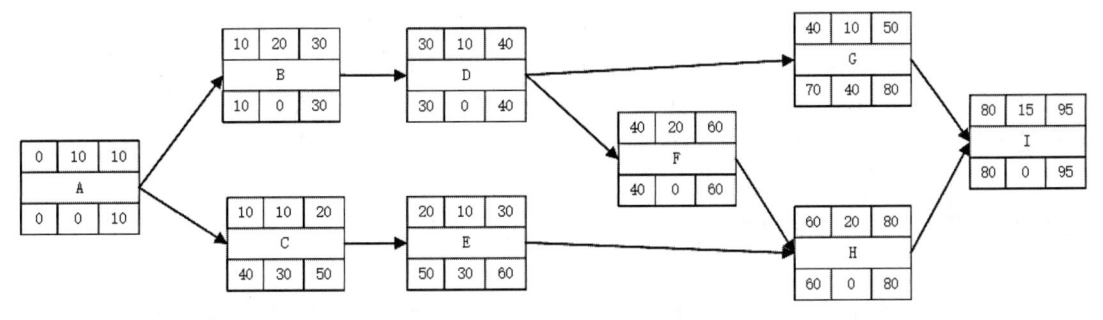

项目单代号网络图

第二步，按照单代号网络图，先寻找出关键路径，然后计算总工期，得出结论：关键路径为 A-B-D-F-H-I，工期为 95 天。

【问题 2】按照自由时差和总时差的计算方法，求解活动 C、E、G 的总时差和自由时差，经计算得出，活动 C：ES=10，LS=40，C 的总时差是 30，自由时差为 0；活动 E：ES=20，LS=50，E 的总时差是 30，自由时差为 30；活动 G：ES=40，LS=70，G 的总时差是 30，自由时差为 30。

【问题 3】此题是关于如何分配资源，不改变项目总工期的问题，这时要使用资源平滑技术，因为资源平滑不会改变项目关键路径，完工日期也不会延迟。若使用资源平滑技术就需要画时标网络图，根据上图画该项目的时标网络图，如下图所示。

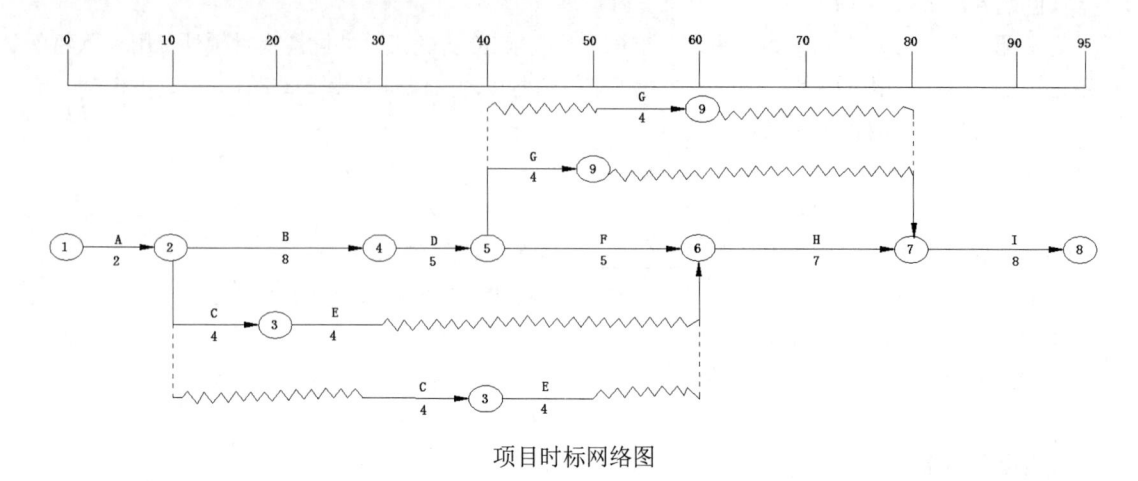

项目时标网络图

将各活动需要的资源进行标注，因为活动 C、E、G 都有自由时差，可以推迟活动 C、E、G 的开始时间，以确保使用最少资源满足项目需求，不改变项目总工期。根据项目需要最少人数的要求确定活动 C、E、G 的开始时间需要推迟多久，如上图所示，将活动 C 和活动 E 推迟 20 天开始，活动 G 推迟 10 天开始，则活动 C 第 31 天开始，活动 E 第 41 天开始，活动 G 第 51 天开始，该项目需要的人数最少，最少人数是 9 人。解题步骤如下：

第一步，根据项目单代号网络图绘制项目时标网络图。

第二步，将各活动需要的资源进行标注，为确保项目总工期不变，可以利用活动 C、E、G 的自由时差，推迟活动 C、E、G 的开始时间，根据项目需要最少人数的要求确定活动 C、E、G 的开始时间需要推迟多久，如上图所示，将活动 C 和活动 E 推迟 20 天开始，活动 G 推迟 10 天开始，则活动 C 第 31 天开始，活动 E 第 41 天开始，活动 G 第 51 天开始，该项目需要的人数最少，最少人数是 9 人。

第三步，根据［问题 3］的要求，逐个回答 3 个问题，结论如下。

（1）领导不同意项目经理的要求是正确的，该项目需要的最少人数是 9 人。

（2）资源平滑技术。

（3）活动 C 第 31 天开始，活动 E 第 41 天开始，活动 G 第 51 天开始就可以满足（1）中所需人数的最小值。

【问题 4】此题是关于项目进度管理的有关知识点，答案如下：

（1）C　（2）D　（3）G　（4）A　（5）F　（6）E

【易错点】此题要学会根据项目活动列表画单代号网络图，然后根据单代号网络图求解关键路径和总工期；此题难点在于对资源平滑技术的理解和把握，凡涉及人员安排、资源分配等问题，一般都需要使用资源平滑技术，使用资源平滑技术，就需要画时标网络图，所以要学会根据单代号网络图绘制时标网络图，然后将各活动需要的资源进行标注，根据时标网络图，利用活动的自由时差，对活动进行调整，以最少资源满足项目要求；另外，需要注意，将活动C推迟20天开始，则活动C应该是第31天开始，而不是第30天开始，因为网络图中默认起始活动是从第0天开始的，所以任何活动的开始时间应该是其网络图上的开始时间+1。

【思路总结】先找出关键路径，然后计算关键路径上的总工期，再根据总时差和自由时差的公式进行计算。关于使用资源平滑技术，以最少资源满足项目要求。解题思路如下：

第一步，根据项目单代号网络图绘制项目时标网络图。

第二步，将各活动需要的资源进行标注，根据时标网络图，利用活动的自由时差，对活动进行调整，以最少资源满足项目要求。

第三步，根据调整结果回答问题。

根据单代号网络图绘制时标网络图的解题思路如下：

第一步，根据单代号网络图找出关键路径、关键活动并计算总工期。

第二步，根据总工期确定标尺长度，标尺长度要大于等于总工期，确定标尺的间隔长度，据此绘制标尺。

第三步，将关键活动按照顺序安排在主路线上，箭线长度代表活动工期。

第四步，根据各活动的依赖关系，绘制非关键活动，并用波浪线表示活动的自由时差，其长度表示自由时差的值。

7．阅读下列说明，回答问题1至问题3。

项目经理在为某项目制订进度计划时绘制了如下所示的前导图。图中活动E和活动B之间为结束—结束关系，即活动E结束后活动B才能结束，其他活动之间的关系为结束—开始关系，即前一个活动结束，后一个活动才能开始。

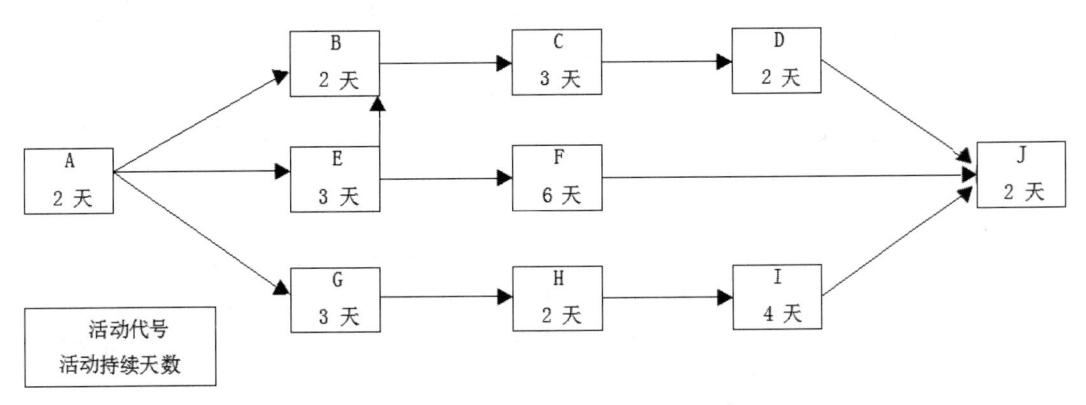

【问题1】请指出该网络图的关键路径并计算出项目的计划总工期。

【问题2】根据上面的前导图，活动C的总时差为　(1)　天，自由时差为　(2)　天。

杨工是该项目的关键技术人员，他同一时间只能主持并参加一个活动。若杨工要主持并参与E、C、I三个活动，那么项目工期将比原计划至少推迟　(3)　天。在这种情况下杨工所涉及的活动序列（含紧前活动和紧后活动）为　(4)　。

【问题3】针对［问题2］所述的情形，如仍让杨工主持并参与 E、C、I 三个活动，为避免项目延期，请结合网络图的具体活动顺序叙述项目经理可采取哪些措施。

【例题解析】

【问题1】此题是根据网络图找关键路径并计算项目总工期的，题干中约定了"活动 E 和活动 B 之间为结束—结束关系"，这样就改变了活动的起止时间，所以就会影响项目的关键路径。解题步骤如下：

第一步，根据前导图，找出活动 B 和活动 E 的最早开始时间（ES）和最早完成时间（EF），计算得出，活动 B：ES=2，EF=4；活动 E：ES=2，EF=5。

第二步，根据题干"活动 E 和活动 B 之间为结束—结束关系"，要求活动 E 和活动 B 同时结束，所以将活动 B 的结束时间调整为 5，开始时间调整为 3。

第三步，寻找关键路径并计算总工期，得出结论：关键路径为 A-E-F-J 和 A-G-H-I-J；计划总工期为 13 天。

【问题2】此题第一问，要注意活动 B 的开始和结束时间分别是 3 和 5，然后求解活动 C 的总时差和自由时差，解题步骤如下：

第一步，因为活动 C 只有一个紧前活动 B 和一个紧后活动 D，所以先确定活动 B 的开始和结束时间。

第二步，求解活动 C 的总时差和自由时差，计算结果为：活动 C 的 TF=1，FF=0。

此题第二问是关于资源平衡技术的，资源平衡是为了在资源需求与资源供给之间取得平衡，根据资源制约对开始日期和结束日期进行调整的一种技术。资源平衡往往导致关键路径改变，通常是延长。此题中杨工要主持并参与 E、C、I 三个活动，且他同一时间只能主持并参加一个活动。即必须由杨工依次参与完成活动 E、C、I，这就是资源平衡，将会影响项目总工期。解题步骤如下：

第一步，根据前导图推算出活动 E、C、I 的最早开始时间和最早结束时间分别是：活动 E 的 ES=2，EF=5；活动 C 的 ES=5，EF=8；活动 I 的 ES=7，EF=11。

第二步，根据题目要求，活动 E、C、I 必须由杨工参与完成，按照活动 E、C、I 的最早开始时间和最早结束时间，排列出杨工参与完成活动 E、C、I 的顺序是：首先做活动 E，其次做活动 C，最后做活动 I。

第三步，根据杨工参与完成 E、C、I 三个活动的顺序，调整活动 E、C、I 的最早开始时间和最早结束时间，调整结果为：活动 E 的 ES=2，EF=5；活动 C 的 ES=5，EF=8；活动 I 的 ES=8，EF=12。

第四步，活动 J 的最早开始时间 ES=12，最早结束时间 EF=14，所以项目计划总工期为 14 天，比原计划推迟 1 天。

第五步，根据题目要求，逐个回答问题。答案为：（1）1；（2）0；（3）1；（4）E、C、I。

【问题3】此题为回答压缩工期的措施，答案为：

（1）赶工，投入更多的资源或增加工作时间，以缩短关键活动的工期。

（2）快速跟进，并行施工，以缩短关键路径的长度。

（3）使用高素质的资源或经验更丰富的人员。

（4）减少活动范围或降低活动要求，需投资人同意。

（5）改进方法或技术，以提高生产效率。

（6）加强质量管理，及时发现问题，减少返工，从而缩短工期。

【易错点】此题容易忽略"活动 E 和活动 B 之间为结束—结束关系"，默认为所有的活动都是"结束—开始关系"，导致后面的计算错误。此题的难点在于对资源平衡技术的理解和把握，资源平衡是为了在资源需求与资源供给之间取得平衡，根据资源制约对开始日期和结束日期进行调整的一种技术。因为要保持资源充分使用，通常导致关键路径延长，所以使用资源平衡，就会改变活动的起止时间和活动之间的依赖关系，最终延长总工期。

【思路总结】此题解题思路如下：

第一步，根据现有的进度网络图推算目标活动的起止时间。

第二步，根据资源平衡要求，调整目标活动的起止时间和依赖关系。

第三步，根据调整后的关系，重新确定目标活动的起止时间。

第四步，根据目标活动调整后的起止时间，确认关键路径并计算项目总工期。

27.4 练习题

1. 某工程由 9 个活动组成，其各活动情况如下表所示，该工程的关键路径为（　　）。

活动	紧前活动	所需天数	活动	紧前活动	所需天数
A	—	3	F	C	6
B	A	2	G	E	2
C	B	5	H	F、G	5
D	B	7	I	H、D	2
E	C	4			

A．A-B-C-E-G-I　　B．A-B-C-F-H-I　　C．A-B-D-H-I　　D．A-B-D-I

解析：略。

答案：B

2. 已知网络计划中工作 M 有两项紧后工作，这两项紧后工作的最早开始时间分别为第 12 天和第 15 天，工作 M 的最早开始时间和最迟开始时间分别为第 6 天和第 8 天。如果工作 M 的持续时间为 4 天，则工作 M 的总时差为（　　）天。

A．1　　　　　　B．2　　　　　　C．3　　　　　　D．4

解析：略。

答案：B

3. 项目可通过分解划分为若干个活动，项目经理通过对项目的网络图进行计算分析后发现一个重要活动 X 的总时差为 2 天，自由时差为 1 天，下列解释最恰当的是（　　）。

A．工期与活动 X 的总时差无关

B．工期受活动 X 的影响，活动 X 可以推迟 2 天不会影响总工期

C．工期受活动 X 的影响，影响总工期的时间为 1 天

D．工期受活动 X 的影响，影响总工期的时间不能确定

解析：略。

答案：B

4．下图右侧是单代号网络图（单位为工作日），左侧是图例。在确保安装集成活动尽早开始的前提下，软件开发活动可以推迟（　　）个工作日。

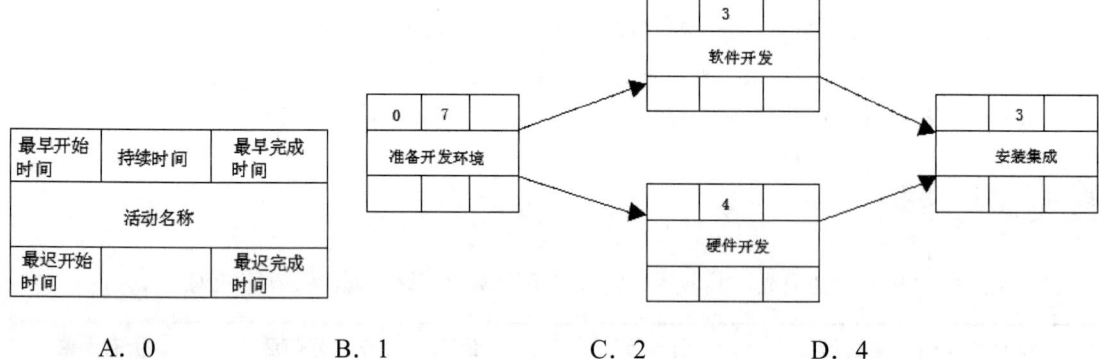

A．0　　　　　B．1　　　　　C．2　　　　　D．4

解析：略。

答案：B

5．某项目包含 A、B、C、D、E、F、G 七个活动。各活动的历时估算和活动间的逻辑关系如下表所示。

活动名称	活动历时/天	紧前活动
A	2	—
B	4	A
C	5	A
D	3	A
E	3	B
F	4	B、C、D
G	3	E、F

依据上表内容，活动 D 的总浮动时间是　(1)　天，该项目工期为　(2)　天。

(1) A．0　　　　B．1　　　　C．2　　　　D．3

(2) A．12　　　B．13　　　C．14　　　D．15

解析：略。

答案：(1) C　　(2) C

6. 某项目包含 A、B、C、D、E、F、G 七个活动，各活动的历时估算和逻辑关系如下表所示，则活动 C 的总活动时间是 ___(1)___ 天，项目工期是 ___(2)___ 天。

活动名称	紧前活动	活动历时/天
A	—	2
B	A	4
C	A	5
D	A	6
E	B、C	4
F	D	6
G	E、F	3

(1) A. 0　　　　B. 1　　　　C. 2　　　　D. 3
(2) A. 14　　　 B. 15　　　 C. 16　　　 D. 17

解析：略。

答案：(1) D　　(2) D

7. 某项目包含 a、b、c、d、e、f、g 七个活动，各活动的历时估算和活动间的逻辑关系如下表所示，活动 c 的总浮动时间是 ___(1)___ 天，该项目工期是 ___(2)___ 天。

活动名称	活动历时/天	紧前活动
a	2	—
b	4	a
c	5	a
d	6	a
e	4	b
f	4	c、d
g	3	e、f

(1) A. 0　　　　B. 1　　　　C. 2　　　　D. 3
(2) A. 13　　　 B. 14　　　 C. 15　　　 D. 16

解析：略。

答案：(1) B　　(2) C

8. 项目经理为某政府网站改造项目制作了如下双代号网络图（单位：天），该项目的总工期为 ___(1)___ 天。在项目实施的过程中，活动②～⑦比计划提前了 2 天，活动⑧～⑩实际工期是 3 天，活动⑥～⑦的工期增加了3天，则项目总工期___（2）___。

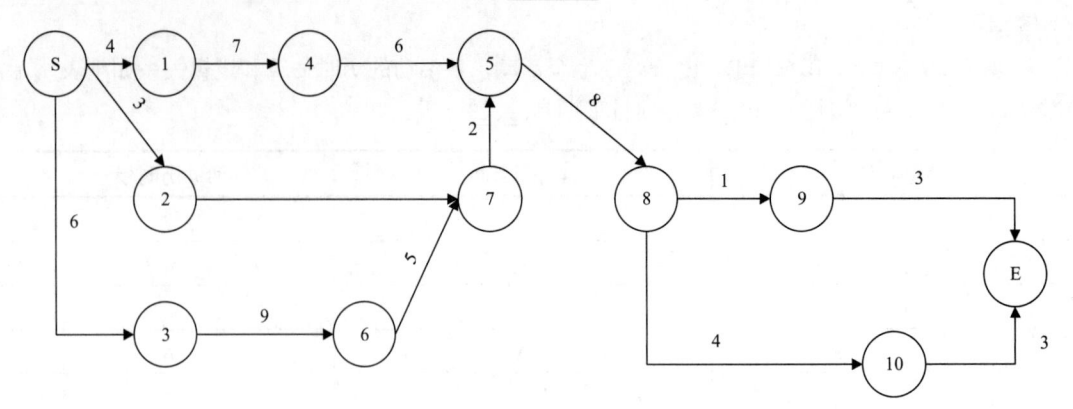

(1) A．40　　　　　　B．37　　　　　　C．34　　　　　　D．32
(2) A．没有影响　　　　　　　　　　　B．增加了2天
　　C．增加了3天　　　　　　　　　　D．增加了4天

解析：略。

答案：(1) B　　(2) B

第28小时
专业英语

28.0　章节考点分析

第 28 小时主要学习新技术、信息和信息系统基础、软件开发等方面的专业英语内容。

根据考试大纲，本小时知识点会涉及单项选择题，按以往的出题规律，单选题占 5 分，本小时内容属于基础知识范畴，考查的知识点多来源于教材，扩展内容较少。本小时的架构如图 28-1 所示。

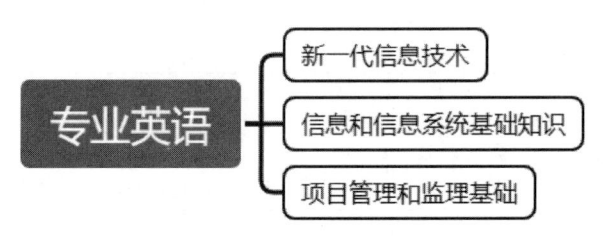

图 28-1　本小时的架构

【导读小贴士】

根据考试大纲，单选题会固定有五道英文选择题，主要涉及信息技术与管理类的一些概念性考题，技术类英语主要涉及新一代信息技术、信息和软件开发的概念性内容；管理类英语主要涉及项目管理与监理的基本概念。其中，信息技术近年来主要以新一代技术如物联网、区块链、大数据、云计算、人工智能、互联网+等为重点，考查新一代技术信息的定义、特征和基础知识。信息和信息系统基础考试内容随机性比较大。管理和监理类主要以"三控两管一协调"为主，主要考查各类概念的定义、特点等，扩展内容较少。

28.1 新一代信息技术

【基础知识点】

1. Internet of Things（IoT，物联网）重要词汇

感知层 Sensing Layer	网络层 Network Layer
传感器 Sensors	应用层 Application Layer
射频识别 Radio Frequency Identification（RFID）	嵌入式系统 Embedded Systems

2. Block Chain（区块链）重要词汇

分布式的 Distributed	数字分类账本 Digital Ledger
网络共识 Collusion of the Network	

3. Big Data（大数据）重要词汇

数据量大 Volume	速度快 Velocity
价值 Value	真实性 Veracity
类型多 Variety	

4. Cloud Computing（云计算）重要词汇

云存储 Cloud Storage	云服务 Cloud Service
虚拟资源 Virtual Resources	虚拟化 Virtualization
直接连接存储 Direct-Attached Storage（DAS）	网络附加存储 Network Attached Storage（NAS）
存储区域网络 Storage Area Network（SAN）	分布式计算 Distributed Computing

5. Artificial Intelligence（人工智能）重要词汇

机器学习 Machine Learning	虚拟现实 Virtual Reality
可视化 Visual	

6. 其他新技术名词

The Internet Plus（互联网+）	新型基础设施建设 New Infrastructure Construction
网格计算 Grid Computing	健康码 Health Code

移动互联网 Mobile Internet	边缘计算 Edge Computing
雾计算 Fog Computing	边缘计算 Edge Calculation
数字货币 Digital Currency	虚拟货币 Virtual Reality Currency（VRCCY）

28.2 信息和信息系统基础知识

【基础知识点】

1. Computer（计算机）重要词汇

浏览器/服务器 Browser/Server（B/S）	客户机/服务器 Client/Server（C/S）
图形用户界面 Graphical User Interface（GUI）	目录结构 Directory Structure

2. Information System（信息系统）重要词汇

决策支持系统 Decision Support System（DSS）	地理信息系统 Geographic Information System（GIS）
信息系统 Information System（IS）	IT 服务管理 IT Service Management（ITSM）
联机事务处理 Online Transaction Processing（OLTP）	在线联机分析处理 Online Analytical Process（OLAP）

3. Software Engineering（软件工程）重要词汇

结构化分析方法 Structured Analysis（SA）	螺旋形 Spiral Model
瀑布模型 Waterfall Model	面向服务的体系结构 Service Oriented Architecture（SOA）
商业智能 Business Intelligence（BI）	数据集市 Data Mart
数据挖掘 Data Mining	数据仓库 Data Warehouse
数据库 Database	消息 Message
中间件 Middleware	对象 Object
面向对象分析方法 Object-Oriented Analysis（OOA）	面向对象设计 Object-Oriented Design（OOD）
面向对象编程 Object-Oriented Programming（OOP）	继承 Inheritance
泛化 Generalization	抽象 Abstract
聚合 Aggregation	组合 Composite
实现、完成 Achieve	依赖 Dependency
活动图 Activity Diagram	协作图 Collaboration Diagram

类图 Class Diagram	部署图 Deployment Diagram
构件图 Component Diagram	消息通信 Communication
对象图 Object Diagram	序列图 Sequence Diagram
状态图 State Diagram	用例图 Use Case Diagram
物理视图 Physical View	逻辑视图 Logic View
开发视图 Development View	统一建模语言 Unified Modeling Language（UML）

4. Network（网络）相关重要词汇

路由器 Router	交换机 Switch
网桥 Bridge	网关 Gateway
以太网 Ethernet	虚拟专用网 Virtual Private Network（VPN）
局域网 Local Area Network（LAN）	令牌环网 Token King
物理层 Physical Layer	数据链路层 Data Link Layer
网络层 Network Layer	传输层 Transport Layer
会话层 Session Layer	表示层 Presentation Layer
应用层 Application Layer	传输控制协议 Transmission Control Protocol（TCP）
点对点协议 Point to Point Tunneling Protocol	综合布线系统 Premises Distribution System（PDS）
垂直干线子系统 Backbone Subsystem	管理间子系统 Administrator Subsystem
建筑群子系统 Campus Backbone Subsystem	设备间子系统 Equipment Room Subsystem
工作区子系统 Work Area Subsystem	水平干线子系统 Horizontal Backbone Subsystem
开放式系统互联 Open System Interconnect（OSI）	异步传输模式 Asynchronous Transfer Mode（ATM）

5. 信息安全重要词汇

病毒 Virus	安全性 Security
信息安全 Information Security	防火墙 Firewall
可用性 Availability	机密性 Confidentiality
完整性 Integrity	不可否认性 Non-Repudiation
可靠性 Reliability	可维护性 Maintainability
公钥基础设施 Public Key Infrastructure（PKI）	认证授权 Certification Authorization

6. Electronic Commerce（电子商务）、电子政务重要词汇

企业对消费者 Business To Customer（B2C）	企业对企业 Business To Business（B2B）
消费者对消费者 Customer To Customer（C2C）	电子数据交换 Electronic Data Interchange（EDI）
政府对企业 Government to Business（G2B）	政府对公众 Government to Citizen（G2C）
政府对公务员 Government to Employee（G2E）	政府部门之间 Government to Government（G2G）

28.3 项目管理和监理基础

【基础知识点】

项目 Project	监理 Supervise
过程 Process	阶段 Phases
批准 Approve	产品生命周期 Product Life Cycle
项目管理办公室 Project Management Office（PMO）	项目团队 Project Team
职能组织 Functional Organization	矩阵型组织 Matrix Organization
项目型组织 Project Organization	项目管理过程组 Project Management Process Group
启动过程组 Initiating Process	计划过程组 Planning Process Group
执行过程组 Executing Process	控制过程组 Controlling Process Group
收尾过程组 Closing Process	滚动式计划 Rolling Wave Plan
临时性 Temporary	独特的 Unique
产品 Product	服务 Service
成果 Result	项目管理 Project Management
项目需求 Project Requirements	项目经理 Project Manager
方法 Method	技术 Technology
走查 Walk Through	审查 Inspection
评审 Review	论证 Demonstration
缺陷 Defect	项目管理信息系统 Project Management Information System（PMIS）
PDCA（Plan 计划，Do 行动，Check 检查，Action 处理）	

28.4 练习题

1. The ( ) creates opportunities for more direct integration of the physical world into computer-based systems, resulting in efficiency improvements, economic benefits, and reduced human exertions.

  A．internet of things   B．cloud computing

  C．big data   D．mobile internet

题意翻译：（ ）创造了将物理世界更直接地整合到基于计算机的系统中的机会，从而提高了效率、经济效益，并减少了人类的劳动。

  A．物联网 B．云计算 C．大数据 D．移动互联网

从上面的关于物联网的定义可以看出，物联网就是将互联网连接扩展到物理设备和日常事务中。在做这类定义类的题目的时候，即便是有的人英文不是特别好，只要善用知识点中的关键词，比如本题中涉及关键词"physical world"（物理世界）和"computer-based systems"（计算机系统），就可以快速判断出答案。

答案：A

2. ( ) is an open, distributed ledger that can record transactions between two parties efficiently and in a verifiable and permanent way.

  A．Internet of things   B．Block chain

  C．Edge computing   D．Artificial intelligence

题意翻译：（ ）是一种开放的、分布式的分类账，能够有效地、可核查和永久地记录双方之间的交易。

  A．物联网 B．区块链 C．边缘计算 D．人工智能

这道题只要抓住"open、distributed ledger"（开放的、分布式）这两个关键词就可以判断出答案是区块链。

答案：B

3. ( ) is the technology that appears to emulate human performance typically by learning, coming to its own conclusions, appearing to understand complex content, engaging in natural dialogs with people, enhancing human cognitive performance (also known as cognitive computing) or replacing people on execution of non-routine tasks.

  A．Cloud Service   B．Block Chain

  C．Internet of Things   D．Artificial Intelligence

题意翻译：（ ）是一种通过学习、得出自己的结论、表现出理解复杂内容、与人进行自然对话等来模仿人类的行为，从而增强人的认知能力（也被称为"认知计算"）或取代人们执行非日常任务的技术。

A．云服务　　　　B．区块链　　　　C．物联网　　　　D．人工智能

从题目中提及人工智能的关键词"people"（人），就可以判断出是人工智能。

答案：D

4．（　　）is a method of obtaining early feedback on requirements by providing a working model of the expected product before actually building it.

  A．Prototypes　　　　　　　　　　B．Object oriented

  C．Structured method　　　　　　　D．Iterative method

题意翻译：在实际开发过程中提供预期产品的模型，以获得早期反馈，这种方法称为（　　）。

  A．原型法　　　B．面向对象法　　　C．结构化法　　　D．迭代法

本题考查的是原型化方法的定义。

答案：A

5．Earned value management (EVM) integrates the scope baseline with the(　　)baseline, along with schedule baseline, to form the performance baseline, which helps the project management team assess and measure project performance and progress.

  A．quality　　　B．risk　　　C．change　　　D．cost

题意翻译：挣值管理（EVM）将范围基线与（　　）基线及进度基线结合起来，形成绩效基线，帮助项目管理团队评估和衡量项目绩效和进度。

  A．质量　　　B．风险　　　C．变更　　　D．成本

本题考查的是挣值管理的含义，如果不懂整个题目的英文含义，只要能够知晓EVM是挣值管理，cost是成本的意思，就可以判断出答案。

答案：D

6．In project network diagram, the number of critical path is（　　）.

  A．none　　　B．only one　　　C．only two　　　D．one or more

题意翻译：在项目网络图中，关键路径有（　　）条。

  A．没有　　　B．只有一条　　　C．只有两条　　　D．一条或者多条

本题考查的是对关键路径的理解。如果不能完全判断出整个句子的含义，掌握"critical path"（关键路径）和"number"这两个单词就可以猜出问题的含义，答案选项的各单词比较简单。

答案：D

第29小时
单项选择题（技术类）

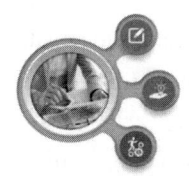

【导读小贴士】

信息系统监理师考试的单项选择题共75分，其中，技术类题目约占20分，监理类的题目约占50分，英语题每次5分。在满分75分中，得到45分（75×60%=45）即可及格。

在本小时，我们从历年真题中精心选出了具有代表性的典型单项选择题（技术类），读者不仅要会做题，更要掌握题目中包含的知识点，并能举一反三、触类旁通。

29.1 单项选择题（技术类）

- 本书主编薛大龙的电子邮箱为 PYXDL@163.com，对于 PYXDL 和 163.com 的正确理解为 __(1)__ ，在发送电子邮件时，常用关键词使用中，__(2)__ 是错误的。若电子邮件出现字符乱码现象，以下方法中 __(3)__ 一定不能解决该问题。

  (1) A. PYXDL 是用户名，163.com 是域名
      B. PYXDL 是用户名，163.com 是计算机名
      C. PYXDL 是服务器名，163.com 是域名
      D. PYXDL 是服务器名，163.com 是计算机名

  (2) A. From 是指 PYXDL@163.com   B. To 是指接收方的邮件地址
      C. Cc 是指回复发件人地址   D. Subject 是指电子邮件的主题

  (3) A. 改变编码标准   B. 文件加密
      C. 以附件方式传输   D. 以图片方式传输

- 在会议上，由参会人员阅读程序，利用测试数据人工运行程序，对输出结果进行审查，以达到测试的目的，这种测试方法是 __(4)__ 。

（4）A．软件审查　　　B．代码走查　　　C．技术评审　　　D．代码审查
- 在信息系统工程建设过程中，下列__(5)__不属于配置管理工具。
  （5）A．文档版本信息表　　　　　　B．系统变更流程
  　　C．系统用户权限表　　　　　　D．基线
- 在TCP/IP应用层的主要协议中，反向地址转换协议（RARP）主要功能是__(6)__。
  （6）A．接收来自传输层的数据
  　　B．负责应用层协议发送和接收具体数据的机制和过程
  　　C．负责网络中数据包的具体传输
  　　D．提供链路管理错误检测、对不同通信媒介的有关信息细节问题进行有效处理等
- 在软件架构风格中，__(7)__风格包括批处理序列和管道-过滤器两种。
  （7）A．数据流　　　B．调用/返回　　　C．独立构件　　　D．虚拟机
- __(8)__可作为该远程主机的一个访问终端使用，共享远程主机的CPU、硬件、存储、应用等资源。
  （8）A．万维网服务　　　　　　　　B．DNS域名解析服务
  　　C．FTP文件传输服务　　　　　　D．Telnet远程登录服务
- 一般大型的人工智能（AI）应用需要独立部署__(9)__服务器和__(9)__服务器。
  （9）A．训练　推理　B．逻辑　运算　C．逻辑　推理　D．训练　算法
- 在软件集成的大背景下，出现了有代表性的软件构件标准，其中OMG对象管理组织制定了__(10)__。
  （10）A．CORBA　　　B．COM　　　C．.NET　　　D．J2EE
- 在非对称密钥密码体制中，加、解密双方，__(11)__。
  （11）A．各自拥有不同的密钥　　　　B．密钥可相同也可不同
  　　　C．拥有相同的密钥　　　　　　D．密钥可随意改变
- 以下关于IPv4协议和IPv6协议的描述，不正确的是__(12)__。
  （12）A．IPv4数据包由IPv4包头和实际的数据部分组成
  　　　B．IPv6地址由64位二进制数组成
  　　　C．IPv4地址由32位二进制数组成
  　　　D．IPv6地址采用点分十六进制形式
- 在智慧城市里，__(13)__利用SOA、云计算、大数据等技术，通过数据和服务的融合，支撑承载智慧应用层中的相关应用，提供应用所需的各种服务和共享资源。
  （13）A．物联感知层　　　　　　　　B．计算机与存储层
  　　　C．数据及服务支撑层　　　　　D．智慧应用层
- 综合布线系统中直接与用户终端设备相连的子系统是__(14)__。
  （14）A．工作区子系统　　　　　　　B．水平子系统
  　　　C．干线子系统　　　　　　　　D．管理子系统

- 在通用布缆系统工程中，关于机柜安装的空间要求，描述正确的是__(15)__。
  - (15) A. 无论单排还是多排安装，机柜的前面净空均不应小于800mm
  - B. 单排安装时，机柜后面及侧面净空应至少为1000mm
  - C. 多排安装时，列间距应至少为1200mm，以便于施工、维护人员操作和通行
  - D. 相邻机柜之间的距离应尽量增大，以提高通风效果
- 在数据中心的主机房内，关于通道与设备间的距离要求，描述错误的是__(16)__。
  - (16) A. 用于搬运设备的通道净宽应不小于1.5m
  - B. 面对面布置的机柜（架）正面之间的距离应不小于1.0m
  - C. 背对背布置的机柜（架）背面之间的距离应不小于0.8m
  - D. 成行排列的机柜（架）两端应设有通道，且当两个通道之间的距离超过15m时，还应增加通道
- Windows系统中的网络测试命令__(17)__可以了解网络的整体使用情况，可以显示当前正在活动的网络连接的详细信息，如显示网络连接、路由表和网络接口信息。
  - (17) A. netstat   B. ping   C. arp   D. winipcfg
- 证券的股票交易、航空公司的客户订单，更适合使用__(18)__方式。
  - (18) A. 批处理   B. 联机事务处理
  - C. 联系分析处理   D. 商业智能分析
- __(19)__使一个或多个用户能够在计算机模拟环境中移动和反应。通过特殊的接口设备，将模拟世界的景象、声音和感觉传送给用户。
  - (19) A. VR   B. AR   C. AI   D. MR
- 分时操作系统通常采用__(20)__策略为用户服务。
  - (20) A. 短作业优先   B. 时间片轮转
  - C. 可靠性和灵活性   D. 时间片加权分配
- 双绞线对由两条具有绝缘保护层的铜芯线按一定密度相互缠绕在一起组成，缠绕的主要目的是__(21)__。
  - (21) A. 提高传输速度   B. 降低成本
  - C. 降低信号干扰的程度   D. 提高电缆的物理强度
- 网络直播带货是新兴的购物模式。张某进入某企业网络直播间，与主播互动后，在网站下订单购买了三件商品。这种电子商务的模式属于__(22)__。
  - (22) A. B2B   B. C2C   C. B2C   D. B2G
- Wi-Fi技术常用的网络传输标准是__(23)__。
  - (23) A. IEEE 802.1p   B. IEEE 802.11b
  - C. IEEE 802.3u   D. IEEE 802.5
- __(24)__IP地址标识的主机数量最多。
  - (24) A. D类   B. C类   C. B类   D. A类

- TCP/IP 模型的传输层有两个协议，第一个协议 TCP 是一种可靠的面向连接的协议；第二个协议 UDP 是 __(25)__ 。

  （25）A．一种可靠的面向用户的协议　　B．一种不可靠的面向连接的协议

  　　　C．一种可靠的无连接协议　　　　D．一种不可靠的无连接协议

- 一般在 Internet 中，域名是指用"."分隔的若干字符串来表示的某台计算机（或计算机组）的名称（如 www.ruankao.gov.cn），这些字符串从左至右依次表示 __(26)__ 、最高层域名。

  （26）A．用户名、主机名、机构名　　　B．主机名、机构名、单位名

  　　　C．主机名、机构名、网络名　　　D．网络名、机构名、主机名

- 在 RAID 技术中，磁盘镜像阵列是 __(27)__ 。

  （27）A．RAID 0　　B．RAID 1　　C．RAID 3　　D．RAID 5

- MIPS 常用来描述计算机的运算速度，其含义是 __(28)__ 。

  （28）A．每秒钟处理百万个字符　　　B．每分钟处理百万个字符

  　　　C．每秒钟执行百万条指令　　　D．每分钟执行百万条指令

- SOA 应用体系架构的主要优点是 __(29)__ 。

  （29）A．提高整体性能　　　　　　　B．有利于应用集成

  　　　C．提高安全性　　　　　　　　D．有利于硬件集成

- 下列常见的数据库管理系统中，__(30)__ 不属于关系型数据库。

  （30）A．Oracle　　B．MySQL　　C．SQL Server　　D．MongoDB

29.2　单项选择题（技术类）解析与答案

（1）～（3）**解析**：电子邮箱的一般格式为用户名@域名。

在发送电子邮件时，From 是指发送地址，To 是指接收方的地址，Cc 是指发送邮件时抄送的地址，Subject 是指邮件的主题。

邮件出现乱码，原因可能是发送方的字符编码标准与接收方不匹配，修改邮件字符编码格式可以解决该问题。以附件或图片形式发送，可以有效避免字符编码标准不同的问题，以文件加密方式无法改变邮件乱码。

答案：（1）A　　（2）C　　（3）B

（4）**解析**：代码审查是由若干程序员和测试人员组成一个会审小组，通过阅读、讨论和争议，对程序进行静态分析的过程。一般包括两个步骤：第一步，小组负责人提前把设计规格说明书、控制流图、程序文本及有关要求、规范发给小组成员，作为评审依据，小组成员充分阅读这些材料后开始下一步；第二步，召开程序审查会，在会上首先由程序员讲解程序的逻辑，在此过程中，程序员或其他小组成员可以提出问题、展开讨论，审查是否存在错误。

代码走查与代码审查基本相同，也分两个步骤：第一步，把材料发给走查小组成员，让他们认真研究程序，然后开会；第二步，首先由测试组成员为被测程序准备一批有代表性的测试用例，提

交给走查小组，走查小组开会，集体扮演计算机角色，让测试用例沿程序的逻辑运行一遍，随时记录程序的踪迹，供分析和讨论使用。

技术评审的目的是评价软件产品，以确定其对使用意图的适合性，目标是识别规范说明和标准的差异，并向管理提供证据，以表明产品是否满足规范说明并遵从标准，而且可以控制变更。

软件审查通过正式的方式对软件进行评审，而走查则可以是非正式的方式进行。

答案：(4) B

（5）**解析**：软件配置管理包括四个主要活动：配置识别、变更控制、状态报告和配置审计。

软件配置管理工具包括追踪工具、版本管理工具和发布工具，其中选项 A 属于版本管理，选项 B 属于追踪工具，选项 D 属于发布工具。选项 C 不属于配置管理工具，是在建立配置管理系统时需要考虑的。

答案：(5) C

（6）**解析**：TCP/IP 应用层的主要协议有网络远程访问协议（Telnet）、文件传输协议（File Transfer Protocol，FTP）、简单电子邮件传输协议（Simple Mail Transfer Protocol，SMTP）等，用来接收来自传输层的数据，或按不同的应用要求与方式将数据传输至传输层；传输层的主要协议有用户数据报协议（User Datagram Protocol，UDP）、TCP，负责上面应用层协议发送和接收具体数据的机制和过程；互联网络层的主要协议有 Internet 控制报文协议（Internet Control Message Protocol，ICMP）、IP、Internet 组管理协议（Internet Group Management Protocol，IGMP），主要负责网络中数据包的具体传输等；而物理和数据链路层（也叫网络接口层或网络访问层）的主要协议有地址解析协议（Address Resolution Protocol，ARP）、反向地址转换协议（Reverse Address Resolution Protocol，RARP），主要功能是提供链路管理错误检测、对不同通信媒介的有关信息细节问题进行有效处理等。

答案：(6) D

（7）**解析**：软件架构风格，分为以下几种：
1）数据流风格。包括批处理序列和管道-过滤器两种。
2）调用/返回风格。包括主程序/子程序、数据抽象和面向对象，以及层次结构。
3）独立构件风格。包括进程通信和事件驱动的系统。
4）虚拟机风格。包括解释器和基于规则的系统。
5）仓库风格。包括数据库系统、黑板系统和超文本系统。

答案：(7) A

（8）**解析**：Telnet 远程登录服务用于将用户计算机与远程主机连接起来，并可作为该远程主机的一个访问终端使用，共享远程主机的 CPU、硬件、存储、应用等资源，例如进行远程计算和远程事务处理等操作。

答案：(8) D

（9）**解析**：人工智能的实现包括训练和推理两个环节。一般大型的人工智能应用需要独立部署训练服务器和推理服务器。

答案：(9) A

（10）**解析**：对象管理组织（Object Management Group，OMG）是 CORBA 规范的制定者，是由 800 多个信息系统供应商、软件开发者和用户共同构成的国际组织，建立于 1989 年。OMG 在理论上和实践上促进了面向对象软件的发展。

答案：（10）A

（11）**解析**：加密算法有对称加密算法和非对称加密算法。

对称加密算法加、解密使用同一把钥匙进行。非对称加密算法使用一对钥匙（私钥和公钥，成对使用、不可分开）。私钥由密钥的持有者拥有，公钥可对外公开，一把用于加密，一把用于解密。如果用公钥对数据进行加密，只有用对应的私钥才能解密；如果用私钥对数据进行加密，那么只有用对应的公钥才能解密。因为加密和解密使用的是两个不同的密钥，所以这种算法叫作非对称加密算法。

答案：（11）A

（12）**解析**：IPv6 地址由 128 位二进制数组成，是 IPv4 地址长度的 4 倍，前 64 比特为网络前缀，主要用于寻址和路由，后 64 比特为接口标识，主要用于标识主机。

答案：（12）B

（13）**解析**：在智慧城市建设模型中，共含有五大功能层：物联感知层、通信网络层、计算与存储层、数据与服务支撑层和智慧应用层。其中数据及服务支撑层利用 SOA、云计算、大数据等技术，通过数据和服务的融合，支撑承载智慧应用层中的相关应用，提供应用所需的各种服务和共享资源。

答案：（13）C

（14）**解析**：综合布线系统一般由六个子系统组成，直接与用户端设备相连的子系统是工作区子系统。

1）工作区子系统。工作区是工作人员利用终端设备进行工作的地方，一个独立的、需要配置中端的区域可划分为一个工作区，通常 8～10m² 设计一个数据点和一个语言点来计算信息点，也可以根据用户的需求设置，工作区子系统由 RJ-45 跳线与信息插座所连接的设备（终端或工作站）组成。

2）水平子系统。水平子系统也称为水平干线子系统。水平子系统是整个布线系统的一部分，是从工作区的信息插座开始到管理子系统的配线架，功能是将工作区信息插座与楼层配线间的中间配线架（Intermediate Distribution Frame，IDF）连接起来。

3）管理间子系统。管理间子系统也称为管理子系统，由交连、互联和 I/O 组成。管理间为连接其他子系统提供手段，它是连接垂直干线子系统和水平干线子系统的设备，其主要设备是配线架、交换机和机柜、电源等。

4）垂直干线子系统。垂直干线子系统也称为干线子系统。它是整个建筑物综合布线系统的一部分，提供建筑物的干线电源，负责连接管理子系统和设备间子系统，一般使用光缆或选用大对数的非屏蔽双绞线。

5）设备间子系统。设备间子系统也称设备子系统。设备间子系统由电缆、连接器和相关支撑硬件组成，它把各种公共系统的多种不同设备互连起来，其中包括电信部门的光缆、同轴电缆、程控交换机等。

6）建筑群子系统。建筑群子系统是将一个建筑物中的电缆延伸到另一个建筑物的通信设备和装置，通常由电缆和相应设备组成。建筑群子系统是综合布线系统的一部分，它支持建筑物间通信所需的硬件，其中包括导线电缆、光缆以及防止电缆上的脉冲电压进入建筑物的电气保护装置。

答案：（14）A

（15）**解析**：为便于施工和维护人员操作，机柜单排安装时，前面净空不应小于 1000mm，后面及侧面净空不应小于 800mm；多排安装时，列间距不应小于 1200mm，以便人员施工、维护和通行。相邻机架设备应靠近，同列机架和设备的机面应排列平齐。

答案：（15）C

（16）**解析**：在数据中心的主机房内通道与设备间的距离：

a）用于搬运设备的通道净宽不应小于 1.5m。

b）面对面布置的机柜（架）正面之间的距离不宜小于 1.2m。

c）背对背布置的机柜（架）背面之间的距离不宜小于 0.8m。

d）当需要在机柜（架）侧面和后面维修测试时，机柜（架）与机柜（架）、机柜（架）与墙之间的距离不宜小于 1.0m。

e）成行排列的机柜（架），其长度超过 6m 时，两端应设有通道；当两个通道之间的距离超过 15m 时，在两个通道之间还应增加通道。通道的宽度不宜小于 1m，局部可为 0.8m。

答案：（16）B

（17）**解析**：在 Windows 系统中，常常借助一些命令对系统进行测试或诊断，如：

netstat 用于显示与 IP、ICP、UDP 和 ICMP 协议相关的统计数据，一般用于检验本机各端口的网络连接情况，可以显示当前正在活动的网络连接的详细信息。

ping 命令主要用来测试网络的连通性，用于确定本地主机是否能与另一台主机交换数据包。根据返回的信息，我们就可以推断 TCP/IP 参数是否设置得正确及运行是否正常。

arp 是一个重要的 TCP/IP 协议，并且用于确定对应 IP 地址的网卡物理地址。使用 arp 命令，我们能够查看本地计算机或另一台计算机的 ARP 高速缓存中的当前内容。

winipcfg 是 Windows 98 系统中用于显示本地连接信息的命令。

答案：（17）A

（18）**解析**：联机事务处理（OLTP）方式的优点是，当事务数据产生时能即时更新有关的文件和数据库，并能立刻响应终端用户的查询请求。其缺点是成本高，由于是对数据库进行联机直接存取，为防止数据被非法存取或被偶然破坏，需要有一定的授权机制。某些实时处理是不能被中断的，如证券的股票交易、航空公司的客户订单等。为保证实时处理不被中断，要采用有关的容错技术，这也需要额外的开支。

答案：（18）B

（19）**解析**：虚拟现实系统（Virtual Reality System，VRS）使一个或多个用户能够在计算机模拟环境中移动和反应。虚拟现实模拟需要特殊的接口设备，将模拟世界的景象、声音和感觉传送给用户。

答案：（19）A

（20）解析：分时操作系统是一台计算机同时为几个、几十个甚至几百个用户服务的一种操作系统，把计算机与许多终端用户连接起来。分时操作系统将系统处理机时间与内存空间按一定的时间间隔，轮流切换给各终端用户的程序使用。由于时间间隔很短，每个用户就像独占计算机一样。分时操作系统的特点是可有效增加资源的使用率。

答案：（20）B

（21）解析：双绞线是由两条相互绝缘的导线按照一定的规格相互缠绕（一般以逆时针缠绕）在一起而制成的一种通用配线，双绞线是综合布线工程中最常用的一种传输介质。

双绞线采用了一对相互绝缘的金属导线相互绞合的方式来抵御一部分外界电磁波干扰,它把两根绝缘的铜导线按一定密度相互绞在一起，可以降低信号干扰的程度，每一根导线在传输中辐射的电磁波会被另一根线上发出的电磁波抵消。

答案：（21）C

（22）解析：电子商务是公司与公司（B2B）、公司与消费者（B2C）、消费者与消费者（C2C）、企业与公共部门及消费者与公共部门之间利用信息系统和互联网进行的任何商业交易。虽然是直播带货购买，但仍然是企业向消费者提供网上购物环境，消费者通过 Internet 访问相关网站进行咨询、购买活动，即为 B2C 商务模式。

答案：（22）C

（23）解析：在网络标准中，常用的有 IEEE 802.3、IEEE 802.5、IEEE 802.11。IEEE 802.3 是以太网标准，IEEE 802.5 是令牌环标准，IEEE 802.11 是无线局域网标准。

Wi-Fi 是一种可以将个人计算机手持设备（如 PDA 手机）等终端以无线方式互相连接的技术，目的是改善基于 IEEE 802.11 标准的无线网络产品之间的互通性。

答案：（23）B

（24）解析：IP 地址在 V4 版中由 32 位组成，用点分十进制数；在 IP 的分类中，常用的 IP 分为 A 类、B 类、C 类。

A 类地址用 1 个八位数表示网络位，3 个八位表示主机位，所以它的网络位有 2^8 个，主机位有 2^{24} 个。

B 类地址用 2 个八位表示网络位，2 个八位表示主机位，所以它的网络位有 2^{16} 个，主机位有 2^{16} 个。

C 类地址用 3 个八位表示网络位，1 个八位表示主机位，所以它的网络位有 2^{24} 个，主机位有 2^8 个。

D 类为组播。

E 类主要用于科学研究。

答案：（24）D

（25）解析：TCP/IP 模型分为四层，依次为网络接口层、Internet 层、传输层、应用层。在传输层中有 TCP 和 UDP 协议，TCP 传输控制协议是面向连接的，进行可靠的数据传输；UDP 用户数据报协议是非面向连接的协议，提供不可靠的数据传输，但性能高。

答案：(25) D

(26) 解析：在 Internet 上，为了能方便大家记忆并访问相应的网站，使用 DNS 来辅助，DNS 名称的层次空间依次为：最顶层为根（用.表示）、顶级域、二级域主机。DNS 名称空间的表示方式为主机名、机构名、网络名。

答案：(26) C

(27) 解析：RAID 技术主要包含 RAID 0~RAID 7 等数个范围，它们的侧重点各不相同：

1）RAID 0：RAID 0 连续以位或字节为单位分割数据，并行读/写于多个磁盘上，因此具有很高的数据传输率。但它没有数据冗余，只是单纯地提高性能，并没有为数据的可靠性提供保证，而且其中的一个磁盘失效将影响到所有数据。因此，RAID 0 不能应用于数据安全性要求高的场合。

2）RAID 1：通过磁盘数据镜像来实现数据冗余，在一对独立磁盘上产生互为备份的数据。RAID 1 是磁盘阵列中单位成本最高的，但提供了很高的数据安全性和可用性。当一个磁盘失效时，系统可以自动切换到镜像磁盘上读写，而不需要重组失效的数据。

3）RAID 3：将数据条块化分布于不同的硬盘上，使用简单的奇偶校验信息。如果一块磁盘失效，奇偶盘及其他数据盘可以重新产生数据；如果奇偶盘失效，则不影响数据使用。RAID 3 对于大量的连续数据可提供很好的传输率，但对于随机数据来说，奇偶盘会成为写操作的瓶颈。

4）RAID 5：不单独指定的奇偶盘，而是在所有的磁盘上交叉地存取数据及奇偶校验信息。在 RIAD 5 上，读写指南针可同时对阵列设备进行操作，提供了更高的数据流量。对于 RAID 5 来说，大部分数据传输只对一块磁盘操作，并可进行并行操作。

答案：(27) B

(28) 解析：MIPS 每秒处理百万级的机器语言指令数，这是衡量 CPU 速度的一个指标。

答案：(28) C

(29) 解析：SOA 是一种在计算机环境中设计、开发、部署和管理离散逻辑单元（服务）模型的方法。在 SOA 模型中，所有的功能都定义成了独立的服务。服务之间通过交互和协调完成业务的整体逻辑。所有的服务通过服务总线或流程管理器来连接。这种松散耦合的构架使得各服务在交互过程中无须考虑对方的内部实现细节以及部署在什么平台上,服务请示者很可能不知道服务在哪里运行、由哪种语言编写以及消息的传输途径，而是只需提出服务请求就会得到答案。SOA 为企业的现有资产和投资带来了更好的复用性，能够在最新的和现有的系统上创建应用,借助现有应用产生新服务，为企业提供更好的灵活性来构建系统和业务流程，有利于应用集成。与 SOA 紧密相关的技术主要有 UDDI、WSDL、SOAP 等，这些技术都是以 XML 为基础而发展起来的。

答案：(29) B

(30) 解析：关系型数据库和常见的表格比较相似，关系型数据库中表与表之间是有很多复杂的关联关系的。传统的关系型数据库有 Oracle、DB2、MySQL、Microsoft SQL Server、Microsoft Access 等多个品种，每种数据库的语法、功能和特性也各具特色。国产的关系型数据库包括 GaussDB（for MySQL）、达梦数据库、OpenBASE、OSCAR 等。

答案：(30) D

第 30 小时
单项选择题（监理类）

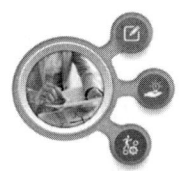

【导读小贴士】

信息系统监理师考试的单项选择题共 75 分，其中，技术类题目约占 20 分，监理类题目约占 50 分，英语题均占 5 分。在满分 75 分中，得到 45 分（75×60%=45）即可及格。

在本小时，我们从历年真题中精心选出了具有代表性的典型单项选择题（监理类），读者不仅要会做题，更要掌握题目中包含的知识点，并能举一反三、触类旁通。

30.1 单项选择题（监理类）

- 信息系统工程建设监理单位要能胜任一定范围内的工程监理服务业务，应当具有一定数量的监理工程师、完善的监理工作制度、相应的组织机构和__(1)__等。对于一个项目监理机构而言，应当配备满足监理工作需要的__(2)__。

    (1) A. 所有监理设施　　　　　　　B. 主要监理设施
　　　 C. 所有检测设备和工具　　　　D. 常规检测设备和工具
    (2) A. 所有监理设施　　　　　　　B. 主要监理设施
　　　 C. 所有检测设备和工具　　　　D. 常规检测设备和工具

- 监理规划是业主单位检查监理单位是否能够认真、全面履行信息系统工程监理合同的重要依据，它是指导监理项目部全面开展工作的__(3)__，在签订监理合同后，在__(4)__的主持下编制，作为监理单位对监理项目的__(5)__。

    (3) A. 纲领性文件　　B. 指导性文件　　C. 综合性文件　　D. 管理性文件

(4) A. 监理工程师　　B. 技术负责人　　C. 总监理工程师　　D. 法定代表人
(5) A. 框架方案　　　B. 行动指南　　　C. 工作联系单　　　D. 文件与备忘录

- 监理实施细则是指导监理单位各项监理活动的技术、经济、组织和管理的综合性文件。信息系统工程监理实施细则是在__(6)__的基础上，由项目总监理工程师主持，专业监理工程师参加，根据监理委托合同规定范围和建设单位的具体要求，以__(7)__为对象而编制的。

(6) A. 监理规划　　　B. 监理大纲　　　C. 建设合同　　　D. 监理合同
(7) A. 被监理的承建单位　　　　　　　B. 监理机构
　　 C. 被监理的信息系统工程项目　　　D. 建设单位

- 在信息工程建设过程中，进度控制是一种循环性的活动，一个完整的进度控制过程大致可以分为__(8)__；信息系统工程实施进度计划应由__(9)__负责编制；作为对整个项目的建设进度进行控制的基线，在制订项目进度计划的过程中应当遵循一些基本原则，而__(10)__的描述是不正确的；监理工程师在检查工程网络计划执行情况的过程中，如果发现某工作进度拖后，那么受影响的工作一定是该工作的__(11)__。

(8) A. 编制进度计划、实施进度计划、检查调整进度计划、分析总结进度计划
　　 B. 编制进度计划、实施进度计划、检查进度计划、调整进度计划
　　 C. 编制进度计划、实施进度计划、变更进度计划、检查进度计划
　　 D. 编制进度计划、实施进度计划、检查进度计划、总结进度计划
(9) A. 建设单位　　　　　　　　　B. 总监理工程师
　　 C. 现场监理工程师　　　　　　D. 承建单位
(10) A. 对所有大事及其期限作出说明
　　　B. 全部进度必须体现时间的紧迫性
　　　C. 确切的工作程序能够通过工作网络图得以详细说明
　　　D. 项目进度计划的详细程度与项目投资额度成正比
(11) A. 平行工作　　B. 后续工作　　C. 先行工作　　D. 紧前工作

- 信息系统工程建设涉及业主、承建方和监理方，其中甲为业主方项目管理负责人，乙为承建方项目经理，丙为监理方总监理工程师。在工作中，下列①~③是关于甲、乙、丙关系的描述，__(12)__是正确的。
① 甲、乙、丙所代表的三方都需要采用项目管理的方法完成其项目实施中所肩负的责任。
② 在项目监理过程中，丙要听取业主单位的意见，对于甲的意见在监理工作中要认真执行。
③ 在项目实施过程中，承建单位的软件配置管理工作一直是薄弱环节，乙作为项目经理非常重视，乙、丙通过沟通，决定由监理方与承建方签订合同，由监理方帮助承建单位梳理软件配置管理流程，培训相关人员。

在监理工作过程中，项目监理机构一般不具有__(13)__。
(12) A. ①　　　　B. ①②　　　　C. ①③　　　　D. ①②③
(13) A. 工程建设重大问题的决策权　　　B. 工程建设重大问题的建议权

282

C．工程建设有关问题的决策权　　D．工程建设有关问题的建议权

- 违约责任是指当事人任何一方不履行合同义务或者履行合同义务不符合约定而应当承担的法律责任。下列不属于承担违约责任的形式的是___(14)___。

　　（14）A．继续履行　　　　　　　　B．采取补救措施
　　　　　C．返还财产　　　　　　　　D．支付违约金

- 信息工程建设相关法律、行政法规、部门规章的效力从高到低依次为___(15)___。

　　（15）A．法律、行政法规、部门规章　　B．法律、部门规章、行政法规
　　　　　C．行政法规、法律、部门规章　　D．部门规章、行政法规、法律

- 质量控制是指信息系统工程实施过程中，在对信息系统质量有重要影响的关键时段进行质量___(16)___。在信息工程建设中，监理质量控制最关键的因素是___(17)___。在进行控制点设置时，___(18)___不是设置质量控制点应遵守的一般原则。

　　（16）A．检查、确认
　　　　　B．确认、决策及采取措施
　　　　　C．确认、采取措施、使用质量控制工具和技术
　　　　　D．检查、确认、决策、采取措施、使用质量控制工具和技术

　　（17）A．在合同谈判时，建设单位充分利用其优势地位，争取到更多的有利条款
　　　　　B．选择优秀的项目承建单位
　　　　　C．充分发挥监理的作用，在整个项目过程中对承建单位的项目建设质量进行严格控制
　　　　　D．承建单位尽可能多地投入资源，从承建单位中选择优秀的技术人员承担本项目建设

　　（18）A．选择的质量控制点应该突出重点，质量控制点都应放置在工程项目建设活动中的关键时刻和关键部位，以利于监理工程师开展质量控制工作
　　　　　B．选择的质量控制点应该易于纠偏，有利于监理工程师及时发现质量偏差，同时有利于承建单位控制管理人员及时制订纠偏措施
　　　　　C．质量控制点设置要有利于参与工程建设的三方共同从事工程质量的控制活动
　　　　　D．保持控制点设置的灵活性和动态性，质量控制点设置并不是一成不变的，必须根据工程进展的实际情况，对已设立的质量控制点应随时进行必要的调整或增减

- 在项目监理工作中，总监理工程师应履行的职责是___(19)___。

　　（19）A．签署工程计量原始凭证　　　　B．编制各专业的监理实施细则
　　　　　C．负责合同争议调解　　　　　　D．负责各专业监理资料的收集、汇总及整理

- 对照①～⑤的描述，信息化建设工程监理规划的作用有___(20)___。
　　① 监理规划是信息系统工程监理管理部门对监理单位进行监督管理的主要内容
　　② 监理规划是建设单位检查监理单位是否能够认真、全面履行信息系统工程监理委托合同的重要依据
　　③ 监理规划是监理项目部职能的具体体现
　　④ 监理规划是指导监理项目部全面开展工作的纲领性文件

⑤ 监理规划是监理单位内部考核的主要依据和重要的存档资料

（20）A. ①②   B. ①②③   C. ①②③④   D. ①②③④⑤

- 凡由承建单位负责采购的原材料、半成品、构配件或设备，在采购订货前应向监理工程师申报，经__(21)__审查认可后，方可进行订货采购。

（21）A. 专家   B. 总监理工程师

        C. 监理工程师   D. 建设单位现场代表

- 在信息工程建设实施阶段，监理工程师进度控制的工作内容包括__(22)__。

（22）A. 审查承建单位调整后的实施进度计划

        B. 编制实施总进度计划和子项工程实施进度计划

        C. 协助承建单位确定工程延期时间和实施进度计划

        D. 按时提供实施条件并适时下达开工令

- 工程监理单位代表建设单位对实施质量进行监理，__(23)__。

（23）A. 并对实施质量承担监理责任

        B. 并对实施质量与承建单位共同承担责任

        C. 并对实施质量承担连带责任

        D. 但对实施质量不承担责任

- 在下列各项原则中，属于投资控制原则的有__(24)__。

①投资最小化原则   ②全面成本控制原则   ③动态控制原则   ④目标管理原则

⑤责、权、利相结合的原则

（24）A. ①②③   B. ②④⑤   C. ②③④⑤   D. ①③④⑤

- 监理合同的有效期是指__(25)__。

（25）A. 合同约定的开始日至完成日

        B. 合同签订日至合同约定的完成日

        C. 合同签订日至监理人收到监理报酬尾款日

        D. 合同约定的开始日至工程验收合格日

- 按《中华人民共和国民法典》的规定，合同生效后，当事人就价款或者报酬没有约定的，确定价款或报酬时应按__(26)__的顺序履行。

（26）A. 订立合同时履行地的市场价格、合同有关条款、补充协议

        B. 合同有关条款、补充协议、订立合同时履行地的市场价格

        C. 补充协议、合同有关条款、订立合同时履行地的市场价格

        D. 补充协议、订立合同时履行地的市场价格、合同有关条款

- 在工程质量统计分析方法中，寻找影响质量主次因素一般采用__(27)__。

（27）A. 排列图法   B. 因果分析图法   C. 直方图法   D. 控制图法

- 如果承建单位项目经理由于工作失误导致采购的设备不能按期到货，施工合同没有按期完成，则建设单位可以要求__(28)__承担责任。

(28) A. 承建单位　　B. 监理单位　　C. 设备供应商　　D. 项目经理

- 信息系统建设过程中暴露出的各种问题虽然不是主流，但也不容忽视，针对①～⑤的描述，项目建设过程中普遍存在___(29)___的问题。

  ①系统质量不能满足应用的基本需求

  ②没有采用先进技术

  ③项目文档不全甚至严重缺失

  ④系统存在安全漏洞和隐患

  ⑤工程进度拖后延期

　　(29) A. ①②③④⑤　　B. ①③④⑤　　C. ①②③⑤　　D. ①②③④

- 开发合同中索赔的性质属于___(30)___。

　　(30) A. 经济补偿　　B. 经济惩罚　　C. 经济制裁　　D. 经济补偿和经济制裁

30.2　单项选择题（监理类）解析与答案

　　(1)、(2) **解析**：本题考查的是对"监理单位"与"监理机构"定义的理解与掌握。

　　监理单位，具有独立企业法人资格，取得相应等级资质证书，为业主单位提供信息化工程监理服务的单位。

　　监理机构，监理单位承担信息化工程项目时，负责履行监理合同的组织机构。

　　在回答(1)题时，应关注"……监理单位要能胜任一定范围内的……"，这里指的是监理单位应该具备的默认条件；在回答(2)题时，应关注"项目监理机构应当配备的……"，显然这是指为实施某个特定项目所需配备的"资源"。

　　监理设施的内容非常广泛，包括监理公司的办公场所和许多其他资源。任何一个监理单位都不可能拥有所有的监理设施，监理单位也不可能为了实施某个监理项目而投入监理公司的所有检测设备和工具。

　　答案：(1) B　　(2) D

　　(3)～(5) **解析**：

　　监理规划是业主单位检查监理单位是否能够认真、全面履行信息系统工程监理合同的重要依据。

　　监理规划在总监理工程师的主持下编制，并由业主单位认可，经总监理工程师签署后执行。

　　监理规划作为监理单位对监理项目的行动指南，也可以作为业主单位考核监理单位对监理合同实际执行情况的重要依据。

　　监理规划是指导监理项目部全面开展工作的纲领性文件。

　　答案：(3) A　　(4) C　　(5) B

　　(6)、(7) **解析**：监理实施细则是以被监理的信息系统工程项目为对象而编制的，用以指导监理单位各项监理活动的技术、经济、组织和管理的综合性文件；它是根据监理委托合同规定范围和建设单位的具体要求，在监理规划的基础上，由项目总监理工程师主持，专业监理工程师参加编制的。

答案：(6) A　(7) C

(8)~(11) 解析：进度控制的基本思路是比较实际状态和计划之间的差异，并作出必要的调整，使项目向有利的方向发展，其目的是确保项目"时间目标"的实现。进度控制可以分成四个步骤：计划（Plan）、执行（Do）、检查（Check）和行动（Action），简称PDCA。因此，进度控制过程必然是一个周期性的循环过程。一个完整的进度控制过程大致可以分为四个阶段：编制进度计划、实施进度计划、检查调整进度计划、分析总结进度计划。

这里问的是"在信息工程建设过程中进度控制……"，是工程项目建设的进度计划，必然由承建单位制订，监理单位在此基础上制订相应的监理进度控制计划。

项目进度计划的详细程度与很多因素有关，如项目的复杂程度、时间的紧迫性、环境、甲方的实际情况等，而不是投资大就做得详细，投资少计划就粗略。

某个工作进度被拖后，受影响的只能是其后续工作。

答案：(8) A　(9) D　(10) D　(11) B

(12)、(13) 解析：监理单位虽然受业主的委托，但其角色是公正的第三方，因此对于业主单位的错误意见，监理单位不应采纳和执行。

在有关监理单位的权利和义务的规定中明确指出："不得与被监理项目的承建单位存在隶属关系和利益关系。"如果监理单位帮助承建单位梳理软件配置管理流程并收取报酬，则违反了这条规定。

监理单位对工程建设存在的任何问题都有建议权，这是毋庸置疑的。但是在决策权上，监理单位只有有限决策权利，如发生重大质量事故时，总监理工程师可以签发"停工令"，责令承建单位停工整改，但是在许多重大问题上监理单位无权决策。如碰到要变更计划工期等问题时，监理单位必须取得建设单位和承建单位的同意后，方可实施变更处理。

答案：(12) A　(13) A

(14) 解析：返还财产是无效合同和可撤销合同的处理方式，不是违约责任的承担方式。

答案：(14) C

(15) 解析：按照立法机关的权限和法律效力层次，法律法规体系如下：①宪法：具有最高效力，由国家的最高权力机关——全国人民代表大会立法；②法律：由全国人民代表大会常务委员会立法；③行政法规：由国家的最高行政机关——国务院制定颁布；④行政规章：由国务院各部、委、局等职能部门制定颁发；⑤地方性法规：由地方人民代表大会、地方人民政府制定颁布。

答案：(15) A

(16)~(18) 解析：质量控制是指信息系统工程实施过程中，在对信息系统质量有重要影响的关键时段进行质量检查、确认、决策及采取相应措施。

1）检查：通过测试等方法检查该阶段实施过程及其结果的质量状况。

2）确认：在对质量状况进行分析的基础上，分别对成绩、事故及事故预兆进行确认。

3）决策：处理事故，如决定是否返工、是否需要组织专门的小组负责解决和纠正质量问题。

4）采取措施：通过采取适当措施，使不合格项达到预定要求；采取过程调整等预防措施，以防止进一步质量问题的发生。

使用的质量控制工具和技术如下：
1）单元测试、综合测试、系统测试等。
2）统计抽样和标准差、6σ等。
3）帕累托分析。
4）其他。

题（17）的四个选项看起来都有正确的地方，其实这也是单项选择题的一种出题方式，这样的题不能使用排除法来确定哪项是正确答案，而是要从所有选项中选出最贴切的一项。在本题的四个选项中，"选择优秀的项目承建单位"相对于质量是第一重要的。否则，选择一个很糟糕的项目承建单位，再采取其他选项中给出的措施，恐怕效果有限。因此，选项 B 正确。

进行质量控制点设置时，应遵守以下一般原则：
1）选择的质量控制点应该突出重点。质量控制点应放置在工程项目建设活动中的关键时刻和关键部位，有利于控制影响工程质量目标的关键因素。例如，对于一个应用软件开发项目，需求获取阶段关系到整个应用系统的成败，而这一部分工作往往做得不够细致，因此，监理单位可以把需求获取作为一个质量控制点，制订详细的需求获取监理方案。

2）选择的质量控制点应该易于纠偏。即质量控制点应设置在工程质量目标偏差易于测定的关键活动或关键时刻处，有利于监理工程师及时发现质量偏差，同时有利于承建单位控制管理人员及时制订纠偏措施。例如对于综合布线来说，可以把隐蔽工程的实施过程作为一个控制点，如果发现问题，可以及时纠正。如果这一部分出现质量问题，事后解决的成本就会非常大。

3）质量控制点设置要有利于参与工程建设的三方共同从事工程质量的控制活动。对于建设单位来说，由于主要是从宏观角度进行工程质量控制，在工程建设的各个阶段和相对重要的建设成果都应设置控制点；对于承建单位来说，由于从事信息系统工程过程中的微观控制，其控制点可以按工程进度、工程部位、重要活动及重要建设资源供应等方面进行设置；对于监理单位来说，由于质量控制是其监理工作的重点，根据监理目标确定监理要检查的质量控制点；三方可以根据项目的具体情况，商定各个阶段的质量控制重点，并制订各自的质量控制措施。

4）保持控制点设置的灵活性和动态性。对于一些大型信息系统工程项目，由于建设规模庞大、建设周期较长、影响因素繁多，工程项目建设目标干扰严重，质量控制点设置并不是一成不变的，必须根据工程进展的实际情况，对已设立的质量控制点随时进行必要的调整或增减，使质量控制点设置具有相应的灵活性和动态性，以达到对工程质量总目标全过程、全方位的控制。选项 A "……质量控制点都应放置在工程项目建设活动中的关键时刻和关键部位……"中，加了"都"字就不正确了，因为根据项目的需要，质量控制点也可以设置在一般时刻和部位，另外"……以利于监理工程师开展质量控制工作"这个说法也不正确。

答案：（16）D （17）B （18）A

（19）解析：在四个选项中，只有"负责合同争议调解"是总监理工程师应履行的职责。

答案：（19）C

（20）解析：只有"监理规划是监理单位内部考核的主要依据和重要的存档资料"不正确。

答案：（20）C

（21）解析：要求在采购订货前向监理工程师申报，是为了避免承建单位采购非合同约定的原材料、半成品、构配件或设备，因此仅需要监理工程师审查（比对合同）后即可。

答案：（21）C

（22）解析：在给出的四个选项中，"编制实施总进度计划和子项工程实施进度计划"是承建单位应当承担的工作；"协助承建单位确定工程延期时间和实施进度计划"中的"实施进度计划"不是监理的工作内容；"按时提供实施条件并适时下达开工令"是项目监理前期的工作，而本题给出的条件是"在信息工程建设实施阶段"。

答案：（22）A

（23）解析：监理当然要对被监理的项目质量承担监理责任。

答案：（23）A

（24）解析：信息系统工程项目进行投资控制时，应遵循以下基本原则：

1）投资最优化原则。信息工程项目投资控制的根本目的在于通过各种成本管理手段，在保证项目进度和质量的前提下，不断降低信息工程项目的成本，从而实现目标成本最优化的要求。在实行成本最优化原则时，应注意降低成本的可能性和合理的成本最优化，一方面挖掘各种降低成本的能力，使可能性变为现实；另一方面要从实际出发，制订通过主观努力可能达到的合理的最优成本水平。

2）全面成本控制原则。全面成本管理是对所有承建单位、项目参与人员和全过程的管理，亦称"三全"管理。项目成本的全员控制有一个系统的实质性内容，包括各承建单位、建设单位、监理单位等的责任，应防止成本控制"人人有责，人人不管"现象的出现。项目成本的全过程控制要求成本控制工作要随着项目实施进展的各个阶段连续进行，既不能疏漏也不能时紧时松，应使信息工程项目的成本自始至终置于有效的控制之下。

3）动态控制原则。信息工程项目是一次性的，成本控制应强调项目的中间控制，即动态控制，因此实施准备阶段的成本控制是根据实施组织设计的具体内容确定成本目标、编制成本计划、制订成本控制的方案，为今后的成本控制做好准备；在实施阶段，根据已经制定的成本控制方案进行动态纠偏，并根据项目的实施情况调整成本控制方案；而竣工阶段的成本控制，由于成本盈亏基本已成定局，即使发生了偏差也来不及纠正。

在监理过程中，不能简单地把成本控制理解为将信息工程项目实际发生的成本控制在计划投资的范围内，而应当认识到，成本控制与质量控制和进度控制是同时进行的，它是针对整个信息工程项目目标系统所实施的控制活动的一个组成部分，在实现成本控制的同时，需要兼顾质量和进度目标。

4）目标管理原则。目标管理的内容包括目标的设定和分解，目标的责任到位和执行，检查目标的执行结果，评价目标和修正目标，形成目标管理的计划、实施、检查和处理循环，即PDCA循环。

5）责、权、利相结合的原则。在项目实施过程中，承建单位、建设单位和监理单位在肩负成本监督控制责任的同时，享有成本监督控制的权利，同时承建单位的项目经理要对各小组在成本控制中的业绩进行定期检查和考评，实行有奖有罚。只有真正做好责、权、利相结合的成本控制，才能收到预期的效果。

答案：（24）C

（25）**解析**：合同的有效期只能是合同约定的开始日至完成日。只有在合同中未明确约定时，才可根据《中华人民共和国民法典》的规定进行处理，即合同条款空缺的法律适用条款。

答案：（25）A

（26）**解析**：合同条款空缺的法律适用条款，应按照合同有关条款、补充协议、订立合同时履行地的市场价格的顺序来履行。

答案：（26）B

（27）**解析**：排列图的全称是"主次因素排列图"，也称为帕累托图。它是用来寻找影响产品质量的各种因素中主要因素的一种方法，由此可以用来确定质量改进的方向。它将经济学上80/20原则用到管理领域，区分"关键的少数"和"次要的多数"，从而抓住关键因素，解决主要问题。

答案：（27）A

（28）**解析**：在信息工程建设中，每一方都有自己的责任、义务并要承担相应的责任，但是无论如何不会由于另外一方的出现而分担自己的责任，因此，承建单位自己的工作失误当然要由承建单位来承担。

答案：（28）A

（29）**解析**：最先进的往往是最贵的或未必稳定的，因此不用最先进的技术，而用最稳定的技术。其他选项都是信息工程建设中存在的问题。

答案：（29）B

（30）**解析**：我国相关法律有关赔偿采取的是补偿性原则，即赔偿额相当于因违约行为所造成的损失，包括合同履行后的可获利益。

答案：（30）A

第31小时
案例分析题（技术类）

【导读小贴士】

信息系统监理师考试案例分析题共75分，一般是5~6个题目。其中，技术类题目约占40%，监理类的题目约占60%。在满分75分中，得到45分（75×60%=45）即可及格。

在本小时，我们从历年真题中精心选出了具有代表性的典型案例分析题（技术类），读者不仅要会做题，更要掌握题目中包含的知识点，并能举一反三、触类旁通。

31.1 典型案例分析题（技术类）

试题一

阅读下列说明，回答问题1至问题4。

【说明】某政府部门A定制开发的业务信息化系统，通过多年的使用运行稳定，但由于业务的扩展，系统已经满足不了业务的需要。A在征集了各业务室的改进建议之后，决定借鉴原系统的成功经验，重新开发一套新的业务信息化系统。

【问题1】承建单位决定采用增量模型加瀑布模型的开发模式。作为监理工程师，你认为承建单位的选择是否合适？并给出理由。

【问题2】列出影响项目进度的因素并加以简要说明。

【问题3】某一子系统大约需要50000行代码，如果开发小组写完了25000行代码，能不能认为他们的工作已经完成了大约一半？并说明原因。

【问题4】请简述软件测试的目的。

试题二

阅读下列说明,回答问题1至问题2。

【说明】同其他事物一样,软件也有一个孕育、诞生、成长、成熟、衰亡的过程,这就是软件的生存周期。在软件生存周期内,对所产生的各种文档、程序和数据进行管理和变更控制的最重要的手段就是进行软件配置管理。

【问题1】简要说明软件生存周期分哪六个阶段。

【问题2】对于一般的软件过程来说,应该建立哪三种配置管理库?

试题三

阅读下列说明,回答问题1至问题3。

【说明】某企业进行企业信息化工程建设,主要包括综合布线工程、网络与主机平台建设、应用系统开发。

【问题1】综合布线系统一般由哪几个子系统组成?请列出。

【问题2】请简要叙述采购设备到货监理的工作重点。

【问题3】常用的质量控制基本工具中,统计方法除排列图外还有哪些图?请叙述其主要用途。

试题四

阅读下列说明,回答问题1至问题3。

【说明】某信息系统网络工程建设内容包括网络系统和存储备份系统的采购、安装和调试等工作。监理在项目建设过程中,应适时开展对承建单位提交的测试计划、测试方案、测试记录和测试报告等测试文档的审查工作,同时还要对承建单位测试工作进行抽检。

【问题1】在承建单位开展网络测试工作过程中,监理要对关键网络设备和关键部件的工作状况、链路的冗余能力、Telnet 的控制测试,以及 VLAN TRUNK、VPN、FTP、DHCP 等功能的测试过程进行监督检查。

请简述在网络设备测试过程中,监理除了对上述已经描述的测试过程进行监督检查外,还需要检查其他哪些测试过程。

【问题2】请指出网络设备的主要测试技术指标,并分别说明这些测试指标的作用。

【问题3】请列举至少两个网络应用性能测试工具的名称。

试题五

阅读下列说明,回答问题1至问题4。

【说明】某机房改造项目涉及网络、存储等设备的升级改造及迁移等工作。监理在项目建设过程中,重点关注机房改造时关键系统的不间断运行情况,同时还要对承建单位各项测试工作进行旁站记录,必要时进行抽检。

【事件】对于该项目中的机柜、机架安装工作，总监理工程师委派监理员进行了现场旁站监理。

【问题 1】承建单位在综合布线过程中，监理旁站了光纤的熔接过程。工作完成后，监理要求承建单位测试光纤的各项指标并记录相关数据，请将下列指标和测试该指标所使用的设备用直线连接。

指标	设备
连通性	功率测试仪和 1 个跳线
端端损耗测试	OTDR
收发功率测试	功率测试仪和 1 个光源
反射损耗测试	激光笔

【问题 2】为了保证网络升级改造工程的质量，设备迁移完成且网络恢复正常后，监理使用部分网络命令进行了测试，请判断下列网络故障诊断命令的描述是否正确。

（1）Ping：ping 本机地址是判断 SNMP 协议层是否正确，ping 其他设备是判断设备连接是否正常。

（2）Tracert：检查两个设备间连接的路径。

（3）Ipconfig：查看主机的 IP 设置，能够显示主机地址、子网掩码、网关等信息，不能显示 DNS 服务器的信息。

（4）Pathping：提供与目标之间的中间路由的网络滞后和网络丢失的信息。

（5）Arp：查看地址解析表。

（6）Netstat：可以监控 TCP/IP 网络情况、显示路由表，但不能显示接口设备的状态信息。

（7）Route：查看和修改路由表。

（8）Telnet：可以查看和修改远程主机参数。

【问题 3】

各方准备对网络系统进行竣工验收，请根据你的工程经验，回答下述问题。

（1）验收测试的组织者是（   ）。

    A．项目经理　　　　　　　　　　B．总监理工程师
    C．评审专家　　　　　　　　　　D．建设单位主管领导

（2）网络系统验收的步骤如下，请给出正确的顺序。

（a）总监理工程师组织专家对验收标准进行会审，提出评审意见，和业主方及承建方进行探讨，如有必要，提出修改意见。

（b）由业主方、承建方和监理方共同参与验收准备，按照验收方案对系统进行验收工作。

（c）监理工程师根据网络系统竣工的准备情况，确定是否满足系统验收条件。

（d）承建方在合同规定时间内提出验收标准。

（e）总监理工程师确认验收工作是否完成。
（f）监理工程师按照合同及相关文件对验收标准进行评审。
（g）监理方向业主方提交最终评审意见，业主方根据评审意见确认验收标准。

【问题4】在事件中，机柜、机架安装工作检查的要点有哪些？

试题六

阅读下列说明，回答问题1至问题2。

【说明】测试是信息系统工程质量控制最重要的手段之一，这是由信息系统工程本身的特点所决定的。信息系统工程一般由网络系统、主机系统、应用系统等组成，而这些系统的质量到底如何，只有通过实际的测试才能够进行度量。

【问题1】请将下列测试类型与相应的测试方法用直线连接。

```
                        等价类划分法

                        判定/条件覆盖法

    黑盒测试
                        静态结构分析法

    白盒测试            边界值分析法

                        基本路径测试法
```

【问题2】请指出下面关于软件测试的叙述是否正确。（填写对或错，每个小题0.5分）

（1）软件质量是满足规定用户需求的能力。
（2）监理工程师应按照有关国家标准审查提交的测试计划和测试规范，并提出审查意见。
（3）软件测试的目的是验证软件功能是否正确。
（4）软件测试计划始于软件设计阶段，完成于软件开发阶段。
（5）α测试是由一个用户在开发环境下进行的测试，也可以是公司内部的用户在模拟实际操作环境下进行的测试。
（6）代码审查是代码检查的一种，是由开发和测试人员组成一个审查组，通过阅读和讨论，对程序进行静态分析的过程。
（7）采用正确的测试用例设计方法，软件测试可以做到穷举测试。
（8）界面测试不是易用性测试包括的内容。
（9）验收测试由承建方和用户按照用户使用手册执行软件验收。
（10）软件测试监理是对软件测试工程活动和产品进行评审和（或）审核，并报告结果。

31.2 典型案例分析题（技术类）答案

试题一

【问题 1】

合适。

虽然 A 当前正在使用的业务信息化系统为新系统提供了原型基础，但是由于业务发生了较大的变化，承建单位不能很快全部明确所有的业务需求。因此，承建单位应尽可能及早明确已知的业务需求，完成相应的需求分析，并按瀑布模型的方法进行第一次开发工作，保证基本需求最快实现。

随后，通过实验或者试运行找出系统中的欠缺和不足之处，明确那些未知的软件需求，再迭代进行增加部分的需求分析和开发。

【问题 2】

（1）工程质量的影响：质量指标的不明确、不切实际的质量目标、质量不合格，都将对工程进度产生大的影响。

（2）设计变更的影响：设计的变更通常会引发质量、投资的变化，加大工程建设的难度，因而影响进度计划。

（3）资源投入的影响：人力、部件和设备不能按时、按质、按量供应。

（4）资金的影响：如果建设单位不能及时给足预付款，或是由于拖欠阶段性工程款，都会影响承建单位资金的周转，进而殃及进度。

（5）相关单位的影响：项目建设单位、设计单位、实施单位、设备供应单位、资金供应单位、监理单位、监督管理信息系统工程建设的政府部门等，都可能对项目的进度带来直接或间接的影响。

（6）可见的或不可见的各种风险因素的影响。

（7）承建单位管理水平的影响。

【问题 3】

不能认为完成了一半的工作量，主要原因如下：

（1）对整个软件的代码行的估计可能不准确。

（2）已写完的代码可能相对容易。

（3）如果代码没有通过测试，就不能算完成。

【问题 4】

（1）通过测试，发现软件错误。

（2）验证软件是否满足软件需求规格说明和软件设计所规定的功能、性能及其软件质量特性的要求。

（3）为软件质量的评价提供依据。

试题二

【问题 1】

软件生存周期大致分为软件项目计划、软件需求分析（和定义）、软件设计、程序编码、软件测试及运行维护六个阶段。

【问题 2】

开发库、受控库、产品库。

试题三

【问题 1】

综合布线系统一般包括工作区子系统、水平子系统、管理间子系统、垂直干线子系统、设备间子系统、建筑群子系统。（每列出 1 个得 1 分，最高 4 分）

【问题 2】

（1）设备是否与工程量清单所规定的设备（系统）规格相符。

（2）设备是否与合同所规定的设备（系统）清单相符。

（3）设备合格证明、规格、供应商保证等证明文件是否齐全。

（4）设备等要按照合同规定准时到货。

（5）配套软件包（系统）是否是成熟的、满足规范的。

【问题 3】

（1）直方图法，其作用是：判断生产过程的稳定性，以实现对工序质量的动态控制。

（2）因果分析图法，其作用是：将引发事故的重要因素分层（枝）加以分析。

（3）控制图法，其作用是：通过观察图形来判断产品的生产过程的质量状况。

（4）散列图（散布图、相关图）法，其作用是：寻求两个质量特性间的相互关系以及关系的密切程度。

（5）检查表，其作用是：质量检查表主要用于控制质量、分析质量问题、检验质量、评定质量。

（6）流程图，其作用是：将一个过程（如测试过程、检验过程、质量改进过程等）的步骤用图的形式表示出来。

（每列出 1 个得 1 分，最高 3 分）

试题四

【问题 1】

监理还需重点检查的测试过程包括：（每答对 1 条给 1 分，最多给 4 分）

（1）网络流量及路由转发能力测试。

（2）组播测试。

（3）动态路由测试。

（4）静态路由测试。

（5）端口控制功能测试。

（6）链路负载均衡。

【问题2】

检测主要考虑以下技术指标：（每答对1个给2分，最多给4分）

（1）吞吐量。可以确定被测试设备（DUT）或被测试系统（SUT）在不丢弃包的情况下所能支持的吞吐速率。

（2）包丢失。通过测量由于缺少资源而未转发的包的比例来显示高负载状态下系统的性能。

（3）延时。测量系统在有负载条件下转发数据包所需的时间。

（4）背靠背性能。通过以最大帧速率发送突发传输流并测量无包丢失时的最大突发（Burst）长度（总包数量）来测试缓冲区容量。

【问题3】

网络应用性能测试工具包括 Network Vantage、Application Expert、SmartBits 6000B 等（列出常用的名称1个给1分，最多给2分）。

试题五

【问题1】（每连接对1条给0.5分，选错不得分，满分2分）

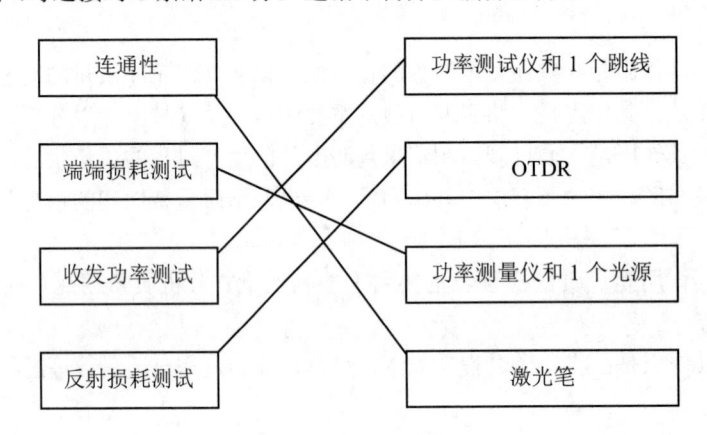

连通性 —— 功率测量仪和1个光源

端端损耗测试 —— 功率测试仪和1个跳线

收发功率测试 —— 激光笔

反射损耗测试 —— OTDR

【问题2】

（1）错 （2）对 （3）错 （4）对 （5）对 （6）错 （7）对 （8）对（每对1个0.5分，答错不扣分，满分4分）

【问题3】

（1）B （1分）

（2）(d)→(f)→(a)→(g)→(c)→(b)→(e)　　[(c)和(b)位置可以互换，顺序对1个给0.5分，满分3分]

【问题4】
（1）机柜、机架安装完毕后，垂直偏差应不大于3mm。
（2）机架安装位置应符合设计要求。
（3）机柜、机架上的各种零件不得脱落和碰坏，漆面如有脱落应予以补漆，各种标志应完整、清晰。
（4）机柜、机架的安装应牢固，如有抗震要求，应按施工图的抗震设计进行加固。

试题六

【问题1】

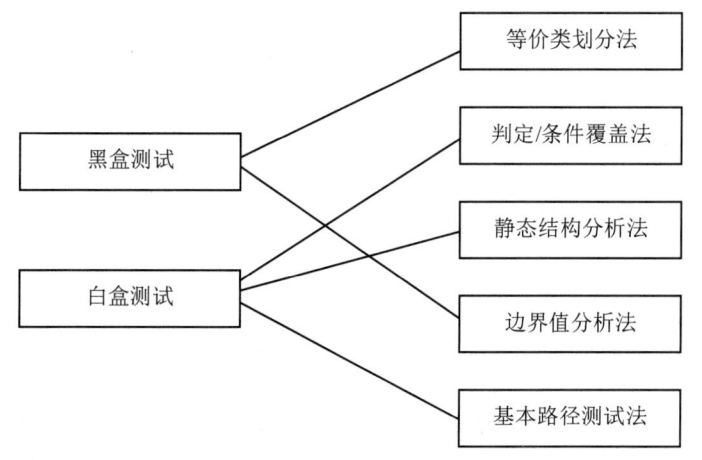

黑盒测试 —— 等价类划分法
黑盒测试 —— 判定/条件覆盖法
黑盒测试 —— 边界值分析法
白盒测试 —— 判定/条件覆盖法
白盒测试 —— 静态结构分析法
白盒测试 —— 基本路径测试法

【问题2】

（1）	（2）	（3）	（4）	（5）	（6）	（7）	（8）	（9）	（10）
错	对	错	错	对	对	错	错	错	对

第32小时
案例分析题（监理类）

【导读小贴士】

信息系统监理师考试案例分析题共75分，一般是5~6个题目。其中，技术类题目约占40%，监理类题目约占60%。在满分75分中，得到45分（75×60%=45）即可及格。

在本小时，我们从历年真题中精心选出了具有代表性的典型案例分析题（监理类），读者不仅要会做题，更要掌握题目中包含的知识点，并能举一反三、触类旁通。

32.1 案例分析题（监理类）

试题一

阅读下列说明，回答问题1至问题4。

【说明】集成商 A 经过政府采购招标过程，承接国家机关 B 的信息化工程项目建设任务，合同规定的投资金额为980万元，建设周期为2年。但在系统试运行阶段，由于《中华人民共和国行政许可法》的颁布实施，B 的工作流程发生了变化，需要新增和改造部分功能。B 认为该项目变更部分由 A 继续承担较为合适，决定不再进行招标，并且双方通过协商决定新增投资100万元。

【问题1】对于业主的做法，你认为是否合适？并说明理由。

【问题2】在此过程中，最重要的监理工作是什么？并说明理由。

【问题3】对于该项目来说，变更的控制流程主要有哪些？

【问题4】集成商 A 要对新增和改造软件部分功能进行需求调研和分析,从监理的角度来看,集成商 A 在本阶段应产出的主要成果是什么?

试题二

阅读下列说明,回答问题1至问题3。

【说明】某政府机关的电子政务一期工程包括网络平台建设和应用系统开发,通过公开招标,确定工程的总承建单位是公司 A。公司 A 自行决定,将其中一部分核心软件开发工作分包给其下属公司 B,而公司 B 又将部分软件开发工作分包给了公司 C。

【问题1】假如你是此项目的监理工程师,你认为承建单位 A 的做法是否正确?并且说明原因。

【问题2】简要描述该项目验收工作的步骤。

【问题3】承建单位提出对网络系统和应用软件系统验收时,需要提交哪些必要文档?(考生回答时只需列出一种系统所需提交的文档即可)

试题三

阅读下列说明,回答问题1至问题3。

【说明】某地区政府部门建设一个面向公众服务的综合性网络应用系统,主要包括机房建设、网络和主机平台建设以及业务应用系统开发,某监理公司承担了该项目的全过程监理任务。在工程项目的实施过程中,发生了如下事件。

事件1:在监理合同签订后,由于工期紧张,建设单位要求承建单位提前进行应用系统需求调研与分析,同时向监理单位提出对需求调研与分析过程进行质量把关的要求。在此情况下,监理单位为满足建设单位要求,决定由参加本项目的现场实施工作的监理工程师编写监理规划并直接报送建设单位,监理规划的部分内容提纲如下:

工程概况
监理的范围、内容与目标
工程专业的特点
监理依据、程序、措施及制度
监理控制的要点目标
监理工具和设施

事件2:机房建设子项工程的承建单位按照要求,将其根据下表给定的逻辑关系绘制的双代号网络计划(如下图所示)提交给监理审核。

工作名称	A	B	C	D	E	G	H	I
紧后工作	C, D	E	G		H, I			

事件3：在实施监理工作之前，监理与建设单位就"进度控制程序"的实施原则进行了充分沟通，并达成一致意见。确定监理采用的进度控制工作程序从监理机构审查承建单位的工程进度计划开始，然后对计划进行跟踪检查、分析（与计划目标的偏离程度），并根据执行情况采取相应的措施。

【问题1】在事件1中，你认为监理公司在监理规划编制方面是否有不妥之处？为什么？

【问题2】如果你是本项目的监理工程师，请指出事件2中的绘图错误。（在以下选项中选择；错选则本题不得分；少选得部分分）

    A．节点编号有误

    B．有循环回路

    C．有多个起始节点

    D．有多个终止节点

    E．不符合给定逻辑关系

【问题3】根据事件3中确定的"进度控制程序"的实施原则，把下列进度控制的工作按照正确的顺序通过下面给出的框图联系起来（将工作序号恰当地填写到框图中），形成进度控制工作程序图。

①基本实现计划目标

②按进度计划组织实施

③承建单位编制工程总进度计划填写《工程总进度计划》报审表

④承建单位编制单体工程或阶段作业进度计划，填写《项目进度分解计划报审表》

⑤总监理工程师审查

⑥总监理工程师签发监理通知，指示承建单位采取调整措施

⑦严重偏离计划目标

⑧监理工程师对进度实施情况进行跟踪检查、分析

⑨承建单位编制下一期计划

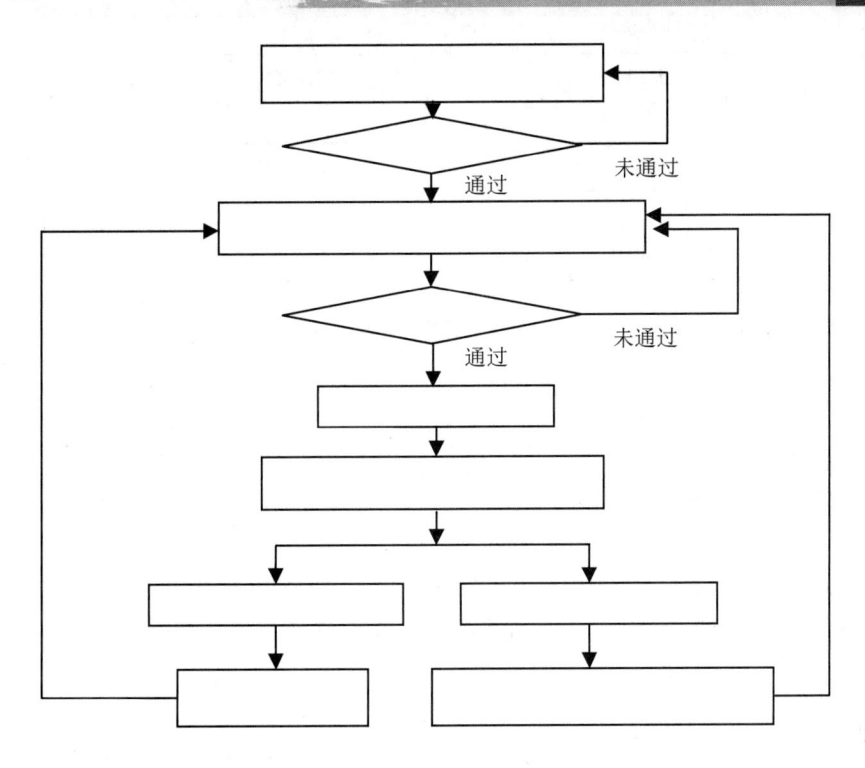

试题四

阅读下列说明，回答问题1至问题3。

【说明】某信息工程监理机构在信息工程项目的监理工作中，出现了如下情况：

事件1：建设单位采取公开招标的方式选定承建单位。2006年3月6日招标公告发出后，有A、B、C、D、E、F共6家信息系统集成商参加了投标。招标文件规定2006年3月30日为提交投标文件和投标保证金的截止日期，2006年3月31日举行开标会。其中，E单位在2006年3月30日提交了投标文件，并于2006年3月31提交了投标保证金。经过对这6家单位进行评标等过程，于2006年4月5日确定了D为中标人，随即发出了中标通知书。

事件2：承建单位实施项目一个月后，建设单位因机构调整，口头要求承建单位暂停实施工作，承建单位亦口头答应停工一个月。按照合同规定的期限对项目进行初验时，监理和承建单位发现项目质量存在问题，要求进行完善。两个月后，项目达到合同约定质量。竣工时，建设单位认为承建单位延迟交付项目，应偿付逾期违约金。承建单位认为，建设单位要求临时停工并不得顺延完工日期，承建单位抢工期才出现了质量问题，因此延迟交付的责任不在承建单位。建设单位则认为，临时停工和不顺延工期是当时承建单位答应的，其应当履行承诺，承担违约责任。

【问题1】在上述招标投标过程中，有哪些不妥之处？请说明理由。

【问题2】从招标投标的性质看，在事件1中招标文件、投标文件、中标通知书与要约、承诺、要约邀请的对应关系是什么？（对应关系请用连线标注在下图中）

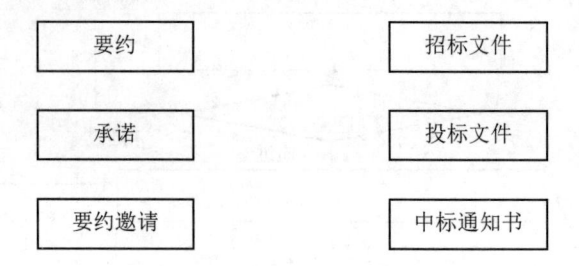

```
要约                招标文件

承诺                投标文件

要约邀请             中标通知书
```

【问题3】作为监理工程师,你认为事件2中承建单位应当承担违约责任吗?请说明原因。

试题五

阅读下列说明,回答问题1至问题3。

【说明】某监理单位承担了某网络工程项目全过程的监理工作。在项目实施过程中,发生了如下事件:

事件1:该项目分项工程之一的机房建设可分解为15项工作(用箭头线表示),根据工作的逻辑关系绘出的双代号网络图如下图所示,监理工程师在第12天末进行检查时,A、B、C三项工作已完成,D和G工作分别实际完成5天的工作量,E工作完成了4天的工作量。

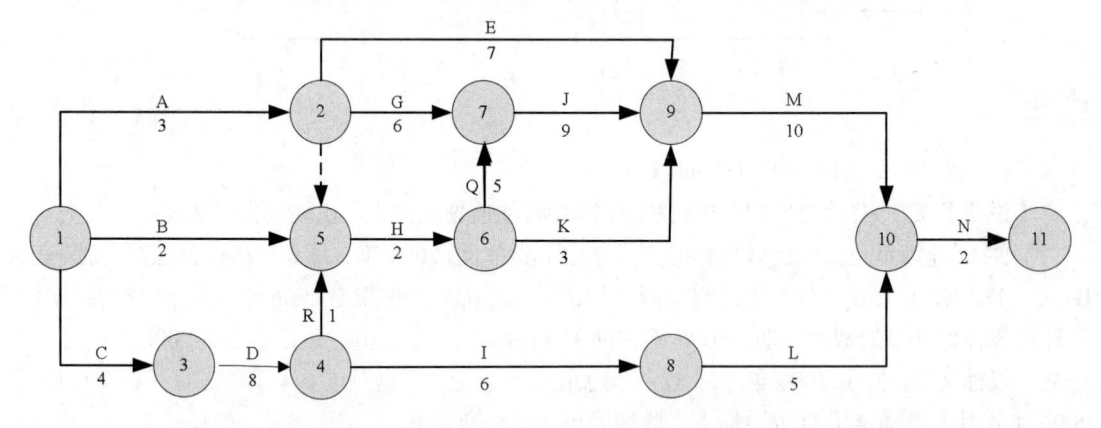

事件2:由于项目已经无法按照原进度计划实施,建设单位要求承建单位编制相关变更文件,并授权项目监理机构就进度变更引起的有关问题与承建单位进行协商。项目监理机构在收到承建单位提交的进度计划变更文件后,经研究,对其今后的工作安排如下:

(1)由总监理工程师负责与承建单位进行工期问题的协商工作。
(2)要求承建单位调整进度计划,并报建设单位同意后实施。
(3)针对承建单位进度计划的调整,需要对监理规划进行相应修订,由总监理工程师代表主持修订工作。
(4)由负责合同管理的专业监理工程师全权处理合同变更和可能出现的合同争议。

事件3:在项目实施过程中,由于承建单位的原因使得建设单位和承建单位之间产生合同争议。

监理机构及时进行调查、取证和调解，并在调解失败的情况下向合同约定的仲裁委员会申请仲裁。

【问题1】针对事件1：
（1）按工作最早完成时间计，D、E、G三项工作各推迟了多少天？
（2）根据图中给出的参数，机房建设原来计划的总工期是多少天？
（3）D、E、G三项工作中，哪些工作对工程如期完成构成威胁？该威胁使工期推迟多少天？

【问题2】针对事件2，指出在协商变更进度过程中项目监理机构的安排是否妥当？对不妥之处请写出正确做法。

【问题3】针对事件3，监理机构的做法是否正确？对于不妥之处请说明理由和正确的做法。

试题六

阅读下列说明，回答问题1至问题3。

【说明】某企业进行企业信息化工程建设，主要包括综合布线系统、机房、网络及主机系统、软件开发等分项工程建设，分别由不同的承建单位承担建设任务。在工程建设过程中，发生了如下事件：

事件1：负责该项目的专业监理工程师根据监理规划编制了监理实施细则，设置了质量控制点。

事件2：承建单位为了抢进度，在完成敷设线槽、线缆后马上派相关人员到该项目监理办公室，请负责该项目的专业监理工程师对隐蔽工程进行验收。该监理工程师立即到现场进行检查，发现槽内线缆等方面不符合质量要求，随即口头指示承建单位整改。

事件3：在机房工程的实施中，机房工程承建单位提出质疑，认为总集成单位提出的机房设备布置图存在问题，将影响到后续施工和验收。监理就该问题组织了专题讨论会，会议由总监理工程师主持，建设单位、总集成单位、机房工程承建单位参加。

【问题1】请给出进行质量控制点设置时应遵守的原则。

【问题2】（1）如此进行隐蔽工程验收，在程序上是不妥当的，正确的程序是什么？
（2）监理工程师要求承建单位整改的方式有何不妥之处？正确做法是什么？

【问题3】（1）会议纪要由谁整理？
（2）会议纪要主要内容是什么？
（3）会议上出现不同意见时，纪要中应该如何处理？

32.2 案例分析题（监理类）答案

试题一

【问题1】

业主的做法不合适。

业主应该首先提出变更申请。经过变更分析，确定变更需要追加的投资。如果项目实施时间与投资超过原来总投资的10%，按照招标法规定，应该重新招标。

【问题 2】

最重要的监理工作是变更控制、进度控制、投资控制与合同管理。

原因：由于新增和改造部分功能，项目发生了变更，因此要进行变更控制。由于变更影响到了投资和项目进度，需要重新评估投资，确定进度计划，因此要进行投资和进度控制。此外，需要对原合同签订补充合同，因此要进行合同管理。

【问题 3】

第一步，B 向监理工程师提出变更请求，提交书面项目变更申请书。

第二步，监理单位首先明确界定项目变更的目标，根据收集的信息判断变更的合理性和必要性。如果合理，进行变更分析。

第三步，进行变更分析时，主要分析项目变化对项目预算、进度、资源配置的影响和冲击。

第四步，三方进行协商讨论，根据变更分析结果，确定最优变更方案。

第五步，下达变更通知书，并把变更实施方案告知有关部门和实施人员，为变更实施做好准备。

第六步，监控变更的实施。

第七步，进行变更效果评估。

【问题 4】

（1）项目开发计划。

（2）软件需求规格说明书。

（3）软件质量保证计划。

（4）软件配置管理计划。

（5）软件（初步）确认测试计划。

（6）用户使用说明书初稿。

试题二

【问题 1】

不正确。

通过招投标方式签订合同的项目，承建单位可按照合同约定或者经建设单位同意，将中标项目的部分非主体、非关键性工作分包给他人完成。本项目的承建单位未经建设单位同意就将部分工作分包他人，并且分包出去的工作是关键性开发工作，这两种做法都是错误的。

分承建单位应当具备相应的资格条件，并不得再次分包。

【问题 2】

（1）提出验收申请。

（2）制订验收计划。

（3）成立验收委员会（或验收工程组或验收小组）。

（4）进行验收测试和配置审计。

（5）进行验收评审。

（6）形成验收报告。
（7）移交产品。

【问题3】

网络系统验收需提交的文档：

（1）网络系统技术方案。
（2）网络系统到货验收报告。
（3）主机网络系统实施总结报告。
（4）网络系统测试报告。
（5）用户手册。
（6）随机技术资料。
（7）该工程主机网络系统安装配置手册。
（8）该工程主机网络系统维护手册——管理员级。
（9）该工程主机网络系统日常维护及应急处理方案。

应用软件系统验收需提交的文档：

（1）软件需求说明书。
（2）概要设计说明书。
（3）详细设计说明书。
（4）用户手册。
（5）测试报告。
（6）项目试运行总结报告。
（7）项目开发计划。
（8）数据要求说明书。
（9）操作手册。
（10）数据库数据说明书。
（11）模块开发卷宗。
（12）测试计划。

试题三

【问题1】

（1）监理规划应该由总监理工程师组织编写、签发。
（2）"工程专业的特点、监理控制的要点目标"这两个内容不应包括在监理规划的内容中，应该在监理细则中描述。

监理规划中应该有"监理项目部的组织结构与人员"方面的内容。

【问题2】

D、E

【问题3】

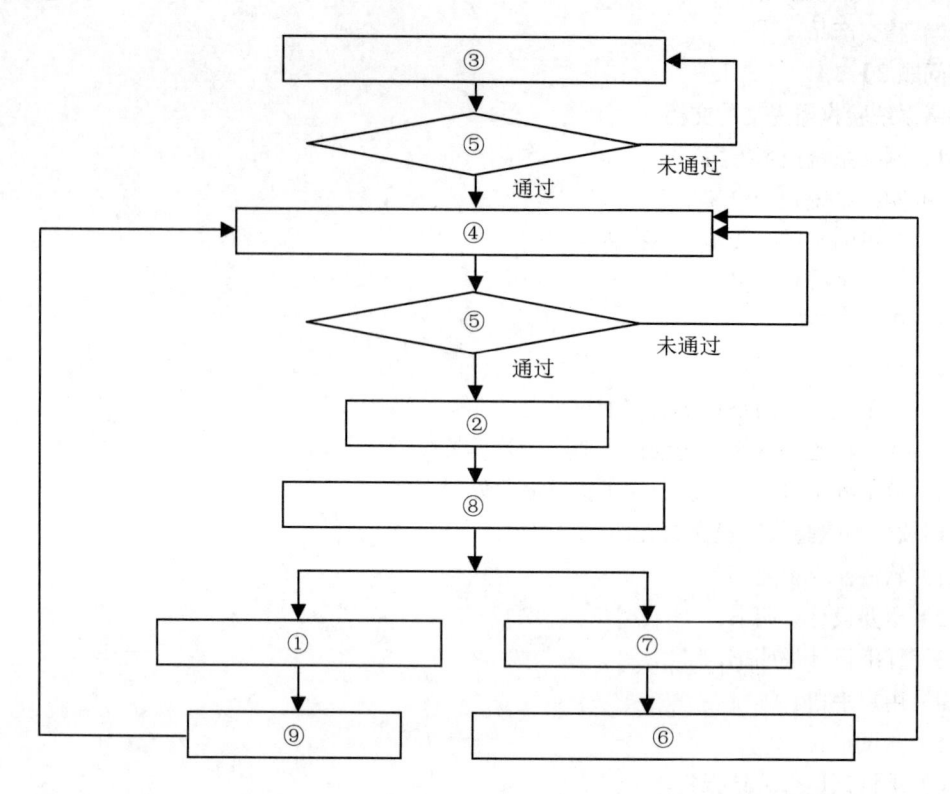

```
           ┌─────────③─────────┐
                   ↓            │
                  ╱⑤╲           │
              通过╱   ╲未通过    │
                 ↓              │
    ┌──────────④──────────┐     │
    │           ↓         ↑     │
    │          ╱⑤╲        │     │
    │      通过╱   ╲未通过  │     │
    │         ↓            │    │
    │         ②            │    │
    │         ↓            │    │
    │         ⑧            │    │
    │       ┌─┴─┐          │    │
    │       ↓   ↓          │    │
    └──①    ⑦──┘           │
        ↓   ↓                  
        ⑨   ⑥──────────────────┘
```

试题四

【问题1】

（1）投标文件的截止日期是 3 月 30 日，与举行开标会的日期（3 月 31 日）不是同一时间。理由是：按照《中华人民共和国招标投标法》的规定，开标应当在招标文件确定的提交投标文件截止时间的同一时间公开进行。

（2）E 单位的投标文件应当被认为是无效投标而拒绝。理由是：因为招标文件规定的投标保证金是投标文件的组成部分，因此，对于未能按照要求提交投标保证金的投标（包括期限），招标单位将视为不响应投标而予以拒绝。

【问题2】

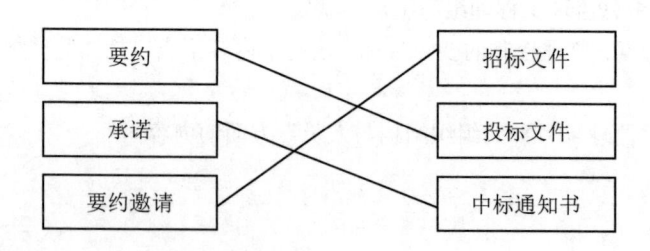

要约	招标文件
承诺	投标文件
要约邀请	中标通知书

（要约—投标文件；承诺—中标通知书；要约邀请—招标文件）

在本案例中，要约邀请是指招标人的招标文件，要约是投标人的投标文件，承诺是招标人发出的中标通知书。

【问题3】

承建单位应当承担违约责任。

因为原合同有效，变更无效。《中华人民共和国合同法》规定，变更合同应当采取书面形式。本案中建设单位要求临时停工并不得顺延工期，是建设单位与承建单位的口头协议；其变更协议的形式违法，是无效的变更，双方仍应按照原合同规定执行。

试题五

【问题1】

（1）D 的 $T_{EF}=12$，G 的 $T_{EF}=9$，E 的 $T_{EF}=10$，故 3 个工作分别推迟 3 天、5 天、4 天。

（2）总工期为 41 天。

（3）关键路径为（1）→（3）→（4）→（5）→（6）→（7）→（9）→（10）→（11），因此 D 为关键工作。D 对工程如期完成构成威胁，工期推迟 3 天。

【问题2】

（1）妥当。

（2）不妥；正确做法：调整后的进度计划还应经项目监理机构（或总监理工程师）审核、签认。

（3）不妥；正确做法：由总监理工程师主持修订监理规划。

（4）不妥；正确做法：由总监理工程师负责处理合同争议。

【问题3】

监理机构及时进行调查、取证和调解的做法是正确的，但是在调解失败的情况下向合同约定的仲裁委员会申请仲裁的做法不正确。理由是：监理单位不是承建单位和建设单位所签订合同的当事人，正确的做法是由建设单位或承建单位向合同约定的仲裁委员会申请仲裁。

试题六

【问题1】

（1）选择的质量控制点应该突出重点。

（2）选择的质量控制点应该易于纠偏。

（3）质量控制点设置要有利于参与工程建设的三方共同从事工程质量的控制活动。

（4）保持控制点设置的灵活性和动态性。

【问题2】

（1）正确的程序是：隐蔽工程结束后，承建单位先自检，自检合格后，报监理机构进行现场检验，合格后由现场监理工程师或其代表签署认可后，方能进行下一阶段的工作；否则签发不合格项目通知，要求承建单位整改。

（2）监理工程师口头要求承建单位整改的方式不妥，正确做法是：监理工程师应按照要求书面指令承建单位进行整改。

【问题3】

（1）由监理工程师整理会议纪要。

（2）会议纪要的主要内容有：

1）会议地点和时间。

2）会议主持人。

3）出席者姓名、隶属单位、职务。

4）会议内容。

5）决议事项（包括负责落实单位、负责人和时限要求）。

6）其他事项。

（3）会议有不同意见时，特别对重大问题有不一致意见时，应将各方主要观点如实记录。